KB212461

히말라야
성자들의 삶

Living with the Himalayan Masters

지은이 스와미 라마Swami Rama
옮긴이 박광수 · 박지명
초판 1쇄 발행 2010년 5월 15일
초판 4쇄 발행 2024년 2월 13일

펴낸이 최경훈 **펴낸곳** 아힘신
주소 26427 강원도 원주시 원일로115번길 12(서진빌딩 5층)
전화 033)748-2968 **이메일** ahymsin.korea@gmail.com
등록번호 제419-2007-000002호 **등록일자** 2007년 1월 23일

Living with the Himalayan Masters by Swami Rama
©1978, 1999 by Himalayan International Institute of
Yoga Science and Philosophy of the USA

This translation is published by arrangement with
Himalayan Institute through Hagenbach & Bender GmbH
Literary Agency and PubHub Literary Agency

이 책의 한국어판 저작권은 PubHub 에이전시를 통해 저작권자와 독점 계약한
도서출판 아힘신에 있습니다.
저작권법에 의해 한국 내에서 보호를 받는 저작물이므로 무단 전재와 복제를 금합니다.

ISBN 978-89-959194-1-5 03200
정가 25,000원

Living with the Himalayan Masters

히말라야
성자들의 삶

아힘신

옮긴이 소개

박광수

서울대 불문과와 중국 헤이룽장 중의약대학 졸업. 고교시절 요가의 신비에 눈 뜸. 1982년, '서울대 요가 명상 써클'에 입문, 요가 선배의 지도로 사바아사나를 하다 몸과 마음이 사라지는 초의식을 경험하고 본격적으로 구도에 나섰다. 마음을 초월하는 탄트릭 스승들과 치유의 대가들에게서 사사 받았다. 서울대 요가명상회와 청담 요가명상회를 이끌면서 이심전심의 깨우침을 전했다. 1996년부터 영성과 감성 호흡법을 통합하여 각성시키는 해피타오 명상법을 창안, 한국과 미국 등지에서 수백 회 세션을 진행해오고 있다. 고대 지혜를 더 깊이 탐구하기 위해 산스크리트, 팔리어, 라틴어, 희랍어, 티베트어 등을 연구했다. 지은 책으로 〈궁극의 욕망을 찾아서:김영사〉〈마하무드라의 노래〉〈사랑은 사랑이라 부르기 전에도 사랑이었다〉〈돼지우리에 무지개 비치고〉〈행복〉〈퍼펙타이〉〈삼천년의 약속〉 등이 있고, 펴낸 책으로 〈쿤달리니 탄트라〉〈바바 하리다스의 명상〉〈바보 나라의 예수〉 등이 있다. 저서는 '한바다'란 필명으로 나옴. 요가와 명상을 동시에 할 수 있는 비디오로 〈행복요가〉〈붓다요가〉가 있다.
happytao.com, happytao@naver.com, 010-6533-1639

박지명

영남대 국문학과를 졸업하고 1974년부터 명상에 관심을 가지고 인도명상을 시작했다. 오랫동안 인도에 머물면서 인도 명상과 다르샨한 철학체계 및 산스크리트 경전을 공부했다. 현재 산스크리트 문화원과 그 부설인 히말라야명상센터를 세워 명상을 가르치고 산스크리트 경전을 번역하여 보급하고 있다. 인도 명상과 요가에 관한 다양한 책을 쓰고 번역하였으며 저서로는 〈바가바드 기타〉〈요가수트라〉〈우파니샤드〉〈베다〉〈하타요가프라디피카〉〈양한방자연요법 내 몸 건강백과〉〈스트레스에 강한 멘탈만들기-호흡명상〉〈인도호흡명상〉〈건강제테크〉〈반야심경〉〈명상교전-비그야나바이라바 탄트라〉〈불교진언집〉〈나에게로 떠나는 인도명상여행〉 외 다수
역서로는 〈모든 것은 내 안에 있다〉〈요가, 마음밖에는 아무것도 없다〉〈자연요법백과 시리즈〉 외 다수
www.sanskrit.or.kr, svasamvidya@naver.com

일러두기

1. 이 책의 맞춤법, 띄어쓰기 및 외래어 표기 원칙은 국립국어원의 용례를 따랐다.
2. 본문의 중요한 용어 및 지명, 인명은 원어를 병기했다. 여기에 인명, 지명을 제외한 힌디어 및 산스크리트 어의 영어 표기는 이탤릭체를 사용했다.
3. 설명이 필요한 용어에는 * 표시를 하고 권말에 용어 해설을 두었다. 같은 용어가 여러 번 반복될 경우 맨 처음에 나오는 용어에만 * 표시를 했다.
4. 용어 해설에서 '원주'로 밝힌 것만 저자의 주이며, 나머지는 모두 역자와 편집자의 주다.

히말라야에서의 스와미 라마

이끄는 글

스리 스와미 라마는 히말라야 성자들의 고귀한 전통을 이어온 영적 인도자였다. 그분은 과학자이자 철학자였고, 요기이자 박애주의자였다. 스와미 라마께서 나를 매혹시켰던 것은 특정 개인에 대한 깊은 이해는 물론 전 인류를 향한 넘치는 자비심 때문이었다.

마침내 나는 구도자의 길을 따르기로 결심하고 리시케시의 히말라야 기슭에서 그분과 함께 공부하면서 성스러운 갠지스 강가에서 입문 의식을 가졌다. 나는 스와미 라마께서 바쁜 일과에서 벗어나 명상을 하기 위해 즐겨 찾는 히말라야의 오지로 함께 여행할 수 있는 기회도 가졌다. 그곳은 내가 방문한 장소 중 가장 아름답고 조용한 곳이었다. 우리는 성소 옆 흙집에서 생활했는데, 낮이면 전나무 아래서 명상을 했다.

나는 스와미지*의 박애적인 봉사활동을 엿볼 기회가 여러 번 있었다. 스와미지와 함께 여행하던 중에 그분이 설립한 장학기관으로부터 장학금을 받고 있는 대학생을 여러 명 만났다. 하르드와르에서는 스와미지가 운영을 도와주는 안과병원을 방문했고, 히말라야의 랜즈다운 근처에 그분이 설립한 과학대학도 방문했다. 청년 시절에 그 일대를 방랑한 스와미지를 기억하는 마을 사람들은 그를 '점잖은 성자'라는 뜻의 '볼레 바바'라고 불렀다. 스와미지를 존경하는 사람들은 소박한 시골 사람부터 인도 사회의 지도층 인사까지 실로 다양했다.

칸푸르를 방문했을 때는 수난다 바이 박사의 초대를 받았다. 스와미지의 제자였던 이 여의사와의 대화로 많은 것이 밝혀졌다. 그녀가 내게 해 준 스와미지와의 경험담은 이 책에 실린 몇몇 이야기와 완전히 일치했다. 스와미지께서 내게 해 주신 이야기들은 너무도 기적 같아서 그분과 함께 인도 여행을 하기 전까지는 나 자신도 믿을 수 없을 정도였다. 나는 히말라야의 여러 산과 델리, 칸푸르, 리시케시 등지에서 스와미지를 30년 이상 알고 지낸, 이 책의 몇몇 등장인물을 만났다. 그들도 내게 자신들이 겪은 실화를 이야기해 주었다.

인도 여행 중에 스와미지는 서양에서의 자신의 소명을 이야기하곤 했다. 그분은 우리가 물려받은 소중한 경험을 과학적으로 증명하고, 기록해 출판하고, 나아가서 많은 사람에게 직접 가르침을 줄 수 있는 기구를 설립해야 한다고 하셨다.

우리의 전통에 의하면, 요가란 히말라야의 성자들뿐만 아니라 유대교, 기독교, 불교, 선, 수피즘 등의 현인과 성자들이 따라갔던 모든 철학과 수행을 통틀어 일컫는 말이다. 스와미지는 이렇게 말씀하신다.

"모든 사람이 목말라 한다. 그러나 우리는 바로 물을 마시지 않고 삶의 못가에 떠 있는 수초만 씹고 있다. 이 수초에는 물이 없으며, 우리의 갈증을 풀어 주지도 못한다. 이 갈증을 해소하려면 표면적인 모든 인습을 넘어 물속으로 깊이 잠수해야 하고 맨 밑바닥에 숨어 있는 생명의 진리를 발견해야 한다."

　이 책에 소개된 일화와 가르침의 일부는 스와미지께서 내게 개인적으로 들려주신 체험담을 모은 것이다. 그리고 우리는 때때로 성자들과의 경험, 삶의 철학 등으로 이야기꽃을 피우면서 앉은 채로 새벽 4시까지 밤을 지새우기도 했는데, 나중에 나는 그 이야기들을 기록해 두었다. 그 외의 일화는 어린 시절부터 간직해 온 스와미지의 일기장에서 나온 것이다. 그리고 이 책의 세 번째 주요 출처는 스와미지께서 미국에서 강연한 내용이다.

　이 영혼의 체험담을 펴내는 이유는 스와미지의 삶을 전기화하는 데 목적이 있는 것이 아니라, 그분이 사셨던 환경은 물론 히말라야 성자들의 길과 그들의 가르침을 폭넓게 그려 보고자 함이다. 독자들에게 영감을 줄 이 이야기들은 연대순으로 나열하지 않고 주제별로 엮었으나 같은 주제의 이야기는 될 수 있는 한 연대순으로 묶었다. 이야기들은 모두 그 자체로 매우 값진 교훈을 담고 있어 좋은 가르침의 도구가 될 것이다. 나는 이 이야기를 독자들에게 소개하는 데 큰 기쁨을 느낀다. 내게 영감을 불어넣어 주었던 성자들의 고결한 삶이 빛과 생명의 길을 걸어가는 여러분의 마음에도 고귀한 이상을 불어넣어 주기를 바란다.

스와미 아자야
Swami Ajaya

그리는 글

스와미 라마지께서 나를 받아 주신 1976년 이후 그분과 함께한 20년은 매순간이 배움의 시간이었다. 이제 그분은 더 이상 육신 안에 계시지 않지만, 돌아보면 스승께서 그분 삶에 살아 있는 성자들의 생생한 기운으로 얼마나 능숙하게 내 호흡 하나하나까지도 채우셨는지 깨닫게 된다. 성자들의 계보를 따라 내려온 영원한 지식과 사랑으로 스승께서는 내 정신과 마음에 풍요로운 양식을 끊임없이 주셨던 것이다. 오늘 나는 경외심과 감사하는 마음으로 나 자신에게 묻는다. "그분을 나의 스승으로 모신 이후에도 내가 성취할 것이 더 있는가?"

내 삶에서 가장 큰 축복과 풍요를 누렸던 1985년에 나는 스와미지의 명으로 이 책을 내 모국어인 힌디 어로 번역하기 시작했다. 매일 저녁, 그날 번역한 것을 보여 드릴 때면 스와미지께서는 책에 실리지 않은 이야기를 해 주셨는데, 나는 스와미지께서 기록한 성자들의 내적 삶을 내게 언뜻 보여 주시고 그분들의 가르침을 내가 받아들이도록 그렇게 하신다는 것을 깨달았다. 모든 이야기는 내게 경이로움을 안겨 주었는데, 그것은 스와미지와 이 책을 통해 말씀하시는 성자들의 은총이 있었기에 이해할 수 있었다. 《히말라야 성자들의 삶》은 스와미지의 삶, 영적인 여정 그리고 서로 다른 전통의 성자들과 함께한 그분의 경험이 구현된 것이다. 그분께서는 우리가 살면서 적어도 한 번은 마주하는 문제들을 언급하시면서 그것들이 우리의 일부가 되도록 단순하고 자상한 방법으로 당신의 경험을 나누고 계신다.

이 책은 세속적인 수준에서는, 우리가 누구인지 그리고 행복하고 성공적인 삶을 위해 우리가 거쳐야 할 단계를 보여 주고, 열심히 일하면서 자신의 노력에 믿음을 가지라고 격려한다. 영적인 수준에서 이 책은, 우리가 히말라야와 인도, 티베트, 네팔, 시킴, 부탄 등지의 오지에 있는 동굴과 사원의 은둔자들을 마주했을 때 드러나는 불가사의하고 심원한 우리 자신을 보여 준다.

영적인 내용을 담은 책, 특히 자전적인 내용의 책을 읽으면 성자들의 경험과 영적 성취는 우리 자신과 거리가 먼 일로 여겨진다. 그러나 스와미지께서는 완전히 다른 시각으로 기적과 신비를 설명하신다. 그래서 이 책을 읽다 보면 그분이 우리 중 하나인 듯 느껴진다. 책 속에서 그분은 장난기 가득한 소년에서 호기심과 모험적 열정으로 가득한 십대를 거쳐 많은 강점과 약점을 지닌 구도자로 성장해 간다. 우리처럼 때로 그분은 마술을 영적 성취로 여기고, 참스승과 사기꾼을 분간하지 못한다. 어떤 때는 마술사와 저급한 치유사의 마법과 매혹적인 삶에 매료되어 스승을 버리고 다른 선생을 찾으려고도 하였다. 그분의 인간적인 면모들이 너무도 친숙하게 느껴져서 그런 내용을 읽다 보면 어느새 그분의 여정이 우리의 여정이 된다.

이 책에 있는 이야기들은, 무한한 사랑을 아무런 이기심 없이 나누어 주었으나 사람들에게는 알려지지 않은 성자들과 만나는 감동을 우리 가슴에 불어넣는다. 스와미지는 그 중 한 분이다. 스와미지는 우리와 함께 사는 동안 강의하고 저술하고 자선기구를 설립하셨지만 극소수의 사람만이 그분의 영적 세계를 이해할 수 있었다. 그분의 말년에 곁에 있던 사람들과 '알아보는 눈'을 가진 사람들은 스와미지께서 이 책에 언급한 모든 비밀스런 수련을 모두 섭렵하셨음을 알게 되었다. 그러나 그 방법과 그분이 언제 그것을 수행하셨는지는 아무도 모른다.

스와미지께서는 기적을 믿지 말라고 하셨지만 그분의 삶은 매순간 기적으로 가득 찼다. 그분께 다가온 사람이면 누구도 빈손으로 돌아가지 않았다. 그분께 예를 표한 사람은 각기 모양과 크기와 무게가 다른 선물을 받았다. 사업가는 번성을, 환자는 건강을, 제자는 지식을 축복으로 받았을 것이다. 어떤 이들은 자신이 받은 것을 깨달았고 또 어떤 이들은 그렇지 못했다. 지금 돌이켜보면서 그분께서 당신이 히말라야에서 온 위대한 성자 가운데 한 분임을 교묘히 감추시고 영적 신비를 그토록 아름답게 드러내셨는지를 생각하면 놀라울 뿐이다.

스와미지께서는 당신의 본성에 충실했다. 장난꾸러기 아이와 아무 근심 없는 소년, 온화한 성자와 기지가 넘치는 어른이 그분 안에서 자연스럽게 드러났다. 그분께는 과거와 미래가 존재하지 않았다. 언제나 현재에 머물면서 그분과 함께하는 사람들을 돕고 지도해 주셨다. 그분에게서는 변화시키는 힘이 발산되었다. 돌투성이 불모지에 잠시 머무시면 아름다운 바위정원이 나타났고, 만성 우울증으로 고통받는 여인에게 말씀을 건네면 여인의 얼굴이 밝게 빛나고 나이를 잊은 듯했다.

스와미지께 쓸모없는 것은 없었다. 모든 것이 목적과 의미가 있었다. 흉물스럽게 낡고 구멍 난 파이프 주변에 바위와 자갈을 놓고 나무 그루터기를 몇 개 더하자 명상 중인 거룩한 사람 같은 '조각' 작품이 되었고, 방문객들은 감히 다가가지 못하고 감탄하며 바라보았다. 그분은 선인장을 매우 좋아하셨다. 인도에 아주 큰 선인장 수집장이 있었고, 미국에는 그보다 작은 것이 있었다. 언젠가 내가 여쭈었다. "스와미지, 왜 그렇게 선인장을 좋아하십니까?" 그분이 답하셨다. "나는 가시가 가득하고 모든 사람이 싫어하는 사람을 좋아하는 습성이 있다. 그들이 꽃피우는 것을 볼 때 내게 큰 기쁨이 온다."

1976년에 그분을 만나기 전까지 나는 길가에 떠다니는 한 점 먼지와도 같았다. 어느 날 스와미지께서 나를 살아 있는 꽃가루로 변화시키셨다. 그분의 애정 어린 손길로 나는 성자께서 가꾸시는 정원의 일부가 되었다. 오늘 나는 이 최고의 책에 소개의 글을 쓰는 영예를 부여받았다. 하지만 이 글은 꽃의 이해 범위를 훨씬 넘어서는 정원사와 그의 일을 꽃이 설명하려는 시도와 같음을 여러분이 이해하기 바란다. 스와미지로부터 많은 가르침을 받고, 그분이 수행하셨던 곳을 방문하면서 나는 이 이야기들이 빙산의 일각에 불과하다는 확신을 갖게 되었다.

이 책에는 영혼이 깃들어 있다. 나는 수없이 이 책을 읽으며 숙고했다. 그럴 때마다 새로운 것을 발견했고, 그것은 내 발전단계에 꼭 필요한 것이었다. 이 책은 독자들에게 각자의 수준에 맞게 말한다. 나는 이 책에 대해 더 이상 독자에게 설명하지 않으려 한다. 독자와 이 책의 메시지 사이에 장막을 칠 수도 있기 때문이다. 한 장 한 장에서 여러분은 스와미지와 다른 위대한 스승들의 존재를 경험할 것이다. 여러분도 그분들의 은총을 받고 필요한 것을 얻게 되기를 바란다.

판디트 라즈마니 티구나이트
Pandit Rajmani Tigunait

차례

북인도

Hunza

잠무&카슈미르

히말라야

Sonamarg
Amarnath Cave
Pahigam
SRINAGAR
Gulmarg
Martand

KASMIR HIMALAYAN MTNS.

티베트

Pathankot

Amritsar

Indus River

Indus River

SVEN HEDRIN MTNS.

펀자브

SIMLA

KAILAS

CHANDIGARH

Mana Pass
Suttei R.

Gangotri

Manasarowar L.

Jamnotri

KAMET

Rakas L.

LAND OF HANSA

Tibrikot

Muktinath

MA

Kedarnath
Badrinath

NANDA DEVI

Mussoorie

DHAULAGIRI

Saharanpur

Dehra Dun

Joshimath

Pithoragarh

ANNA

Hardwar
Rishikesh
Lansdowne
Almora

네팔

Naini Tal

DELHI

GARHWAL

라자스탄

Bijnor

Rampur

우타르프라데시

Agra

LUCKNOW

Kanpur

Ganges River

Allahabad

인도

인도

N

18

우타르프라데시 주

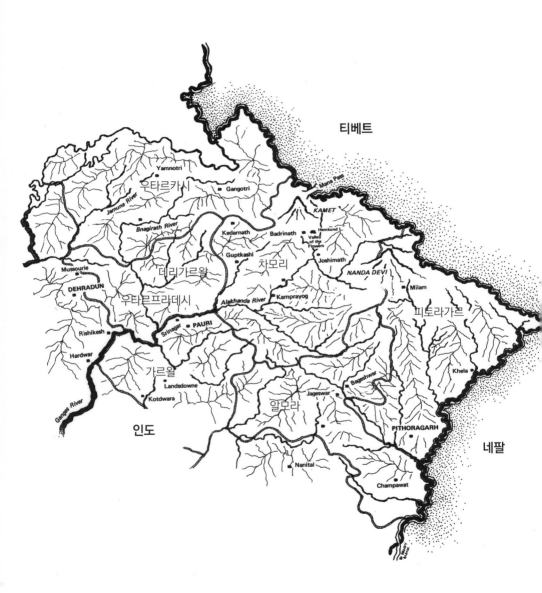

티베트

인도

네팔

당신의 연화좌 아래 바칩니다

이것은 나의 삶이 아니라 히말라야의 여러 성자들과 나의 사랑하는 스승님과의 체험담을 모은 선물입니다.

평화로운 어느 날 저녁, 문득 한 줄기 빛이 안개 사이를 뚫고 들어왔습니다. 내가 그 빛이 무엇을 뜻하는지 생각하는 순간, 스승님이 내게 성스러운 사랑을 보내신 것을 깨달을 수 있었습니다. 그리고 당신의 입술로부터 신의 이름이 흘러나와 내 운명에 새 빛을 비추어 주는 것을 나는 보았습니다. 그날 이후 내 가슴 깊숙한 곳에는 늘 불이 켜져 있어 제단 위 등불처럼 쉬지 않고 타오르고 있습니다.

당신이 아니라면 그 누가 나에게 '고통의 연꽃 위에 고요히 앉아 있는 기쁨'과 '세속의 모든 것을 송두리째 던져 버리고 할 말을 잊게 되는 환희'를 깨닫게 해 줄까요? 당신이 아니라면 그 누가 기쁨과 슬픔의 강물을 내 인생의 노래로 합류시켜 줄 수 있을까요? 당신의 메시지를 깨닫는 사람에게는 이 세상의 모든 두려움이 눈 녹듯 사라져 버릴 것입니다.

나는 오늘 다함이 없는 감사의 꽃이 되어 내 꽃잎들을 당신의 연화좌 아래 바치나이다.

스와미 라마
Swami Rama

21

At thy lotus feet

This is not my life but the gift
of experiences which I gathered from
the sages of the Himalayas and from
Thee, my beloved master.

One lonely evening it seemed
to me as if a ray of light all of a
sudden broke through the mist and
I wondered what it might mean.

The same eve thou gavest me
a glimpse of the love divine.

And then I heard His name
uttered from thy lips shedding a
new light over my destiny.

In the dark chamber of my
heart the lamp was lit which always

goes on burning like the lamp on the altar.

who has, like thou, mingled the strains of joy and sorrow into the song of my life, enabling me to realise " The joy that sits still on the lotus of pains and the joy that throws every thing it has upon the dust and knows not a word"?

To those who understand thy message there shall be no fear left on the earth.

Therefore today the flower of undying gratitude offers it's petals at thy lotus feet.

Swami Rama.

Part 1
히말라야에서의
영적 수행

유년기는 전 인생의 토대가 되는 시기다.
어린이의 마음에 뿌려진 씨앗은
삶이라는 나무에서 활짝 꽃을 피우게 된다.
그래서 어린 시절의 교육은 그 이후의 어떤 학교 교육보다 중요하다.
따라서 인간의 성장에서 이 시기에 주위의 가르침과 더불어
적절한 지도를 받는 것은 매우 중요한 일이다.

신성한 **산** 히말라야

　히말라야 산맥은 길이 약 2,500킬로미터에 걸쳐 장대하게 뻗어 있으며, 네팔과 티베트의 국경 지대에 우뚝 솟아 있는 해발 8,848미터의 에베레스트 산은 세계에서 가장 높은 산이다. 예로부터 페르시아, 인도, 티베트, 중국의 많은 시인과 종교인들은 저마다 히말라야 산맥의 장엄한 아름다움을 예찬해 왔다. 히말라야*Himalaya*란 눈을 뜻하는 '히마*hima*'와 고향 또는 근원을 뜻하는 '알라야*alaya*'라는 말이 합성된 산스크리트 어*로서, '눈의 고향'이라는 뜻을 갖는다. 나는 히말라야가 눈의 고향일 뿐 아니라 수많은 사람들에게 불멸의 요가 지혜와 영성靈性의 보고가 되어 왔다는 점을 상기시키고 싶다. 지금도 히말라야에는 고대의 풍부한 영적 전통이 보존되어 전해져 오고 있으며, 그것을 들을 수 있는 사람들에게만 그 지혜를 속삭이고 있다.

　나는 히말라야의 계곡에서 태어나 그 품에서 자랐다. 그리고 45년 동안 산속을 방랑하면서 성자들로부터 수많은 가르침을 받았다. 그들은 히말라야에서 살거나 그곳을 여행하는 성자들이었는데, 나는 그분들의 발아래에서 영적 지혜를 배웠다.

펀자브 히말라야에서 쿠마윤과 가르왈 히말라야까지 그리고 네팔에서 아삼에 이르기까지 또한 시킴에서 부탄과 티베트에 이르기까지 나는 일반 여행자들이 접근할 수 없는 금지구역의 구석구석까지도 두루 여행했다. 때로는 산소통이나 아무런 현대 장비도 없이 해발 5,800미터에서 6,000미터까지 올라가기도 했다. 몇 번이나 먹을 것이 떨어져 곤경에 처했고 부상을 당해 쓰러지기도 했지만 그럴 때마다 늘 알 수 없는 어떤 힘의 도움을 받아 소생하곤 했다.

나에게 히말라야는 영적인 부모와도 같다. 히말라야는 어머니의 품처럼 나를 길러 주었고, 세속과 다른 삶을 살도록 나를 이끌어 주었다. 내가 열두 살 되던 해, 어떤 성자 한 분이 고대 경전의 경구가 쓰인 나무껍질 보자 파트라*bhoja patra*를 주면서 나를 축복해 주었다. 거기에는 "세속적인 것에 뜻을 두지 말고, 영적인 길을 걸어가라."라고 적혀 있었다. 나는 그것을 늘 간직하였다.

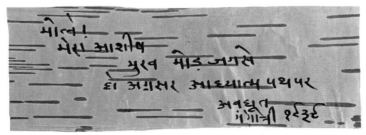

"세속적인 것에 뜻을 두지 말고 영적인 길을 걸어가라." – 강고트리의 어와드훗에서, 1939년

히말라야의 은빛 만년설이 수천 개의 시내로 흘러내리듯 나는 많은 성자들로부터 흘러넘치는 사랑을 받았다. 사랑이 내 인생의 인도자가 되고부터 나는 조금의 두려움도 없이 눈 덮인 히말라야의 동굴과 골짜기를 주유했다. 세상에 알려지지 않은 채 은둔생활을 하는 성자들

을 찾아다니면서 내 마음은 언제나 활기로 넘쳤다. 그리하여 내 인생의 한 순간 한 순간이 무어라 형용하기 어려운 영적 체험으로 풍성해져 갔다.

히말라야의 자애로운 성자들은 오직 자연에 대한 사랑과 만물에 대한 사랑, 전체에 대한 사랑밖에 몰랐다. 그들은 무엇보다 먼저 자연의 복음을 내게 가르쳐 주었다. 그리하여 나는 활짝 핀 꽃과 새들의 노래를 들었고, 심지어 아주 작은 풀잎과 관목의 뾰족한 가시에서 흘러나오는 음악에도 귀를 기울일 줄 알게 되었다.

모든 것에는 아름다움이 깃들어 있다. 만일 자연의 음악과 그 아름다움에 인간이 귀 기울이지 않았다면, 그 근원을 향하여 사랑을 추구하는 마음은 이미 오래 전에 사라졌을 것이다. 자연에서 그토록 풍성한 기쁨과 노래, 아름다움과 꿈의 원천을 발견하는 데는 어떤 심리적인 분석도 필요치 않을 것이다. 자연의 복음은 빙하에서 흘러내리는 시냇물과 백합으로 가득한 계곡, 꽃으로 뒤덮인 숲과 반짝이는 별을 통해 숨은 의미를 들려준다. 인간은 이를 통해 진리를 배우고 지고한 영광 속에서 그 아름다움을 바라볼 수 있다.

자연의 음악을 듣고 그 아름다움에 감응할 때, 한 사람의 영혼은 전체와 조화를 이루게 되며 그의 모든 말과 행위도 이 세상과 조화를 이루게 된다. 그러니 삶의 복잡함과 직면하기 전에 인간은 자연을 사랑하는 것부터 배워야 한다. 그러면 새벽의 여명이 밝아 오듯이 어떤 계시가 찾아올 것이다. 태양이 떠오르면 어둠과 안개가 사라지듯 삶의 고뇌 역시 사라지게 된다. 불멸의 자각과 함께 죽음도 사라지며, 죽음의 선물인 이별과 비애의 고통도 넘어서게 된다. 고뇌의 근원인 죽음 앞에서도 인간은 영원과 하나가 되는 것을 배우게 되는 것이다.

소박함 속에 담긴 자연의 심오한 뜻을 음미할 줄 아는 사람은 자연과 만날 때 저절로 그의 섬세한 감각이 감응하게 된다. 영혼을 떨리게 하는 이런 체험은 갠지스 강의 잔물결 소리와 휘몰아치는 바람소리, 나뭇잎이 살랑거리는 소리와 천둥소리와 같은 자연의 교향악과 완전한 조화를 이룬다. 영혼의 빛이 밝아 오면 모든 장애는 사라진다. 그는 단숨에 산꼭대기로 올라가 광막한 지평선을 바라보게 된다. 깊은 침묵 속에 사랑의 원천이 숨어 있다. 믿음의 눈만이 그 사랑의 빛을 볼 수 있다. 지금도 내 귀에 생생히 울리고 있는 자연의 음악은 내 삶의 노래가 되었다.

성자들은 이러한 자연과의 교감을 통해 인류가 이 우주와 조화를 이룰 수 있게 해 준다. 그들은 인류에게 자유와 행복으로 가는 길을 밝히는 지혜의 빛을 보여 준다. 그들은 또한 이 세상이 한낱 그림자와 헛된 미망에 불과하다는 것을 깨닫게 해 준다. 인류는 성자들을 통해 이 우주가 완전한 조화를 이루고 있다는 깨달음을 얻게 되는 것이다.

"진리는 황금빛 원반에 가려져 있습니다. 오, 신이시여! 그 가리개를 거두어 저희가 진리를 볼 수 있게 하소서!"

히말라야의 성자들이 가르친 사랑의 복음이야말로 전 우주가 빛과 생명과 아름다움의 원천이라는 것을 깨닫게 해 준다.

어린 시절에 나는 카일라스Kailas 산 아래 앉아 마나사로와르 호수의 빙하가 녹은 물을 마시곤 했다. 강고트리와 케다르나트에서는 위대한 어머니인 자연이 키운 채소와 식물의 뿌리를 자주 요리해 먹었다. 히말라야의 동굴에서 생활하는 것은 매우 즐거웠다.

나는 낮 동안에 자주 산을 누비고 다녔고, 해가 지고 어둠이 깔릴 때쯤 동굴로 돌아오곤 했다. 그 당시의 내 일기는 히말라야의 성자나 요

케다르나트의 사원

기[*] 및 여러 영적 스승들과 만난 체험으로 가득 차 있다.

히말라야는 산디야 바샤*Sandhya Basha*라는 영혼의 언어가 탄생한 땅
이다. 몇몇 현대 학자들이 이것을 '황혼의 언어'라고 부르며 해석을 시
도했다. 그러나 실제 내가 배운 바는 현대 학자들이 생각한 개념과는
전혀 다르다. 산디야 바샤는 극소수의 운 좋은 요기와 성자들만 사용
하는 순수 요가 언어다. 철학적으로 그리고 원칙적으로 산디야 바샤는
산스크리트 어와 아주 비슷하다. 산디야 바샤의 모든 단어는 근원적인
소리부터 의미로 가득 차 있기 때문이다. 산디야 바샤는 오직 영적 분
야의 토론에서만 사용 가능하며 세속적인 일에 관한 표현은 존재하지
않는다.

해와 달이 만날 때, 밤과 낮이 만날 때 그리고 이다[*]와 핑갈라가 고
르게 흐를 때 이러한 합일을 산디야*sandhya* 또는 수슘나[*]라고 부른다.

산디야 바샤는 수슘나라는 모체의 자궁에서 탄생했다. 수슘나가 열려 있는 동안 요가 수행자는 각성상태 중에서도 가장 큰 기쁨을 체험하며 다른 사람들이 알아듣기 힘든 말로 이야기한다.

니룩타*Nirukta*라 불리는 베다의 문법은 산스크리트 어와는 다르기 때문에 베다를 암송하는 고유한 지식은 서서히 사라져 가고 있다. 산디야 바샤의 문법은 전적으로 소리에 달려 있는데 이에 대한 지식 또한 사라져 가고 있다. 고전 음악가가 소리와 음조로 선율을 만들 듯이 산디야 바샤에 사용되는 음으로도 선율을 만들 수 있는데 그것을 신들의 언어라 한다.

아침, 저녁으로 히말라야 산 위에 앉아 있노라면 산 전체에 가득 넘치는 아름다움을 느낄 수 있다. 당신이 만약 영적인 사람이라면 이 아름다움이 바로 신의 형상이라는 것을 깨달을 수 있을 것이다. 그래서 힌두철학에서는 신을 사티얌*Sattyam*, 시밤*Shivam*, 순다람*Sundarram* 즉 진리, 영원, 아름다움이라고 하지 않는가!

히말라야는 신들의 나라다. 히말라야의 여명 즉 우샤*usha*와 황혼, 산디야*sandhya*는 단순히 지구 자전에 의해 생기는 자연 현상이라기보다는 깊은 상징적 의미가 담겨 있다. 아침, 낮, 저녁, 밤의 히말라야는 각기 무어라 형용하기 어려운 독특한 아름다움을 뿜어낸다. 햇빛이 산을 비추는 각도에 따라 아침에는 은빛, 낮에는 황금빛, 저녁에는 붉은 빛으로 물들며 하루에도 몇 번씩 산은 색깔을 바꾼다. 어찌 말로써 이 아름다움을 다 표현할 수 있을까? 그것은 오직 가슴의 언어로 느낄 수 있을 뿐 말로는 입술 밖으로 쏟아 낼 수 없을 것이다.

히말라야는 너무도 장엄해서 필설로는 그 아름다움을 다 묘사할 수 없고 다만 어렴풋이 산의 장관에 대해 이야기할 수 있을 뿐이다. 히말라야의 아침은 너무도 고요해서 보는 이를 저절로 침묵에 잠기게 만든다. 그런 이유로 히말라야에 사는 사람들은 명상가가 되는 것이리라.

내가 동굴에서 살았을 때 아침이면 떠오르는 태양을 안은 여명이 마치 따사로운 어머니처럼 나를 깨워 주었다. 햇빛은 부드럽게 동굴 입구로 스며들어 왔다(동굴에는 스승의 밑에서 우파니샤드의 지혜를 공부하는 요기들이 몇몇 있었다). 저녁 무렵, 날씨가 맑아져서 태양이 구름을 뚫고 나오면 마치 위대한 화가인 신이 눈 덮인 산 정상에 수만 빛깔 물감을 뿌리고 있는 것 같은 장관이 펼쳐진다. 그것은 예술가의 섬세한 손가락이 세상의 그 어떤 붓과 물감을 가지고도 결코 그려내지 못할 장관이다. 티베트, 인도, 중국, 페르시아의 예술가들은 히말라야의 아름다움에 어느 정도 영향을 받았으리라.

나도 그림을 그리려고 몇 번 시도해 보았지만, 그 그림이라는 것이 마치 어린이가 마구 휘갈겨 놓은 것처럼 엉망이 되고 말아서 결국 붓을 놓아 버리곤 했다. 가슴으로 감응하여 나온 작품이 아니라면 그 아름다움이란 인간적 기교 수준에 머물고 말 것이다. 자연을 통해 펼쳐지는 더 높은 수준의 아름다움에 눈뜰 때 진정한 예술가가 탄생한다. 한 예술가가 모든 아름다움의 근원을 깨닫게 될 때, 그는 그림을 그리는 대신 시를 짓기 시작할 것이다. 붓과 물감으로는 그처럼 섬세한 영혼의 깊이에 접근할 수 없으며 영적 아름다움은 더욱 깊고 신묘한 수준에서 표현되어야 하기 때문이다.

히말라야의 가장 오랜 여행자는 벵골 만에서 불어오는 구름이다. 대양에서 몰려오는 이 몬순 구름은 눈 덮인 히말라야 산 정상까지 올라갔다가 깨끗한 눈을 잔뜩 머금고 다시 들판으로 내려온다. 이 구름은 메마른 인도 땅에 축복을 내려 준다. '동양의 셰익스피어'로 알려진 위대한 산스크리트 시인 칼리다사Kalidasa는 이 구름에 대해 많은 시를 지었다. 그 중에서 뛰어난 시를 모은 것이 바로 《메가두타Meghadoota》다. 이 시에서 칼리다사는 히말라야에 포로로 잡혀 있는 애인에게 소식을 전하는 방법으로 구름을 사용하고 있다.

인도의 대서사시 《라마야나Ramayana》와 《마하바라타Mahabharata》에서도 구름을 히말라야의 순례자로 비유한 찬양으로 가득 차 있다. 《마힘나 스토트라Mahimna-stotra》 같은 산스크리트 시가에서도 여행자가 히말라야를 오르내리는 것을 구름에 비유해 노래하고 있다. 나도 좋은 솜씨는 아니지만 시와 노래를 짓곤 했다. 인도의 고전음악은 히말라야 산꼭대기의 소녀들이 부르던 아름다운 노래에서 파하리Pahari와 같은 선율을 빌려 왔다. 히말라야는 시인과 예술가, 음악가와 여행자들에게 늘 불가사의한 존재로 남아 있지만 준비된 사람에게는 아주 중요한 메시지를 전해 준다. 오직 신비주의자만이 놀라운 히말라야의 비밀을 열어 볼 수 있는 것이다.

나는 길들인 곰을 데리고 산을 돌아다녔는데 이 녀석은 내게 아주 충직했다. 이 애완곰은 나를 좋아하더니 마침내 나에 대한 소유욕이 대단해졌다. 녀석은 사람들을 해치려 들지는 않았지만 내 근처에 오는 사람은 당장이라도 때려눕힐 기세였다. 나는 이 곰을 '볼라'라고 불렀는데 그 시절 볼라는 내 가장 가까운 친구였다. 이 곰은 11년 동안 내가 기거하는 동굴 근처에 살면서 늘 내가 밖으로 나오기를 기다렸다.

내가 곰에게 애착을 갖는 것을 좋아하지 않았던 나의 스승은 곰 조련사라고 부르며 종종 나를 놀렸다. 아침이면 나는 볼라와 함께 동굴에서 7~9킬로미터쯤 떨어진 산꼭대기로 올라가곤 했다. 볼라와 내가 함께한 시간의 기억은 내 일기장 곳곳에 남아 있다.

9월 중순이 지날 무렵이면 히말라야에 눈이 내리기 시작한다. 그런데도 나는 성모*의 찬가를 부르면서 정상 근처까지 걸어 올라가곤 했다. 그럴 때 내 삶은 우리의 전통을 따르는 사람들을 위한 것이라는 생각이 이따금 들었다. 나의 개성에 대해 나는 무관심했지만 내가 따르는 성자들의 전통에 대해서는 너무나도 잘 의식하고 있었던 것이다. 나는 여러 차례 계율을 어기고 반항적으로 되기도 했으나 그때마다 늘 용서를 받았다.

그 시절, 나는 여러 번 심원한 영적 체험을 하게 되었다. 때로 나는 왕관 없이도 왕이 된 듯한 기분에 젖기도 했다. 사람들과 접촉하지 않은 관계로 나는 평온한 유년기를 보낸 셈이다. 나는 자연이 무척 평화롭다는 것을 깨달을 수 있었다. 자연은 자신을 거스르는 사람에게만 해를 줄 뿐, 그 아름다움을 찬미하는 사람에게는 지혜를 가르쳐 준다. 이러한 사실은 히말라야에서는 더욱 명백히 드러난다.

히말라야에는 수많은 꽃들이 만발한다. 시적 감수성이 풍부한 사람들은 눈 덮인 산 정상에서 꽃으로 뒤덮인 산비탈을 내려다보면서 마치 제자가 스승께 바치는 화환처럼 보인다고 말한다. 나는 자연의 꽃밭에 앉아 이 아름다움을 가꾸는 정원사를 찾기라도 하듯이 하늘을 쳐다보곤 했다.

히말라야 기슭에서 피어나는 꽃 가운데 가장 아름다운 것은 백합과 난초다. 겨울이 끝나면 수백 종류의 백합이 만발하는데, 때로는 눈이 녹기도 전에 피어난다.

아름다운 분홍 백합은 6월에서 7월까지 해발 2,000~3,000미터에 걸쳐 자라는데, 강고트리의 갠지스 강과 합류하는 루드라가로 강둑에서도 발견된다. 이 백합종은 보자 바사에 있는 나무들 아래서도 자란다.

강고트리와 고무크 사이에 있는 쉬블링 암봉

해발 1,200~1,800미터 높이에 서식하는 히말라야의 난초는 그 어떤 꽃보다도 수려하다. 내가 본 것 중 가장 커다란 난초는 무게가 약 3킬로그램 정도였다. 히말라야에서 피는 난초 중 몇몇 품종은 네팔의 카트만두에서 조금 떨어진 곳의 온실에서 재배되기도 한다. 그러나 아직도 원예가의 눈에 발견되지 않은 난초의 종류는 수없이 많다. 난초가 꽃을 피우는 계절이 되면 꽃봉오리들은 고집스럽게 머뭇거리며, 만개하기까지 때로는 6~7일 가량이 걸리기도 한다. 난초 꽃은 놀라울 정도로 아름다운데 꽃 피는 시절은 두 달 반 정도 지속된다.

산선인장 꽃은 달빛이 비치는 밤에 홀연히 피어난다. 그 꽃은 햇빛을 부끄러워해서 해가 뜨기 전에 꽃잎이 오므라들어 버린다. 나는 즙을 약용으로 쓰는 25종의 선인장을 알고 있다. 내가 들은 바에 의하면 소마*는 해발 3,400~5,500미터에서 자라는 다즙식물 중 하나라고 한다.

히말라야의 수많은 꽃무리 중에는 150종의 철쭉도 있다. 대부분은 분홍색과 빨간색인데, 어떤 종류는 꽃잎이 여러 색깔이다. 가장 눈에 잘 띄는 것은 청색과 흰색이다. 여름철이 되면 계곡 전체가 철쭉꽃으로 장식되는 장관을 볼 수 있다.

히말라야에서 꽃의 여왕은 힘카말Himkamal이다. 매우 희귀한 이 꽃은 차가운 눈 속에서 피어나기에 설련화雪蓮花라고도 부른다. 하루는 산을 헤매다가 바위 사이에서 반쯤 눈에 묻힌 채 피어 있는 접시만한 크기의 설련화를 발견했다. 그것을 바라보다가 내 마음은 어느새 그 아름다움 속으로 빠져들고 말았다. 나는 꽃에게 말했다.

"너는 왜 여기에 혼자 있는 것이냐? 너의 아름다움은 모두에게 찬미받아야 한단다. 그러니 꽃잎이 시들어 땅에 떨어지기 전에 누군가에게 너를 바치지 않겠느냐?"

산들바람이 불어와 줄기를 흔들자 꽃은 몸을 떨었다. 그러더니 나에게 고개를 숙이면서 "왜 내가 홀로 있는 것이 고독하다고 생각하세요? 한 존재 안에는 모든 것이 담겨 있어요. 이 높이를, 이 순수를, 푸른 하늘 우산이 받쳐 주는 이 보금자리를 나는 즐기고 있답니다."라고 대답했다.

나는 이 아름다운 꽃을 뿌리째 가져다가 스승께 바치고 싶었다. 내 삶을 이 꽃과 비교하면서 나는 마치 무책임한 장난꾸러기 아이처럼 "내가 널 꺾으면 어떻게 될까?" 하고 말했다. 그러자 설련화는 대답했다.

"기쁘겠지요. 내 향기가 온 사방으로 퍼져 나갈 테고, 그러면 내 삶의 목적이 이루어질 테니까요."

나는 설련화를 뿌리째 뽑아다 스승께 바쳤다. 그러나 스승께서는 이를 탐탁지 않게 여기셨다. 스승은 예배 의식에 쓰는 것 외에는 숲에서 꽃을 꺾는 것을 달가워하지 않으셨다. 아름다움이란 찬미해야 하는 것이지 파괴하거나 소유하는 것이 아니라 하셨다. 그 후로 나는 다시는 꽃을 꺾지 않았다. 마치 어머니인 자연의 품에서 어린아이를 빼앗은 것 같은 느낌이었기 때문이다. 심미적 감각은 자연의 아름다움에 감사할 때 비로소 깨어난다.

홀로 있음을 온전히 누리기 위해 나는 자연을 찬미하면서 온 산을 이리저리 헤매고 다녔다. 가끔은 눈 덮인 시냇가로 내려가 물결이 서로 부딪치며 흘러가는 것을 바라보았다. 빙하의 꼭대기에서부터 달려오는 강과 시내는 마치 풀어헤친 긴 머리채 같았고 시냇물이 내는 음악소리는 마음을 더없이 상쾌하게 만들어 주었다. 나는 바다를 향해 끊임없이 흘러가는 강물을 바라보면서 삶을 생각했다. 흘러간 물은 다시 돌아오지 않고 새로운 물줄기가 뒤를 따른다. 그것은 영원한 삶의 흐름과 같다. 나는 한동안 빙하로부터 눈 녹은 물이 흘러내려 폭포를 이루는 것을 바라보았다. 강 양편으로는 달빛에 반사된 눈이 은빛 장관을 이루고 있었다.

갠지스 강이 흐르는 히말라야의 산기슭에 살 때 나는 종종 바위에 앉아 푸른 하늘을 보거나 모래 위에 드리운 은은한 달빛을 바라보았다. 저 멀리 보이는 마을의 작은 집들이 등불을 밝히고 있었고 구름이 흩어지면 밤하늘의 별들이 마치 수백만 개의 등불을 켜놓은 것처럼 반짝였다. 끝없이 이어지는 별들의 행진은 인간의 상상력을 넘어서는 아름다움 그 자체였다. 그 아래 지구에서는 히말라야의 산들이 별들의 축제를 조용히 즐기고 있었고 어떤 별은 산봉우리 사이에서 마치 숨바꼭질을 하고 있는 것 같았다. 만년설로 뒤덮인 산봉우리와 눈 덮인 시내가 별빛을 받아 환하게 빛나고 있던 모습을 나는 오늘날까지도 생생하게 기억한다.

저녁 무렵이면 눈 덮인 두 산마루 사이를 흐르는 갠지스 강 위로 흰 구름이 두꺼운 누비이불을 만들고 동트기 전에는 안개가 하얀 담요처럼 갠지스 강을 덮곤 했다. 매일 아침 일찍 갠지스 강으로 달려가 목욕을 할 때면 햇빛 또한 성스러운 갠지스 강물을 마시러 달려오는 듯했다. 그 속에 얼굴을 담그면 수정처럼 맑은 강물이 눈을 어루만지고 정신이 번쩍 들게 해 주었다.

카일라스 산기슭의 마나사로와르 호수로부터 수많은 강줄기가 시작된다. 히말라야에서 흘러내리는 강 중에 가장 독특한 것은 갠지스 강이다.

강고트리의 빙하로부터 흘러내리는 갠지스 강물 속에는 매우 영양이 풍부하고 약효가 뛰어난 미네랄이 함유되어 있다. 갠지스 강가에

갠지스 강의 원류인 바기리티 산정의 빙하

사는 사람 중에 피부병이 있는 사람은 없다. 집집마다 갠지스 강물을 담은 물병을 간직해 두었다가 죽어 가는 사람에게 준다.

　갠지스 강물은 병에 담아 두더라도 상하지 않으며 그 속에서는 박테리아가 살아남지 못한다고 한다. 먼 옛날, 콜카타에서 런던으로 항해하는 배에 실린 갠지스 강물은 그대로였지만 런던에서 콜카타로 항해하는 배에 실린 템스 강물은 쉽게 상한다는 사실을 선원들이 알게 되었다. 그래서 세계 곳곳의 과학자들이 이 특이한 강물의 화학 성분과 미네랄을 분석했다. 저명한 인도인 과학자 자그디시 찬드라 보세Jagdish Chandra Bose 박사는 갠지스 강물을 분석하고 난 뒤 이렇게 결론지었다.

　"이 강물과 같은 물은 세계 어느 곳에도 없다. 갠지스 강물에 함유되어 있는 미네랄은 많은 병을 치유할 수 있는 강력한 약효를 지니고 있다."

그러나 갠지스 강이 평원으로 내려오면 다른 많은 강과 시내의 오염된 물과 합류하고 만다. 어떤 마을 사람들은 시체를 강물에 던지면 그 영혼이 천국에 간다고 믿는다. 나는 썩은 물을 마시면서 그것을 신성하다고 하는 태도에는 찬성하지 않는다. 나의 스승께서는 갠지스 강에서 목욕하거나 그 물을 마심으로써 죄가 씻어진다고 믿는 어리석음을 범하지 말라고 당부하셨다.

스승께서는 카르마*에 대해 가르쳐 주시면서 이렇게 말씀하셨다.

"각자의 카르마의 열매를 거두어야 한다. 카르마의 법칙은 피할 수 없는 것이며, 누구나 심은 대로 거둘 것이다. 그러니 집착하는 마음이나 싫다는 마음을 내지 말고 너의 할 일을 잘 마치도록 하여라. 그리고 그 어떤 것도 너의 나쁜 카르마를 씻어 줄 수 있다고 믿지 말라. 강에서 목욕하고, 성소를 찾아 이리저리 순례를 다닌다고 해서 카르마의 굴레에서 벗어날 수 있는 것은 아니다. 그런 믿음은 미신일 뿐이다."

히말라야에서 흘러내리는 강물은 대지를 풍요롭게 가꾸어 수많은 인도인들을 먹여 살린다. 그러나 히말라야에서는 광물이 별로 나지 않기 때문에 산업 전반에 충분한 자원을 공급해 주지는 못한다고 한다. 나 역시 히말라야가 경제적으로 풍부한 자원을 제공하는 것은 아니라는 데 동의한다. 히말라야는 성산聖山으로서 은자들에게 보금자리를 제공할 뿐이지 물질적인 부와는 거리가 멀다. 물질적인 부를 추구하는 사람들이 경제적인 이유로 히말라야를 탐사한다면 실망하고 말 것이다. 하지만 인도 전역의 식수와 관개의 근원은 히말라야다. 인도의 정책 연구가들은 이런 주요 자원에는 눈길을 돌리지 않고 있다. 어쨌든 히말라야의 주민들은 그들의 땅을 개발하지 말고 그대로 놔 둘 것을 바란다. "우리를 착취하지 마시오. 멀리서 그냥 바라보기만 하시오."

라는 말을 나는 이미 수차례나 들어 왔다.

마을의 경제는 가까운 고지대에서 경작된 보리와 밀, 렌즈 콩을 비롯해서 버펄로, 양, 소, 그리고 조랑말과 염소 등으로 유지된다. 펀자브와 카슈미르, 쿠마윤과 가르왈 히말라야에 사는 주민들은 공통적인 특성을 가지고 있다. 그들은 가난하지만 정직하다. 마을 사람들은 도둑질이나 싸움을 하지 않는다. 집집마다 문을 잠그지 않을뿐더러 그럴 필요조차 없다. 군데군데 순례지가 있다. 만약 당신이 높은 산에 있는 성소에 올라가다가 지갑을 떨어뜨렸더라도 다시 그곳에 가 보면 지갑이 그대로 있는 것을 볼 것이다. 그들은 허락 없이 다른 사람의 물건에 손대는 것을 좋아하지 않는다. "뭐 하러 다른 사람 물건을 가지겠습니까?"라고 그들은 되물어 올 것이다. 그들은 욕심이 없다.

마을 사람들은 등불을 밝히기 위한 기름과 음식에 넣는 소금만을 평지에 사는 사람들에게 의존한다. 그들은 순수하고 상냥하며, 그곳의 삶은 매우 평화롭다. 그들은 증오를 모르며, 평지로 내려오는 것을 꺼린다. 평지에 내려왔을 때 그들은 평지 사람들의 음모와 위선에 불편함을 느낀다. 히말라야 산자락 대부분은 현대 문명의 영향을 받고 있으며, 거짓말과 도둑질이 성행한다.

현대 사회는 기술적으로 진보되고 문명이 발전되기는 했지만 그 알맹이는 양식 진주처럼 인위적이다. 오늘날에는 진짜 진주와 같은 가치를 지닌 문화는 아주 드물다. 현대인은 발달된 문명으로 인해 자연과 단절되었기 때문에 점차 나약해지고 있다. 현대 문명 속에서의 삶이란, 다른 사람에게 봉사하기 위한 것이 아니라 과시하기 위한 것이 되었다. 그러나 만약 당신이 산으로 간다면 당신의 신분이 무엇이든지 산사람들은 이렇게 말을 걸어 올 것이다.

"식사하셨습니까?"

"머물 장소는 마련해 두셨습니까?"

당신이 친구거나 나그네거나 간에 그들은 항상 그렇게 물을 것이다.

가르왈과 쿠마윤 산맥에 사는 주민들은 교양 있고 지성적이며 친절하다. 캉그라 계곡과 가르왈의 예술은 펜으로 그린 독특한 색감의 작품으로 유명하며 몇몇 지역의 교육 수준은 인도의 다른 지역들에 비해 높다. 이곳 여러 지역의 성직자들은 밀교와 결합된 점성술에 대해 잘 알고 있기 때문에 평지에서 올라온 여행객들은 이들의 지식에 놀라곤 한다.

이곳 사람들은 자연과 더불어 사는 소박한 삶을 영위하고 있다. 그들은 나무로 지은 예쁜 집에서 살면서 스스로 옷을 지어 입는다. 저녁에는 모여서 함께 찬가를 부르고 또 아름다운 선율의 노래를 부른다. 그들은 구성진 가락의 민요를 부르면서 그에 맞추어 함께 춤을 춘다. 산지의 북 치는 고수들은 솜씨가 아주 빼어나며, 목동과 아이들은 대나무 피리와 입풍금을 불며 다닌다. 가축들에게 먹일 풀과 땔감을 구하러 산으로 갈 때 소년소녀들은 으레 노래를 지어 부른다. 어린이들은 공놀이를 하면서 스스로 삶을 즐기는 방법을 잘 알고 있다. 부모와 연장자에 대한 존경은 히말라야 문화의 두드러진 특징 중의 하나다.

해발 1,300~2,000미터에서 자라는 나무는 대부분 떡갈나무와 소나무 그리고 다양한 종류의 전나무다. 높은 산악지역에서는 보자 파트라가 자라는데, 이 나무의 껍질은 마을 사람들이 그들의 경험과 예배 방식 그리고 약초의 사용법 등을 적는 데 사용된다. 마을 주민들은 여러 가지 유용한 약초에 대해 어느 정도는 알고 있다. 카슈미르에서 펀자브, 네팔 그리고 시킴에 이르는 지역의 모든 마을은 인도 군대에 강인하고 건강한 용병을 제공하는 것으로 평판이 높다. 이곳 주민 중에는 백 살 이상 사는 사람이 흔하다.

파키스탄의 산악지역에 사는 히말라야 주민들은 훈자Hunza로 불리는데, 이들은 육식을 한다. 그러나 인도의 히말라야 산악지역에 사는 주민들은 함사Hamsa로 불리며 채식을 한다. 함사라는 말은 백조를 뜻하며, 이것은 인도 신화에서 종종 상징으로 사용된다. 백조는 우유와 물이 섞인 음료에서 우유만 분리해서 마실 수 있는 능력을 가진 것으로 알려져 있다. 이와 비슷하게, 이 세상은 선과 악이라는 두 가지의 요소가 섞여 있다. 현명한 사람은 선을 취하고 악을 버린다.

이곳에서는 샥티*를 숭배하는 것이 두드러진 전통이며, 모든 마을에는 작은 사원이 한두 개 있다. 그렇지만 성자들은 마을 사람들처럼 집단을 이루며 살지 않고 이곳저곳을 두루 여행한다. 마을 사람들은 이런 성자들을 정중하게 대하며, 그들에게 음식과 거처할 곳을 마련해 준다.

인도의 여러 지역은 물론 다른 문화권에서도 온 이들 성자는 동굴이나 나무 아래, 풀로 지은 오두막 같은 곳에서 생활한다. 이들이 머무는 장소는 성소로 받들어지는데, 마을 사람들이 사는 곳과는 멀리 떨어져 있다. 여기에는 적어도 한 명 이상의 성자가 늘 거주하고 있는데, 마을 사람들은 그들에게 필요한 최소한의 생필품을 제공해 준다. 방랑하는 사두*나 요기가 지나가도 마을 사람들은 자신들이 가진 음식을 기꺼이 그들에게 제공한다. 마을 사람들은 손님을 맞이하는 것을 좋아하며 그들과 쉽게 친구가 된다.

히말라야를 여행하던 시절에 나는 마을 사람이나 그 지역 관리들과 함께 지내는 것을 즐기지 않았으며, 오히려 현자들이 사는 은둔처나 동굴이나 초막에서 머물기를 좋아했다.

히말라야 산맥은 문화적으로는 결코 장애물이 아니며, 산맥의 양쪽에 위치한 나라들 사이에 장벽을 만들지도 않는다. 히말라야의 수많은 마을 공동체와 몇몇 나라는 아주 특이한 생활방식을 보이는데, 이는 인도와 티베트 그리고 중국의 문화가 기묘하게 뒤섞인 데서 유래한다. 히말라야의 여러 지역에서는 서로 다른 언어가 사용되고 있다. 나는 한때 네팔 어, 가르왈 어, 쿠마운 어, 펀자브 어를 할 수 있었고 티베트 어도 조금 알았지만, 카슈미르 어는 배운 적이 없다. 이들 지역의 언어를 앎으로써 나는 그 지역의 영적 지도자와 약초 전문가를 사귈 수 있었다.

7월은 히말라야를 여행하기에 가장 좋은 계절이다. 그 무렵이면 눈과 빙하가 녹아 수천 갈래의 물줄기가 흘러내리고 시냇물은 싫지 않을

히말라야 산간 마을의 계단식 밭

정도로 차갑다. 히말라야에서의 위험한 요소는 오늘날도 여전하지만 빙하와 눈사태에 대해 잘 알고 신중하게 행동한다면 편안하게 여행할 수 있다. 눈사태와 급류, 가파른 절벽은 곳곳에서 여행자의 앞을 가로 막는다. 그럼에도 불구하고 미지의 지혜를 구하는 구도자들에게 히말 라야의 영적인 보고寶庫는 언제나 동경의 대상이 되어 왔다.

몇 천 년 전부터 수백 명의 티베트와 중국의 승려들이 불교 서적을 구하러 인도로 건너왔다. 대승 불교는 히말라야를 거쳐 티베트로 전파 되었다가 다시 중국으로 건너갔다. 불교는 중국의 문화와 종교에 지대 한 영향을 미쳤다. 선禪은 불교의 한 흐름으로서 중국을 거쳐 일본으 로 넘어갔다. 원래의 가르침은 10세기 이전에 티베트와 중국을 여행한 인도의 스승들이 전해 주었다.

도교와 유교의 신봉자들은 히말라야의 스승들을 숭배하였는데, 그 들은 히말라야 산을 여행하면서 그곳의 스승들로부터 많은 지혜를 얻 었다. 도교가 강조하는 무위無爲의 원리는 《바가바드 기타Bhagavad Gita》 에서 명확하게 이론화되어 있다. 초기 인도 철학에 분명히 존재했던 니르바나*의 개념은 티베트, 몽골, 중국 그리고 일본의 모든 지역에 영 향을 주었다. 오늘날 티베트는 공산주의 사회가 되었으며, 고대의 지 혜와 문화는 소멸되고 있는 것처럼 보인다. 그렇지만 달라이 라마와 그의 추종자들은 인도의 히말라야 산자락으로 이주하여 티베트의 지 혜와 문화를 세상에 전하고 있다.

히말라야는 내가 직접 뛰어다니면서 내 인생의 정수를 얻은 곳이다. 45년 동안 스승의 보살핌 속에서 성자들과 만난 경험은 여러 생을 산 뒤에 얻은 경험만큼이나 귀한 것으로 가득 차 있다. 그것이 가능했던 것은 모든 것을 나 스스로 결정하고 행하도록 배려해 주신 스승의 넘치는 사랑 덕택이었다. 계속되는 여러 체험과 성자들에게서의 배움은 내적인 자각의 불이 꺼지지 않도록 나를 이끌어 주었다.

나는 당신에게 어떻게 내가 자랐으며 어떤 수련을 받았는지에 대한 이야기와, 내게 가르침을 주신 위대한 성자들의 이야기를 나 자신의 생생한 체험을 통해 들려주려고 한다. 여기의 이야기들은 그러한 체험의 모음집이며 나의 이런 경험들이 다른 사람들에게도 도움이 되기를 바란다.

세상에 어떤 이야기를 하고 싶을 때마다 나는 이 세상이 곧 하나의 이야기라는 생각이 든다. 나는 언제나 제자들에게 이렇게 말한다.

"이 세상에 내 것이라는 것이 무엇이며, 그대에게 내가 내주지 못할 것이 무엇이 있겠는가?"

나의 영적 체험담에서 당신의 성장에 도움을 주는 것이 있다면 그것을 배우고 실행해 보기 바란다. 그리고 당신의 이해가 닿지 않는 것은 그냥 넘겨 버리기를……. 지나간 일을 회상하니 히말라야가 나를 부르는 소리가 지금도 생생히 울려 퍼진다.

스승과의 인연

나의 아버지는 유명한 산스크리트 학자였다. 아버지는 매우 고귀한 영성을 타고 나신 듯했다. 동네의 브라흐만*들은 아버지와 상의를 하거나 함께 공부를 하기 위해 자주 우리 집에 찾아오곤 했다. 나의 부모는 너그러운 인품의 소유자였고 꽤 부유한 지주였다. 아버지는 직접 농사를 짓지 않고 일꾼들을 고용해서 땅을 경작하셨다.

한번은 무려 여섯 달 동안이나 아버지의 행방이 묘연한 적이 있었다. 가족은 아버지가 돌아가셨거나 출가하셨을 거라고 생각했다. 사실 아버지는 자신의 영성 수련이 난관에 부딪혔기 때문에 그것을 해결하려고 장기간의 명상 수행에 들어갔던 것이다. 아버지는 하르드와르에서 그리 멀지 않은 만사데비의 숲 속에서 용맹정진을 하고 계셨다. 마침 여행 중이던 성자 한 분이 만사데비를 지나다가 아버지가 체류하고 있는 곳에 도착하게 되었다. 그 성자를 보는 순간, 아버지는 그토록 오랫동안 만나기를 열망해 왔던 자신의 구루데바*가 바로 그분이라는 것을 느꼈다.

깊은 인연이 있는 스승과 제자가 지상에서 처음 만나게 될 때, 두 사람의 가슴이 저절로 열리는 일이 가끔 있다. 이러한 영혼의 깊은 만남은 단 한 번 얼핏 서로의 눈을 바라보는 것만으로도 일어날 수 있다. 그때부터 행위와 말을 초월한 교감이 이루어지기 시작한다. 그분이 바로 나중에 나의 스승이 되신 분이다. 스승께서는 7일 동안 곁에 머물면서 아버지를 이끌어 주시고 나서 이제 집으로 돌아가라고 아버지께 분부하셨다.

한편, 남편의 귀향을 갈망하던 나의 어머니는 간절한 고행 수련을 하고 있었다. 집으로 돌아온 아버지는 어머니께 만사데비에서 스승을 만났다는 이야기를 해 주었다. 아버지는 또 늦은 나이지만 아들을 낳을 것이며, 그 아들도 아버지와 같이 자기를 따를 것이라고 스승께서 예언했다는 말도 전해 주었다. 그때 아버지가 60세, 어머니가 43세였다.

2년 후, 스승께서는 히말라야에서 내려와 우타르프라데시 주의 해발 1,700미터 언덕에 있는 아버지의 집으로 찾아오셨다. 스승께서 도착했을 때, 마침 아버지는 식사 중이었다. 대문에서 스승을 맞이한 어머니는 그분이 누군지 모른 채 남편이 식사 중이며 자신이 시중을 들고 있으니 잠시 기다려 주십사고 말했다. 손님이 왔다는 이야기를 듣고 아버지는 식사를 멈추고 문 밖으로 달려 나왔다. 그러자 스승께서는 이렇게 말씀하셨다.

"대접을 받으러 온 게 아닐세. 자네에게 부탁할 것이 있어서 왔네."

"제가 가지고 있는 것은 모두 스승님의 것입니다."

아버지의 대답에 스승께서 말을 이으셨다.

"자네 아들을 원하네."

아버지와 어머니는 함께 고개를 숙이며 대답했다.

"우리 나이에 아이를 가진다는 것은 기적일 것입니다. 하지만 만약 아이를 낳는다면 그 아이는 스승님의 아들입니다."

그런 일이 있고 나서 열여덟 달 뒤에 내가 태어났다고 한다. 내가 태어난 바로 그날, 스승께서 다시 우리 집으로 찾아오셨다. 그리고 어머니에게 아기를 자기에게 안겨 달라고 말씀하셨다. 어머니는 산모 특유의 모성애로 마지못해 하면서 나를 스승께 넘겨주었다. 스승께서는 몇 분간 나를 팔에 안고 있다가 다시 어머니에게 돌려주면서 이렇게 말씀하셨다.

"아이를 잘 돌보거라. 나중에 다시 올 때는 이 아이를 데리고 가겠다."

3년 후, 스승께서 또 다시 우리 집을 방문하셨다. 스승께서는 내 귀에 만트라*를 속삭여 주는 것만으로 나를 입문시켜 주셨다. 나는 이미 그 만트라를 알고 있으며, 그래서 마음속으로 늘 기억하고 있었노라고 말씀드렸다. 그러자 스승께서는 "그래, 그런 줄 나도 안다. 다만 네가 알고 있는 것을 확인시켜 주는 것뿐이다."라고 말씀하셨다.

나는 어린아이였지만 이상하게도 부모님께 끌리는 마음이 없었다. 오히려 스승님만을 생각했으며, 그분이 내 영혼 깊숙한 곳에 함께 계신다는 것을 항상 의식하고 있었다. 스승에 대한 존경심이 너무도 커서 가끔 부모님조차 낯선 사람들로 여겨질 때가 있었다. 나는 이곳과 이 사람들에게 속해 있지 않다는 생각을 늘 가슴속에 품고 있었다.

어머니는 태어날 때부터 내 오른쪽 귓불에 나 있는 구멍을 들여다보곤 했다. 그 구멍은 내가 태어나기 전에 이미 스승께서 예언하셨다고 한다. 가끔 어머니는 울면서 내게 말씀하셨다.

"언젠가 너는 내 곁을 떠나고 말겠지."

나는 부모님을 사랑하고 있었지만, 어쩐 일인지 내가 떠나야 할 그날이 매우 기다려졌다. 비록 어린 나이였지만, 내 인생의 목적은 지난

생에서 다 이루지 못한 소명을 완성하는 것이라고 나는 느끼고 있었다. 내 전생에 대한 기억을 생생하게 구체적으로 나는 기억하고 있었던 것이다.

나는 매일 밤 자다가 깨어났다. 꿈속에 나의 스승이 나타났기 때문이었다. 밤마다 잠을 못 이루고 뒤척이는 내가 걱정이 된 부모님은 성직자, 의사, 점성가들을 불러다가 뭐가 잘못되었는지 알아내려고 하셨다. 그러던 중 스승께서 사람을 보내 아무것도 잘못된 게 없으니 걱정하지 말라는 말을 전해 주셨다.

같은 마을에 늙은 과부 두 사람이 살고 있었다. 나는 그분들 곁에 앉아서 나의 장래 계획 같은 것에 대해 얘기하곤 했다. 그분들은 매우 순수한 영혼의 소유자들이었다. 할머니들은 중학교에 들어가서 공부를 하라고 내게 권했는데, 나는 그 말에 설득되었다. 그러나 나는 곧 학교를 그만두었고, 다시는 학교로 돌아가지 않았다. 내게는 학교를 다니는 것이 시간 낭비이며 필요 없는 일이라고 생각되었던 것이다.

그로부터 몇 년이 지난 뒤, 부모님이 돌아가시고 나는 스승께로 갔다. 스승은 나를 직접 가르치고 단련시키기 시작하셨다. 나는 육신의 아버지에 대한 집착이 별로 없었던 터라 아버지를 거의 잊어버렸다. 스승께서 육신의 아버지가 줄 수 없었던 것까지도 다 주셨기 때문이었다. 스승께는 아버지와 비슷한 면도 있었지만, 한편으로는 아버지보다 훨씬 큰 무언가를 가지고 계셨다.

스승께서는 내 마음에서 일어나는 그 어떤 생각도 다 알고 계셨다. 혹시 내가 명상을 하지 않을 생각이라도 하면, 이내 나를 지그시 바라보면서 부드러운 미소를 짓는 것이었다. 그래서 내가 "왜 웃으십니까?"라고 물으면 "너는 명상이 하고 싶지 않은 게로구나." 하고 대답하

젊은 브라흐마차리 시절의 스와미 라마

셨다. 그런 식으로 스승께서는 늘 나를 일깨워 주셨다.

스승께서는 내 행동이나 말뿐만 아니라 나의 모든 사고 과정과 정서까지도 이끌어 주셨다. 내가 바람직하지 못한 생각을 하는 것을 아실까 봐 가끔 두렵기도 했으나, 스승께서는 내가 옳지 못한 생각을 할 때라도 늘 사랑의 빛으로 나를 감싸 주셨다.

스승께서 내 생각을 지배하시는 법은 결코 없었고, 다만 스스로 올바른 사고를 해 나갈 수 있도록 온화하게 나를 이끌어 주셨다.

제자는 늘 스승의 사랑을 받는다. 진정한 스승은 제자가 아무리 나쁜 일을 하더라도 결코 힐난하지 않고 온화한 태도로 잘못된 부분을 교정해 준다. 자식이 아무리 악동이라도 진실로 사랑이 넘치는 어머니는 자식을 따뜻이 돌보아 주는 법이다. 어머니가 사랑과 부드러움과 모범으로 아이를 키우듯이 스승 또한 그렇게 제자를 기른다.

스승께서는 아무런 대가도 바라지 않은 채 내게 모든 것을 주셨다. 그러나 그런 스승을 위해 내가 해 드릴 수 있는 것은 아무것도 없었다. 스승께는 아무것도 필요하지 않으셨기 때문이었다. 참된 영혼의 인도자들은 모두 그러하다. 그들은 아무것도 원하지 않으면서 모든 것을 준다.

참된 스승은 전혀 사심이 없으며, 아버지가 자식을 사랑하는 것보다 더 제자를 사랑한다. 육신의 아버지는 자식에게 세속적인 것을 나누어 주면서 이 세상에서 잘 살아가도록 자식을 키우고 또 훈련시킨다. 그러나 영혼의 아버지는 그 누구도 줄 수 없는 것을 아낌없이 제자에게 부어 준다. 이런 일은 영적 전통에서만 볼 수 있는 모범이다.

부모는 자식을 낳아서 키우고 교육시킨 뒤 유산을 물려주지만, 구루데바는 자신의 직접 체험을 통해 흘러나오는 사랑과 지혜를 제자에게 준다. 마치 아버지가 아들에게 재산을 물려주듯 요가 전통의 지식을 전해 주는 것이다. 스승의 사랑은 보통 인간들의 사랑과는 다르며 그것은 생각이 아니라 오직 순수한 가슴으로만 느낄 수 있다. 영적인 전통에서 스승의 베풂은 너무도 큰 것이어서 제자의 삶은 스승에게 압도되어 저절로 변화하게 된다.

나는 스승의 곁에서 소중한 나날을 보낸 뒤 강고트리에 있는 사형에게로 보내졌다. 그는 나에게 경전을 가르쳐 주었다. 사형은 나를 좋아하긴 했지만 나의 반항적인 기질이라든가 내가 다른 사두들과 끊임없이 논쟁을 벌이는 것을 이해해 주지 않았다. 그는 나의 행실이 마땅치 않다는 의견을 스승께 보냈다. 그러자 스승께서 곧 나를 데리러 오셨다. 얼마 후에 다시 나를 사형에게로 보냈는데, 나는 다른 집에 손님으로 머무는 것을 그리 좋아하지 않았다. 하지만 다행히도 그런 것은 아주 드문 일이었다.

어느 날, 나는 사형이 어떻게 살아왔는지 궁금해져서 사형에게 고향이 어딘지 말해 달라고 졸랐다. 출가자는 결코 자신의 과거에 대해 말하지 않은 법이라는 사실을 몰랐던 것이다. 사형은 나의 그런 무지한 간청에 못 이겨 자신의 고향에 대해 이야기해 주었다.

스승이나 성자들은 과거를 돌아보는 것을 좋아하지 않으며, 출생지라든가 생일, 나이 등에 대해서도 무관심하다. 또한 그들은 자신의 혈육에 대해 이야기하는 것도 싫어한다. 출가자는 입문식을 가진 뒤 마지막 절차를 치르고 나면, 이전에 함께 살던 친지나 고향 등에 대해서는 의식적으로 단호히 잊어버리려고 한다. 출가자들 사이에서 과거를 이야기하지 않는 것은 하나의 전통으로 되어 있다. 출가자들은 과거는 죽고 다시 태어났다고 생각한다.

그런데도 불구하고 나는 그런 식의 질문을 스승께도 했다. 나의 간청에 못 이겨 스승께서는 결국 당신의 과거에 대해 몇 가지 말씀을 해 주셨다.

나의 스승께서는 서벵골의 브라흐만 가정에서 태어났는데 가족 모두가 히말라야에서 가끔씩 내려와 그 지역을 둘러보곤 하는 성자로부터 입문을 받았다고 한다. 스승은 외아들이었는데, 어려서 부모를 여의고 높은 경지의 도를 깨친 성자가 나타나 자신을 맡아서 길렀다고 하셨다.

나에게 그런 이야기를 해 주실 때 스승의 연세는 80세였다. 스승께서는 고향 말을 쓰지 않았지만 벵골 어의 억양은 여전히 남아 있었고, 때로 벵골 어로 노래를 부르시곤 했다. 스승께서는 산스크리트 학자였을 뿐만 아니라 영어 외에도 여러 언어를 알고 계셨다.

기회가 있어서 벵골 지방을 여행하던 중 나는 스승이 태어나신 곳을 둘러보았다. 옛집이 흔적조차 없이 사라져 버렸으므로 스승의 이름을 새긴 기념탑이라도 세울까 생각했지만, 스승의 반대로 포기해야 했다. 그 마을에는 80세 된 할머니 두 사람 외에 스승을 아는 사람이 없었다. 할머니들의 말에 의하면, 히말라야에서 온 성자 한 사람이 당시 14세였던 소년을 데리고 갔다고 했다. 할머니들은 아직도 그를 기억하고 있다면서, 그가 아직 살아 있는지, 또 살아 있다면 어디서 무엇을 하고 있는지 몹시 궁금해했다.

나의 스승께서는 동굴에서 생활하면서 해가 뜰 때 한 시간 정도 밖에 나와 있다가 다시 동굴 안으로 들어가시곤 했다. 하루에 두 번 자리에서 일어나셨고 때로는 동굴 밖에서 산책을 하기도 했으나, 어떤 때는 며칠씩 두문불출하기도 하셨다. 스승 곁에는 늘 그분과 함께 생활하는 제자가 서너 명이 있었다. 겨울이 되면 나의 스승과 제자들은 석 달 동안 해발 2,500미터에서 2,000미터까지 내려가서 지냈다. 때때로 스승께서는 네팔까지 여행을 가서 남차 바와르에서 11킬로미터 가량 떨어진 곳에서 몇 달간 머물기도 하셨다.

스승께서는 대개 염소젖을 마셨는데, 때로는 제자들이 기르는 샤마 암소의 젖을 마시기도 했다. 스승을 모시고 있을 때, 나는 가끔 물을 절반 정도 탄 염소젖을 드리기도 했다. 나는 스승께 물어보지 않고 그것을 드리곤 했는데, 드시지 않을 때는 치워 두었다가 나중에 다시 드

히말라야의 성산 난다 데비

렸다. 스승께서 드시는 음식은 그것이 전부였다.

스승께서는 사하자사마디*에 들어가면 말씀을 거의 하지 않으셨다. 함께 지내면서 아홉 달 동안이나 말을 거의 하지 않은 적도 있었다. 그때 우리는 대부분의 시간을 조용히 눈을 감고 앉아 명상을 했다. 그러면서 나는 내 일을, 스승께서는 당신의 일을 하고 지냈다.

우리는 말을 할 필요가 거의 없었는데, 서로 깊이 이해했기 때문이다. 말이란 서로 잘 이해하지 못할 때 설명을 하기 위해 필요한 것이다. 그러나 언어는 빈약한 소통 수단이다. 깊은 수준의 소통이 이루어지고 있을 때 말은 필요하지 않다. 스승과 나는 침묵 속에서 이루어지는 교감을 신뢰했다. 스승께서는 말씀을 거의 하지 않았음에도 불구하고 내 성장에 필요한 여건을 마련해 주셨고, 나의 어리석은 질문에도 온유한 미소로 응답해 주셨다.

나의 스승을 벵골리 바바(벵골의 아버지라는 뜻)라고 부르는 사람도 있고, 단순히 바바지*로 아는 사람도 있다. 나는 나의 구루데바를 '스승님master'이라고 부르는데, 이보다 더 적절한 말은 없는 것 같다. 스승에 대한 나의 사랑은 변치 않는 율법과도 같다. 스승께서 내게 가르쳐 주신 것 가운데 실제적이지 않은 것은 하나도 없었다. 또한 스승에게서 이기적인 면이라고는 전혀 찾아볼 수가 없었으며 말씀과 행동 그리고 침묵을 통한 그의 모든 가르침은 성스러운 사랑으로 가득 차 있었다.

스승의 위대함을 표현하고자 할 때 말은 적절하지 않다. 나의 스승이 불멸의 지혜를 지닌 요기이며, 히말라야의 가장 위대한 스승들 가운데 한 분임을 나는 마음속 깊이 믿고 있다. 스승께서 이 땅에 사신 이유는 준비된 사람들을 깨닫게 하고, 또 준비 중에 있는 사람들을 인도해 주기 위해서다. 어려움에 처한 사람들은 그 누구라도 그분을 기억하는 한 도움을 받게 된다. 나뿐만 아니라 다른 사람들도 실제로 그런 경험을 많이 했다.

바쁜 일정 속에서도 시간이 나기만 하면, 나의 유일한 인도자인 그분께로 다시 돌아가고 싶은 열망이 일어난다. 내가 어디에 있든지 나는 최고의 존경과 헌신의 마음으로 스승께 절을 올린다. 내가 만일 실수를 저지른다면 그것은 다 내 탓이지만, 내 삶에 좋은 면이 있다면 모두가 그분 덕분일 것이다.

출가자가 된 왕자

　나의 스승께서는 지금부터 이야기할 역사적 사건 때문에 인도 전역에 널리 알려지게 되었다. 그것은 인도의 변호사와 판사 및 그 외의 알 만한 식자들은 모두 잘 아는 사건이다.

　바왈 산야시라는 한 젊은이가 있었는데, 그는 벵골의 한 주州에서 바왈 왕위를 계승할 왕자였다. 그는 결혼 후 대부분의 시간을 아내와 함께 다르질링에 있는 호화스런 별장에서 보내고 있었다. 그런데 그의 아내는 이미 어떤 의사와 사랑에 빠져 있었고, 이 두 사람은 왕자를 독살할 음모를 꾸몄다. 의사는 왕자에게 비타민 주사라고 속이고 코브라 독액을 조금씩 주사하기 시작했다. 의사는 서서히 주사량을 늘려 갔고, 2개월 후 왕자의 죽음이 공표되었다. 긴 장례 행렬이 산속 개울가에 있는 화장터로 왕자의 시신을 메고 갔다. 장작더미에 불이 붙여지고 시신을 불 위에 놓는 순간, 억수 같은 비가 쏟아지기 시작했다. 다르질링은 세계에서 가장 강우량이 많기로 유명하다. 장대 같은 빗줄기에 불은 꺼져 버렸고 강이 범람해 왕자의 시신을 쓸어가 버렸다.

　그때 나의 스승께서는 화장터에서 5킬로미터쯤 떨어진 강 하류 근처의 동굴에서 몇 명의 제자들과 머물고 계셨다. 스승께서는 칸첸중가 산 아래에서 우리의 동굴이 있는 쿠마윤 히말라야 산까지 여행을 하시던 중이었다. 스승께서는 수의에 싸여 대나무에 묶인 채 떠내려 오는 그 시신을 보고 제자들에게 이르셨다.

"저 떠내려 오고 있는 시신을 이쪽으로 옮겨 오너라!"

제자들이 시신을 옮겨 오자 스승께서는 단단하게 묶여 있는 밧줄을 풀라고 하셨다. 그러더니 이렇게 말씀하시는 것이었다.

"이 사람은 죽은 것이 아니라 정상적인 호흡과 맥박이 멈춘 것뿐이다. 그러니까 아주 깊은 무의식 상태에 빠져 있는 것이다. 그는 나의 제자가 될 것이다."

제자들은 밧줄을 풀어 시신을 스승 앞으로 옮겨 왔다. 두 시간쯤 지나자 왕자는 모든 감각이 정상으로 회복되었으나 지난 일을 전혀 기억하지 못했다. 그는 스승의 제자가 되었고, 후에 출가자로 입문했다. 그는 스승과 7년 동안 함께 살았다.

어느 날, 스승께서는 그에게 다른 곳으로 가서 여러 성자들도 만나 보라고 하셨다. 스승께서는 스와미*가 된 왕자가 누이를 만날 것이며, 기억을 찾게 될 것이라고 예언하셨다. 그리고 이런 말씀을 하셨다.

"우리에게 이제 아주 많은 문제가 생길 것이다. 그러니 나는 더 높이 올라가는 것이 좋을 것 같다."

그런 뒤 스승께서는 히말라야의 한 동굴로 가시어 그곳에서 몇 년 동안 머무셨다.

스와미 왕자는 몇 달간 평원을 돌아다니며 여러 성자를 만났다. 그러던 어느 날, 탁발을 하러 어떤 집을 방문했는데 그 집이 누이의 집인 줄은 전혀 모르고 있었다. 그러나 그의 누이는 즉시 그를 알아보았다.

그가 자신의 모든 과거를 기억하는 데는 여섯 시간이 걸렸다. 그 당시 나는 어렸지만 그 사건에 대한 보도가 있었기 때문에 그 전모를 상세하게 기억하고 있다.

왕자는 모든 것을 기억해 냈고, 그 후 가족의 권유로 법정에 서서 자신이 바왈의 왕자임을 주장하게 되었다. 많은 증인들이 법정으로 불려 나왔다. 소송이 진행되는 동안, 그 의사가 봄베이의 한 실험실에서 독사의 독을 입수한 사실이 밝혀졌다. 그로 인해 아내와 아내의 정부에 의해 왕자가 독살되었다는 것이 백일하에 드러났다. 왕자는 자기가 어떻게 죽은 것으로 발표되었으며, 자기의 시신이 다르질링 근처의 화장터로 옮겨졌다가 홍수에 휩쓸려 내려가서 히말라야의 한 스승과 그의 제자들에 의해 건져졌는지 자초지종을 이야기했다.

스승께서는 직접 법정으로 나가지는 않았으나 두 명의 제자를 법정에 증인으로 내보냈다. 그 소송은 콜카타 법정에서 몇 년을 끌었는데, 인도 사법사상 가장 길고도 큰 소송이었다. 결국 그 왕자는 자기 재산의 소유권을 찾게 되었지만 아이러니하게도 1년 후에 죽고 말았다.

이 사건으로 인해 인도 전역에서 나의 스승에 대해 알게 되었고, 많은 사람들이 스승을 찾기 시작했다. 스승께서는 항상 군중을 멀리하고 소수의 선택된 제자들하고만 함께 생활하면서 늘 따뜻한 가르침을 베푸셨다. 스승께서는 사람들의 입에 오르내리는 것을 원치 않으셨다. 인도 국민들은 이 위대한 성자가 누구인지 무척 궁금해했지만 스승께서는 알려지기를 원치 않으셨고 사람들과 멀리 떨어져 있고 싶어 하셨다. 진정으로 깨달음의 길을 가고자 하는 사람은 대중 앞에 나서지 말아야 하며, 또한 많은 추종자도 만들지 말아야 한다고 스승은 말씀하셨다.

이름과 명성은 영적인 길을 가는 사람들에게 가장 큰 방해물이자 몰락으로 이끄는 것이다. 세속의 지위를 모두 포기한 후에도 이름과 명성을 얻고자 하는 인간의 욕망은 무의식에 잠재해 있다. 수행자는 이러한 욕망을 완전히 씻어 내야 하는데, 그러기 위해서는 육체와 마음과 영혼을 모두 신께 바치고 나서 어떤 형태의 사사로운 욕망도 갖지 말아야 한다.

성자들은 조용하고 고립된 히말라야의 한구석에 살면서도 늘 인류를 돕고 바르게 인도한다. 인류에게 봉사하는 것은 성자들의 생활에서 중요한 한 부분이다. 그러나 그들은 인류에게서 아무것도 기대하지 않는다. 왜냐하면 그들은 인류에게 봉사하는 것이 신에 대한 사랑을 표현하는 것이라고 생각하기 때문이다.

설인의 발자국

　서구인들은 히말라야에 산다는 전설적인 설인雪人 예티yeti라든가 샹그릴라*에 관한 갖가지 이야기를 들어 왔다. 사실 그런 이야기는 환상에 의해 만들어졌거나 꾸민 이야기에 불과하지만, 호기심 많은 서양인들의 흥미를 자극해 그들로 하여금 히말라야의 신비를 찾아 나서도록 부추기는 결과를 가져왔다. 그들은 셰르파 족 짐꾼들의 도움을 받는데, 셰르파들은 전통적인 등정 훈련을 받은 뒤 히말라야의 여러 산을 오르는 등반대를 안내해 주는 것으로 생활을 영위하는 사람들이다. 셰르파는 유명한 산에 대해 잘 알고 있으며 탐험가나 등반대에게 큰 도움을 준다. 하지만 그들은 히말라야의 영적 전통에 대해서는 잘 알지 못한다.

　많은 외국인들이 샹그릴라를 찾아 온 산을 헤맸지만 실제로 샹그릴라는 존재하지 않는다. 샹그릴라에 관한 신화는 히말라야의 오래된 두 동굴에서 비롯되었다. 인도의 전통 경전에도 언급되어 있는 이 동굴들은 명상과 영성 수련의 유구한 역사를 지니고 있다. 하나는 해발 4,300미터의 칸첸중가 산에 있고, 또 하나는 내가 살았던 곳으로 티베트와 가르왈 사이의 히말라야 오지에 있다. 이 동굴 수도원은 수행자들이 편안히 수행할 수 있게 꾸며져 있는데, 해발 4,500~4,000미터에 위치해 있다. 그러나 이곳에 가 본 사람은 극소수다. 사원은 아직 남아 있으며 많은 산스크리트 어, 티베트 어, 산디야 바샤 어 사본이 보존되어 있다.

외국인들은 히말라야를 등정할 때 많은 산 가운데서도 특히 다르질링으로 가서 셰르파의 도움을 받아 등반한다. 그들은 등반을 하면서 끊임없이 샹그릴라나 예티에 대해 이야기한다. 그들은 카메라, 텐트, 인공호흡기, 가벼운 음식과 들것 등을 가지고 가면서 설인을 발견하려는 기대에 부풀어 있다. 그러나 히말라야에는 아직도 알려지지 않은 오지가 많아서 제대로 준비를 갖추지 않거나 목숨을 아끼는 사람이라면 무모하게 가려고 해서는 안 된다.

언젠가 나는 인도인들을 데리고 설인을 찾아 헤매는 서양의 어떤 부자를 만난 적이 있다. 나는 그 부자와 일행들에게 사실 설인이나 예티 같은 것은 없다고 설득하려고 했으나 그들은 끝내 듣지 않았다. 결국 그들은 넉 달 동안 33,000달러를 허비하고 난 뒤 낙담한 채 델리로 돌아갔다. 설인을 촬영하고 싶어 했던 그 미국인 부자는 결국 어느 네팔인 사두의 사진을 찍어서 설인이라며 출판하고 말았다.

나는 또 시킴에서 두 명의 셰르파를 거느린 미국 여성을 만난 적도 있다. 그 여인은 심한 동상으로 고생을 하고 있었는데, 자기 인생의 목표는 설인을 찾는 것이라고 했다. 그녀는 다르질링에 머물면서 세 번이나 시도했지만 결국 설인을 찾지 못했다.

어려서부터 히말라야를 돌아다닌 나 역시도 설인에 대한 이야기는 종종 들었지만 정작 만나 본 적은 없다. 히말라야에 사는 할머니들은 손자들을 앞혀 놓고 그런 이야기를 들려주곤 한다. 설인에 대한 이야기는 인간의 오랜 세월 동안의 상상력만큼이나 오래되었다. 눈이 많이 내릴 때면 시야가 흐려져서, 가끔씩 나타나는 흰 곰을 멀리서 보고 설인이 아닐까 하는 생각을 하게 된다. 곰은 높은 산에 살며 탐험대의 식량을 훔치기도 하는데, 곰이 남긴 길고 큼직한 발자국은 사람의 발자국과 너무도 흡사하다.

예티라는 말이 설인을 가리키는 말로 사용되는 것은 바르지 않다. 사실 예티는 산스크리트 어로 출가자를 뜻하는데, 정확하게는 출가자 중에서도 샹카라차리야* 승단 안에서 한 파의 사두들을 가리키는 말이다.

인간의 마음은 무지가 완전히 사라지기 전까지는 환상의 영향을 받게 된다. 마음이 맑지 못하면 외부 세계로부터 받은 정보를 확실하게 인지할 수 없다. 그리하여 뭔가를 어렴풋하게 알게 된 마음은 잘못된 환상을 보게 된다. 이것이 이른바 환영, 공상, 망상, 관념이라는 것들이다. 마야*는 우주 전체의 환영이고 아비드야*는 사물과 그것의 본성에 대해 올바로 알지 못하는 데서 오는 개인의 무지이자 환영이다. '설인의 발자국'에 대한 이야기는 환상적인 믿음과 정연하지 않은 인식에 의해 생겨났다. 곰이란 놈이 설원 속을 재빨리 달려가면 발자국이 아주 크게 남는다. 나는 애완용 곰을 기른 적이 있는데, 그 곰이 낸 커다란 발자국을 보고 놀란 적이 있다. 발자국이 너무도 큰데다 사람의 발자국과 매우 흡사했던 것이다.

환상에 사로잡힌 세상 사람들은 아직도 설인의 발자국과 그림자를 좇고 있다. 나는 그것을 '히말라야의 마야'라고 부른다. 나는 히말라야에서 태어나 그곳에서 자라났지만, 그러한 신화를 즐겨 믿으면서 있지도 않은 것을 쫓아다니는 사람들에 대해서는 아무런 할 말이 없다. 신께서 이런 영혼들을 도우실 것이다. 그것은 설인의 발자국이 아니라 환영의 발자국이다.

동굴 수도원

히말라야에는 진정으로 수행에 전념하고 싶은 사람이 편안하게 생활할 수 있는 동굴이 군데군데 있다. 그런 동굴은 대체로 네댓 명 정도를 수용할 수 있는 작은 규모이나, 어떤 곳에는 고대의 전통이 그대로 유지되어 내려오는 동굴 사원도 있다. 나도 그런 동굴 사원에서 자랐다. 우리 사원의 기원은 4,000~5,000년 전으로 거슬러 올라간다. 우리는 맨 처음 동굴 사원을 연 첫 번째 스승께서 어떻게 전통을 일으키게 되었는지에 대한 기록도 가지고 있다.

우리의 사원은 여러 칸으로 나뉘어져 있는 천연 동굴로 수천 년 동안 바위를 조금씩 깎아 내어 내부를 넓혔기 때문에 많은 사람이 기거할 수 있도록 되어 있다. 이 동굴의 거주자들은 대를 이어 내려오면서 내부를 더욱 안락하게 가꾸어 놓았다. 그러나 현대적인 것은 아니라서 침대와 부엌 등 기타 편리 시설들은 없다. 하지만 그런대로 동굴 사원은 잘 운영되어 가고 있다.

동굴을 밝히는 데는 약초로 만든 둡*dhoop*이라는 향을 사용한다. 이 향을 태우면 빛이 나는데, 꺼지고 나면 아주 좋은 향기가 난다. 약초를 으깨어 길이 10센티미터, 두께 3센티미터의 막대기로 만들면 둡이 된다. 둡은 불이 잘 붙는데, 부드러운 둡의 빛 아래에서 경전을 읽을 수 있다. 다 타고 나서 재가 되면 향기를 내기 때문에 둡은 향의 역할도 한다. 소나무 가지나 데바다루 나무도 불이 잘 붙는 좋은 횃불감이다. 또 동굴 안의 온기 유지를 위해서는 두니*dhooni*라는 불을 사용한다. 거대한 통나무를 계속 일정한 간격으로 집어넣기 때문에 이 불은 내내 꺼지지 않는다. 그래서 겨울을 대비해 여름에 땔감을 충분히 마련해 놓는다.

여름철에는 근처 시냇가에 영양분이 듬뿍 담긴 채소들이 자란다. 여러 종류의 버섯과 야생 식물인 링고라*lingora*와 오갈*ogal*도 자라는데, 링고라와 오갈은 그곳에서 식용으로 사용되는 주요 채소다. 타루르*tarur*와 젠티*genthi* 같은 구근류 식물도 있고 고구마처럼 생겼고 실제로 고구마 맛이 나는 구황 식물도 있다. 동굴 사람들은 보리, 밀, 콩 등을 먹고 사는데, 이런 곡식은 해발 2,000미터 고지의 산마을에서 자란다.

모든 산마을에는 양질의 양모 이불과 양탄자 그리고 방한복을 생산하는 가내 공장이 하나씩 있다. 우리 동굴에서 시작되어 사시사철 흘러내리는 가느다란 시내가 있는데, 우리는 그 물을 식수로 삼았다. 그러나 한겨울이 되어 물이 얼면 눈을 녹여 먹었다. 내가 살았던 또 다른 동굴에서는 깨끗한 물을 구하기가 어려워 5~6킬로미터 떨어진 곳에서 물을 길어 날라야 했다.

히말라야에는 아직도 고대의 방식으로 제자들을 가르치는 수도원이 있다. 스승은 천연 동굴에서 살고, 제자들은 그 스승에게 배우기 위해 각지에서 찾아온다. 그러나 제자인 체하는 사람은 결코 이 동굴까지 올 수 없다. 단순히 호기심 때문이라거나 고도의 가르침을 받아들일 준비가 아직 되어 있지 않은 사람들로부터 스승들을 보호해 주는 그 무언가가 히말라야에 있는 것이다. 호기심이나 어떤 감정상의 문제만으로 스승을 찾아 집을 나선 사람은 이처럼 높은 곳까지 올라오지 않는다. 그런 사람에게는 위대한 성자들이 살고 있는 히말라야 오지까지 올라갈 만큼의 절실한 결심과 저력이 없는 법이다.

스승은 이론이나 말이 아니라 영적 진리와 신비가 영혼의 감동으로 전해지도록 직접 가르침을 전한다. 그리고 나서 스승은 제자들의 성장 정도를 살핀다. 가르침은 때로 침묵 속에서 이루어지기도 하는데, 어떤 경지에 도달하면 스승은 이렇게 묻는다.

"동굴에서만 일생을 보낸다면 어떻게 다른 사람들이 요기로부터 배움을 얻을 수 있겠느냐?"

결국 대부분의 제자는 몇 년이 지난 뒤 하산을 하게 된다.

자신의 삶을 창조적이면서도 타인에게 도움이 되도록 변화시키는 것은 무척 중요한 일이다. 그러나 그러기에 앞서 수련을 통해 자신에게 깊이 잠재된 힘과 만나야 하고 자신의 마음과 말과 행동을 다스릴 수 있어야 한다. 단 몇 년이라도 동굴 사원에서 수행을 할 수 있다면 언제까지나 삶의 꽃은 만개하게 되리라. 자기완성을 이룬 사람은 세상에 살면서도 세상의 문제와 속박에 영향을 받지 않는다.

Part 2
스승의 가르침

청년기는 삶의 꽃이 봉오리를 맺는 시기다.
그러므로 수많은 사상이나 서로 다른 견해로
혼란을 일으키지 않도록 잘 도와주어야 한다.
여린 마음은 나쁜 길로 빠지기 쉽다.
사랑으로 이끌어 주고,
올바른 대화를 나누는 것은 매우 중요한 일이다.
부모는 자식이 청년기의 폭풍우를 무리 없이
넘어갈 수 있도록 관심을 기울여야 한다.
청년기는 마음의 습관이 완전히 틀을 잡는
중요한 시기이기 때문이다.

베푸는 것을 배우다

아이들은 대부분 이기적이다. 아이들은 다른 사람에게 아무것도 주려고 하지 않는다. 나 역시 그러했다. 그래서 나는 스승으로부터 그러한 성향을 바꾸도록 훈련을 받았다.

산에서 살 때 나는 하루에 한 끼만 먹었다. 식사는 차파티[*] 하나와 약간의 채소, 우유 한 잔이 전부였다. 어느 날, 오후 1시경이 되어 손을 씻고 앉아 있자니까 내 몫의 음식이 왔다. 감사 기도를 드리고 막 식사를 하려는 찰나, 스승께서 들어오시더니 내게 이렇게 말씀하셨다.

"기다려라!"

"무슨 일이십니까?"

"연로하신 스와미 한 분이 오셨다. 시장하시다니 네 음식을 드려라."

"싫습니다."

나는 잘라 말했다.

"설령 그분이 스와미라고 해도 드리지 않겠습니다. 저도 배가 고픈데 이것을 드리고 나면 내일까지 굶어야 할 테니까요."

"죽지는 않을 게다. 그분께 드려라. 그렇더라도 내 명령 때문에 드리

히말라야의 어느 수도자

지는 말아라. 사랑에서 우러나오는 심정으로 드려라."

"저는 지금 배가 고픕니다. 제 음식을 먹은 사람에게 어떻게 사랑을 느낄 수 있겠습니까?"

스승께서는 자발적으로 스와미에게 음식을 드리고 싶은 마음이 우러나도록 나를 설득하지 못하자 마침내 명령조로 말씀하셨다.

"나는 그분께 음식을 바칠 것을 네게 명한다."

그때 스와미가 들어왔다. 그는 백발이 성성한 노인이었다. 담요 하나, 지팡이, 나무 샌들 한 켤레만으로 혼자 산을 여행한다고 했다.

스승께서 그에게 말씀하셨다.

"와 주셔서 매우 기쁩니다. 이 아이에게 축복을 내려 주십시오."

그러나 나는 얼른 이렇게 대꾸했다.

"축복은 필요 없습니다. 나는 음식이 필요합니다. 배가 고프거든요."

스승께서 나를 타이르셨다.

"이런 순간에 자제력을 잃는다면 삶이라는 싸움터에서 너는 분명 지고 말 것이다. 자, 음식을 스와미지*께 드려라. 먼저 물을 드린 다음 발을 씻겨 드리도록 하여라."

나는 스승께서 시키는 대로 했다. 그러나 내켜서 하지도 않았고, 스승의 말뜻도 이해할 수 없었다. 나는 그분이 발을 씻는 것을 도와드린 후 앉으시라고 권하고는 음식을 드렸다. 나중에야 나는 그 스와미가 나흘 동안 아무것도 먹지 않았다는 사실을 알게 되었다.

스와미는 음식을 먹고 난 뒤 이렇게 말했다.

"신의 축복을 받아라! 너는 앞으로 음식이 네 앞에 오기 전에는 결코 배고픔을 느끼지 않을 것이다. 이것이 너에게 주는 나의 축복이다."

그 연로한 스와미의 목소리는 지금도 내 귓속에서 메아리치고 있다.

바로 그날 이후부터 나는 어린아이와도 같은 욕심으로 종종 나를 몰아가던 것에서 자유롭게 되었다.

이기심과 자비심, 사랑과 미움 사이에는 좁은 벽이 가로놓여 있다. 그 벽을 넘고 나면 아무런 보상도 바라지 않고, 다른 이를 위해 일하는 그 자체를 즐기게 된다. 이것은 기쁨 중에서도 최고의 기쁨이며, 수행의 길에서 빼놓을 수 없는 과정이다.

이기적인 사람은 깨달음의 상태를 상상할 수 없다. 자기의 에고*에 의해 만들어진 제한된 테두리 안에서만 움직이기 때문이다. 이기심 없는 마음은 세상의 모든 위인들에게서 공통적으로 나타나는 특징이다. 헌신적인 봉사, 자신을 돌보지 않는 사랑이 없으면 아무것도 이룩할 수 없다. 사심이 없는 마음으로 행하지 않는다면 온갖 예배 의식을 하고 경전의 지식을 익힌다 해도 아무 소용이 없다.

스승은 왜 제자를 시험하는가?

    스승은 가끔 제자를 시험한다.

    나는 일정한 시간이 되면 항상 명상을 해야 했다. 어느 날, 명상 시간이 되어 눈을 감고 앉아 있노라니까 스승께서 들어오시더니 내 앞에서 계셨다. 그때 나는 명상이 잘 되지 않았다. 깊은 명상에 잠겨 있었더라면 스승께서 그곳에 계시다는 것을 의식하지 못했을 것이다.

    스승께서 말씀하셨다.

"일어나거라."

    그러나 나는 응대하지 않았다. 그러자 스승께서 물으셨다.

"내 말이 들리느냐?"

"네."

"너는 지금 명상을 하고 있느냐?"

"아닙니다."

"그렇다면 왜 일어나지 않는 거냐?"

    사실 나는 명상을 하고 있는 것이 아니라 단지 명상을 하고 있는 체했기 때문에 일어나지 않았던 것이다.

스승은 가끔 제자의 태도와 정직성 그리고 수행 정도를 시험하곤 한다. 그는 어떤 비밀을 한 제자에게 말하고, 또 다른 제자에게도 그 비밀을 말하고 나서 양쪽 모두에게 이렇게 말하는 경우도 있을 것이다.

"누구에게도 이것을 말해서는 안 된다."

그러면 비밀이 지켜지기보다는 제자들은 서로에게 그것을 은밀히 이야기하게 된다. 이것으로 스승은 제자가 아직 더 큰 비밀을 간직할 준비가 되어 있지 않다는 것을 알게 되는 것이다. 스승은 이렇게 꾸짖는다.

"아무에게도 말하지 말라고 했는데 왜 이야기했지?"

또 스승들은 그것보다 더 가혹한 시험도 한다. 때로는 이렇게 말할지도 모른다.

"여기에 서 있거라!"

그러고는 사흘 동안 돌아오지 않는다. 날이 춥고 비가 올 수도 있다. 그러나 스승은 며칠이 지난 후에야 돌아와서 제자를 데리고 갈 것이다. 스승들은 그와 같은 시험을 많이 한다.

자기 의지를 단련하기 위해 사람은 가끔 시험을 받을 필요가 있다. 스승은 제자를 시험함으로써 참된 수행을 할 수 있게 만들고, 점차 홀로 일어설 수 있도록 가르친다. 제자가 얼마나 진보했는지를 알아보기 위해서 시험을 해 보는 것은 매우 중요하다. 시험은 또한 제자들이 자신의 진보를 평가하고 의식적으로는 알지 못하는 잘못을 자각하는 데 도움을 준다.

밤새 어두운 숲을 걷다

우리는 타낙푸르Tanakpur에서 네팔로 가는 도중에 어떤 숲에 머물게 되었다. 새벽 두 시경, 스승께서 말씀하셨다.

"무엇이든 좀 먹도록 하자. 타낙푸르에 있는 가게에 좀 갔다 오거라. 숲길을 따라 20킬로미터쯤 가면 될 거다."

우리 일행 중에는 다른 스와미도 한 분 있었는데, 그도 제자 한 사람을 거느리고 있었다. 그가 스승께 물었다.

"왜 이 한밤중에 제자를 거기까지 보내려 하십니까? 저 같으면 제자에게 그러지 않을 텐데요."

그러자 스승께서 대답하셨다.

"잠자코 계시오. 당신은 제자를 겁쟁이로 만들어 스와미가 되지 못하게 하려는 거요? 나는 이 아이를 훈련시키는 중입니다. 그는 가야 하오."

그리고 나서 스승께서는 내게 이렇게 말씀하셨다.

"얘야, 이 등불을 가지고 가거라. 기름은 충분할 거다. 주머니에 성냥도 넣어야지. 지팡이도 챙기고, 신발도 단단히 매거라. 자, 이제 가게로 가서 사나흘 먹을 식료품을 사 오너라."

"알겠습니다."

나는 그렇게 대답하고 출발했다.

가는 동안 여러 번 호랑이와 뱀이 내 앞을 가로질러 갔다. 길 양쪽의 코끼리 풀은 내 키보다 훨씬 컸는데 그 풀숲에서 이상한 울음소리가 들렸다. 그러나 그런 소리가 왜 나는지는 알 수 없었다. 작은 등불 하나를 들고 20킬로미터를 걸어서 가게에 도착한 나는 필요한 것을 사들고 다시 되돌아왔다. 그때가 아침 일곱 시였다.

스승께서 물어보셨다.

"어땠느냐?"

나는 도중에 일어난 일들을 말씀드렸다. 스승께서는 잠자코 내 말을 듣고 나서 이렇게 말씀하셨다.

"자, 됐다. 이제 식사 준비를 하도록 하자."

두려움을 없애는 것 역시 깨달음으로 가는 데에 절대적으로 필요하다. 위대한 성자들은 두려움을 모른다. 두려움에서 완전히 벗어나는 것 역시 깨달음으로의 일보 전진이다.

홍수로 불어난 강을 건너다

배우려는 사람은 많으나 진정한 제자는 드물다.

많은 사람들이 나의 스승을 찾아와 부디 제자로 받아 달라고 간청했다. 그들은 스승을 받들고, 노래를 바치고, 배우고, 수행하는 것으로써 그들의 확고한 신념을 내보이려 했다. 그러나 스승께서는 아무런 반응도 보이지 않으셨다. 어느 날, 스승께서는 모든 사람을 불러 모으셨다. 모두 열두 명의 학생이 모였다.

"자, 가자!"

모두들 스승을 따라 인도 남쪽에 있는 퉁바드라Tungbhadra 강둑 위로 올라갔다. 평소보다 물이 엄청나게 불어나 강에 다가가는 것은 매우 위험해 보였다. 스승께서 말씀하셨다.

"강을 건널 수 있는 사람은 내 제자가 될 것이다."

한 학생이 말했다.

"스승님, 스승님께서도 잘 아시겠지만 저는 할 수 있습니다. 그러나 끝내지 못한 일이 있어서 지금 돌아가야겠습니다."

다른 학생들도 말했다.

"스승님, 저희는 스승님께서 왜 강을 건너라는지 모르겠습니다."

"스승님, 저는 헤엄칠 줄 모릅니다!"

그러나 나는 아무 말도 하지 않고 스승의 말씀이 끝나기가 무섭게 그대로 강에 뛰어들었다. 내가 강을 건너는 동안 스승께서는 조용히 앉아 계셨다. 강은 아주 넓었다. 강물 속에는 악어들이 우글거렸고 커다란 통나무가 물살을 따라 떠내려오고 있었다.

그러나 나는 개의치 않았다. 내 마음은 내게 주어진 도전을 이겨 내는 것에 집중되어 있었다. 나는 도전받기를 좋아했다. 그리고 항상 기쁘게 도전을 받아들였다. 나 자신의 능력을 시험해 봄으로써 나는 어떤 영감을 얻었다. 지칠 때마다 나는 힘을 빼고 물살에 몸을 맡긴 채 떠내려갔고 마침내 그 강을 건너는 데 성공했다.

스승께서 다른 학생들에게 말씀하셨다.

"그는 자신이 내 제자라고 말하지 않았다. 그러나 그는 뛰어들었다."

나는 가까이서 스승의 힘을 느낄 수 있었기에 이렇게 생각했던 것이다.

'스승께서는 당신의 제자가 강을 건너기를 원하신다. 그리고 나는 여기에 있으며 스승께서 원하시는 것을 할 수 있다. 그분이 나와 함께 계시는 한 이런 일쯤은 아무것도 아니다. 내가 왜 저 강을 건너지 못하겠는가?'

이렇듯 내 믿음과 의지는 확고한 것이었다.

믿음과 의지는 깨달음의 길을 탄탄하게 걸어갈 수 있도록 해 주는 디딤돌이다. 그것이 없이는 깨달음이라는 말이 쓰일 수는 있어도 결코 이루어질 수는 없을 것이다.

믿음 없이도 어느 정도의 지식은 얻을 수 있다. 그러나 믿음이 있어야 우리 존재의 가장 미묘하고도 깊숙한 부분까지 들여다볼 수 있다.

또한 의지는 우리를 모든 장애와 좌절에서 벗어나게 하는 힘이다. 의지는 정신력을 키우는 데 도움이 되고, 그것은 내적인 성공은 물론 외적인 성공의 기초가 된다.

경전에서는 상칼파* 샥티의 도움이 있으면 불가능한 것이 없다고 말한다. 세계의 위대한 지도자들이 이룩한 업적 뒤에는 모두 이 샥티가 있다. 이런 힘을 지니고 있는 지도자는 말한다.

"나는 그것을 할 것이다. 나는 그것을 해야 한다. 나는 그것을 반드시 해낼 수 있다."

이런 강력한 의지가 중단되지만 않는다면, 그는 바라는 목표를 마침내 이루게 될 것이다.

스승께 드린 선물

내가 스승께 무엇을 바쳤는지에 대해 이야기하겠다.

내 나이 열다섯이 되어 두 번째 단계의 입문을 하게 되었다(첫 번째 단계의 입문은 세 살 때 스승으로부터 만트라를 전해 받음으로써 이루어졌다). 그때 나는 아무것도 가진 것이 없었다.

'사람들은 모두 과일이나 꽃바구니 또는 돈 같은 것을 가지고 와서 스승께 바친다. 그러나 나는 스승께 바칠 것이 아무것도 없구나.'

나는 스승께 여쭈었다.

"스승님, 제가 스승님께 드릴 수 있는 최상의 것은 무엇입니까?"

그러자 스승께서는 이렇게 말씀하셨다.

"가서 마른 나뭇가지 한 단을 가지고 오너라."

나는 조금 의아한 생각이 들었다.

'만일 어떤 사람이 자신을 입문시켜 주시는 스승께 나뭇단을 바쳤다가는 틀림없이 꾸중을 듣게 될 텐데……'

하지만 나는 스승께서 지시하신 대로 했다. 내가 마른 나뭇가지 한 단을 가져다드리자 스승께서 이렇게 말씀하셨다.

"그것을 너의 온 가슴과 마음과 영혼으로 나에게 바치거라."

너무도 엉뚱한 말씀에 나는 스승을 바라보면서 생각했다.

'아니, 스승님은 현명하시고 학식도 많은 분이신데, 대체 오늘은 왜 이러시는 걸까?'

그러자 스승께서는 내 마음을 알아채셨는지 이렇게 말씀하셨다.

"이것은 네가 나에게 줄 수 있는 가장 훌륭한 선물이다. 사람들은 내게 금이나 은 혹은 땅이나 집 같은 것을 주고 싶어 한다. 하지만 그런 것이 아무리 값지고 귀한 것이라 해도 내게는 아무런 소용이 없다."

한 단의 나뭇가지를 바칠 때 구루*는 제자가 이제 깨달음의 길에 들어설 준비가 되었다는 것을 안다고 스승께서는 말씀하셨다. 즉 나뭇가지의 의미는 '부디 제 과거에서 저를 건져내 주시고, 지혜의 불길 속에서 제 모든 부정적인 생각을 불태워 주십시오.' 라는 것이다.

"이 마른 나뭇가지를 불태움으로써 과거의 업이 더 이상 너의 미래에 영향을 주지 않을 것이다. 이제 너에게 새 삶을 주겠다. 과거에 살지 말고 지금 여기에서 살아라. 그리고 빛의 길 위에 네 첫발을 디딘 후 계속 그 길을 따라 걸어가거라."

많은 사람들은 과거에 집착해서 지금 여기에서 사는 방법을 알지 못한다. 그것이 바로 그들이 고통을 받는 이유다.

외로움

나는 외롭지 않다. 외로운 사람은 자신에게 내재한 완전한 충만함을 깨닫지 못하는 사람이다. '참자기'를 자각하지 못하고 바깥 세계의 사물이나 사람에 의존할 때 당신은 외로움을 느끼게 된다. 깨달음을 위한 모든 탐구는 바로 자기 내면의 보물을 찾는 것이며 자신이 이미 완전한 존재라는 것을 발견하는 데 있다. 당신은 완전하다. 외부의 어떤 것에도 의존할 필요가 없다. 어떤 상황에 처하더라도, 어떤 일이 일어나더라도 결코 외로워할 필요가 없다.

내가 열여섯 살이 되던 해의 일이다. 나는 우리가 살고 있던 히말라야의 동굴 앞에 서 있었는데 몇몇 사람이 나를 향해 걸어왔다. 차림새로 보아 인도의 지방 군주와 그의 수행원들이라는 것을 알 수 있었다.

그 군주는 나에게 걸어오더니 거들먹거리면서 말했다.

"어이, 브라흐마차리*! 당신 스승을 만나러 왔소."

"당신은 스승을 만나 뵐 수 없소."

나도 같은 어조로 받았다.

그러자 그의 수행원이 말했다.

"당신은 이분이 누구신지 모르는 모양이군."

나는 지지 않고 대꾸했다.

"그가 누구건 무슨 상관이오. 난 이 동굴의 문지기란 말이오. 어서 물러가시오!"

결국 그들은 돌아가고 말았다. 그들은 그 후로도 몇 번 더 찾아왔지만 역시 스승을 만나 뵐 수 없었다. 우리는 거만한 사람의 방문을 꺼린다. 나는 스승께서 방해를 받지 않으시도록 좀처럼 만남을 허락하지 않았다.

나는 가끔 스승께 이렇게 여쭈었다.

"이 사람들은 참으로 멀리서 스승님을 뵈러 왔습니다. 그런데도 면대조차 허락하지 않으시니, 이것이 과연 옳은 일인지요?"

스승께서 부드러운 미소를 지으며 대답하셨다.

"나는 내 속에 있는 친구와 함께 행복하게 지내고 있는데, 그 사람들을 만날 필요가 어디 있겠느냐? 그들은 세속적인 것을 바라고 왔을 뿐, 참된 구도자가 아니다. 어떤 사람은 아이를 갖고 싶어 하고, 또 어떤 사람은 높은 지위를 바라고 여기 온다. 그들은 결코 영혼의 양식을 원하는 게 아니다."

마침내 그 군주는 내가 자신의 지위에 무관심하다는 사실을 깨달았는지 태도를 바꿨다. 다시 찾아온 그는 공손히 부탁했다.

"선생님, 당신의 스승님을 만나 뵐 수 있겠습니까?"

나는 조용히 그를 앉아 계시는 스승께로 안내했다. 그는 공손한 것처럼 보이고 싶어 했으며, 세련된 매너와 서구식 교육을 받았다는 것을 과시하고 싶어 했다.

그가 스승께 말했다.

"선생님, 외로워 보이시는군요."

그러자 스승께서는 이렇게 대답하셨다.

"그렇다오. 당신이 왔으니까 말이오. 당신이 오기 전까지 나는 내 속에 있는 벗과 즐겁게 지내고 있었다오. 그런데 당신이 오니 외로워지는군."

만남 중에서 지고의 만남은 참된 자아와의 만남이다. 자신 속에 있는 진아眞我를 깨닫는 사람은 결코 외로움을 느끼지 않는 법이다. 누가 우리를 외롭게 하는가? 우리를 알고 우리를 사랑한다고 주장하는 그 사람들이 우리를 외롭게 하고 의존적이게 만든다.

우리는 자신 속의 진아를 잊고 있다. 외적인 관계에 의지하는 것은 무지의 소치이며, 이것은 반드시 극복되어야 한다. 관계와 삶은 동의어이자 뗄 수 없는 것이다. 내면의 벗을 발견한 사람은 모든 사람을 사랑하지만 남에게 의존하지 않는다. 그런 사람에게는 외로움이 없다. 외로움은 병이다. 편안히 홀로 있을 수 있다는 것은 진아라는 영원한 벗과의 만남을 즐긴다는 말이다.

스승께 이런 가르침을 받고 난 군주는 자기 궁궐로 돌아가서 그것에 대해 깊이 생각해 보았다. 그리고 곧 명상 수련에 들어갔다. 얼마 지나지 않아 그는 어떤 사람이든지 스스로 만든 괴로움과 외로움에서 벗어나 삶의 참기쁨을 누릴 수 있다는 것을 깨닫게 되었다.

마야, 우주의 환영

어느 날, 나는 스승께 말씀드렸다.

"아비드야無知와 마야幻影는 같은 것이라고 배웠습니다. 그러나 마야가 무엇인지 정말 모르겠습니다."

스승께서는 실례를 통해 가르쳐 주시는 경우가 많았는데, 내 질문에 이렇게 대답하시는 것이었다.

"내일 아침에 마야가 무엇인지 보여 주겠다."

그날 밤에는 잠을 잘 이룰 수가 없었다. 나는 속으로 '내일 아침이면 마야를 만나게 되겠지.'라고 생각했다.

다음날 아침, 스승과 나는 여느 때처럼 갠지스 강으로 목욕을 하러 갔다. 목욕재계를 하고 나자 왠지 앉아서 명상을 할 마음이 내키지 않았다. 베일에 싸인 마야의 신비를 본다는 기대감에 들떠 있었던 것이다. 동굴로 돌아오는 길에 커다란 고목나무 앞을 지나게 되었는데 스승께서 별안간 고목나무 앞으로 후닥닥 달려가시더니 나무를 껴안는 게 아닌가. 나는 일찍이 스승께서 그렇게 빨리 달리는 것을 본 적이 없었다.

스승께서는 의아해하는 내게 큰 소리로 외치셨다.

"네가 나의 제자냐? 그러면 나를 살려 다오."

"아니, 저더러 살려 달라니요? 스승님께서는 많은 사람들을 살려 주지 않으셨습니까? 이게 대체 어떻게 된 일입니까?"

나는 그 나무가 무서웠다. 그 나무가 나를 칭칭 감아 버릴 것만 같아서 가까이 다가갈 수가 없었다. '저놈이 나까지 감아 버리면 우리를 구해 줄 사람은 아무도 없다.'라는 생각이 스쳐 갔다.

그러자 스승께서 외쳤다.

"도와 다오. 내 발을 잡고 있는 힘을 다해 당겨라."

나는 온 힘을 다해 스승의 발을 당겼다. 그러나 스승의 몸은 나무에서 떨어질 줄을 몰랐다.

스승께서 다시 말씀하셨다.

"이 나무가 내 몸을 잡고 놓아 주지 않는구나."

결국 나는 기진맥진하고 말았다. 나는 멈춰 서서 잠시 생각을 한 뒤 스승께 말씀드렸다.

"어떻게 이런 일이 일어날 수 있습니까? 나무줄기는 스승님을 붙잡아 맬 힘이 없을 텐데요. 스승님께서는 지금 무엇을 하고 계십니까?"

그러자 스승께서 웃으며 말씀하셨다.

"이것이 마야니라."

수세기 전에 샹카라*가 설파한 것처럼 스승께서는 아나디 비드야 *anadi vidya*(우주의 환영)에 대해서 설명해 주셨다. 아비드야가 개인이 가지고 있는 무지라면, 마야*maya*는 개인은 물론 우주의 환영까지 포함한다는 것이다. '마*ma*'는 아니다, '야*ya*'는 그것 즉 실체라는 뜻이다. 스승께서는 신기루처럼 존재하는 것같이 보이되 실제로는 존재하지 않는 것을 마야라고 하셨다.

　스승께서는 마야를 우주의 환영인 동시에 우주의 어머니라고 말하는 학파에 대해서도 설명해 주셨다. 탄트라 철학에서는 마야가 우주적 에너지이며 모든 인간에게 내재한 원초적 힘인 쿤달리니*라고 주장한다고 말씀하셨다. '절대'에 대해 의식을 집중하면 잠자던 쿤달리니가 각성되어 의식의 중심으로 흘러들어간다. 이 힘을 일깨운 사람은 쉽게 높은 의식 수준에 올라갈 수 있으며 그렇지 않은 사람들은 영원히 맹목과 무지의 세계에 남게 된다고 하셨다.

　스승께서는 마야에 대해 설명하신 뒤 다시 이렇게 말씀하셨다.

　"마음과 기氣를 실제로 존재하지 않는 가상의 대상에 쏟으면, 그것이 마치 존재하는 것처럼 나타나게 된다. 그것이 바로 마야다. 절대로 악, 악마, 죄, 아비드야 같은 것에 집중하지 말라. 그러면 스트레스나 고민 같은 부정적인 결과만을 낳게 될 뿐이다. 진리를 찾는 사람들도 자신의 의식이 진보되지 않는 것을 세상 탓으로 돌리는 수가 많다. 나약함이 장애를 만들어 내는 데 큰 몫을 차지한다. 우리는 진지함, 정직성, 성실성과 같은 미덕이 부족하기 때문에 자신의 참모습을 깨닫지 못하는 것이다. 그래서 자신의 나약함을 밖으로 투사해 세상 사물이 장애의 원인이라고 생각해 버리는 것이다."

　집착하지 않는 동시에 늘 깨어 있으라고 스승께서는 당부하셨다.

　"집착이 가장 큰 속박을 만들어 낸다. 집착에 의해 나약해지면 궁극적 실체에 대해 무지하게 된다. 마야 즉 환영은 집착에 깊은 뿌리를 내리고 있다. 어떤 것에 집착하거나 그것을 소유하고 싶은 욕망이 있을 때 그것은 환영의 재료가 된다. 집착에서 자유로운 사람, 자신의 욕망을 영혼의 성장으로 돌리는 사람은 마야의 속박에서 벗어날 수 있다.

집착이 옅어질수록 내면의 힘은 강해진다. 내면의 힘이 강해질수록 자기완성이라는 목표는 가까워진다. 바이라갸*와 아비야사*는 필멸必滅이라는 땅에서 불멸의 정점으로 날아가게 하는 새의 양 날개와 같다. 마야의 환영에 날개가 잘려 나가지 않도록 하는 사람은 완성에 이를 수 있다.

많은 사람이 사랑과 집착을 혼동한다. 집착을 하면 이기적이 되며, 자신의 즐거움만을 생각하고, 사랑을 잘못된 방향으로 쓰게 된다. 또한 소유하고 싶어 하며, 욕망의 대상을 얻으려고 애쓰게 된다. 집착이 속박을 만든다면, 사랑은 자유를 선사한다. 무집착을 이야기하는 요기들은 무관심을 가르치는 것이 아니라 다른 사람을 사심 없이 진실한 마음으로 도울 수 있는 법을 가르치는 것이다. 무집착을 바르게 이해하자면 이는 곧 사랑이라 할 수 있다. 무집착과 사랑은 세간의 사람들뿐만 아니라 출가자들도 실천할 수 있는 미덕이다."

히말라야의 갠지스 강 모래밭에서 받은 가르침 덕분에 나는 환영이란 자신이 만드는 것이라는 사실을 이해하게 되었다. 사랑하는 나의 스승께서는 무지와 환영에 대한 가르침을 통해 우주의 환영과 개인이 만든 장벽에 대해 깨닫게 해 주셨다.

거짓말을 하지 않는 수행

내가 스승님과 어떤 마을을 지날 때, 한 역장이 스승께 말했다.

"선생님, 제게 수행 방법을 가르쳐 주신다면 그것을 꼭 따르겠다고 약속드리겠습니다."

그러자 스승께서 "저 사람에게 확실한 수행 방법을 가르쳐 주어라." 라고 내게 말씀하셨다. 그래서 "어리석은 자가 다른 이를 이끌어 줄 수는 없습니다. 스승님께서 직접 가르쳐 주시는 것이 더 나을 텐데요."라고 하자, 스승께서는 그 역장에게 이렇게 말씀하셨다.

"지금부터 3개월 동안 거짓말을 하지 않는 수행을 하시오."

철도국에 근무하는 대부분의 사람들은 정직하지 않으며, 뇌물 받기를 좋아했다. 그러나 그는 더 이상 뇌물을 받지 않고 거짓말도 하지 않겠노라고 결심했다. 그래서 철도청에서 고위 상사가 역장과 그의 부하 직원들을 조사하러 왔을 때 역장은 묻는 말에 정직하게 대답했다. 그러나 그 일은 부하 직원들에게 심각한 문제를 초래했고, 뇌물을 받은 역장을 포함해 모든 직원이 기소되었다. 역장은 이런 생각을 했다.

'이제 겨우 13일밖에 지나지 않았는데 이런 문제가 생겼구나. 앞으

로 3개월 동안 어떤 일이 일어날 것인가?'

그의 아내와 자식들은 곧 그를 떠났다. 한 달도 지나지 않아 그의 삶은 종이집처럼 무너지고 말았다. 역장은 너무도 괴로웠다. 그때 스승과 나는 480킬로미터 정도 떨어진 나르마다 강가에 머물고 있었다. 나무 아래에 앉아 있던 스승께서 갑자기 웃으시더니 이렇게 말씀하시는 것이었다.

"무슨 일이 일어난 줄 아느냐? 내가 가르친 역장이 거짓말을 하지 않아 오늘 감옥에 가게 된다."

"그런데 왜 웃으십니까?"

"그를 보고 웃는 것이 아니라 세상의 어리석음을 보고 웃는 것이다!"

역장은 진실을 이야기했지만 다른 열두 명의 직원은 한통속이 되어 그가 거짓말을 했으며 그 혼자 뇌물을 받았다고 고소를 했다. 그는 감옥에 갔으며, 다른 사람들은 풀려났다. 역장이 법정에 섰을 때, 판사가 그에게 물었다.

"당신의 변호사는 어디 있습니까?"

"변호사는 필요 없습니다."라는 그의 말에 판사가 말했다.

"당신을 도와줄 사람이 있어야 합니다."

"괜찮습니다. 나는 변호사가 필요 없으며 진실을 말하기를 원합니다. 뇌물을 받은 것은 사실입니다. 얼마나 많은 형량을 받든, 어떤 상황이 되든 거짓말을 하지 말라고 어떤 성자께서 내게 말씀하셨습니다. 아내와 자식은 나를 떠났으며 나는 직업도, 친구도, 돈도 잃은 채 감옥에 있습니다. 이런 모든 일이 한 달 사이에 일어났습니다. 나는 앞으로 두 달 동안 어떤 일이 일어나도 진실을 고수해야 합니다. 판사님, 저를 감옥으로 보내십시오. 저는 상관없습니다."

판사는 휴정을 선언한 다음 그를 조용히 판사실로 오라고 불렀다.

"그런 이야기를 한 성자는 누구입니까?"

역장은 성자의 모습과 인품을 설명해 주었다. 다행히도 그 판사는 내 스승의 제자였다. 그는 역장을 무죄 방면하면서 이렇게 말했다.

"당신은 옳은 길로 가고 있습니다. 계속 그렇게 가십시오. 나도 당신이 가는 그 길을 따르고 싶습니다."

3개월이 지나자 그 역장에게는 아무것도 남지 않게 되었다. 정확하게 3개월이 되는 날, 그가 조용히 나무 그늘에 앉아 있노라니까 전보가 왔다. 그 전보에는 이렇게 쓰여 있었다.

"당신 아버지 소유의 막대한 토지를 오래 전에 정부가 수용했습니다. 이제 정부는 그 보상금을 지불하고자 합니다."

그는 100만 루피를 갖게 되었다. 사실 그는 다른 지역에 있는 그 땅에 대해 모르고 있었다. 그는 '오늘이 거짓말을 하지 않은 지 정확히 3개월이 되는 날인데, 그 보상을 받는 모양이구나.'라고 생각했다.

그는 아내와 자식에게 보상금을 모두 주었다. 그들은 행복해하면서 "우리는 당신에게 돌아가고 싶어요."라고 말했다.

그러자 그는 이렇게 대답했다.

"아니다. 나는 지난 3개월 동안 거짓말을 하지 않고 지내면서 어떤 일이 일어나는지 지켜보았다. 지금부터 나는 계속 거짓말을 하지 않으면서 내 삶에 어떤 일이 일어나는지 지켜볼 것이다."

진리는 인간에게 삶의 궁극적 목표이며, 참된 마음과 말과 행동으로 수행한다면 도달할 수가 있다. 참됨은 인간의 양심에 위배되지 않는 행동에 의해, 거짓말을 하지 않는 수행을 통해 도달할 수 있다. 양심은 가장 훌륭한 안내자다.

어떤 신을 보고 싶으냐?

어느 날, 나는 스승께 "스승님께서는 저를 속이셨습니다."라고 말씀 드렸다. 부족한 사람이 에고가 강하면 다른 사람을 비난하게 된다.

"무슨 말이냐?"

"스승님께서는 저를 어린아이로 취급하면서 숨기고 계십니다."

"말해 보아라, 내가 무엇을 숨기고 있는지를."

"스승님은 저에게 신을 보여 주시지 않았습니다. 제 생각엔 스승님 께서 신에 대한 가르침을 주실 수 있을지는 몰라도 보여 주시지는 못 하실 것 같습니다. 만약 그것이 스승님의 한계라면 솔직히 말씀해 주 십시오."

"내일 아침 너에게 신을 보여 주겠다."

"정말이십니까?"

"가장 중요한 것은 네가 준비가 되었느냐는 것이다."

나는 잠자리에 들기 전에 규칙적으로 명상을 했는데, 그날 밤은 도 무지 명상을 할 수가 없었다. 내일 아침이면 신을 보게 되는데 명상이 뭐가 중요하단 말인가! 나는 밤새 들떠서 한숨도 자지 못했다.

다음날 아침 일찍 나는 목욕도 하지 않은 채 스승께로 갔다. '이제 스승님께서 나에게 신을 보여 주실 텐데 목욕이 무슨 소용인가?' 하는 생각이었다. 나는 대충 머리를 다듬고 가볍게 얼굴만 씻고는 스승께 얼굴을 내밀었다. 스승께서 말씀하셨다.

"앉거라."

나는 '아마 지금 신을 보여 주시려나 보구나.' 하고 생각했다. 그러고 는 이날 아침 따라 아주 공손하게 굴면서 스승께 많은 절을 드렸다.

"어쩐 일이냐? 전에 없이 이런 태도를 보이다니, 어떻게 된 거냐? 왜 이렇게 들떠 있느냐?"

"잊으셨습니까? 스승님께서 제게 신을 보여 주겠노라고 약속하셨지 않습니까?"

"그래, 어떤 형태의 신이 보고 싶으냐?"

"어떤 형태의 신이라니요?"

"네가 생각하고 규정짓는 신의 개념은 어떤 것이냐? 그걸 말해 주면 네가 규정짓는 신을 정확하게 보여 주겠다. 사람들은 그들의 마음에 신에 대한 확신이 없으면서도 신을 보기를 원한다. 네가 찾는 대상에 대한 확신이 없다면 어떻게 그 대상을 발견할 수 있겠느냐? 만약 내가 네 마음에 있는 신에 대해 이야기해 주어도 너는 만족하지 못할 것이 다. 또한 내가 너에게 직접 신을 보여 주어도 너는 믿지 않을 것이다. 그러니 어떻게 해야 하겠느냐? 자, 네가 생각하고 있는 신을 이야기해 다오. 그러면 너에게 신을 보여 주겠다."

나는 당황하면서 이렇게 말했다.

"잠시만 기다려 주십시오. 생각해 보겠습니다."

"신은 네 생각의 영역 밖에 존재한다. 네가 규정짓는 신의 개념을 내가 이해할 수 있도록 먼저 명상을 하거라. 네가 어떤 종류의 신이 보고 싶은지 결정이 나면 언제든지 나에게 오너라. 나는 거짓말을 하지 않는다. 나는 신을 보여 주겠다. 신을 보여 주는 것이 나의 의무다."

나는 모든 상상력을 동원해 신이 어떤 모습일지 그려 보려 했다. 그러나 그 모습은 인간의 형태를 넘어서지 못했다. 내 마음은 식물이나 동물의 영역으로 옮겨 갔다가 다시 인간 쪽으로 옮겨 왔다. 그래서 아주 힘 있고 강하며, 잘생기고 현명한 사람을 그려 보았다. 그러면서 '신은 이런 모습이어야 해.'라고 생각했다. 얼마 후 그것이 얼마나 어리석은 생각인지를 깨달았다. 마음이 명징明澄하지 못한데 어떻게 신의 모습을 아는 체험을 할 수 있겠는가? 결국 나는 스승에게로 갔다.

"스승님, 괴로움에서 우리를 자유롭게 하고, 우리에게 행복을 주는 신을 보여 주십시오."

그러자 스승께서는 이렇게 말씀하셨다.

"그것은 너 자신을 위해서 네 스스로 갈고 닦아야 하는 조화와 고요의 상태다."

맑지 않은 마음으로 신을 보려고 하는 것은 어둠 속을 더듬는 것과 같다. 나는 인간의 마음은 어떤 경계를 가지고 있으며, 그 경계 속에 한정 지어진 것에 따라 상을 만들어 낼 수밖에 없다는 사실을 깨달았다.

신이 무엇인지 설명할 수 있는 사람은 없으며, 마음으로도 신을 그릴 수 없다. 신은 진리라든가 사랑의 원천 또는 이 우주를 창조한 자라든가 실체라고 말하는 사람도 있다. 그러나 이 모든 것은 신을 만나려는 사람의 열망을 충족시켜 주지 못하는 추상적인 관념일 뿐이다. 그렇다면 신을 보았다고 하는 것은 무엇인가? 신을 믿는 사람들은 스스로 신을 상상하고 그 환상을 본다. 그러나 신은 인간의 눈을 통해서는 보이지 않는다. 진아眞我를 깨닫고서 그것이 모든 존재의 근원인 우주의식 즉 대아大我와 하나라는 자각에 의해서만 신을 깨달을 수 있다.

'나는 신을 만나고 싶다. 그러나 스승께서는 신을 보여 주지 않으신다. 스승께서는 내가 바라는 것을 주지 않으신다!'라고 생각하는 제자도 있다. 그러나 마침내 그는 그것이 스승의 의무가 아니라는 사실을 깨닫게 될 것이다. 결코 충족될 수 없는 요구를 하고 있지는 않은지 자신을 살펴보라. 만일 그렇다면 스승에게 요구하지 말고 스스로 자신의 내면부터 변화시켜야 한다. 신은 당신 속에 있다. 당신 속에 있는 것이라면 스스로 보아야 한다. 그 어떤 사람도 다른 사람에게 신을 보여 줄수 없다. 각자 스스로 진아를 발견함으로써 신이라고 하는 '전체'를 깨달아야 한다.

무지의 상태에 있을 때, 사람은 신이 특정한 형상을 지닌 존재라고 생각한다. 그래서 바깥세상에서 어떤 사물을 보듯이 그 존재를 보고 싶어 한다. 그러나 그런 일은 결코 일어나지 않는다. 신은 진리라는 것을 깨닫고 말과 행동으로 진리를 실천해 갈 때, 신의 본성에 대한 무지가 사라지고 진아의 밝은 빛이 밝혀질 것이다.

수행은 반드시 필요하다

나는 친구 난틴 바바Nantin Baba가 살고 있던 람가라 숲으로 자주 가곤 했다(난틴은 '어린이'라는 뜻이다). 그는 여섯 살 때부터 고행과 영성 수련을 실천해 온 친구였다. 그 시절에 우리는 곧잘 인근 마을의 부엌으로 숨어 들어가 음식을 훔쳐 먹고 숲으로 돌아오곤 했다. 그러자 마을 사람들은 온갖 소문을 지어냈다. 우리가 신의 화신이라고 생각하는 사람이 있는가 하면 우리를 악마라고 믿는 사람도 있었다.

그 마을에는 나니탈의 부자들이 소유한 사과 과수원이 여러 개 있었다. 어느 날, 우리는 과수원을 가로질러 흐르는 작은 개울가에서 살기 위해 이사를 했다. 저녁에는 나뭇가지를 모아서 불을 지폈다. 그러자 산지기들은 불이 날까 봐 안달이었다. 그래서 하는 수 없이 과수원에서 불을 지폈다. 그 과수원 주인은 아주 인색한 구두쇠였는데, 우리가 황금사과와 여러 가지 귀한 과일을 훔치고 있다고 생각했다. 다른 과수원에서는 땅에 떨어진 사과를 주워 가는 것은 말리지 않았지만, 그는 그것조차 허락하지 않을 정도였다. 그는 감시꾼들에게 대나무 막대기를 주고 우리를 잡아 오라고 명령했다. 다섯 사람이 우리를 잡기 위해 몰려왔다. 그들은 가까이 와서 우리를 보고 나서야 과수원 주인이 잡아 오라고 한 사람이 도둑이 아니라 숲에 사는 어린 요기들이라는 것을 알게 되었다.

3개월 후, 내가 스승께로 돌아가자 스승께서는 나를 나무라셨다.

"어리석은 일을 저질러 나에게 문젯거리를 만들어 주었구나."

나는 얼른 대답했다.

"저는 아무 짓도 하지 않았습니다."

그러나 스승께서는 나무람을 그치지 않으셨다.

"어머니가 아이를 보호하듯 나는 너를 보호해야 한다. 너는 도대체 언제 철이 들려느냐? 왜 다른 사람의 소유지에 침입했느냐?"

그래도 나는 지지 않고 대답했다.

"모든 것은 신에게 속해 있습니다. 그러니 신에게 봉사하는 사람은 그것을 사용할 수 있습니다."

"그따위 말은 경전의 말씀을 네 편한 대로 인용한 거다. 그 생각을 뜯어고치도록 해라."

스승께서는 다음과 같은 가르침을 주셨다.

첫째, 궁극의 실체는 우주 전체에 두루 있다.

둘째, 세상의 여러 대상에서 받은 기쁨에 집착하지 말 것이며, 그 기쁨을 영혼의 성장을 위한 도구로 삼아라.

셋째, 여인이든 부든 다른 사람이 소유한 것을 탐내지 말라.

그리고는 준엄한 태도로 말을 이으셨다.

"우파니샤드*의 말씀을 기억하지 못하느냐? 다음에 또 사회적인 문제를 일으키거나 사람들에게 폐를 끼치는 일을 저지른다면 나는 너에게 더 이상 입을 열지 않을 것이다."

히말라야 산기슭의 한 마을

그 당시 스승께서는 나에게 말을 하지 않는 것으로 벌을 내리셨다. 꾸짖기 위한 침묵과 사랑과 이해로 가득 찬 긍정적인 침묵의 차이를 나는 잘 알고 있었다. 그 당시 열여섯 살이던 나는 혈기가 넘쳤고, 너무 활동적이라 끊임없이 스승을 곤경에 빠뜨렸다. 그러나 스승께서는 내게 이렇게 말씀하셨다.

"얘야! 이것은 다 나의 업보지, 네 잘못이 아니다. 내가 저지른 행위의 결과를 나는 지금 거두어들이고 있는 중이란다."

스승께서 그렇게 말씀하시면 나는 슬퍼져서 다시는 그런 짓을 하지 않겠다고 맹세했다. 그러다가 조금 지나면 다 잊어버리고 또 다른 잘못을 저질러 댔다. 때로는 다 알면서, 때로는 주의 부족으로, 때로는 무의식적으로 잘못을 저지르곤 했다. 그러나 스승께서는 내가 무슨 일을 저질러도 늘 사랑으로 나를 보호해 주셨다.

사람이 성숙해지면 진정한 삶의 철학을 알기 시작한다. 그때부터 자신의 생각과 말, 행동에 대해서 돌이켜 볼 수 있게 된다. 영적 수련에는 끊임없는 자기 주시가 필요하다. 수행자는 자신의 행동을 책임지는 것을 배워야 하고 자아 성숙을 위해 반드시 수행을 해야 한다. 그러나 강요에 의해 엄격한 계율을 따르는 것은 도움이 되지 않는다. 그런 방법을 통해서는 해야 할 것과 하지 말아야 할 것을 구별할 수는 있겠지만 어떻게 살아야 하는지에 대해서는 알지 못하기 때문이다.

악담 속의 축복

내가 이기적이 될 때마다 나는 꼭 실패를 했다. 이는 실제 나의 체험이다.

언젠가 스승께서 내게 이렇게 말씀하셨다.

"최선을 다하거라. 그러나 네가 아집을 키우고 이기적인 일을 하려고 한다면 결코 성공하지 못할 것이다. 이것이 너에게 주는 나의 악담이다."

나는 스승의 얼굴을 멍하니 쳐다보았다. '무슨 말씀을 하고 계시는 걸까!' 하고 멀뚱거리는 내게 스승께서는 다시 말을 이으셨다.

"이것은 내가 너에게 주는 축복이다. 너는 아무런 에고도 없이 이타적인 사랑을 베풀고 싶다고 느낄 때마다 네 뒤에 거대한 힘이 있는 것을 깨닫게 될 것이다. 또한 선한 것을 이루어 내는 데에 결코 실패를 맛보지 않게 될 것이다."

이기적인 사람, 자기중심적인 사람은 언제나 자기만 생각하고 자기 말만 한다. 자신의 이기심이 더욱더 그를 자기중심적으로 만들고 비참하게 만든다. 깨달음으로 가는 지름길은 에고를 완전히 잘라 내는 일

이다. 지고의 전체, 절대의 흐름 속에 자신을 맡겨라. 삿상가*와 내면
의 중심에 대한 끊임없는 자각은 미혹의 수렁을 넘어가게 한다.

　이기적이지 않은 마음을 기르다 보면 에고가 순화된다. 순화되지 않
은 에고는 자신의 성장을 막는 일종의 악이다. 그러나 에고가 순화되
면 가짜 자아와 참자아를 구별할 수 있다. 이기적인 상태로 남아 있는
한 의식을 확장시킬 수가 없다.

　에고로 인한 문제로 자기 둘레에 장벽을 쌓는 사람은 끊임없이 괴로
움을 만들어 낼 수밖에 없다. 그러나 자기와 다른 사람이 하나라는 것
을 늘 의식하는 사람은 매순간 삶을 즐기면서 아무 두려움 없이 기쁜
마음으로 살아갈 수 있다. 겸손하고 사랑이 넘치는 비이기적인 사람은
인류의 진정한 봉사자가 될 수 있다.

Part 3

직접 체험의 길

직접 체험은 지식을 얻는 최상의 방법이다.
그 외의 방법은 모두 단편적 지식만 줄 뿐이다.
자아실현의 길에서 순수성과 집중력
그리고 마음을 제어하는 것이야말로 가장 중요한 것이다.
순수하지 못한 마음은 환영과 장애를 불러일으키지만,
맑고 깨끗한 마음은 직접 체험의 도구가 된다.

참된 지식을 얻으려면

어느 날, 스승께서는 나에게 앉으라고 하시더니 이렇게 물으셨다.

"많이 배웠느냐?"

나는 스승께 아무리 터무니없는 말이라도 다 할 수가 있었다. 스승은 나 자신을 완전히 드러내 보일 수 있는 유일한 대상이셨다. 스승 앞에서는 무슨 말을 하든지 전혀 미안하다거나 부끄럽다는 생각이 들지 않았다. 스승께서는 나의 그러한 어리석음을 오히려 즐기셨다.

나는 스승의 질문에 이렇게 대답했다.

"예, 물론 저는 많이 배웠습니다."

그러자 스승께서 다시 물으셨다.

"너는 무엇을 배웠으며, 누가 너에게 그러한 것들을 가르쳐 주었는지 내게 설명해 보아라. 처음에 우리는 어머니에게서, 다음으로는 아버지와 형제, 자매에게서 배운다. 그 후에는 같이 노는 친구에게서 배우거나, 학교에서 선생님에게 또는 책을 읽음으로써 배운다. 즉 무엇을 배우든 다른 사람을 떠나서 독자적으로 배운 것은 하나도 없다. 지금까지 네가 배운 것은 모두 다른 사람에게서 온 것이다. 그러면 그 다른 사람들은 어디서, 누구에게서 배우는가? 그들 또한 다른 사람에게 배운 것이다. 네가 배웠다고 말하는 모든 것은 사실 그 결과다. 네가 어떤 것에도 의존하지 않고 배운 것은 하나도 없기 때문에 나는 너에게 연민을 느낀다. 너는 분명히 세상에는 독자적으로 배우는 것과 같은 일은 있을 수 없다고 결론지을 것이다. 네 생각은 모두 다른 이들의 생각이다."

"스승님, 잠깐만 기다려 보십시오. 그 점에 대해서 한번 생각해 보아야겠습니다."

이때까지 배운 모든 것 중에서 나 스스로 배운 것이 하나도 없다는 사실을 깨달았을 때, 나는 큰 충격을 받았다. 당신이 내 입장이었더라도 아마 같은 심정이었을 것이다. 우리가 의존하고 있는 모든 지식은 결코 우리 자신의 것이 아니다. 그러므로 아무리 많은 지식을 습득한다 해도 만족스럽지 않으며 도서관에 있는 책을 몽땅 읽는다 해도 결코 만족할 수 없을 것이다.

나는 스승께 물었다.

"그렇다면 어떻게 깨달음을 얻을 수 있을까요?"

스승께서는 이렇게 대답해 주셨다.

"밖에서 습득한 지식을 가지고 직접 실험해 보려무나. 네가 직접 체험을 하고 답을 찾아내거라. 그러면 마침내 확실하고 알찬 지식이 너에게 올 것이다. 자신이 직접 알게 된 지식이 아니면 모두 헛된 것이다. 역사상 모든 위인은 몸소 진리를 찾기 위해 큰 고생을 아끼지 않았다. 그들은 다른 사람의 견해에 단순히 만족하지 않았다. 그들은 견해가 다르다는 이유로 자기를 박해하거나 죽음에까지 몰아넣은 소위 정통파 및 독단에 빠진 사람들의 위협을 두려워하지 않았다."

그때부터 나는 스승의 충고를 따르려고 노력했다. 나는 직접 체험이야말로 지식의 유효성을 측정해 볼 마지막 관문이 된다는 것을 알게 되었다. 직접적으로 진리를 알게 된다면 그것이야말로 최상의 확인이 될 것이다. 그러나 대부분의 사람들은 친구를 찾아가서 자기의 견해를 말한다. 그러고는 그들의 의견을 통해서 확신을 얻고자 한다. 자기 생각이 옳다는 말을 다른 사람들로부터 듣고 싶은 것이다.

그러나 다른 사람의 의견으로 진리를 측정할 수는 없다. 자신이 직접적으로 진리를 알게 된다면 친구나 선생에게 물어볼 필요가 어디에 있겠는가? 또한 책에서 확인할 필요도 없다. 영적 진리는 외적 증거가 필요하지 않다.

의심이 남아 있다는 것은 아직 다 알지 못했다는 뜻이다. 모든 것이 명확해지고 모든 의심이 눈 녹듯 사라질 때까지 직접 체험의 길을 걸어가라. 직접 체험만이 참된 지식의 원천이 된다.

지식인이 고통을 겪는 이유

　자주성은 참으로 중요하다. 자주성은 직접 체험을 하기 시작하면서 내면에서 싹튼다. 물론 선생도 필요하고 지식도 필요하다. 나는 당신이 다른 사람에게서 배우지 말라거나 공부할 필요가 없다고 말하는 것은 아니다. 그러나 글자도 모르지만 우리에게 심오한 진리나 경전에 대한 참된 해답을 제시해 주는 현자들을 나는 보아 왔다.

　언젠가 나는 《브라흐마 수트라》*를 가르친 적이 있다. 《브라흐마 수트라》는 베단타* 철학 중에서도 가장 난해한 책 중의 하나로 꼽힌다. 나도 이해할 수 없는 경구를 학생들에게 설명했을 때, 학생들은 매우 만족하는 눈치였다. 하지만 정작 나는 그렇지 못했다. 그래서 나는 경전이라고는 한 줄도 읽어 보지 않은 한 스와미에게 도움을 청하러 가곤 했는데, 그 스와미는 사실 자기 이름조차 쓰지 못했다. 그러나 그의 지혜는 어디에 견주어도 부족함이 없었다.

　그는 나에게 "직접적인 체험을 통하지 않고서는 어떤 경구도 이해할 수 없다."고 말했다. 그리고 나서 직접 경험에 의한 지식과 간접 경험에 의한 지식의 차이점을 가르쳐 주기 위해 다음과 같은 예를 들었다.

어떤 스승에게 제자가 한 명 있었다. 그 제자는 소를 본 적도 없고 우유도 마셔 본 적이 없었다. 그러나 제자는 우유가 영양이 풍부해서 몸에 좋다는 사실만을 알고 있었으므로 소를 찾아서 우유를 마시고 싶었다. 그래서 그는 스승에게 가서 소의 모습에 대해 여쭈어 보았다. 스승은 소에 대해서 가르쳐 주었다.

"소라는 것은 네 다리를 가진 아주 유순한 동물이야. 숲에서는 볼 수가 없고, 마을에 가면 있어. 우유는 흰색인데 몸에 아주 좋지."

그러면서 스승은 소의 꼬리와 귀 등 소에 관한 모든 것을 설명해 주었다. 설명을 모두 듣고 난 그 제자는 마침내 소를 찾아 나섰다. 가는 도중에 그는 소의 동상을 발견했다. 그는 그것을 자세히 보고는 저것이 틀림없이 소일 거라고 결론을 내렸다. 마침 그날따라 그 근처에 사는 사람들이 집에 회칠을 하고 있었는데, 소의 동상 옆에는 횟물이 든 양동이가 놓여 있었다. 그는 그것을 보고 저것은 틀림없이 마시면 몸에 좋다는 우유일 거라고 결론지어 버렸다. 그는 횟물을 꿀꺽꿀꺽 마셨다. 그러고는 배가 아파서 구르다가 병원으로 보내졌다.

깨어나서 그는 스승에게 달려가 따졌다.

"스승님의 소에 대한 설명은 전혀 맞지 않는 엉터리였습니다."

"무슨 일이 있었느냐?"

그는 자기가 겪은 일을 이야기했다.

그러자 스승이 물었다.

"네 스스로 소에게서 우유를 짰느냐?"

"아닙니다."

"그래서 네가 고통을 당한 거란다."

히말라야 우타르카시에서 스와미 라마

오늘날 지식인들이 겪는 고통은 그들이 모르기 때문이 아니다. 그들도 알기는 좀 안다. 그러나 그 지식은 자기 것이 아니다. 그 때문에 고통을 겪는 것이다. 부분적이거나 단편적인 지식은 위험하다. 단편적 진리는 사실 진리라고도 할 수 없다. 부분적인 지식 또한 마찬가지다. 성자들은 진리를 몸소 체득한다.

철자조차 모르는 그 성자는 항상 나의 의구심을 말끔히 씻어 주었다. 깨달음을 얻은 능력 있는 스승 밑에서 체계적으로 수업을 받는 것은 자아를 정화하는 데 큰 도움을 준다. 그렇지 않고 경전이나 책으로 지식을 쌓는 것은 에고만을 강화시킬 따름이다. 오늘날 지식인이라 불리는 사람들은 책이나 경전으로 지식을 모으는 일에 열중하고 있다. 그들은 그렇게 해서 얻은 것을 과연 진정한 지식이라고 여기는 것일까? 그런 식으로 지식을 늘리는 것은 영양가도 없는 음식만 잔뜩 먹는 것과 다름이 없다. 그런 음식을 지속적으로 섭취하면 자신뿐 아니라 다른 사람도 병들게 한다.

우리는 많은 선생을 만나고, 또한 그들은 아주 잘 가르친다. 그렇지만 학생은 스스로 체득한 스승이 가르쳐 주는 것만 소화할 수 있을 뿐이다.

행복을 위한 만트라

만트라는 위대한 성자들이 깊은 명상상태에서 발견한 음절이나 단어 또는 단어의 집합으로, 일반 사람들이 일상적으로 사용하는 언어는 아니다. 깊은 초의식상태에서 내부로부터 수신한 이러한 만트라 음音은 구도자들을 점점 더 깊이 이끌어 완전한 고요의 상태에 도달하게 한다. 깊이 집중할수록 만트라는 새로운 의미를 계속적으로 드러내어, 수행자에게 높은 의식 차원을 알게 해 준다. 그러므로 만트라를 전수하는 고귀한 전통을 상업화하는 데 이용하는 것은 있을 수 없는 일이다.

만트라는 마치 인간이 많은 껍질을 가지고 있듯이 거친 것에서부터 아주 미묘한 것에 이르기까지 여러 가지가 있다. 예를 들어 세 개의 철자로 이루어진 옴*이라는 만트라의 세 음(a, u, m)은 각기 세 가지의 의식 상태(깨어 있음, 꿈꾸는 상태, 잠자는 상태) 혹은 세 개의 몸(거친 몸, 미세한 몸, 근원적인 몸)을 나타낸다. 그러나 네 번째의 의식 상태나 우리 신체의 가장 민감한 부분에 작용하는 만트라는 형태도 소리도 없으며, 말로써 표현할 수 없는 것이다.

라야 요가*의 각 과정을 이해하는 사람은 형태가 없는 몸이나 만트라에 의한 초의식상태가 무엇이라는 것을 알고 있다. 만트라는 매우 강력하고, 본질적이며, 간결한 형태의 기도라고 할 수 있다. 만트라는 그것을 계속적으로 암송하는 사람들의 안내자 역할을 한다.

나는 새로운 만트라가 내가 이미 알고 있는 만트라보다 더 훌륭한 것이 아닐까 하는 기대로, 사람들이 물질적인 부를 축적하듯이 새 만트라를 모은 적이 있다. 어떤 때는 다른 학생들과 나를 비교하면서 내 만트라가 다른 사람들의 만트라보다 우월하다고 여긴 적도 있다. 그러한 일들은 내가 아직 정신적으로 성숙하지 못한 탓이었는데, 지금에 와서 생각해 보면 완전히 미친 짓이었다.

우타르카시와 하르실 사이의 히말라야 깊은 산중에 살고 있는 스와미를 만나러 간 적이 있다. 내가 도착하자 그 스와미는 "찾아온 목적이 무엇이냐?"라고 물었다. "만트라를 받고 싶습니다." 하고 대답하자 그는 나에게 조금 기다리라고 말했다.

일반적으로 서양인들은 만트라를 받기 위해 오래 기다리는 것을 잘 참지 못하기 때문에 많은 돈을 바친다. 나 역시 참지 못하고 "스와미지, 저는 지금 매우 급합니다."라고 말했다. 그 스와미는 그러면 내년에 오라고 말했다. 그래서 만약 이 자리에서 기다려야 하는 거라면 며칠을 기다려야 되느냐고 묻자 그는 자기가 원하는 만큼 오랫동안 기다려야 된다고 말했다. 그래서 나는 참을성 있게 하루, 이틀, 사흘 동안을 기다렸다. 그러나 그 스와미는 나에게 만트라를 전해 줄 기미를 조금도 보이지 않았다.

넷째 날, 그는 나에게 만트라를 주겠다면서 나에게 그 만트라를 항상 기억하고 암송하는 것을 잊지 않겠다는 약속을 하라고 했다. 그렇게 하겠다고 약속하자 그는 나에게 갠지스 강가로 가자고 했다. 수많은 성자들이 갠지스 강둑에서 영적 수행을 해 왔으며, 또한 그곳에서 사람들을 입문시켜 왔다. 나는 강가에 서서 만트라를 영원히 잊지 않겠노라고 몇 번이고 약속을 했다. 그래도 그는 만트라를 바로 주지 않고 시간을 끌었다.

마침내 그는 다음과 같은 말을 했다.

"네가 어디에서 살든지 항상 명랑하게 살아라. 이것이 내가 너에게 주는 만트라다. 어떠한 난관에 처하더라도 그곳에서 천국을 창조하거라. 얘야, 명랑함은 네 스스로가 만든다는 것을 꼭 기억해야 한다. 그것은 절대적으로 너의 노력에 달려 있단다. 네 스스로 즐거움을 만들어야 한다. 나의 이 만트라를 잘 기억하거라."

나는 기쁨과 동시에 실망을 느꼈다. 매우 특이한 만트라를 기대했던 나에게 그는 매우 실용적인 만트라를 주었던 것이다. 나는 그 만트라를 내 삶에 적용해 보았다. 그랬더니 그 만트라는 어디에서든 매우 성공적이었다. 그가 나에게 준 영적인 처방은 최고의 의사가 내린 것이었고, 나 자신을 스스로 치유할 수 있는 진정한 열쇠가 되어 주었다.

벌을 다루는 만트라

몇몇 특별한 성자들만이 암송하는 압타*apta* 만트라라는 것이 있는데, 이 만트라에 대한 나의 경험을 이야기하겠다.

리시케시로 흐르는 갠지스 강변에 한 스와미가 작은 오두막에 살고 있었다. 강을 건너기 위해서는 밧줄로 만든 흔들다리를 건너야 했다. 당시만 해도 리시케시에는 인구가 많지 않았다. 밤으로는 야생 코끼리들이 마을로 내려와서는 초막의 벽이나 지붕을 먹어 치우기도 했다. 한번은 우리가 초막 안에 앉아 있는데, 코끼리가 무려 30~40마리나 무리 지어 내려와서는 그 초막을 반이나 먹어 치운 적도 있었다. 심지어 호랑이까지 출몰해 으르렁거리는 완전한 원시 사회였다.

나는 스승의 지시에 따라 그 강 건너에 있는 스와미지를 만나러 갔다. 아침 일찍 그 스와미지는 목욕을 하러 갠지스 강으로 나갔는데 나도 그를 따라갔다. 어느 지역에 가든 항상 그곳의 풍습을 따르라는 교육을 받았기 때문이었다. 우리는 목욕을 하고 난 뒤에 나뭇가지를 부러뜨려 그 끝을 으깨어서 이를 닦았다. 그런 의식은 날마다 계속되었는데 칫솔로 쓸 나뭇가지를 꺾기 위해 스와미지의 제자가 높은 나무에

리시케시의 타트 왈라 바바

올라가곤 했다.

하루는 그 스와미지가 직접 나무에 올라갔다. 평소에 그는 나무에 잘 오르지 않는데 그날은 나에게 무언가를 보여 주고 싶었던 것이다. 스와미지는 70세가 넘은 노인이었지만 나무를 꽤 잘 탔다.

그 나무에는 야생벌의 집이 있었는데, 그는 그것을 전혀 피하려고 하지 않았다. 피하기는커녕 벌집이 있는 가지 쪽으로 올라가서 벌들에게 말을 건네는 것이었다. 나는 나무 밑에서 "스와미지, 벌들을 건드리지 마십시오!"라고 소리치면서 내 머리를 감싸 쥐었다. 그가 벌들을 건드린다면 나까지도 쏘이게 될 것이라고 생각했기 때문이다. 그 벌들은 매우 크고 위험한 종류였는데 만약 그런 벌들 수십 마리에게 쏘였다면 목숨까지 잃었을 것이다.

그런데 그가 벌집 바로 옆에 있는 나뭇가지를 꺾었는데도 벌들은 전혀 동요하지 않았다. 스와미지는 안전하게 나무에서 내려오더니 나에게 그 나무에 올라가서 가지를 하나 꺾어 오라고 말했다.

나는 소스라치게 놀라 소리쳤다.

"저는 나뭇가지가 필요 없습니다. 그것 없이도 살 수 있으니까요."

그러고 나서 잠시 후 나는 이렇게 덧붙였다.

"제가 저 나무에 오르기를 스와미지께서 원하신다면 먼저 선생님을 보호해 준 그 만트라부터 저에게 가르쳐 주십시오."

그 당시 나는 만트라에 많은 관심을 가지고 있는데다가, 그가 사용한 만트라를 배워서 다른 사람들에게 자랑을 하고 싶었다. 그것이 만트라를 배우려는 목적이었다.

스와미지는 내가 나무에 올라가면 만트라를 가르쳐 주겠다고 말했다. 그래서 내가 벌집이 있는 나무 위로 올라가자 그가 말했다.

"벌들에게 가까이 다가가서 얼굴을 맞대고 이렇게 말해 보아라. '나는 이곳에서 너희들과 함께 산단다. 너희를 해치지 않을 테니 너희도 나를 해치지 말아 다오.'라고 말이다."

그 말을 듣고 나는 얼른 반박했다.

"그것은 만트라가 아니지 않습니까?"

"내 말대로 하거라. 벌들에게 그렇게 속삭여 보라니까."

"벌들이 어떻게 우리가 쓰는 말을 알아들을 수 있다는 겁니까?"

내 질문에 스와미지는 이렇게 대답했다.

"가슴으로 말하는 것은 벌들도 알아듣는다. 그러므로 벌들은 모든 언어를 알아들을 수 있는 거지. 너는 그저 내가 가르쳐 준 대로 벌들에게 말하기만 하면 된다."

처음에는 의심스러웠으나, 그가 하라는 대로 했더니 놀랍게도 벌들은 나를 공격하지 않았다. 그래서 나는 스와미지께 물었다.

"스와미지, 이 벌들은 길들여진 것입니까?"

그러자 그는 웃으면서 말했다.

"이 만트라는 오직 너에게만 효과가 있을 뿐이다. 그러니 누구에게도 이 만트라를 전해 주어서는 안 된다. 내 말을 절대로 잊지 마라."

그 일이 있고 나서, 나는 좀 더 인구가 많은 지역들을 여행했다. 나는 늘 도시 외곽의 공원에서 머물렀는데, 사람들은 나를 보기 위해 그곳으로 몰려들곤 했다. 그때까지만 해도 나는 어린데다 철이 없어서 내 능력을 사람들에게 자랑하고 싶었다. 그래서 나는 나무 위로 올라가서 벌들에게 한 번도 쏘이지 않고 꿀을 채집해 내려오곤 했다. 그것은 놀라운 묘기임에 분명했다.

펀자브 지방의 비바니에 머물 때의 일이다. 한번은 내가 잘 아는 금세공인이 자기에게 그 만트라를 가르쳐 달라고 간청했다. 나는 그 만트라가 다른 사람에게는 아무런 효과가 없다고 한 스와미지의 말을 잊어버리고 벌들에게 어떻게 속삭여야 하는지를 그에게 가르쳐 주었다. 금세공인은 벌집이 있는 나무 위로 올라가서 그 만트라를 반복했다. 그러나 수백 마리의 벌이 한꺼번에 공격해 오는 바람에 그는 결국 나무에서 떨어지고 말았다. 우리는 그를 업고 병원으로 달려가야 했는데, 그는 사흘 동안이나 혼수상태에 빠져 있었다. 나는 '이 불쌍한 사람을 내가 죽게 했다면 어떻게 해야 하나?'라고 생각하면서 그가 깨어나기를 계속 기도했다.

그가 입원한 지 사흘째 되는 날, 나에게 그 만트라를 가르쳐 준 스와미지가 병원에 나타났다. 당황하는 내게 그가 말했다.

"이게 도대체 어떻게 된 일이냐? 잘난 체 하는 바람에 너는 그를 죽일 뻔했다. 이제 너에게서 그 만트라의 힘을 회수할 테니 다시는 그 만트라를 사용하지 말거라."

때로 위대한 성자들이 하는 말은 만트라와 같은 효과를 지닌다. 그러므로 언제든 위대한 사람이 당신에게 조언을 하거든 그의 말을 만트라로 생각하고 온 마음을 다해 실천해야 한다.

잘못 사용한 만트라

스와미들이 거주하는 사원에는 그곳의 상좌를 제외하고는 접근조차 엄격히 금지되는 몇몇 비본秘本들이 있다. 그런 비본은 프라요가 샤스트라*라고 불리는데, 거기에는 매우 높은 수준의 수행 방법이 적혀 있다.

스승께서는 나에게 그 비본을 절대로 보지 말라는 말씀을 하시곤 했다. 그러나 나는 그 비본에 무엇이 적혀 있는지 궁금해서 견딜 수가 없었다. 당시 나는 열여덟의 한창 혈기가 왕성한 때라 겁나는 것이 없었다. 나는 이런 생각을 했다.

'나의 수련은 이미 상당한 수준에 도달했다. 게다가 사용하지 않고 묻어둘 거라면 왜 비본들을 기록했겠는가? 거기에 적힌 수행법들을 꼭 시험해 보고 말 테다. 나의 스승께서는 워낙 뛰어난 분이시니 만약 뭔가 잘못된다 하더라도 나를 보호해 주실 것이다.'

어느 날, 스승께서 여행을 떠나시는데 내가 수행을 하게 되었다. 스승께서는 절대로 열어 보아서는 안 된다고 주의를 주면서 나에게 비본 중의 하나를 들고 가게 하셨다. 나는 그 책의 내용이 몹시 궁금했기 때문에 여행 도중 나 혼자 남아 있는 시간이 주어진다면 비본을 꼭 읽어 보리라고 결심했다.

어느 날 저녁, 스승과 나는 갠지스 강변의 작은 마을에 도착했다. 스승께서는 휴식을 취하러 오두막 안으로 들어가셨다. 나는 그때야말로 비본을 공부할 절호의 기회라고 생각했다. 그래서 창문도 없이 출입문만 하나 있는 조그만 오두막에 들어가서 문을 걸어 잠갔다. 그런 다음 밤을 새우더라도 거기에 무엇이 적혀 있는지 알아내려는 각오로 그 책을 펼쳤다. 마침 그날은 달이 무척 밝은 밤이었기 때문에 글씨가 잘 보였다. 비본은 둘둘 말려서 끈으로 묶여 있었는데, 나는 그것을 조심스럽게 풀어서 읽기 시작했다. 그 책에는 여러 가지 수행법과 거기에 따른 효과가 적혀 있었다.

한 시간 정도 읽고 난 뒤에 나는 그 수행법들을 직접 수련해 봐야겠다고 작정했다. 그 비본에는 수행이 깊은 요기들만이 이 수련법을 행해야 하며, 만약 그 수련을 잘못했을 경우에는 매우 위험하다고 적혀 있었다. 당시 나는 어렸지만 스스로 수행이 깊다고 생각했기 때문에 거기에 적힌 행법을 직접 실행하기 시작했다. 그것은 어떤 의식을 행하면서 특별한 만트라를 외우는 수행법이었다. 그 만트라는 인간의 내부뿐만 아니라 외부도 각성시키는 힘이 있는 것이었다.

책에는 만트라를 1,001번 반복해야 한다고 적혀 있었다. 나는 그것을 900번 반복했으나 아무 일도 일어나지 않았다. 그래서 이 만트라는 아무런 효과가 없는 게 아닌가 하는 의심이 들었다. 그런데 만트라를 940번 반복했을 때, 나는 몸집이 큰 여자 하나가 내 가까이에 있는 것을 보았다. 그 여자는 나무를 주워 모아서 불을 지피기 시작했다. 그러고 나서 큰 양동이에 물을 붓고는 물을 끓이기 위해 불 위에다 올려놓는 것이었다. 바로 그때 나는 만트라를 963번 헤아리고 있었다. 970번 반복했을 때, 나는 깜짝 놀라 만트라 세는 것을 그만 잊어버리고 말았다. 같은 방향에서 또 다시 몸집이 커다란 남자가 나타나는 것을 보았던 것이다.

그를 처음 보았을 때, '이것은 분명히 만트라에 의한 것이다. 그러니 그를 보지 말고 만트라를 끝까지 반복해야겠다.'고 마음먹었다. 그러나 그 남자는 나에게 점점 다가오기 시작했다. 그는 벌거벗고 있었는데 그렇게 몸집이 큰 남자를 나는 한 번도 본 적이 없었다.

그 남자는 여자에게 저녁 준비가 되었느냐고 물었다.

"저녁거리가 없는데요."

그 여자의 대답에 남자가 말했다.

"저기 앉아 있는 애는 어떠냐? 저 애를 잡아서 저녁을 지어라."

그 말을 듣는 순간 나는 너무 놀라 이가 덜덜 떨렸다. 그러고는 횟수를 세느라 손에 들고 있던 말라*도 떨어뜨린 채 나는 그만 정신을 잃고 말았다. 얼마나 오랫동안 혼수상태에 빠져 있었는지 나는 모른다. 의식을 되찾고 보니 스승께서 내 앞에 서 계셨다. 스승께서는 나의 뺨을 철썩 때렸다.

"일어나거라."

나는 얼핏 정신을 차리자마자 소리를 내질렀다.

"아, 저 거인이 나를 잡아먹으려고 해요."

그러고 나서 다시 기절을 하고 말았다. 그러기를 서너 차례, 마침내 스승께서는 나를 발로 걷어차면서 더 단호하게 말씀하셨다.

"일어나거라! 왜 이런 짓을 했느냐? 이런 만트라는 수련하지 말라고 하지 않았느냐. 넌 환각 속에 갇혀 버린 거야, 이 어리석은 것아!"

그 일을 겪고 난 뒤 나는 만트라의 힘을 깨닫게 되었다. 나는 스승이 주신 만트라를 수련하기 시작했다. 비록 아주 사소한 것을 욀 때라도 결코 횟수를 어기지 않았다. 어렸을 때 어리석고 바보 같은 일을 많이 저질렀지만, 나를 일깨워 준 만트라는 언제나 어려운 상황에서 나를 도와주었다.

영적 훈련을 받지 않은 채 만트라를 잘못 사용하면 내 경우처럼 환각을 불러일으킬 수도 있다. 그러한 환각은 순수하지 않고 잘 다스려지지 않은 마음의 산물이다. 마음이 순화되어 내면으로 향하게 되면 만트라는 당신에게 도움을 주게 된다. 그러나 만트라의 뜻을 모르면 정확한 느낌이 일어나지 않으며, 확고한 느낌 없이 단지 기계적으로 만트라를 암송하면 별 효력이 없다.

침묵 수행의 어려움

　언젠가 나의 내적 느낌과 행동을 관찰하기 위해 침묵을 지킨 적이 있었다. 당시 나는 라마Rama가 태어난 곳인 아요드야Ayodhya의 외곽을 흐르는 사류 강둑에서 살고 있었다. 사람들은 내가 침묵 수행을 하고 있어 음식을 달라고 할 수 없다는 것을 알고는 하루에 한 번씩 먹을 것을 가져다주었다.

　그때는 움막을 짓지 않고 살았는데, 저녁에 갑자기 먹구름이 몰려오더니 장대 같은 비를 뿌리기 시작했다. 나는 몸을 덮을 긴 담요밖에 없었기 때문에 비를 피하기 위해 근처에 있는 사원을 향해 뛰어갔다. 날은 이미 어두워진 뒤였는데, 나는 사원 뒤쪽으로 가서 주랑에 걸터앉았다.

　그러자 사원을 지키는 세 명의 문지기가 다가와서 여기서 뭐 하느냐고 내게 물었다. 그들은 나를 도둑 취급했지만 나는 침묵 수행 중이라 아무런 대답도 할 수 없었다. 그들은 대나무 작대기로 나를 사정없이 때렸다. 나는 그만 기절하고 말았다. 그때 사원에 있던 한 승려가 무슨 일인가 하여 등불을 들고 나왔다. 그는 나를 잘 아는 사람이었는데, 내 머리에서 피가 흐르고 온몸이 상처투성이인 것을 보고 깜짝 놀랐

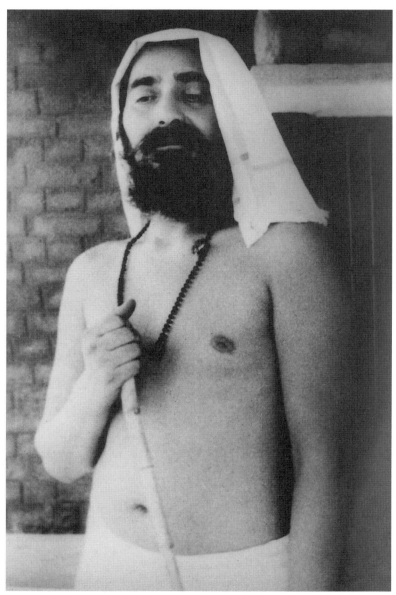

아요드야에서 스와미 라마

다. 내가 의식을 되찾자 그 승려와 사원의 하인들은 나에게 용서를 빌었다. 그날 이후 나는 침묵 수행이 쉽지 않다는 것을 알게 되었다. 나는 수행의 길을 계속 가긴 했지만 더 이상 사람들이 많은 도시에는 얼씬거리지 않았다.

여러 수행법 중에서도 자신의 마음과 말과 행동을 계속 주시하는 것이야말로 최상의 수행이다. 나는 종종 상칼파를 행하면서 내 감정과 사고와 말과 행동을 계속 주시했다. 그러나 명상을 하면서 마음을 가라앉히려고 할 때마다 불현듯 무의식으로부터 상념의 거품이 끓어오르곤 했다. 마음 다스리는 법을 배우고 의식과 무의식의 관계를 주의 깊게 파악하는 데는 오랜 시간이 걸렸다.

나는 상념을 정복하고 마음을 다스릴 수 있게 되었다고 여러 차례 생각했다. 하지만 며칠이 지나 보면 나도 모르게 상념의 거품이 무의식 깊은 곳에서 다시 솟아오르는 것이었다. 그러면 실망해서 우울해지기도 했지만 그때마다 항상 나를 도와주고 이끌어 주는 분을 만날 수 있었다.

진리를 열망하는 사람이라면 처음부터 많은 것을 기대하지 말고 주의 깊고 꾸준하게 명상을 계속해 나가야 한다. 단번에 결판이 나는 명상법은 없다. 현대인들은 명상을 하고 나면 곧바로 결과가 나오기를 기대한다. 그러한 기대는 환영과 상상을 만들어 내는데, 그것을 두고 위대한 영적 체험이라고 생각해 버린다. 그러나 그것은 사실 무의식의 산물일 뿐이다.

결과에 대한 좌절감은 마음에 불균형을 가져온다. 그러다 보면 명상을 아예 포기해 버리거나 영혼의 성장에 해로운 이상한 길로 빠지게 되는 것이다.

신묘한 탄트라

뻉골의 메다니푸르Medanipur라는 곳에서 온 사형이 있었는데, 그의 아버지는 학식이 높은 산스크리트 학자였다. 사형은 나와 만나기 전인 18세 때에 가족의 강요로 결혼을 하게 되었다. 결혼식은 저녁에 거행될 예정이었는데, 그는 결혼식 도중에 도망칠 계획을 꾸몄다.

힌두교 결혼식에는 신랑과 신부가 불꽃 둘레를 일곱 발자국씩 걷는 의식이 있다. 그는 불꽃 의식이 거행되는 도중 네 발자국을 걷고는 그만 들판으로 달아나 버렸다. 결혼식에 참석한 사람들은 그의 행동을 이해할 수 없었다. 사람들은 신랑을 쫓아갔지만 그를 잡을 수는 없었다.

그는 7일 동안 걸어서 마침내 갠지스 강가에 도착했고, 영적 스승을 찾기 위해 강둑을 따라 걷기 시작했다. 그러나 그 후 6년이라는 세월 동안 많은 경험을 했지만 그는 자신의 스승을 찾지 못했다.

마침내 그는 스리나가르Shrinagar에서 나의 스승을 만나게 되었다. 그가 스승을 처음 만났을 때 스승께서는 그를 포옹하며 맞아 주셨다. 스승께서는 당신이 그와 전생에 인연이 있는 사이라는 것을 알고 계셨다. 그는 스승과 3개월 동안 같이 지낸 뒤에 강고트리로 가라는 명령을 받았다. 그래서 그는 강고트리의 한 동굴에서 나와 함께 지내게 되었다.

어느 날, 그는 내게 자기 고향인 메다니푸르에 대해 이야기해 주면서, 만약 내가 그곳을 방문하게 되면 그의 가족에게 자기는 스와미가 되어 히말라야에서 살고 있다고 전해 달라고 말했다.

그 이야기를 들은 지 얼마 되지 않아 나는 그의 고향 집을 방문해, 그와 결혼하기로 되어 있던 여자를 만나게 되었다. 나는 그 여자에게 그 결혼식은 온전히 치러진 것이 아니니 다른 사람과 결혼하라고 말했다. 그러자 그 여자는 "당신과 당신의 사형은 신이 아니라 악마를 숭배하는 자들이에요!" 하고 소리쳤다. 그녀는 매우 화가 나 있었던 것이다.

나는 마을에서 조금 떨어진 내 오두막으로 돌아왔다. 이 지역에서는 특이한 탄트라*가 행해지고 있었는데 사람들은 '칼리Kali'라 불리는 성모를 숭배하고 있었다. 그 당시 나는 탄트라에 대해 많은 이야기를 들었으며, 또 그에 관한 책도 몇 권 읽은 터였다. 그래서 탄트라를 실제로 행하는 사람을 만나 탄트라에 대한 의혹을 풀어 보고 싶었다.

마침 사형의 동생이 그 마을에 살고 있었는데, 그는 내게 92세 된 이슬람 탄트라 수행자를 소개해 주었다. 나는 그를 만나러 가서 세 시간 동안 담소를 나누었다. 그는 마울라비Maulavi라 불리는 이슬람 성직자였는데 그곳의 모스크에서 많은 신도를 이끌고 있었으며, 코란과 다른 이슬람의 신성한 경전에 대해서도 박식했다.

다음날 아침, 마울라비는 마을 밖에 있는 연못으로 나를 데리고 갔다. 그는 조그만 병아리 한 마리를 샀다. 그러고는 그 병아리를 끈으로 묶은 다음 끈의 다른 쪽 끝을 바나나 나무에 묶었다. 그는 나에게 앉아서 잘 지켜보라고 하더니 무어라 중얼거리다가 까만 완두콩을 끈에다 던졌다. 그러자 그 병아리는 발버둥 치다가 이내 축 늘어지고 말았다. 그것을 가리키며 그는 내게 병아리가 죽었다고 말했다.

나는 '이것은 창조적인 일이 아니다. 이것은 좋지 못한 것이며, 흑마술이다.'라고 생각했다. 그는 나에게 병아리가 실제로 죽었는지 확인해 보라고 했다. 그래서 내가 그 병아리를 잠시 물속에 담가도 되느냐고 물었더니 그렇게 하라고 했다. 나는 병아리를 물속에 5분 이상 넣었다가 꺼냈는데, 내가 확인한 바로는 그 병아리는 분명히 죽어 있었다. 조금 있다가 그는 처음에 했던 것과 비슷한 의식을 통해서 그 병아리를 살려 냈다. 나는 그것을 보고 소스라치게 놀랐다. 그는 다른 것도 보여 주겠다면서 그 줄의 한쪽은 바나나 나무에 묶고, 다른 쪽은 내 허리에 묶으라고 했다.

두려움 때문에 나는 그가 시키는 대로 하지 않았다. 그 대신 늙은 마울라비와 병아리를 뒤에 남겨 둔 채, 마을을 향해 있는 힘을 다해 달아났다. 숨을 헐떡거리며 마을에 도착하자 사람들은 왜 내가 그렇게 빨리 달려왔는지 의아해했다. 그들에게 마울라비가 나를 죽이려 했다고 말했더니, 아무도 내 말을 믿으려 들지 않았다. 그 지역에서는 마울라비가 매우 고귀한 성자라고 알려져 있었기 때문이었다. 나는 그곳에서 기적을 찾느니보다는 차라리 그곳을 떠나 내 길을 가는 것이 좋겠다고 생각했다.

그래서 나는 대법관인 무카르지와 며칠 동안 지내기 위해 콜카타로 갔다. 나의 경험을 들려주면서 그 일이 내 상상에 의한 것인지 아니면 내가 환영을 본 것인지 그에게 물어보았다. 그는 그런 일이 실제로 일어난다고 말했다. 나중에 나는 몇몇 성자를 만나 어떻게 하면 그런 일이 일어날 수 있는지 물어보았다. 그들은 그에 대한 설명은 해 주지 못했으나, 벵골 지방은 그런 기적 같은 일이 많이 일어나는 곳으로 유명하다는 사실은 인정했다.

내가 이 이야기를 해 드리자 스승께서는 웃으시며 이렇게 말씀하셨다.

"네가 그것을 수련하려고 해서는 안 되겠지만 모든 것을 접해 볼 필요는 있다. 너는 네게 주어진 수행법만 열심히 행하도록 해라."

이러한 종류의 탄트라는 진정한 의미에서의 탄트라는 아니지만, 탄트라의 곁가지라고는 말할 수 있다. 마음의 힘은 여러 가지 다양한 방법으로 사용될 수 있다. 인생의 궁극적 목적에 대한 이해가 없다면 이러한 정신적 능력은 다른 사람을 해치는 데 잘못 사용될 수도 있다. 그러나 정신의 힘을 악용하면 결국에는 그것을 행한 사람 자신을 망치게 된다.

마울라비와 같은 능력을 가진 사람들은 지금도 얼마간 있다. 그러나 그들 중 100명에 1명 정도만이 진짜이고, 나머지는 한낱 마술사에 불과하다.

도둑질의 마술

젊었을 때 나는 기적을 찾아다녔다. 한번은 못이 박힌 침대에 누워 있는 사람을 만나서 그에게 물었다.

"저도 배우고 싶습니다. 저에게 그것을 가르쳐 주시겠습니까?"

"물론이지. 그러나 먼저 나를 위해 보시를 받아 오고, 돈을 가져오너라. 가진 돈을 전부 주겠다고 약속하면 너에게 가르쳐 주겠다."

나는 그런 부류들을 하나씩 만나 보았는데 그들은 서로를 비난했다.

"그자는 아무것도 아니야. 내가 훨씬 나은 것을 가르쳐 주겠다."

그런 사람들 중에 커다란 강철 바늘로 자기 팔뚝을 관통시켜도 피한 방울 흘리지 않는 기술을 가진 사람이 있었다. 그는 나를 유혹했다.

"너에게 이 기술을 가르쳐 주지. 그것을 다른 사람에게 시험해 보이면 너는 많은 돈을 벌 수 있을 거다. 그러려면 먼저 너는 내 제자가 되어야 하며, 번 돈의 일부는 나에게 바쳐야 한다."

그 말을 듣고 나는 그의 곁을 떠났다.

나는 또 다른 사람을 만났는데, 그는 많은 사람의 존경을 받고 있었다. 나는 그토록 많은 사람이 그의 주위에 몰려 있는 이유가 궁금했다.

'이 사람은 무슨 특별한 재능을 가지고 있는 걸까? 그는 현자일까, 아니면 위대한 요기일까?'

그래서 나는 모든 사람이 그곳을 떠날 때까지 그의 곁에 남아 있었다. 드디어 단둘이 남았을 때, 그가 내게 물었다.

"자네가 알고 있는 호텔 중에서 가장 호화로운 호텔이 어디인가?"

"런던의 사보이 호텔이죠."

"나에게 100루피만 주면 그 호텔의 맛있는 요리를 가져다주겠다."

내가 그에게 100루피를 주자 마치 준비되어 있었다는 듯이 그 호텔의 요리가 내 앞에 나타났다. 나는 다시 70루피를 주면서 독일의 함부르크에 있는 음식을 주문했다. 그러자 그 음식 역시 순식간에 내 눈앞에 나타났다. 그것을 보자 나는 엉뚱한 생각이 들었다.

'이것 봐라! 스승님께 돌아갈 필요가 없군! 이 사람과 함께 있어야겠다. 이 사람은 내게 필요한 것을 전부 줄 수 있지 않은가. 그러면 아무런 성가심 없이 조용히 명상과 수행을 계속할 수 있을 것이다.'

그가 다시 "어떤 종류의 시계를 원하느냐?"고 물었다. 나는 이미 좋은 시계를 가지고 있다고 했더니 그는 더 좋은 시계를 주겠다고 했다. 그는 정말로 새 시계를 하나 주었다. 시계를 들여다보면서 나는 생각했다.

'이 시계는 스위스제다. 그가 이 시계를 만들어 낸 게 아니라 단지 어떤 술법을 써서 다른 곳에 있는 것을 옮겨 오는 건 아닐까?'

그로부터 2주일이 지난 후에, 나는 그에게 다시 찾아갔다. 오일 마시지도 해 주고, 요리도 해 주었더니 그는 매우 흡족해하면서 자신의 술법을 내게 가르쳐 주었다. 그래서 나도 그가 했던 것과 비슷하게 할 수 있었다.

그곳에서 그의 술법을 수련하고 있던 어느 날, 우리 수도원의 스와미 한 사람이 찾아왔다. 그는 다짜고짜 내 뺨을 후려치며 말했다.

"네가 지금 무슨 짓을 하고 있는 줄 아느냐?"

그는 나를 스승께 데리고 갔다.

"너는 많은 것을 훔쳤다."

스승의 말에 나는 "훔치다니요?" 하고 되물었다.

"네가 배운 것은 다른 사람의 상점에서 감쪽같이 물건을 **빼내** 오는 술법이다. 물건이 사라지고 나면 주인은 왜 그런지 영문을 모른다."

나는 스승께 다시는 그런 짓을 하지 않겠다고 약속했다.

나중에 나는 델리에 있는 재봉틀 가게에서 외판원으로 일하는 사람을 만나게 되었다. 나는 그에게 하지라는 사람과 그가 가진 능력에 대해 이야기해 주었다. 그는 하지가 만약 델리에 있는 가게에서 재봉틀을 옮겨 올 수 있다면 그를 가장 위대한 사람으로 받들고 남은 생 내내 그를 따르겠노라고 했다. 나는 그를 하지에게 데려다 주었다. 그러자 그는 하지에게 그 기적을 행하기를 청했다.

"그것을 곧 가져다주겠다."

그가 말을 마치자마자 재봉틀이 나타났다. 조금 지나자 외판원은 가게에서 재봉틀이 없어졌으니 자신이 의심받게 될지도 모른다고 걱정하기 시작했다. 하지가 그 재봉틀을 다시 되돌려 보내려고 시도를 했지만, 이번에는 술법이 통하지 않았다. 하지는 자기 능력을 잃어버렸다고 울부짖었다.

그 외판원은 델리로 돌아갈 때 직접 재봉틀을 가지고 가야 했다. 한편 가게 주인은 재봉틀이 없어진 것을 발견하고 경찰에 신고를 해 두었다. 외판원이 재봉틀을 가지고 있는 것을 발견한 경찰은 그를 체포해 법정으로 보냈다. 외판원은 그간의 사정을 이야기했지만 아무도 그의 말을 믿어 주지 않았다. 결국 그는 처벌을 받게 되었다.

나는 기적을 행하는 사람을 여럿 보았다. 그때마다 나는 스승께 말했다.

"세상에는 스승님보다 뛰어난 능력을 가진 사람이 많습니다. 저는 그런 사람들을 따라가겠습니다."

스승의 대답은 늘 한결같았다.

"좋을 대로 하거라. 나는 네가 성장해서 훌륭한 사람이 되기를 바라지만, 네가 싫다면 나에게 남아 있을 필요가 없다."

나중에 나는 그런 술법이 대부분 속임수라는 것을 알았다. 그런 것들은 대개 흑마술이다. 그것은 영적인 성장과는 아무런 관계가 없다.

《요가 수트라》*3장에는 싯디*를 얻는 방법들이 언급되어 있다. 대부분의 싯디는 깨달음을 얻는 데 장애가 된다. 백만 명 중에 한 명 정도는 참된 싯디를 가지고 있지만, 그것을 행하는 사람들은 대부분 이기적이거나 탐욕스럽고 무지하다. 의도적으로 그런 능력을 키우는 일은 깨달음의 길과는 거리가 멀다. 붓다, 예수 또는 다른 위대한 성자들이 보여 준 기적은 자연스럽게 나타난 것인데, 그 속에는 영적인 뜻이 함축되어 있다. 그들은 이기적인 충동이나 관심을 불러일으키기 위해 기적을 행하지 않았다.

요가 수행을 하다 보면 자연스럽게 신통력이 생기기도 한다. 그러나 진정한 삶의 목적을 아는 사람은 결코 그런 능력을 남용하지 않는다. 요술을 부려 남을 속이는 사람은 참된 요기가 아니다. 참된 싯디는 분명 존재하지만, 그것은 도력道力이 높은 사람에게만 나타난다.

불을 뿜는 스와미

    언젠가 입에서 불을 만들어 낼 수 있는 스와미를 만난 적이 있다. 그가 내뿜는 불꽃은 꽤 멀리까지 갔다. 나는 그가 정말로 불을 만들어 낼 수 있는지를 확인해 보고 싶었다. 그래서 인燐 같은 물질을 숨기지 않았다는 것을 증명하기 위해 먼저 입을 씻고 나서 해 보라고 그에게 요구했다. 그 자리에는 내 친구 한 사람도 같이 있었다. 친구는 그 사람을 시험해 보더니 진짜인 것 같다고 했다. 그래서 나는 속으로 '이 사람은 나의 스승님보다 더 높은 수준임에 틀림없다.'고 결론을 내렸다.

    그 스와미가 내게 말했다.

    "네 스승 밑에서 시간과 힘을 낭비하지 말고 내 밑으로 들어오너라. 그러면 불을 뿜는 것뿐만 아니라 진정한 지혜도 가르쳐 주겠다."

    그 말을 듣자 마음이 흔들려 나는 스승을 떠나기로 결심했다.

    나는 스승께 돌아가 내 생각을 말씀드렸다.

    "스승님보다 훨씬 뛰어난 분을 만났습니다. 그분의 제자가 되겠습니다."

    "그래, 그거 잘됐구나. 어서 가거라. 나는 네가 행복하기를 바랄 뿐이다. 그런데 그는 무슨 일을 하더냐?"

"그분은 입에서 불을 뿜어 낼 수 있는 놀라운 능력의 소유자입니다."

내 대답에 스승께서 말씀하셨다.

"나를 그에게 데려다 다오."

다음날 아침, 나는 스승과 함께 길을 나섰다. 그 스와미는 산속으로 37킬로미터 정도 들어가는 곳에 살고 있어서 그곳에 도착하는 데는 약 이틀이 걸렸다. 마침내 불을 뿜는 스와미에게 도착했는데, 우리를 본 그가 느닷없이 스승께 큰절을 올리는 게 아닌가.

나는 깜짝 놀라 스승께 여쭈었다.

"그를 알고 계십니까?"

"물론이지. 그는 오래 전에 우리 수도원을 떠난 사람이다. 이제야 그가 어디에 숨었는지 알게 되었군."

스승께서 그에게 물으셨다.

"여기서 무얼 하고 있느냐?"

"스승님, 입에서 불을 만드는 것을 배웠습니다."

그의 입에서 불이 뿜어져 나오는 것을 지켜보면서 스승께서는 부드러운 미소를 지으셨다. 그러고는 나에게 말씀하셨다.

"그에게 이것을 배우기 위해 몇 년이 걸렸는지 물어보아라."

스승의 분부대로 내가 물어보자 그는 자기의 능력을 자랑스럽게 여기며 허풍을 떨었다.

"이것을 통달하는 데 20년이 걸렸습니다."

그 말을 듣고 스승께서 말씀하셨다.

"성냥으로 불을 켜면 1초도 걸리지 않는데, 이 멍청한 사람은 입에서 불을 뿜어 내려고 20년을 허비했다. 애야, 이것은 참지혜와는 거리가 먼 것이란다. 참된 스승을 만나고 싶다면 그들이 살고 있는 곳을 가르쳐 주겠다. 가서 직접 경험해 보아라."

나중에 나는 그런 능력이 수행 도중에 나타나는 한낱 징후에 불과하다는 것을 이해하게 되었다. 그런 능력은 영성과는 아무런 관계가 없다. 나는 나중에 그런 능력을 직접 체험하면서 그것이 아무런 가치가 없다는 것을 깨달았다. 그런 능력은 오히려 깨달음의 길에서 큰 장애물이 된다. 때때로 심령 능력이 개발되어 다른 사람의 운명을 알아맞힌다거나 일이 돌아가는 것을 척척 알아맞히게 되는 수도 있다. 그러나 그런 능력은 마음을 흩트리게 할 뿐이다.

그런 것이 당신의 길에 장애가 되지 않도록 하라. 수많은 사람들이 그런 곁길로 빠져서 시간과 힘을 낭비했다. 누구든지 싯디를 개발할 수 있으며, 초자연적인 기적도 행할 수 있다. 그러나 영혼의 깨달음은 그런 것과는 전적으로 다른 것이다.

천진난만한 성자

참된 구도자의 주된 특징은 이기심이 없다는 것이다. 성자라 불리는 사람에게서 이기심이 드러난다면 그는 참된 영혼의 길을 가는 사람이 아니다. 님 카롤리 바바Neem Karoli Baba와 나는 아주 어렸을 때부터 친밀한 사이였다. 그는 히말라야의 나니탈 언덕 여기저기를 떠돌아다니면서 생활하고 있었다. 어떤 사람이 그에게 찾아오면 그는 으레 이렇게 말했다.

"좋아, 내가 자네를 보고 자네도 나를 봤으니 자ja, 자, 자, 자, 자……."

'자, 자, 자'란 '가라, 가라, 가라'는 뜻이다. 그렇게 말하는 것은 그의 습관이었다. 언젠가 그와 앉아서 이야기를 나누고 있자니까, 인도에서 몇째 가는 부자가 많은 돈뭉치를 가지고 찾아왔다.

"선생님, 이 돈을 당신께 드리겠습니다."

그러자 바바는 그 지폐를 받아 자리 위에 깔고 앉으면서 말했다.

"이것은 방석으로도 적합하지 않고, 화로가 없으니 땔감으로도 쓸 수 없구나. 나에겐 아무 쓸모가 없어. 이걸 가지고 무얼 하지?"

그러자 부자가 소리를 질렀다.

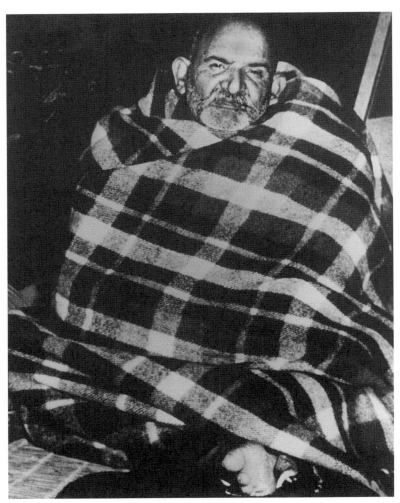

님 카롤리 바바

"선생님, 그것은 돈입니다."

바바는 그 돈을 돌려주면서 그것으로 과일을 사 달라고 했다.

"선생님, 여기는 시장이 없습니다."

"그렇다면 그것을 돈이라고 할 수 있겠는가? 그것으로 과일을 살 수 없다면 그 돈이 내게 무슨 소용인가?"

바바는 역정을 내면서 그에게 찾아온 이유를 물었다.

"저는 지금 두통으로 고생하고 있습니다."

"두통은 자네 스스로 만든 것인데 날더러 어떡하라는 건가?"

부자는 항의하듯 대답했다.

"선생님, 저는 선생님께 도움을 청하러 왔습니다."

바바는 조금 누그러진 태도를 보이며 말했다.

"좋아, 이제부터 자네의 두통이 사라질 것일세. 그러나 앞으로 자네는 다른 사람들의 두통거리가 될 걸세. 자네는 불쌍할 정도로 부자가 되어 자네가 살고 있는 지역사회 전체의 두통거리가 될 거라고."

바바가 예언한 대로 그는 지역사회의 두통거리가 되었다.

어느 정도의 돈은 세상을 편하게 살아가는 데 필요한 수단이 되지만 필요 이상으로 많은 돈을 끌어 모으는 것은 불행의 원인이 된다. 그것은 일종의 죄악이다. 왜냐하면 그것은 다른 사람이 소유할 수 있는 기회를 빼앗는 셈이 되고, 사회에서 불평등을 낳게 되기 때문이다.

님 카롤리 바바는 신의 화신인 라마를 사랑했다. 그는 항상 아무도 이해할 수 없는 만트라를 중얼거렸다. 그는 북인도에서 수많은 사람들의 숭앙을 받았는데, 사람들은 그에게 휴식할 겨를을 주지 않았다. 사람들은 바바를 따라 산속으로, 마을로 어울려 다녔다. 바바의 행적은 매우 신비스러웠다.

나는 님 카롤리 바바와 함께 지내며 유쾌하고 신나는 경험들을 했다. 그 경험들은 도무지 믿을 수 없는 것들이지만 그를 직접 만나 본 사람이라면 내 이야기에 수긍할 것이다. 누군가 그를 찾아오면 그는 이렇게 말하곤 했다. "너는 어떤 사람과 어떤 나무 아래서 나를 욕했지?" 그러고는 정확한 날짜와 시간까지 대는 것이었다. 그는 "이제 나를 보았으니 가라, 가라, 가라, 가라."라며 내쫓고는 담요를 몸에 두르곤 했다.

어느 날, 한 약사가 탈리탈에서 말리탈까지 가루약을 운반하고 있었다. 그는 님 카롤리 바바를 공경하는 사람이었기 때문에 지나던 길에 그를 뵙기 위해 잠시 들렀다. 마침 나도 거기에 있었다. 바바가 물었다.

"나는 배가 몹시 고프다네. 자네가 지금 가지고 가는 게 무엇인가?"

"예, 비소입니다. 제가 음식을 가져올 테니 잠깐만 기다리십시오."

그러나 바바는 그에게서 가루약을 낚아챘다. 그러고는 한 움큼 삼킨 뒤 물 한 컵만 달라고 했다. 약사는 스승이 독약 때문에 돌아가실 거라며 비통해했다. 그러나 다음날이 되어도 바바에게는 아무런 이상이 없었다.

바바는 외부세계를 전혀 인식하지 못했다. 만일 당신이 그에게 찾아가 식사를 하셨냐고 묻는다면 그는 "아니!"라고 하거나 "먹었네."라고 대답할 것이다. 그러나 그 대답은 사실 아무런 의미가 없다. 사람이 마음을 다른 곳에 두고 있으면 하루에 몇 번을 먹어도 여전히 시장기를 느끼는 모양이다. 나는 그런 현상을 그에게서 보았다. 그는 음식을 먹은 지 채 5분도 지나지 않아서 "아, 배고파!"라고 했다. 자신이 이미 음식을 먹었다는 사실을 잊은 것이다. 그럴 때 나는 이렇게 말해 주곤 했다.

"선생님께선 이미 음식을 드셨는걸요."

그러면 그는 으레 이렇게 대답했다.

"옳아, 그렇다면 나는 배가 고프지 않아."

만일 누군가가 그에게 이미 식사를 했다고 알려 주지 않으면 그는 아마 끝없이 음식을 먹을 것이다. 어느 날, 나는 하루에 몇 번이나 식사를 하는지 알아보려고 그에게 아무 이야기도 해 주지 않고 가만히 있어 보았다. 그랬더니 그날 나를 데리고 이 집 저 집 돌아다니면서 그는 마흔 차례나 식사를 했다. 온종일 쉬지 않고 먹은 셈이다. 바바는 사람들이 그의 능력을 보고 싶어 한다는 것을 잘 알고 있었다. 누가 그 앞에 음식을 바치기만 하면 그는 곧바로 먹었다.

사람들이 "선생님, 식사하시겠습니까?"라고 청할 때마다 바바는 거절하지 않고 "오냐!"라고 대답했다. 이렇게 해서 그는 그날 하루 내내 식사를 했던 것이다. 마침내 내가 나서서 말렸다.

"선생님, 너무 많이 잡수셨습니다."

"오, 그랬던가?"

"그렇습니다."

이처럼 높은 경지에 있는 사람은 마치 어린아이와도 같다. 그는 세상 일은 잘 의식하지 못했으나 진리만은 늘 깨닫고 있었다.

잠을 자지 않는 마타지

언젠가 96세가 된 위대한 마타지*를 만나기 위해 아삼에 간 적이 있다. 그녀는 카마키야Kamakhya라 불리는 매우 유명한 샥티 사원 옆에 살고 있었다. 모두들 그 사원에 가고 싶어 했으나, 인도에서도 너무 외진 데 있기 때문에 그곳을 찾아오는 사람들은 별로 없었다.

나는 콜카타에서 고하티까지 갔다가 거기서 다시 걸어서 카마키야까지 갔다. 사원에는 저녁 늦게 도착했는데, 날이 어두워 몇 번이나 돌부리에 걸려 넘어질 뻔하면서 간신히 그곳을 찾았다. 당시에는 사원 주위에 서너 개의 작은 목조 가옥밖에 없었다. 그곳에서 나는 마타지가 묵고 있는 건물의 2층에 머물라는 안내를 받았다.

내가 쓰게 된 방은 허물어진 곳도 많고 군데군데 구멍이 나 있었는데, 그 구멍을 통해 생쥐나 뱀들이 기어들어왔다. 그런 것들이 매우 성가셨으나 어떻게 할 수가 없었다. 여기저기에서 헝겊 조각을 주어다가 구멍을 막고서 그럭저럭 그 방에서 2개월을 보내게 되었다. 처음에는 그곳에서의 경험들이 충격적이고 놀라웠으나 시간이 지남에 따라 매우 즐거워졌다.

내가 그곳을 찾았을 때는 마타지가 낮에 밖으로 나가지 않은 지 20년째 되는 해였다. 그분은 매일 밤 자정에서 새벽 세 시 사이에 샥티 사원에 들르곤 했다. 나는 넷째 날까지는 내 방에서 머물러 있다가 다섯 째 되는 날 그 사원에 들러 보았다.

그날 밤은 달이 밝았는데, 샥티 사원의 정문에 도착했을 때 나는 누군가가 만트라를 암송하고 있는 소리를 들었다. 사원 안에는 마타지가 희미한 등불 아래 홀로 앉아 있었다. 그분은 북쪽 문에서 내 인기척을 듣고는 매우 강경한 어조로 이렇게 말했다.

"들어오지 마라. 들어오면 너는 죽게 될 것이다. 나는 성모聖母다. 여기서 빨리 벗어나라!"

나는 내심 놀랐지만, 한편으로는 그 작은 사원 안에서 무슨 일이 일어나고 있는지 몹시 궁금했다. 그래서 문틈으로 살며시 안을 엿보았다. 그러자 마타지가 내 쪽으로 달려왔는데, 완전히 나체 상태였다. 그녀의 육체는 마치 빛나는 피부에 싸여 있는 해골 같았다. 그녀의 눈은 불꽃처럼 타오르고 있었다.

"썩 물러가라. 무엇 때문에 내가 하는 일을 엿보느냐?"

마타지가 소리를 질렀다. 나는 절을 하면 마음을 가라앉히시리라 생각하면서 두려움과 존경심이 섞인 큰절을 했다. 그러나 마타지는 나뭇가지로 사정없이 나를 때리면서 쫓아내 버리는 것이었다. 할 수 없이 나는 내 방으로 돌아왔다.

다음날 아침, 마타지는 나를 당신 방으로 불러 이야기를 꺼냈다. 내가 "저에게 당신의 축복을 내려 주십시오."라고 하자 그분은 잠시 침묵하더니 내 스승 외에는 아무도 모르는 나의 별명을 중얼거렸다. 그러고는 나를 들어 자신의 무릎 위에 앉혔다. 나는 무슨 일이 내게 일어났는지 잘 알 수 없었지만, 만약 제7의 천국*이 있다면 바로 거기였을 거라는 느낌이 들었다.

마타지는 내 머리를 쓰다듬으면서 축복을 내리더니 이렇게 말했다.

"이 길을 가면서 많은 어려움을 겪을 테지만 결국에는 다 뛰어넘을 것이다. 너에게 축복을 내린다. 애야, 이제 가거라."

그러나 나는 "여기서 얼마 동안 더 있고 싶습니다."라며 졸랐다. 그러자 마타지는 쾌히 승낙했다. 나는 아무도 없는 사원에서 새벽 세 시에 혼자 무엇을 하시냐고 마타지께 물었다.

"나는 자정부터 새벽 세 시까지 샥티 의식을 행하는데, 그때는 사람들이 오는 것을 원치 않는다."

그 사원에는 자정부터 새벽 2시까지와 3시부터 4시 35분까지는 아무도 찾아올 수 없도록 되어 있었다. 마타지는 내게 매일 저녁 30분씩 친견을 허락했는데, 그분 앞에 앉아 있으면 마치 나의 스승 앞에 있을 때처럼 영적으로 고양되는 것을 느낄 수 있었다. 나는 마음속 깊이 그녀를 어머니 스승으로 모셨다.

나는 마타지께 많은 질문을 드렸으나 그분은 나에게 조용히 침묵을 지키라고 하셨다. 나는 마타지의 말씀에 따랐는데, 서로 이야기하지 않아도 내가 품었던 여러 가지 질문에 대한 답을 얻을 수 있었다. 그런 상태에서는 침묵이 다른 어떤 방법보다 더 많은 것을 전해 줄 수 있는 수단이 되는 것이다. 최고의 스승은 가르침을 침묵으로 전한다.

마타지는 아주 온화한 성품의 소유자였지만 엄청난 의지력과 강력한 파워를 가지고 계셨다. 나는 마타지가 말하는 것은 무엇이든 실현되는 것을 목격했다. 누군가가 도움을 청하면 마타지는 단지 "돌아가거라. 그렇게 될 것이다. 너에게 축복이 내릴 것이다. 성모에게 기도하라."라고 말하고는 방으로 들어갔다.

나는 마타지가 밤새 잠을 자지 않고 명상 자세로 앉아 계시다는 이야기를 듣고는 그것을 확인하기 위해 사흘 동안 문틈으로 지켜보았다. 그랬더니 과연 마타지는 잠을 전혀 자지 않았다.

어느 날, 나는 마타지께 "어머니, 잠깐만 누워 보십시오. 그러면 제가 편안히 주무실 수 있도록 마사지를 해 드리겠습니다."라고 말했다.

그러자 마타지는 재미있다는 듯이 웃었다.

"잠이라고? 그런 건 내게 필요 없단다. 나는 이미 게으름과 타성을 초월했거든. 나는 누울 필요 없이 자지 않는 잠을 즐기고 있단다. 요가의 잠을 즐기는 사람이 돼지처럼 쿨쿨 자야 할 필요가 어디 있겠느냐?"

"그게 무슨 뜻입니까?"

"돼지들은 제대로 소화시킬 수 없을 정도로 잔뜩 먹고는 누워서 코를 골지. 어떻게 그토록 잠이 많은지 정말 놀랍단 말이야."

그리고 나서 마타지는 잠에 관한 모든 것을 이야기해 주었다. 사람들이 어떤 메커니즘에 의해 의식상태에서 수면상태로 들어가는지 알고 있는지 묻고는, 잠에 대해 상세하고도 체계적으로 가르쳐 주었다.

마타지의 설명을 듣고 나니까 의식의 일상적인 세 가지 상태(현재 의식, 꿈, 깊은 잠) 및 의식을 넘어서 있는 초의식 수준 즉 투리야*를 각각 설명하는《만두캬 우파니샤드》*를 이해할 수 있었다. 이는 수많은 우파니샤드 중에서 가장 중요하면서도 난해한 경전으로 알려져 있다.

나는 마타지의 말씀을 일기에 적어 두었는데, 무려 70페이지나 되었다. 마타지는 온화한 말투로 천천히 말씀하셨는데 이야기 중에 중복되거나 실수한 부분이 전혀 없었다. 그분은 내게《만두캬 우파니샤드》에 대해서 체계적으로 해석해 주었다. 나는 단지 지적으로만 이 경전을 이해하고 있었는데 그분의 가르침에 따라 의식의 네 가지 상태에 대한 수련을 거친 뒤에야 비로소 이 경전의 참뜻을 이해할 수 있었다.

"나의 이 육체적인 어머니 상에 집착하지 마라. 나는 모든 곳에 두루 존재하는 우주의 어머니다. 너의 의식을, 소멸할 수밖에 없는 나의 육신을 넘어선 곳으로 끌어올리도록 하거라."

떠날 때 나는 눈물을 글썽이며 마타지를 바라보았다.

"두려워하지 마라. 나는 항상 너와 함께 있을 것이다."

나는 작별 인사를 드린 뒤 히말라야에 있는 동굴 수도원으로 돌아왔다. 스승께서는 그분을 극구 칭찬하셨다. 마타지는 12세 때부터 그 사원에 머물렀는데, 101세에 육신을 버릴 때까지 그곳을 떠나지 않으셨다.

나이를 먹지 않는 요기

매년 여름이면 동 우타르프라데시에 사는 데브라하 바바Devraha Baba
가 히말라야의 성소를 방문하기 위해 찾아온다. 모두들 그의 나이가
매우 많다고 했지만, 나는 그 사실을 직접 확인하지는 못했다.

그러나 인도의 초대 대통령이었던 라젠드라 프라사드Rajendra Prashad
박사에게서 바바의 나이는 최소한 150세 이상은 될 거라는 말을 들은
적이 있다. 그는 어렸을 때 아버지를 따라서 바바한테 간 적이 있었는
데 그때 이미 데브라하 바바는 나이가 많은 노인이었다고 했다. 프라
사드 박사가 이 말을 한 것은 그가 70세가 넘었을 때였다.

이러한 이야기들은 내 호기심을 자극했다. 나는 데브라하 바바가 히말
라야의 성소에 가기 위해 리시케시에 도착했을 때 그를 만나 보리라고
마음먹었다. 그곳에서 나는 그를 만나 많은 이야기를 나눌 수 있었다.

바바는 어디에 가든 자기를 위해 임시로 만든 소나무 움막에 거주했
다. 가끔 그는 나무 위에 지은 집에 거주하기도 했다. 바바는 매우 건
강해 보였고 70대 정도로밖에 보이지 않았다. 그는 매우 검소하고 친
절했지만 어떤 제자도 자신의 육체를 만지는 것은 허락하지 않았고,

나이를 초월한 사두 데브라하 바바

다만 신의 사랑에 대해 더러 설법을 할 때도 있었다.

그는 북인도에서 매우 유명했는데, 수많은 군중이 그를 바라보고 축복을 받기 위해 몰려들었다. 긴 행렬을 이룬 군중은 물론 경찰관이나 정부의 관료들도 그의 축복을 받으려고 자주 찾아오곤 했다. 1974년 하르드와르에서 있었던 쿰바 멜라* 기간에, 내가 가르친 미국 학생들도 그를 방문한 적이 있다.

나는 그가 어떻게 그리 오랫동안 장수를 누릴 수 있는지 그 비결을 알고 싶었다. 나는 그가 어떤 특별한 요가를 규칙적으로 행하며, 과일이나 채소만 먹는다는 것을 알았다. 사실 요가에는 수많은 수행 방법이 있는데, 구도자들은 각각 자신에게 맞는 방법을 선택한다.

바바는 나와 이야기하는 중에 이런 말을 했다.

"행복은 모든 것 중에 가장 위대한 재산이다. 그리고 시간을 잘 엄수하는 것은 필수적이며, 수준 높은 호흡법을 행하는 것도 마찬가지로 중요하다. 나이를 먹지 않기 위한 수행법으로는 프라나야마*를 규칙적으로 수련하는 것을 꼽을 수 있다."

나이를 초월한 사두 데브라하 바바는 사랑의 상징 그 자체였다.

Part4
겸허함을
위한 공부

겸손의 미덕을 기르는 것은
깨달음의 세계로 한 걸음 더 나아가는 길이 된다.
겸허함으로 인해서 잃을 것은 아무것도 없다.
대신 많은 것을 얻을 수 있을 것이다.
기도와 명상은 이러한 내면의 미덕을
기르는 데 필요한 힘을 길러 준다.

에고와 자만심은 헛된 것이다

스승께서는 히말라야의 성지 퉁나트Tungnath에서 생활하신 적이 있다. 나는 스승을 찾아뵈러 가는 도중에 카르나프라야그Karnaprayag 산의 성소에서 발길을 멈추었다. 그곳에 있는 작은 동굴에는 매우 위대하고 명성이 자자한 스와미가 살고 있었는데, 그의 이름은 스와미 프라바트Prabhat였다. 나는 그를 자주 찾아갔었다.

당시 나는 스와미가 되기 위한 수업을 받고 있었다. 전통에 따라 나는 그에게 큰절을 올렸다. 그는 정사각형으로 갠 담요 위에 앉아 있었고, 그의 앞쪽으로는 마을 사람 서너 명이 앉아 있었다. 나는 그가 자기 옆에 내 자리를 마련해 주리라고 기대했다.

그때까지만 해도 나는 자만심이 대단했다. 그래서 인도인들이 스와미들에게 으레 하는 절까지 받곤 했다. 사실 그런 전통은 아직 수행 중에 있는 스와미의 에고를 강화하고 자만심을 부추기게 만드는 문제를 안고 있었다. 프라바트 스와미는 아마도 나의 그런 태도를 잘 알고 있었을 것이다. 그는 내게 미소를 지으며 말했다.

"네 자리에 가서 앉거라."

"선생님 곁에 앉을 수 있도록 그 담요를 좀 펴 주시지 않겠습니까?"

나는 계속 우겼다. 그러나 그는 잔잔한 미소만 머금고 있을 뿐이었다.

"왜 저한테 선생님 곁에 앉지 못하게 하십니까?"

나는 거들먹거리면서 무례하게 굴었다.

프라바트 스와미는 《요가 바시슈타》*에 나오는 라마와 하누만의 대화를 인용하여 이런 말을 했다.

"영원의 관점에서 봤을 때 우리는 하나이며, 똑같은 존재다. 그러나 인간의 차원에서는 너는 여전히 하인이며, 나는 너의 주인이다. 현대인은 아무것도 이루지 못했으면서도 주인의 위치에 오르려고 하는 경향이 있다."

그러면서 그는 나에게 다음과 같은 이야기를 들려주었다.

어떤 사람이 성자를 만나러 갔다. 그 성자는 대중에게 설법을 하기 위해 높은 연단에 올라가 있었다. 그는 자신의 사회적 지위가 높은데도 다른 사람들과 똑같은 취급을 당하고 있다는 생각이 들어 자존심이 상했다. 그래서 그는 성자에게 이렇게 말했다.

"선생님, 제가 선생님 옆에 앉아도 되겠습니까?"

그러자 성자가 대답했다.

"그러려면 스승의 역할뿐만 아니라 제자의 역할도 알아야 한다."

"제자의 역할은 무엇입니까?"

"제자는 청소하고, 밥 짓고, 설거지를 하며 자신의 몸과 마음을 깨끗이 닦아 스승을 모셔야 한다."

"그렇다면 스승의 역할은요?"

"스승은 가르친다. 그러나 자질구레한 일은 하지 않는다."

"자질구레한 일을 하지 않고 스승이 될 수는 없겠습니까? 허드렛일은 가르침을 배우는 것과 아무런 상관이 없지 않습니까?"

"아니다. 그렇게 되면 너는 너 자신뿐만 아니라 다른 사람도 다치게 할 것이다. 구도의 길은 모든 것을 받아들일 수 있지만 자만심은 받아들이지 않는다는 것을 처음부터 꼭 명심해야 한다."

구도자와 수행 과정 사이에는 에고라는 장벽이 드리워져 있다. 에고에 가득 차게 될 때 사람은 자신 속에만 고립되게 된다. 그렇게 되면 스승은 물론 자기 양심과도 잘 소통하지 못하며 스승의 가르침 또한 따르지 못하게 된다. 그러므로 에고와 자만심에 빠지지 않기 위해서는 끊임없는 수행과 자기반성이 필요하다. 그렇지 않으면 아무리 지식을 많이 쌓는다 해도 그 알맹이는 빠져나가고 말 것이다.

오만함의 대가

장마철이 되면 스와미들은 여행을 삼가고 일정한 지역에서 넉 달 가량 머문다. 이때를 이용해 일반인들은 스와미를 찾아와 여러 가지 경전을 배운다. 나도 스와미 수업을 받는 중이었지만 날마다 학생들을 가르쳤다.

학생들은 선생을 위해 여러 가지 문제를 곧잘 만들어 낸다. 가장 빈번한 예로, 학생들은 선생을 그들보다 훨씬 높은 위치에 올려놓는다. 그렇게 되면 서로 간의 소통에 한계가 생기게 된다.

내게서 배우던 학생들은 높은 연단을 만든 뒤 나에게 그 위에 앉으라고 했다. 많은 학생이 나를 따르고 있다는 사실은 터무니없이 나의 자만심을 부추겼다. 이런 것은 일을 처음 시작하는 사람이나 명성만을 추구하는 사람에게서 쉽게 볼 수 있는 경향이다. 그들은 추종자가 많아질수록 점점 더 거만하게 변한다.

내가 가르치는 학생 중에 스와미가 한 사람 있었는데 나는 그가 별로 깊게 알지 못한다고 생각하고 있었다. 내가 강의하는 동안 내내 그는 한쪽 구석에 조용히 앉아 있었기 때문이다. 그때는 그를 전혀 몰랐지만, 그는 매우 높은 경지에 도달해 있는 분이었다. 그가 내 앞에 나타난 것은, 내가 "신이시여, 저에게 깨달음을 주소서. 저를 도와주소서!"라고 기도했기 때문이리라. 나는 울면서 신께 나를 도와줄 사람을 보내 달라고 애원했던 것이다. 그런데 그런 그를 내가 어떻게 대했던가? 나는 그에게 내 옷을 던지면서 빨아 오라고 하는 등 하루 종일 일만 시켰던 것이다. 그는 아무 말 없이 두 달 동안 나와 함께 지내다가 마침내 내 버릇을 단단히 고쳐 주기로 마음먹은 모양이었다.

어느 날 아침, 우리는 갠지스 강둑에 있는 바위에 앉아 있었다. 양치질을 하면서 나는 그에게 물을 떠 오라고 시켰다. 그는 이미 내 주제넘은 자만심을 질리도록 경험한 터였다.

"양치질이나 계속하지."

그의 이 말을 들은 다음 무슨 일이 일어났는지 나는 알지 못한다.

이틀 뒤, 사람들이 그곳에 쓰러져 있는 나를 발견했다. 내 얼굴은 퉁퉁 부어 있었다. 칫솔은 떨어뜨리고 대신 손가락으로 칫솔질을 계속했던 모양이다. 그 자리에 스승께서 나타나셨다.

"일어나거라."

그 말을 듣고 나는 눈을 떴지만 얼굴이 무거워서 도저히 고개를 들수가 없었다. 잇몸이 퉁퉁 부어 턱조차 움직일 수가 없었다.

그러자 스승께서 부드럽게 타이르셨다.

"그 스와미는 위대한 성자시다. 신께서 너에게 그분을 보내신 거야. 그런데도 너는 겸손하지 못해 신의 사람과 올바르게 사귈 줄을 몰랐던 거다. 이제 느낀 것이 있겠지. 또다시 이런 실수를 저지르지 마라."

말을 마친 스승께서는 그때까지 못 일어나고 있던 나를 재촉하셨다.

"일어나거라. 하늘을 보고 걷자꾸나."

나는 항의하듯이 대꾸했다.

"하늘만 보고 걷다가는 돌부리에 걸려 넘어질 겁니다."

그러자 스승께서 말씀하셨다.

"네 말이 맞다. 고개를 숙여라. 그러면 비틀거리지 않고 제대로 잘 걸어갈 수 있을 것이다. 험난한 인생길을 가려면 겸손해져야 한다. 삶이라는 여행에서 가장 큰 장애물은 에고와 자만심이다. 겸손하지 않으면 아무것도 배울 수가 없다. 그러면 성장은 멈추고 만다."

영성의 길을 처음 나설 때 무엇보다 중요한 것은 겸허함이다. 에고는 장벽을 만들고 분별력을 마비시킨다. 분별력이 날카롭지 않으면 이성이 적절하게 작용되지 않으며, 마음도 맑지 않게 된다. 구름 낀 마음은 깨달음의 길을 가는 데에 좋은 도구가 아니다.

"포기해야 하리라. 실행해야 하리라. 이 두 가지의 조화 속에 삶의 영광이 깃들게 되리라."

포기해야 할 것은 행동이 아니라 행동의 결과다. 의식의 큰 바다 속에서 에고가 완전히 사라지도록 하라. 에고는 가슴 깊이 어두운 구석에 숨어 있기만 하는 것이 아니다. 에고가 나타나는 방식이나 형태는 실로 다양하다. 사랑이 담긴 행동은 영원과 불멸의 기쁨을 맛볼 수 있게 해 준다.

겸손하지 않은 질문

카슈미르 지방의 스리나가르에서 지내고 있을 때, 나는 한 저명한 베단타 학자를 만났다. 그는 그곳의 유명한 대학교 철학과 학과장으로 재임 중이었다. 그는 내게 "당신의 질문이 제가 대답할 수 있는 거라면 기꺼이 답해 드리겠습니다."라고 말했다. 그래서 나는 그에게 이런 질문을 던졌다.

"우파니샤드는 모순으로 가득한 것 같습니다. 어떤 곳에서는 브라흐만이 유일한 존재라고 하고, 다른 곳에서는 모든 것이 브라흐만이라고 말하는가 하면, 또 어떤 곳에서는 현상계는 거짓이며 브라흐만만이 진리라고 말합니다. 뿐만 아니라 또 다른 곳에서는 이 모든 다양성의 배후에는 유일한 궁극의 실체가 있다고 말하고 있습니다. 이렇게 서로 대립되는 명제들을 어떻게 이해해야 합니까?"

그러자 그는 애매모호한 대답을 했다.

"질문에 어떻게 대답해야 할지 모르겠군요. 당신은 샹카라차리야 승단의 스와미가 되기 위해 수업 중이니 나보다 더 잘 알고 계시겠지요."

나는 다른 학자들도 많이 만나 보았지만 아무도 내 질문에 만족스런 해답을 주지 못했다. 그 누구도 우파니샤드에 존재하고 있는 모순점들을 속 시원히 해결해 주지 못했던 것이다. 나는 히말라야 깊은 산중의 우타르카시 마을 근처에 사는 스와미 한 분을 만나러 갔다. 그의 이름은 비슈누 마하라즈Vishnu Maharaj였는데 그는 늘 옷 하나 걸치지 않은 나체 생활을 하고 있었다. 나는 그에게 우파니샤드 이야기를 꺼냈다.

"우파니샤드에 대해 알고 싶습니다."

"먼저 엎드려 내게 절을 해라. 너는 자만심이 부풀 대로 부푼 상태에서 우파니샤드에 대해 묻고 있다. 그런 네가 어떻게 우파니샤드의 미묘한 진리를 배울 수 있겠느냐?"

나는 누구에게든 절하는 것이 싫었다. 그래서 그곳을 떠났다. 그러나 그 후 우파니샤드에 대한 이야기를 할 때마다 사람들은 항상 비슈누 마하라즈에게 가서 물어보라는 충고를 했다.

"그분 외에 당신의 질문에 대답해 줄 수 있는 사람은 없을 겁니다."

그러나 그를 만나기가 두려웠다. 내 문제점은 바로 자만심이라는 것을 그가 잘 알고 있기 때문이었다. 그래서 절을 하라고 했던 것인데, 나는 그러지 않았던 것이다. 나는 그 질문에 대답을 줄 다른 스와미를 찾으려고 사방팔방을 돌아다녔지만 만나는 사람마다 한결같이 비슈누 마하라즈 이야기를 꺼내는 게 아닌가! 나는 날마다 그가 살고 있는 강둑의 작은 동굴까지 다가가 그가 어떻게 내 질문에 대답해 줄지를 생각했다. 그러나 막상 다가가려고 하면 두려운 생각이 들어 그냥 돌아오곤 했다.

그러던 어느 날, 그가 근처에서 머뭇거리고 있는 나를 보았다.

"이리 와서 앉거라. 배가 고프지? 나와 함께 먹지 않겠느냐?"

그는 매우 유쾌하고 자비로워 보였다. 그는 내게 먹을 것과 마실 것을 주고는 "이제 가거라. 오늘은 너하고 보낼 시간이 없구나."라고 말했다.

"선생님, 여쭤 볼 게 있어서 왔습니다. 음식과 마실 것은 다른 곳에서도 구할 수 있습니다. 제가 원하는 것은 영혼의 양식입니다."

"너는 아직도 준비가 되지 않았다. 너는 나를 시험하고 싶을 뿐이다. 네 질문에 내가 대답할 수 있는지 알고 싶은 것이지, 진실로 배우고자 하는 마음은 없다. 준비가 되거든 내게 오너라. 그때 대답해 줄 테니……."

다음날, 나는 다시 그를 찾아가 아주 공손하게 말했다.

"선생님, 어젯밤 내내 제 마음을 돌아보았습니다. 이제 선생님의 말씀을 들을 준비가 되었습니다."

그제야 그는 내 질문에 대답해 주었는데, 그의 말을 듣고 나자 내가 품었던 의문들이 눈 녹듯 사라져 버렸다. 그는 우파니샤드의 가르침에는 사실 아무런 모순도 없다는 것을 체계적으로 설명해 주었다.

"초심자들이 처음 명상 수련을 시작하면, 진리는 변하지 않지만 현상계의 모든 존재는 무상無常하다는 것을 알게 된다. 그리고 이 변화무쌍한 이름과 현상의 세계는 거짓이며, 그 뒤에 영원히 변함없는 절대적 실재가 존재한다는 것을 깨닫게 된다. 두 번째 단계에서 진리를 알게 되었을 때는, 진리는 오직 하나이며 우주에 존재하는 모든 것에 편재해 있기 때문에 거짓이라는 것은 사실상 없다는 것을 이해하게 된다. 이 단계에서 구도자는 절대 세계와 현상 세계 양쪽에 들어 있는 똑같은 단 하나의 실재를 깨닫게 된다. 그러나 그보다 더 높은 단계가 있다. 이 단계에서는 오직 단 하나의 절대적 실재만이 존재하며, 겉으로 거짓인 것처럼 보이는 것도 실제로는 절대 유일자의 현현顯現이라는 자각에 이르게 된다. 깨달음을 얻지 못한 스승에게 우파니샤드를 배운

카슈미르 아마르나트 세스나그 호숫가의 한 사두

학생들만이 이러한 표면적 모순으로 인한 혼동을 겪게 된다. 유능한 스승은 학생들에게 각자의 수준에 맞는 단계를 인식할 수 있게 해 준다. 그것은 의식의 단계일 뿐, 상호간에 모순이 있는 것은 아니다. 일상적인 마음가짐이나 지적으로 탐구해 보겠다는 마음가짐으로는 우파니샤드의 가르침을 이해할 수 없다. 직관적 이해만이 그것을 이해하도록 이끌어 준다."

사실 나는 다른 사람들에게 나의 스승으로부터 배운 지식을 확인해 보고 싶어서 질문을 하곤 했다. 그러나 성자들은 겸손하지 않은 질문에는 결코 대답을 해 주지 않았다. 겸허함 그 자체가 의문을 풀어 주는 것이다.

이 위대한 성자 비슈누 마하라즈는 나에게 논쟁을 초월하라고 충고해 주었다. 또한 이와 같은 오묘한 문제를 풀기 위해서는 내적으로 직관의 힘이 끊임없이 흐르도록 해야 한다는 말도 덧붙여 주었다.

완성에 도달했다는 착각

젊었을 때 나는 이미 완성의 경지에 도달했기 때문에 더 이상의 가르침이나 공부는 필요 없다고 착각한 적이 있었다. 나는 많은 스와미를 가르치고 있었기 때문에 어느 누구보다 많이 알고 있다는 자만심에 가득 차서 인도에 있는 스와미 중에서 나보다 앞선 사람은 없는 줄 알았다. 스승께 나의 그런 생각을 말씀드렸더니 스승께서는 어이가 없다는 기색으로 나를 쳐다보셨다.

"너 지금 제정신이냐? 도대체 무슨 말을 하고 있는 거냐?"

"아닙니다, 스승님. 저는 정말 그렇다고 생각합니다."

며칠 뒤, 스승께서 다시 그 이야기를 꺼내셨다.

"너는 아직 철부지다. 겨우 학교에 다니는 법만 알고 있을 뿐이다. 너는 아직 네 가지를 이루지 못했다. 그 네 가지를 완수한 뒤에라야 뭔가 성취하는 바가 있게 될 것이다. 먼저 신을 만나고, 신을 알고자 하는 간절한 열망을 품어라. 너 자신을 위해 어떤 것을 소유하려는 이기적인 욕망과 집착을 버려라. 탐욕과 분노와 어리석음을 버려라. 규칙적으로 명상을 수행하라. 이 네 가지를 모두 다 이루고 나면 비로소 완성의 경지에 이르게 될 것이다."

스승께서는 내게 몇 분의 성자를 만나 보라고 하셨다.

"그분들과 함께 있을 때에는 아주 겸손해야 한다. 만약 네가 겸손하지 않으면 그분들은 눈을 감고 명상에만 몰두하실 것이다."

그렇게 당부를 하셨던 이유는 내가 매우 고집스러운데다가 참을성까지 없다는 것을 스승께서 잘 알고 계셨기 때문이다.

스승께서는 여러 종단에 있는 성자들의 명단을 뽑아 주셨는데 그들은 스승의 벗들이기도 했다. 스승께서 그들을 만나러 가실 때마다 나도 따라갔기 때문에 그분들도 내 얼굴을 잘 알고 있었다. 그때 나는 아주 철부지였는데, 스승을 따라 그들께 갈 때면 나는 내 존재를 알리려고 물건을 던지기도 했다. 그래서 그들은 나의 스승을 찾아올 때마다 아직도 내가 함께 있는지 묻곤 했다.

내가 처음 만나러 간 스와미는 침묵으로 유명했다. 그는 세상사로부터 초연하여 주위에서 무슨 일이 일어나도 쳐다보지 않았다. 그를 만나러 가는 도중에 나는 마을 사람들에게 그 스와미에 대해 물어보았다. 그랬더니 그들은 이렇게 대답했다.

"그는 누구에게도 말을 하지 않을 뿐만 아니라 쳐다보지도 않으신답니다. 아마 식사도 하지 않으시나 봅니다. 자리에 누워서 일어나지 않으신 지 벌써 석 달째라고 하는군요. 우리도 이런 일은 처음 봅니다."

그러한 상태를 아자가르브리티*Ajagar-vritti*라고 한다. '예언자의 성향'이라는 뜻이다. 오랫동안 수면상태에 잠겨 있는 것처럼 어떤 성자들은 미동도 하지 않고 누운 채 깊은 명상상태로 들어간다.

그는 마치 우주의 지배자처럼 그윽한 미소를 머금은 채 눈을 감고 보리수 아래 누워 있었다. 아무것도 입지 않은 채 그냥 흙바닥에 누워 있었다. 여름은 물론 추운 겨울이나 우기에도 마찬가지라고 했다. 그의 피부는 마치 코끼리처럼 딱딱해서 어떤 기후에서도 잘 견딜 수 있을 것 같아 보였다. 그는 아무것도 소유하지 않았으나 완전한 만족, 바로 그 상태에 있는 듯했다.

그가 그렇게 누워 있는 것을 처음 보았을 때 나는 이런 생각을 했다.

'적어도 이분은 최소한의 예의는 있으시겠지. 시간 낭비라곤 하지 않으시는 스승께서 이분을 만나 보라고 하지 않으셨던가. 그런데도 나는 누워 있는 그의 육신만 보고 있을 뿐이니…….'

나는 손을 그의 발에 갖다 대었다(인도에서는 성자의 발에 손을 대면 그 성자가 축복을 내려 주는 전통이 있다). 그러나 그는 그런 외적 자극을 전혀 못 느끼는 모양이었다. 그는 다른 세계에 가 있었던 것이다. 내가 서너 차례 "안녕하십니까? 요즘 어떻게 지내시는지요?"라고 물었지만 아무런 움직임도, 대답도 없었다.

나는 그의 발을 주무르기 시작했다. 그것은 인도에서 스승이 피곤해할 때 제자들이 흔히 하는 일이다. 그러면 좋아하실 줄 알았는데, 오히려 나는 호된 발길질을 당했다. 얼마나 세게 걷어차였는지 나는 그만 가파른 언덕 아래로 굴러 떨어져 호수에 빠지고 말았다. 굴러떨어지면서 나무와 바윗돌에 부딪혀 온몸이 상처투성이가 되었다. 그러자 분한 생각이 들었다.

'이렇게까지 대할 필요가 뭐람! 나는 존경심을 가지고 찾아왔는데. 그래서 발을 주물러 드렸는데, 발길로 차 버리다니……. 그는 성자가 아니야. 내가 혼내 줘야지. 그의 두 다리를 부러뜨려 버려야겠다. 그가 나에게 한 짓을 두 배로 갚아 줘야지.'

나는 정말로 복수를 하고 싶었다. 스승께서 나를 그에게 보낸 것은 아마 그를 혼내 주라는 뜻이었으리라고 내 멋대로 결론을 내렸다. 내가 분을 풀기 위해 언덕으로 달려갔더니 그는 미소를 머금은 채 앉아 있었다.

"애야, 잘 있었느냐?"

그의 말에 나는 목소리를 높였다.

"잘 있었느냐고요? 발길질로 저를 언덕 아래로 떨어지게 해 놓고 잘 있었느냐고요?"

"네 스승께서는 너에게 네 가지를 이루라고 당부하셨다. 그런데 너는 이미 그 중 하나를 어겼다. 나는 분노를 조절할 수 있는지 시험해 보려고 너를 발로 찼다. 그런데 너는 지금 분노가 치밀어 아무것도 배울 수가 없다. 네 마음은 고요하지가 못해. 너는 아직도 철이 들지 않았단 말이다. 네 스승의 가르침도 따르지 않는 네가 도대체 나에게서 무엇을 배우겠다는 말이냐? 너는 내 가르침을 받을 준비가 되지 않았다. 어서 여기서 썩 물러가거라."

그때까지 내게 그런 말을 해 준 사람은 아무도 없었다. 나는 그가 내게 한 말을 곰곰이 되새겨 보고는 그것이 모두 사실이라는 것을 깨달았다. 나는 완전히 분노에 사로잡혀 있었던 것이다.

그는 어조를 바꾸어 다시 말을 이었다.

"너는 왜 우리 인도 사람들이 성자의 발을 만지는지 알고 있느냐?"

그러더니 페르시아에서 전해져 내려오는 아름다운 시구를 들려주었다.

"성자는 자신의 가장 소중한 것을 신의 연화좌에 바친다네.

사람들은 얼굴을 보고 당신을 알아보지만 성자의 얼굴은 여기에 없네.

그의 얼굴은 신께 가 있으니 사람들은 여기 남은 발에 경배한다네."

묘한 감동이 내 영혼에 파문을 일으켰다.

"그러니 다른 사람의 발을 만질 때는 공손하게 해야 하느니라. 자, 너는 이제 이곳에 머물 필요가 없다. 가거라."

나는 눈물을 흘리면서 생각에 잠겼다. '며칠 전만 하더라도 나는 내가 완전하다고 생각했다. 이토록 부족한 것도 모르고……' 그래서 "선생님, 제 아집을 완전히 부수고 난 뒤에 다시 선생님을 찾아뵙겠습니다."라는 말을 남기고 그곳을 떠나왔다.

살아가면서 남에게 차이거나 얻어맞는 것은 우리에게 많은 것을 가르쳐 준다. 그것을 통해 배울 수만 있다면 그것은 오히려 축복이 된다. 붓다께서도 이렇게 말씀하시지 않았던가!

"슬기로운 사람에게 나쁜 것이라고는 없다. 그것을 활용하는 법만 안다면 살아가면서 겪는 고난은 성장의 밑거름이 된다."

그 후 나는 앞으로 누가 무슨 짓을 하더라도 결코 성내지 않으리라고 마음먹은 뒤 다른 스와미를 찾아갔다. 그는 아름다운 목장을 가지고 있었다.

"이 목장을 네게 주마. 어떠냐?"

그의 제안에 나는 재빨리 대답했다.

"좋습니다."

그러자 그는 슬며시 미소를 지었다.

"네 스승께서는 어떤 것에도 집착하지 말라고 하지 않으셨느냐? 그런데 너는 빨리도 자신을 농장에 묶어 버리는구나."

그 순간 한없이 나 자신이 왜소하게 느껴졌다. 내 마음은 고귀한 것보다는 분노와 집착에 더 기울어 있는 것 같았다.

나중에 나는 또 다른 스와미를 만나러 갔다. 그는 내가 올 것을 미리 알고 있었던 모양이다. 그의 처소로 가는 길목에 전부터 내가 자주 들르던 조그만 연못이 하나 있었는데, 그곳에 금화 몇 닢을 떨어뜨려 놓았던 것이다.

금화 세 닢을 발견했을 때 나는 순간적으로 그것을 주워야겠다는 생각이 들었다. 나는 그것을 주워 주머니에 넣었다. 그러나 조금 있다가 마음을 돌이켜 보았다.

'하지만 이 금화는 내 것이 아니다. 내게는 필요 없는 것이 아닌가? 제 것이 아닌 것을 줍는 것은 옳지 않다.'

생각이 여기까지 미치자, 나는 얼른 금화를 제자리에 가져다 놓았다. 그러고는 스와미 앞에 다가갔는데 그는 매우 화가 나 있었다. 나는 우선 스와미께 절을 했다. 그런데 그는 대뜸 호통부터 치는 것이었다.

"너는 왜 그 금화를 주웠느냐? 너는 아직도 금에 대한 욕망을 가지고 있느냐? 이곳은 네가 있을 곳이 못 된다. 어서 여기서 떠나거라."

"저는 그것을 제자리에 도로 두고 왔습니다."

"그것은 나중의 일! 문제는 네가 그 금화에 집착해서 그것을 주웠다는 사실이 중요하다."

나는 여러 성자들과의 만남을 통해, 책 속에 있는 지식과 실제 체험에서 얻은 지식 사이에는 크나큰 차이가 있다는 것을 깨닫기 시작했다. 결코 즐거운 일은 못 되었지만 내가 지닌 많은 결점도 알게 되었다.

마침내 나는 스승에게 돌아왔다.

"그동안 무엇을 배웠느냐?"

스승께서 웃으시며 내게 물었다.

"제가 머리로는 많은 지식을 알고 있지만, 그러한 지식에 따라 행동하지는 못하고 있다는 것을 깨달았습니다."

"그것은 모든 지식인이 안고 있는 문제다. 그들은 필요 이상으로 자신의 지식을 자랑한다. 내 너에게 그것을 실천하는 법을 가르쳐 주마."

사람들은 넘칠 정도로 많은 지식을 가지고 있다. 그러나 지식이란 나날의 생활에서 적용되어야 한다. 그렇지 않으면 그 지식은 단지 알고 있다는 것에 그치고 만다. 무엇을 해야 하고, 무엇을 하지 말아야 하는지 모르는 사람은 아마 없을 것이다. 그러나 어떻게 살아야 하는지를 배우기란 참으로 어려운 일이다. 참된 지식은 아는 데 있는 것이 아니라 실천하는 데 있다.

강고트리의 사원들

지식보다 실천이 중요하다

언젠가 내가 학생들에게 삶과 죽음에 대해 가르치고 있을 때의 일이다. 강의 도중에 스와미 한 사람이 조용히 들어오더니 학생들 옆에 앉았다. 나는 그가 초심자인 줄 알고 다른 학생과 똑같이 취급했다. 그런데 그로 인해 나는 기분이 나빠졌다. 다른 학생들은 모두 내가 가르치는 것을 열심히 받아 적고 있었으나 그는 알 수 없는 미소만 짓고 있었던 것이다.

마침내 내가 그에게 물었다.

"지금 내 말을 듣고 있습니까?"

그러자 그 스와미가 입을 열었다.

"당신은 말만 하고 있습니다. 그러나 나는 삶과 죽음의 문제를 이미 넘어섰다는 것을 보여 줄 수 있습니다. 개미 한 마리를 가져다주십시오."

그리하여 큰 개미 한 마리를 가져다주었더니 그는 개미를 세 토막으로 자른 뒤 눈을 감고 부동의 자세로 앉았다. 잠시 후 세 토막 난 개미의 몸이 한곳으로 움직이기 시작하더니 이내 처음 상태로 재결합했다. 뿐만 아니라 그렇게 재결합한 개미가 살아서 도망을 치는 게 아닌가! 눈을 비비고 다시 보아도 최면과 같은 것은 결코 아니었다.

그 스와미 앞에서 내가 아주 작게 느껴졌다. 그리고 학생들 앞에서 몹시 부끄러워졌다. 나는 삶과 죽음의 문제에 대한 직접적인 이해도 없이 경전의 지식만 알고 있었던 것이다.

"당신은 어디서 그런 것을 배웠습니까?"

내 물음에 그가 조용히 대답했다.

"당신 스승께 배웠지요."

그 말을 듣자 화가 치밀어 올랐다. 나는 당장 따지려고 스승께로 달려갔다. 흥분한 나를 보시더니 스승께서 먼저 물었다.

"무슨 일이냐? 너는 왜 또다시 분노의 지배를 받고 있느냐? 너는 아직도 격정적인 감정에 놀아나는 노예로구나."

나는 큰 소리로 스승께 따졌다.

"스승님께서는 저에게 가르쳐 주지 않은 것을 다른 사람한테는 가르쳐 주셨습니다. 그건 왜죠?"

물끄러미 나를 쳐다보시던 스승께서 이렇게 말씀하셨다.

"네가 수련을 하지 않아서 그럴 뿐이지, 나는 너에게 많은 것을 가르쳐 주었다. 그러니 그것은 내 잘못이 아니다. 모든 성취는 노력과 실천에 달린 것이지, 말과 지식은 중요하지 않다. 만일 네가 피아노에 대해 모든 것을 안다고 해도 연습을 하지 않으면 결코 음악을 제대로 연주할 수 없는 법이다. 지식은 단지 정보에 불과할 뿐, 실천이 없는 지식은 아무 쓸모가 없다. 오직 실천을 통해서 직접 체험을 해야 한다. 직접 체험을 통한 것만이 참된 앎이다."

꽃 계곡의 성자

히말라야에 서식하는 야생화와 그 생태학에 대한 문헌은 별로 없지만, 나는 구할 수 있는 것은 다 구해서 끝까지 읽었다. 영국의 어느 저술가가 《히말라야에 있는 꽃의 계곡The Valleys of Flowers of the Himalayas》이라는 책을 펴냈다. 그 책을 읽고 나자 그곳에 가 보고 싶은 열망이 불꽃처럼 일어났다. 히말라야에는 곳곳에 수없이 많은 종류의 백합과 진달래가 만발해 있다. 그러나 나는 그 많은 곳 중에서도 특별히 두 계곡에 가 보고 싶었다.

히말라야의 꽃 계곡 일대를 여행하고 다니는 성자 한 사람을 나는 잘 알고 있었다. 그는 80세의 고령인데도 불구하고 여전히 튼튼하고 건강했다. 그는 항상 담요 한 장만 가지고 다녔는데, 그 무게가 자그마치 45킬로그램 정도나 되었다. 그 성자는 여행하는 도중에 헝겊 조각이 눈에 띄면 얼른 주워서 그 담요에 기워 붙이곤 했기 때문에 마침내 1,000개의 헝겊 조각을 기운 담요가 만들어지게 된 것이다. 그는 그 담요를 '구다리gudari'라고 불렀는데, 이는 '헝겊으로 만든 담요'라는 뜻이다. 그래서 사람들은 그를 '구다리 바바'라고 불렀다.

그에게 내 희망을 말하자 그는 "진정으로 나를 따라 꽃 계곡으로 가고 싶다면 이 담요를 들고 따라오너라."라고 말했다.

나는 그러겠다고 하고 담요를 어깨에 둘러멨다. 그런데 담요가 너무나 무거워서 그만 비틀거리고 말았다. 그는 "보기에는 건강해 보이는 젊은 사람이 그렇게 약해서 어디에 쓰겠느냐?"고 하면서 넌지시 내게 핀잔을 주었다. 그러고는 담요를 집어 들면서 "봐라, 이렇게 가벼운 것을!" 하고는 담요를 다시 내 어깨 위에 올려놓았다. 그는 나의 스승을 잘 알고 있었기 때문에 내가 자기를 따라 꽃 계곡으로 가는 것을 쾌히 승낙해 주었던 것이다.

함께 걸어가면서 그 성자는 내게 이런 말을 해 주었다.

"누구든지 꽃이 한창 만발하는 계절에 이 계곡에 들어서게 되면 기억을 모두 상실하고 만다. 너처럼 고집불통인 애들은 이곳에 와서 바로잡아야 해. 머리로만 따지고 논쟁을 좋아하는 사람들도 다 여기로 데려와서 고쳐 줘야 한다고."

그의 말에 내가 반박했다.

"그렇지만 저는 선생님을 잘 따르고 있지 않습니까?"

"오, 그래. 너는 주의를 기울여 듣지는 않고 말대꾸만 잘하지. 너는 머리로 안 지식을 가지고 아주 으스대고 있지 않느냐. 나는 읽지도 쓰지도 못한다. 너는 그런 나보다 훨씬 많은 교육을 받았지. 너는 교육받은 지식만 가지고 있지만, 나는 마음을 지배할 수 있단다."

나는 그에게 대꾸했다.

"저도 지배할 수 있습니다."

그러자 그는 나중에 한번 보자고 했다.

"선생님, 무엇보다 먼저 제 어깨 위에 있는 담요를 좀 내려 주십시

꽃의 계곡으로 가는 길

오. 제가 운반하기에는 너무 무겁습니다."

내가 애원하자 그는 한탄을 하며 말했다.

"저런! 요즘 젊은 것들이란……."

그러더니 내 어깨 위에 있는 담요를 도로 가지고 가며 혼자 중얼거렸다.

"오, 내 사랑스러운 담요여! 아무도 너를 모르는구나. 네가 생명을 지니고 있다는 것을 아무도 이해하지 못하는구나."

그것을 보고 나는 그가 완전히 미쳐 버린 거라고 생각했다.

다음날 아침, 일본인 승려 하나가 우리 일행과 합류하게 되었다. 그역시 꽃 계곡을 보고 싶은 열망에 사로잡혀 있었다. 그런데 이 일본인 승려도 구다리 바바를 미친 사람이라고 생각하는 모양이었다. 일본인 승려가 호기심 어린 얼굴로 내게 물어 왔다.

"저 사람이 왜 저토록 무거운 담요를 끌고 다니는지 내게 설명해 줄 수 있겠소?"

이 말을 계기로 우리 사이에 많은 말이 오고 갔다. 나는 각자 겪은 경험을 서로 이야기하는 것도 좋을 거라는 생각이 들었다.

그 승려는 혼자 꽃 계곡에 가는 것을 두려워했다. 그 계곡에 가면 모든 것을 잊어버리게 되며 감각기관이 제대로 기능을 발휘할 수 없게 된다는 말을 들었던 것이다. 그래서 구다리 바바는 이 지대를 두루 다녀 보았기 때문에 모든 길을 훤히 알고 있으며 바바야말로 우리를 안내해 줄 수 있는 적임자라고 그는 말했다.

다음날, 일본인 승려는 열병으로 몸을 떨기 시작했다. 그는 전에 미얀마의 정글에서 산 적이 있는데, 그때 말라리아를 앓았다고 했다. 그의 체온이 40도 가까이나 올라가고 맥박이 심하게 뛰고 있었다. 그러자 구다리 바바가 짓궂게 말했다.

"당신은 이 아이한테 내가 미쳤다고 하지 않았소. 살아 있는 담요의 힘을 한번 보고 싶소? 이건 단순한 담요가 아니라 생명력을 가진 담요란 말이오. 병에서 빨리 회복되고 싶거든 겸손하게 무릎을 꿇으시오."

그리고 나서 바바는 담요로 일본인 승려의 몸을 덮어 주었다.

"아이쿠, 담요가 너무 무거워서 몸이 납작해지겠습니다."

그러자 바바는 명령조로 말했다.

"조용히 해라!"

잠시 후 바바는 일본인 승려를 덮어 주었던 담요를 밀어냈다. 그러자 놀랍게도 일본인 승려 대신 담요가 떨기 시작하는 게 아닌가. 구다리 바바가 일본인 승려에게 물었다.

"열이 좀 내렸소?"

"예, 열이 말끔히 가셨습니다."

바바는 담요를 가리키면서 말했다.

"이 담요는 매우 너그럽고 친절해서 당신의 열병을 가져가 주었소."

그렇게 말한 바바는 내게로 시선을 돌리면서 말을 이었다.

"이 사람의 열병이 영원히 완치되기를 바라느냐?"

"예, 선생님."

"그렇지만 그는 날더러 미쳤다고 하지 않았느냐. 그는 내 도움을 받을 자격이 없는 것 같은데!"

나는 애원조로 말했다.

"성자들은 너그럽고 위대하십니다. 그분들은 항상 용서를 해 주십니다."

그러자 바바는 그만 웃고 말았다.

"물론이지. 내가 그를 도와주겠다."

그 후 15일 동안 함께 여행하면서 승려는 다시 열병을 앓지 않았다.

바드리나트로부터 12킬로미터 정도 떨어진 곳에 꽃 계곡으로 들어가는 조그만 길이 나 있었다. 그곳에 '구루 드와라*guru dwara*'라는 작은 시크교* 사원이 있었다. 우리는 그 사원에 들러 식사를 했는데, 그곳 사람들은 구다리 바바를 잘 알고 있었다. 우리는 그곳에서 하루를 꼬박 쉰 뒤, 다음날은 헴쿤드 쪽으로 나 있는 꽃 계곡을 향해 길을 나섰다.

계곡에는 꽃이란 꽃은 모두 활짝 피어서 제각기 아름다움을 다투고 있었다. 그곳에서 몇 시간을 보내다 보니 모든 감각이 점점 나른해지면서 마음이 흥분되기 시작했다. 나는 서서히 기억이 희미해지고 있는 것을 느낄 수 있었다.

대여섯 시간이 지나자 바바가 부르는 소리가 아련하게 들렸다.

"얘야! 네 이름이 뭐지?"

감각과 기억이 희미해져서 우리는 이름조차 기억할 수가 없었다. 다만 내가 존재하고 있다는 것과 다른 사람과 함께 있다는 사실만 어렴풋하게 의식할 수 있을 뿐이었다. 꽃에서 발산되는 향기가 너무 강해서 취해 버렸던 것이다.

이성도 마비되고 감각도 마비되어, 주위 사물에 대한 느낌만 어렴풋이 느낄 수 있었다. 우리는 서로 이야기를 했지만 그야말로 횡설수설이었다. 우리는 그 계곡에서 일주일을 지냈다. 어쨌든 그곳에서 보낸 시간은 매우 즐거웠다. 바바는 내내 우리를 놀려 댔다.

"너희들이 받은 교육과 지식은 아무런 소용이 없나 보군."

나중에 그 계곡에서 밖으로 나왔을 때, 바바가 이렇게 설명해 주었다.

"너희들이 느낀 기쁨은 꽃향기에서 비롯된 것이지 결코 명상을 한 것이 아니다. 그것은 마리화나나 하시시 따위를 피웠을 때와 같은 효과일 뿐이다. 마리화나나 하시시를 피우는 사람들은 자기가 명상을 하고 있는 줄로 착각을 한다. 나를 봐. 나는 꽃향기에 아무런 영향을 받지 않았다. 너희들은 대학도 다녔고, 많은 책을 읽었겠지만 그로 인해 다른 사람들의 의견에 따라 지금껏 살아왔다. 오늘 너희는 직접 경험에 의한 지식과 흉내에 불과한 지식의 차이를 분명하게 이해하고 비교할 수 있는 좋은 기회를 가졌다. 이제까지 자기 의견이라고 생각했던 것이 사실은 다른 사람의 의견이었다는 것을 알았을 것이다. 다른 사람의 의견에만 따라 사는 사람은 스스로 결정하거나 자기 의견을 표현할 능력이 없다. 주워 모은 지식을 참된 지식이라고 생각하지 마라. 직접적인 지식만이 쓸모가 있다는 것을 이해했다 할지라도 마음을 완전히 정복한 것은 아니다. 지금 어린이들에게 가르치는 교육은 매우 피상적이다. 수련하지 않으면 마음을 정복할 수 없고, 마음을 정복하지 못하면 직접적인 체험도 소용 없는 법이다."

그 후, 일본인 승려는 부다가야를 향해 떠났다. 그러나 나는 15일 동안 구다리 바바 곁에 더 머물렀다. 바바는 그 일대를 자유롭게 떠돌아다니는 방랑자였으므로 그 지역에 오는 모든 순례자는 그에 관한 이야기를 들을 수 있었다.

구도자들이 실제적인 배움을 얻으려면, 성자들과 함께 지내보는 것이 가장 좋은 방법일 것이다. 다양한 삶의 가치를 직접 체득한 성자들과 함께 살아 보는 것이야말로 참으로 중요한 일이 아니겠는가!

Part 5
두려움의 정복

두려움은 인간의 가장 큰 적이다.
그것은 우리 내부에 존재하는 악마다.
두려움을 극복한다는 것은
자유라는 사다리를 오르는 데 있어서
첫 번째 계단을 딛는 일이 된다.

악마는 어디에 있는가?

    어느 날 저녁, 사형과 나는 산길을 50킬로미터 정도 걷다가 케다르나트를 3킬로미터가량 앞두고 휴식을 취하기 위해 멈추었다. 나는 피곤해서 곧 잠이 들었지만 극도의 피로로 인해 깊은 잠에 빠질 수가 없었다. 날씨가 추웠으나 몸을 감쌀 담요조차 없었으므로 내 손으로 목을 감싸고 자는 수밖에 없었다.

    나는 드물게 꿈을 꾸는 편이다. 나는 전 생애를 통해 서너 번 꿈을 꾸었는데, 그 꿈은 모두 실현되었다. 그런데 그날 밤에는 악마가 억센 손아귀로 내 목을 조르는 꿈을 꾸었다. 나는 숨이 막혀 질식할 것만 같은 느낌을 받았다. 호흡이 이상하게 변하고 몹시 불편해하는 기색을 알아차리고는 사형이 나를 깨웠다.

    "누가 내 목을 졸랐어!"

    내가 소리치자 사형이 대답했다.

    "네 목을 조른 건 바로 네 손이야!"

    사람들이 흔히 말하는 악마란 자기 자신의 한 부분이다. 악마에 대한 환상은 우리의 무지에 의해 일어나는 것이다. 인간의 마음은 위대

케다르나트로 가는 길

한 마술사다. 그러므로 악마와 신성한 존재는 모두 원하기만 하면 언제든 인간의 마음에 의해 그 형태가 만들어질 수 있다. 적과 친구, 지옥과 천국도 모두 우리 마음에 의해 창조될 수가 있다.

무의식적인 마음속에는 많은 것이 감추어져 있다. 깨달음의 길을 가려 하기 전에 자신의 무의식에 숨은 것들을 들추어내서 이를 직면하고 극복해야 한다.

꿈은 마음의 자연스러운 상태이며, 깨어 있는 것과 잠자는 것의 중간적인 상태라고 볼 수 있다. 인간의 감각이 외부에서 자각할 수 없게 되었을 때, 마음은 무의식의 기억들을 불러들이기 시작한다. 무의식에 숨겨져 있던 욕망이 그 욕구를 채우려고 하는 것이다. 감각들이 객관적 세계의 대상들을 인식하지 못하고 현재의식도 쉬게 될 때, 과거의 기억이 재생된다. 우리는 그것을 '꿈'이라고 부른다.

그러므로 우리는 꿈을 통해 각자의 감추어진 개인적인 인격의 수준을 분석해 볼 수 있다. 이러한 분석 방법은 가끔 질병을 치료하는 데도 도움이 된다. 명상의 도움으로 숨어 있는 기억들을 되살려 내고 이를 관찰하고 분석한 뒤, 질병의 원인이 된 문제를 영원히 사라지게 하는 것이 바로 그 치료법이다.

여러 형태의 꿈이 있지만, 대부분의 꿈은 일상적인 생활에서 즐거웠거나 괴로웠던 경험을 반영한다. 그러나 특별히 두 종류의 꿈에 대해서는 분석해 볼 필요가 있다. 그것은 예시적인 꿈과 단순한 악몽이다. 가끔 예시적인 꿈은 앞으로 다가올 미래를 보여 준다. 그러나 악몽은 소화가 잘 안 된다거나 심신이 매우 피로한 경우에 일어난다.

나는 이제껏 누구한테서도 대낮에 악마가 나타났다는 말을 들어 본 적이 없다. 나의 사형은 내게 미소를 지으며 이렇게 말했다.

"어둠 속에서는 밧줄이 뱀으로 잘못 보일 수도 있다. 멀리 보이는 신기루는 오아시스처럼 느껴진다. 희미한 빛이 그런 환각을 불러일으키게 하는 것이다. 악마가 과연 존재할까? 만약 무소부재하고 전지전능한 유일한 존재가 있다면 과연 어디에 악마가 존재할 수 있겠는가? 악마가 있다고 믿는 것은 신의 존재를 망각한 데서 비롯한 종교적인 질병이다. 부정적인 마음은 인간의 존재 안에 상주하는 가장 큰 악마다. 부정적인 쪽에서 긍정적인 쪽으로 사고를 바꾸면 긍정적 비전, 천국의 비전이 나타난다. 천국과 지옥을 만드는 것은 마음이기 때문이다. 악마에 대한 두려움은 인간의 마음에서 뿌리 뽑아야 할 질병이다."

유령의 비밀

히말라야 산기슭의 나니탈 숲에서 머물 때, 나는 가끔 해발 1,800미터에 위치한 작은 도시로 내려왔다. 그러면 사람들은 다른 요기나 스와미들에게 그러는 것처럼 축복과 설법을 받기 위해 나를 따라다녔다. 그래서 나는 수행을 할 시간을 갖기 위해 방문객들로부터 나 자신을 보호할 필요성을 느끼게 되었다.

그러던 중 나는 영국인들이 묻혀 있는 조용하고 잘 단장된 공동묘지를 발견하게 되었다. 그래서 밤이면 추위를 막기 위해 담요로 만든 하얀 가운을 걸친 채 그 묘지로 명상을 하러 가곤 했다.

하루는 두 경찰관이 수상한 사람이 없는가 하고 손전등으로 묘지 여기저기를 비추며 순찰을 하고 있었다. 그때 나는 머리끝까지 담요를 둘러쓴 채 영국군 장교의 기념비 앞에 앉아 명상을 하고 있었다. 경찰관들은 조금 떨어진 곳에서 내가 있는 쪽을 향해 손전등 빛을 비추며 다가왔다.

그들은 하얀 담요에 둘러싸인 이상한 형체를 보고 혼비백산하여 달아났다. 그러고는 경찰서로 돌아가 다른 경찰관들에게 묘지에서 유령을 보았다고 했다. 삽시간에 그 소문은 전 도시에 퍼졌으며, 많은 사람들이 공포에 떨었다.

다음날 밤, 경찰서장이 몇몇 무장한 경찰관을 대동하고 묘지에 와서 손전등으로 다시 나를 비추었다. 그러나 그때 나는 깊은 명상에 잠겨 있었기 때문에 그들을 의식할 수가 없었다. 내가 미동도 하지 않자 그들은 모두 내가 유령이라고 믿어 버렸다. 그래서 나를 쏘려고 장전을 했는데, 그들은 총알이 유령을 해칠 수 있는지 알아보고 싶었던 것이다.

순간, 경찰서장이 소리를 질렀다.

"잠깐 기다려! 우리 마을에 유령이 나타난 것은 이번이 처음이다. 그런데 그가 만약 유령이 아니라면 사람이 아니겠는가."

그들은 내가 앉아 있는 곳으로 가까이 다가와 묘지 주위를 빙 둘러쌌다. 그러나 담요에 둘러싸인 존재의 정체를 밝히지 못하자 그들은 공중에다 대고 총을 쏘았다. 그 바람에 나는 명상에서 깨어나게 되었다. 나는 담요를 벗고 둘러선 경찰관들을 향해 물었다.

"왜 여기서 나를 방해하는 겁니까? 내게서 원하는 게 뭡니까?"

영국인 경찰서장은 나를 잘 알고 있는 사람이었다. 그제야 상황을 깨달은 그는 명상을 방해한 것을 사과하고, 경찰관들에게 매일 밤 내 주위를 경호하면서 뜨거운 차를 갖다드리라고 명령했다. 그렇게 해서 많은 사람을 공포에 몰아넣었던 유령의 비밀이 벗겨졌던 것이다.

경찰서장인 페우스 씨는 그날 이후 규칙적으로 나를 방문하기 시작했다. 그는 내게서 명상을 배우고자 했다. 어느 날, 그가 공포의 본질에 대해서 물어 왔다. 그래서 나는 모든 공포 가운데 가장 본질적인 것은 인간의 마음속 깊은 곳에 뿌리박힌 죽음에 대한 공포라고 이야기해 주었다.

자기 방어의 본능은 많은 환상을 불러일으킨다. 인간이라는 존재는 영원히 두려움을 끌고 다닌다. 그래서 마음의 안정을 잃고 제멋대로 상상하며 생각을 투사하는 과정을 반복한다. 공포는 인간의 가장 큰 적이다.

페우스 씨는 유령을 아주 두려워하면서, 내가 전에 유령을 만난 적이 있는지 알고 싶어 했다. 그래서 나는 이렇게 대답해 주었다.

"나는 전에 유령을 본 적이 있는데, 그는 바로 사람이었습니다. 어떤 사람이 자신의 마음이 향하는 대상과 자기 자신을 동일시하는 한 그는 유령에게서 벗어나지 못할 것입니다. 자신의 본성 즉 진정한 자아를 깨닫게 되는 날, 그는 모든 공포에서 벗어날 것입니다."

그 후, 많은 사람들이 나를 보러 오기 시작했다. 내 친구인 페우스 씨는 어떤 이유로 사직을 하고 오스트레일리아에 가기로 결심했다. 나도 시끄러운 도시를 떠나 알모라 산으로 갔다.

인간은 두려움의 압박에 눌려 사는 삶에서 벗어나야 한다. 삶의 모든 과정에서 두려움에 지배된다면 즐거움이란 없기 때문이다. 똑바로 주시하면 두려움은 사라진다. 직면하지 않는 것이 두려움을 더 강화시킨다. 영적인 길을 가는 데에서 두려움과 게으름이 가장 큰 적이다.

뱀에 대한 공포

두려움에 대한 나 자신의 경험을 이야기하겠다.

한창 젊었을 때 나는 겁이 없었다. 홍수로 범람하는 갠지스 강을 건너거나 정글에서 호랑이를 만나도 두렵지 않았다. 그러나 예외가 있다면, 그것은 뱀에 대한 공포였다. 나는 뱀을 무척 많이 만났는데, 그때마다 느끼는 두려움을 모든 사람에게 숨겼다. 심지어 나의 스승께도 그런 사실을 말하지 않았다.

1939년 9월 어느 날, 나는 스승과 함께 리시케시로 내려왔다. 우리는 비바드라로 오는 길에 아침 일찍 갠지스 강에서 목욕을 한 뒤, 강둑에 앉아 명상에 들어갔다. 두세 시간 동안 꼼짝도 않고 명상을 하다가 일곱 시 반쯤 눈을 뜨고 봤더니, 바로 내 앞에 코브라가 있는 게 아닌가. 그 뱀은 몸의 절반 정도는 땅에 붙인 채 상체를 잔뜩 치켜세우고 있었다. 그런 자세로 불과 1미터 정도 떨어진 곳에서 나를 지켜보고 있었던 것이다. 순간, 두려움 때문에 나도 모르게 눈을 질끈 감았다. 어떻게 해야 할지 정말 난감했다. 몇 초가 지난 뒤 다시 눈을 뜨고 봤더니 그 뱀은 여전히 꼼짝도 않고 있었다. 나는 재빨리 몸을 날려 도망을 쳤다. 몇 미터 정도 정신없이 도망을 친 다음 뒤돌아봤더니, 뱀은 서서히 숲 속으로 물러가고 있었다.

나는 스승께로 돌아가 내가 겪은 일을 말씀드렸다. 그러자 스승께서는 빙그레 웃으면서 깊은 명상에 잠겨 있는 사람 곁에 있으면 동물도 자연히 명상 상태가 되는 법이라고 말씀하셨다.

그 후 많은 수련을 해 나갔지만 나는 또 한 번 뱀으로 인한 공포를 겪게 되었다. 남인도로 가는 도중에 춥고 비가 오는데다 날마저 저물어서 한 사원에 가서 머물 곳을 청했다. 그랬더니 사원에서 첫 번째로 만난 사람이 이런 대답을 하는 것이었다.

"당신이 진정한 스와미라면 굳이 머물 곳이 필요할까요?"

그때 사원 안에서 한 여인이 나오더니 이렇게 말했다.

"저를 따라오십시오. 당신이 머물 곳을 마련해 드리겠습니다."

여인은 작은 오두막으로 나를 데려가더니, 그곳에 머물라고 말한 뒤 사라졌다. 나에게는 자리에 앉을 때 필요한 사슴 가죽과 숄 그리고 허리에 두르는 천밖에 없었다. 오두막은 입구 쪽에서 어스레한 빛이 비쳐 들어올 뿐 아무런 빛도 없었다.

몇 분 정도 시간이 흘러 어둠에 눈이 익자 내 앞쪽에 코브라 한 마리가 똬리를 틀고 있는 것이 보였다. 또 한 마리는 바로 내 옆에 있었다. 나는 곧 그 방 안에 코브라가 몇 마리 더 있다는 것을 깨닫게 되었다. 그곳은 뱀의 사원이었던 것이다. 아주 위험한 상황이었고 나는 몹시 두려웠다. 그 여인은 내가 진짜 스와미인지 엉터리인지 시험해 보고 싶었겠지만, 나는 한낱 수행 중인 초심자 스와미였던 것이다.

나는 두려움에 떨면서 이런 생각을 했다. '내가 이 밤에 어디로 도망을 치겠는가! 만약 내가 도망을 친다면 저 여인은 앞으로 다시는 스와미에게 보시를 하지 않겠지.' 그런 생각이 들자 '좋다, 여기서 머물자. 비록 죽는 한이 있더라도 출가자의 원칙은 지켜야 하지 않겠는가.' 하고 결심했다.

그러다가 다시 곰곰이 생각해 보았다. '저 여인은 깨달은 사람 같지도 않은데 당당하게 이곳에 오지 않았던가? 그러니 나라고 아무 탈 없이 있지 못할 이유가 없지 않은가?' 나는 스승의 말씀을 되새기면서 자신을 타일렀다. '내가 가만히 앉아 있으면 코브라가 어쩌겠는가? 내게는 그놈들이 원하는 게 아무것도 없지 않은가?'

나는 앉은 채로 밤새도록 코브라를 지켜보았다. 내가 잃은 것은 명상이었다. 나는 오직 코브라에 대한 명상밖에 할 수 없었던 것이다.

두 번씩이나 그런 경험을 하고서도 뱀에 대한 공포는 사라지지 않았다. 많은 사람들, 심지어 정부의 고관들까지도 풋내기 스와미인 나를 찾아와 절을 했다. 그때마다 나는 그들에게 축복을 해 주었다. 하지만 내 속에서는 여전히 뱀에 대한 두려움이 가시지 않고 있었다. 브라흐마 수트라 즉 용기의 철학을 가르치면서도 나 자신은 좀처럼 두려움을 떨칠 수가 없었던 것이다. 나는 최선을 다해 논리적으로 두려움을 없애고자 했으나 그럴수록 두려움은 더욱더 나를 옥죄어 왔다. 두려움이 커지자 문제도 풍선처럼 부풀었다. 명상을 하다 말고 혹시 뱀이 있나 하여 눈을 뜨고 두리번거리는 버릇이 생겼고, 어디를 가든 갑자기 뱀이 나타날까 봐 살피게 되었다.

마침내 나는 스스로에게 이렇게 말했다.

"설사 도중에 죽는 한이 있더라도 이따위 두려움은 없애 버려야 한다. 두려움은 너의 성장에 좋지 않다. 어떻게 두려움 하나 다스리지 못하는 네가 너를 존경하고, 사랑하며, 너에게 의지하는 사람들을 이끌

수 있단 말인가? 두려움 따위나 끌고 다니면서 다른 사람을 가르치려 하다니……."

나는 스승께로 갔다. 스승께서는 내가 말을 꺼내기도 전에 먼저 말씀하셨다.

"네가 말하려는 것을 알고 있다. 너는 뱀을 무서워하고 있구나."

"알고 계시면서 왜 스승님께서는 저에게 공포를 떨쳐 버리는 법을 가르쳐 주지 않으셨습니까?"

"왜 내가 말해야 하지? 너 자신에게 물어보아라. 왜 너는 나에게 공포를 숨기려고 했느냐?"

나는 스승께 말씀드리지 않은 비밀이 하나도 없었지만 어쩐지 뱀에 대한 공포심만은 말하고 싶지 않았던 것이다.

스승께서는 나를 숲 속으로 데리고 가서는 이렇게 말씀하셨다.

"내일 여명이 밝아 오는 것을 침묵 속에서 지켜보자꾸나. 새벽 세 시 반에 일어나서 의식에 쓸 잎과 야생화를 모아 오너라."

다음날 새벽, 나는 숲 속에서 수북한 잎 더미를 발견했다. 어둠 속에서 잎 더미를 들어 올렸는데 그 속에 코브라 한 마리가 들어 있는 것을 알게 되었다. 뱀이 내 손 안에 있으니 도망칠 수도 없었다. 어찌해야 할지 몰라 쩔쩔매고만 있었다. 손이 덜덜 떨렸고 어찌나 무서웠던지 온몸이 무너질 것만 같았다. 그때 스승께서 오셨다.

"그것을 나에게 다오."

나는 두려움으로 몸이 부들부들 떨렸다. 스승께서는 그런 나를 보고 "그놈은 물지 않을 거다."라고 하셨다. 그래도 내 무의식적인 두려움은 여전했다.

내 마음 속에서는 '네가 손에 들고 있는 것은 바로 죽음의 신이다.'라고 외치고 있었다. 나는 스승을 믿고 있었지만 그 믿음보다는 두려움이 더 강했던 것이다. 그러자 스승께서 말씀하셨다.

"너는 왜 뱀을 사랑하지 못하느냐?"

"사랑이요? 무서워서 죽을 지경인데 어떻게 뱀을 사랑할 수 있습니까?"

비슷한 상황이 세상사에서도 일어난다. 어떤 사람을 무서워하면 사랑이 우러나지 않는 법이다. 그에게서는 항상 두려움만을 느끼게 되고 그 두려움은 무의식 속에서 증폭될 것이기 때문이다.

스승께서 차분한 어조로 말씀하셨다.

"보아라, 이 아름다운 생명체를! 이놈은 온 데를 다 돌아다니지만 얼마나 깨끗한가! 너는 그렇지 않기 때문에 매일 목욕을 해야 한다. 그러나 뱀은 목욕을 하지 않아도 세상에서 가장 깨끗한 동물이다."

"깨끗하다고요? 그렇지만 위험하지 않습니까?"

내가 반박하자 스승께서 말씀을 계속하셨다.

"인간은 뱀보다 더럽고 더 독이 많다. 인간은 다른 사람을 죽이고 해를 입힌다. 그들은 삶 속에서 매일 분노와 부정적 감정의 형태로 독을 내뿜는다. 그러나 뱀은 결코 그렇게까지 하지 않는다. 뱀은 오직 방어하기 위해 무는 것이다. 깊은 잠에 빠져 있을 때 네 손가락이 너의 눈을 찌르느냐, 또한 너의 이빨이 네 혀를 깨무느냐? 너의 팔다리가 네 몸에 속해 있다는 것은 알고 있을 것이다. 이와 같이 모든 생명체가 하나라는 것을 이해한다면 다른 동물에 대한 두려움은 사라질 것이다."

스승의 이야기를 듣고 있는 동안에도 나는 계속 뱀을 들고 있었다. 그런데 차츰 나의 두려움이 사라져 가기 시작했다.

'만약 내가 뱀을 죽이지 않는다면 뱀이 왜 나를 죽이려 하겠는가? 뱀은 누구도 이유 없이 물지는 않는다. 나도 특별한 사람이 아닌데 왜 뱀

들이 나를 물려고 하겠는가?'

그런 생각을 하고 나자 내 마음이 정상으로 돌아오기 시작했다. 그 일이 있고 나서부터는 더 이상 뱀에 대한 공포를 느끼지 않게 되었다.

동물들은 아주 예민하기 때문에 상대방이 자기를 사랑하는지 미워하는지를 본능적으로 감지할 수 있다. 만약 동물을 해치려는 마음이 없으면, 그들은 고분고분하면서 친밀한 반응을 보인다. 사납고 거친 야생 동물도 인간과 사귀기를 좋아한다.

히말라야의 계곡에서 몇 년을 지내는 동안 나는 동물의 그러한 성향을 잘 관찰할 수 있었다. 동물들은 밤에 마을 가까이까지 내려왔다가 아침 일찍 숲으로 돌아가곤 한다. 그들은 인간 가까이 있고 싶어 하지만, 인간의 난폭성을 두려워한다. 인간이 이기심과 증오심으로 자신의 본성을 잃었기 때문에 동물들은 두려움을 갖게 되었고, 그 결과 자기 방어 수단으로 인간을 공격해 오는 것이다. 만일 사람들이 동물을 부드럽게 대해 준다면 동물도 인간을 공격하지 않을 것이다. 나는 가끔 발미키*와 성 프란치스코, 붓다와 같은 분들의 동물에 대한 사랑을 생각하면서 나도 그분들을 따르고자 노력한다.

두려움은 불안감을 낳고, 불안감은 마음을 동요시키며, 그것은 다시 행동으로 반영된다. 그리하여 두려움은 그 사람의 삶을 지배하고, 마침내는 정신병원 신세를 지게 만드는 것이다.

두려움을 잘 살펴보면 상상에 바탕을 두고 있다는 것을 알게 될 것이다. 상상이 어떤 실체를 만들어 낸다. 두려움이 위험한 상황을 만들어 내고, 인간은 자기가 만든 그 위험한 상황에서 벗어나려고 발버둥친다. 대개 위험이 두려움을 가져온다고 생각하지만, 사실 위험을 부르는 것은 두려움이다. 상상에서 비롯되는 가장 큰 질병은 바로 두려움이다. 나는 상상에 의한 모든 두려움과 혼란은, 실제 상황에 맞부딪히게 되면 쉽게 극복된다는 것을 깨달았다.

《요가 수트라》에는 사마디*에 이르기 위해 준수해야 할 사항이 열 가지 열거되어 있는데, 그 첫 번째가 아힘사*다. 아힘사는 불살생, 비폭력이라는 뜻이다. 인간은 이기적이고 자기중심적으로 되어 가는 바람에 점차 내면의 힘을 잃고 말았다. 이 힘을 올바로 사용한다면 아힘사의 거룩한 길을 따르는 데 큰 도움이 된다.

나는 인도의 여러 산과 숲을 두루 돌아다니는 동안 스와미나 요기들이 야생 동물들의 습격을 받았다는 소문은 듣지 못했다. 그들은 야생 동물이나 자연의 재난으로부터 자신을 보호하려고 들지 않는다. 내면의 힘은 두려움을 모르게 해 주며, 두려움을 모른다는 것은 개아 의식을 넘어 우주 의식과 하나가 되게 해 준다. 누가 누구를 죽일 수 있겠는가? 육신은 머지않아 먼지로 돌아갈 것이지만 아트만*은 영원하다. 히말라야에 사는 많은 성자들은 그런 강한 신념을 품고 살아간다.

표범의 동굴 안에서

한번은 타라이 바바르Tarai Bhavar에서부터 네팔의 산을 향해 나 혼자서 여행을 한 적이 있다. 네팔의 수도인 카트만두로 가는 길에 나는 매일 30~50킬로미터를 걸었다. 해가 지면 불을 피우고 앉아 명상을 하고 휴식을 취했다. 다음날이면 새벽 네 시에 일어나 열 시까지 계속 걸었다. 그리고 정오쯤에는 물가의 나무 그늘에 앉아 쉬다가 세 시 반에서 저녁 일곱 시까지 여행을 계속했다. 나는 담요를 걸친 채 표범 가죽과 물 항아리를 가지고 맨발로 걸었다.

어느 날 저녁 여섯 시쯤 되었을 때, 나는 몹시 피곤해서 길가에서 3킬로미터쯤 떨어진 동굴로 가서 잠시 잠을 청하려 했다. 동굴 바닥이 조금 축축한 것 같아서 걸치고 있던 담요를 깔았다. 누워서 막 눈을 감으려는데 작은 새끼 표범 세 마리가 가르랑거리는 소리를 내면서 내 몸을 건드렸다. 배고픈 새끼 표범들은 내가 제 어미인 줄 안 모양이었다. 새끼들은 태어난 지 보름 정도밖에 안 되어 보였다. 나는 누운 채로 몇 분 동안 그들을 어루만져 주었다. 그러다가 자리에서 일어나 보니 어미 표범이 동굴 입구에 서 있는 게 아닌가. 그 순간 나는 표범이

네팔로 가는 여행 중의 스와미 라마

내게 덤벼들지도 모른다는 두려움에 휩싸였으나, 이내 마음속으로부터 강하게 전해져 오는 느낌이 있었다.

'나는 이 새끼 표범들을 해치려 하지 않았다. 만약 어미 표범이 길을 비킨다면 나는 동굴에서 나가겠다.'

이렇게 생각하며 나는 침착하게 담요와 물병을 들었다. 그러자 어미 표범이 입구에서 슬며시 물러나는 것이었다. 그러는 사이에 나는 조용히 동굴을 빠져나왔다. 내가 동굴 입구로부터 꽤 떨어진 곳까지 물러나자 어미 표범은 조용히 새끼들과 합류했다.

그런 경험은 두려움을 극복하게 하고, 동물과 인간 사이에 일체감을 갖게 해 준다. 동물들은 아주 민감하게 폭력과 두려움의 냄새를 맡는다. 인간에게서 두려움이나 폭력의 냄새를 맡으면 그들은 사납게 방어를 하게 되는 것이다. 그러나 동물이 인간에게 친근감을 가지게 되면 인간을 도와주고, 지켜 주기까지 한다. 인간은 위험에 처하면 공격적이 되지만 동물들은 별로 그렇지 않다. 자기 방어는 모든 생물에게 공통적인 것이지만, 사랑하는 대상에 대한 헌신은 인간보다 동물이 더 뛰어나다. 동물들의 우정은 신뢰할 수 있다. 동물의 우정은 무조건적이지만, 사람끼리의 관계는 조건과 제약으로 가득 차 있다. 우리는 자신의 둘레에다 벽을 쌓음으로써 자신의 내면뿐만 아니라 타인과의 접촉도 할 수 없게 만들고 있다. 만일 다른 이들과의 관계에서 본연의 감수성을 되찾게 된다면 큰 노력 없이도 깨달음을 얻을 수 있을 것이다.

Part 6
출가자의 길

출가자의 길은 면도날과 같다.
그것은 모두를 위한 길이 아니라
축복받은 소수만이 가는 길이다.
무집착과 자아에 관한 바른 지식은
출가자의 길을 가는 데 있어 가장 중요한
두 가지 필수 조건이다.

내 존재 전체가 눈이다

거의 2년이 넘게 스리나가르에 있는 한 스와미를 규칙적으로 방문한 적이 있다. 나는 그 스와미에게 시봉을 하며 기다렸으나, 그는 한 번도 내게 말을 걸지 않았을뿐더러 눈조차 뜨지 않았다. 그의 이름은 하리 옴Hari Om이었다. 그는 2년이라는 세월 동안 한 번도 나를 쳐다보지 않았다. 어느 날 나는 스승을 찾아가 하소연했다.

"저는 그분께 질렸습니다. 그분과 사는 것은 통나무나 바위하고 사는 것과 같습니다."

그러자 스승께서 말씀하셨다.

"그렇게 말하지 마라. 너는 잘 모르겠지만, 그는 너를 보고 있단다."

"어떻게 저를 볼 수 있겠습니까? 그분은 늘 눈을 감고 계시는데요."

그런 뒤 내가 다시 만나러 갔더니, 하리 옴은 껄껄 웃으며 말했다.

"내가 바위나 통나무라고? 너는 내가 너무도 큰 기쁨에 잠겨 있기 때문에 눈을 뜰 필요가 없다는 것을 모르느냐? 아름다움과 신의 영광과 하나가 되어 있는데 눈을 떠서 뭘 하겠느냐? 사람들이 추구하는 기쁨이란 더 이상 나에게 만족을 주지 않는다. 그래서 난 눈을 감고 있다.

감각기관이란 제한된 대상의 제한된 아름다움밖에 파악하지 못한다."

그의 말을 듣고 나자 영감이 솟아올랐다. 그 뒤 내가 그를 만나러 갈 때마다 그의 눈이 조금씩 뜨이기 시작했다. 그가 살며시 눈을 뜰 때는 마치 포도주가 잔에서 넘치는 것 같았다. 당신이 그 눈을 보았다면, 아마 내면에서 넘쳐흐르는 순수한 기쁨을 경험했으리라.

그는 산스크리트 경구를 속삭였다.

"깨달은 자는 다른 사람들이 밤이라고 일컫는 시각에도 깨어 있도다."

그러고 나서 하리 옴은 이렇게 덧붙였다.

"가장 좋은 시각은 밤이다. 그러나 밤의 가치와 밤의 고요를 이용할 줄 아는 사람은 드물다. 밤에 깨어 있는 사람은 세 종류다. 요기와 보기*와 로기*다. 요기는 명상 속에서 축복을 누린다. 보기는 관능적 쾌락을 즐긴다. 그리고 로기는 아픔과 절망으로 밤을 지새운다. 세 종류의 사람이 깨어 있기는 마찬가지이나, 참으로 복된 자는 명상에 잠긴 요기다. 순간적 쾌락을 맛본 보기는 그 순간을 지속시키고 싶어서 밤을 지새운다. 그러나 그런 식으로는 기쁨이 확장되지 않는다. 명상 속에서만 참된 기쁨이 영원한 평화로 확장되는 법이다. 무의식적으로 눈을 감는 것은 잠이지만, 의식적으로 감는 것은 명상의 일부다. 눈을 감은 요기는 모든 대상으로부터 감각기관을 거두어들인다. 그는 고통과 쾌락에서 자유롭다. 눈을 감는 것으로써 내면의 눈이 열리기 때문이다. 보통 사람들은 작은 두 눈을 통해 이 세상 것들을 본다. 그러나 나는 내 전 존재가 하나의 눈이다."

어느 창녀의 노래

　스승께서는 가끔 나에게 "이 세계는 배움의 극장이다. 나에게만 의지하지 말고 모든 것으로부터 배우도록 하거라."라고 말씀하셨다.

　한번은 나에게 이렇게 분부하셨다.

　"얘야, 지금 당장 다르질링으로 가거라. 시 외곽에 강이 하나 있는데, 그 강둑에 화장터가 있다. 그곳에서 무슨 일이 일어나도 상관하지 말고 41일 동안 지금 내가 가르쳐 주는 사다나* 수련을 해라. 마음속에서 무슨 생각이 나더라도 결코 그 자리를 떠나지 마라."

　많은 사람들은 그런 곳에서 머무는 것을 두려워한다. 화장터에 대해서 이상한 생각을 가지고 있기 때문이다. 그러나 나는 개의치 않았다. 그곳으로 간 나는 작은 초막에 살면서 불을 지펴 음식을 해 먹었다. 당시 나는 대학생이었는데, 여름 방학 중이었다. 나는 속으로 '여름 방학을 수련으로 보내는 것은 참 좋은 일이다.'라고 생각했다.

　나는 39일 동안 스승께서 몸소 가르쳐 주신 행법을 계속 수행했지만, 아무런 일도 일어나지 않았다. 그러자 마음속에서 강한 의구심이 일어났다.

'세상과 멀리 떨어진 외로운 곳에서 이렇게 멍청한 짓을 하며 시간을 허비하고 있다니! 넌 지금 젊은 날의 최고의 시기를 낭비하고 있는 거다.'

스승께서는 내가 그런 생각을 할 줄 알고 미리 이런 당부를 하셨다.

"41일째 되는 날 내면의 변화를 느끼게 될 테니, 절대로 그 전에 단념하지 말아라. 마음의 유혹에 넘어가지 않도록 해라."

그래서 나는 "약속하겠습니다."라고 대답했었다. 그러나 39일째 되는 날, 나는 내가 하고 있는 일에 대해 하나하나 따져 보기 시작했다.

'이틀 더 한다고 별 수 있겠는가? 39일이 지나도록 아무 변화도 없지 않은가. 친구에게 편지를 쓰겠다고 약속해 놓고는 한 장도 못 썼지 않은가. 나는 죽은 이들과 지내고 있다. 이것이 무슨 가르침이란 말인가! 스승님은 왜 이런 일을 시키지? 그는 좋은 스승이 아닐 거야.'

나는 그곳을 떠나기로 마음먹었다. 그래서 불 위로 물 한 양동이를 끼얹고 초막을 부숴 버렸다. 밤공기가 차가워서 나는 털 담요로 온몸을 두른 채 도시로 걸어 나왔다. 시내 중심가로 내려왔을 때, 타블라*연주 소리가 들렸다. 가까이 가 보니 아름다운 여인이 노래하면서 춤을 추고 있었다. 그 노래의 주제는 이러했다.

"인생이란 배에 기름은 얼마 남지 않았는데 가야 할 밤은 광막하다네."

그녀는 자꾸만 반복해서 노래를 불렀고 나는 걸음을 멈추었다. 그 타블라의 소리는 마치 "쳇, 쳇! 꺼져라, 꺼져! 너는 무얼 하는 거냐?"라고 말하는 것만 같았다. 나는 그만 풀이 죽어서 혼자 생각에 잠겼다.

'왜 나는 마지막 이틀을 더 계속하지 못하는 건가? 스승께 돌아가면 "넌 수련을 마치지 않았구나. 너는 나무가 다 자라기도 전에 과일을 따려고 하는구나." 하고 말씀하실 거야.'

나는 되돌아가 나머지 이틀 동안의 수련을 마쳤다. 41일 수련의 결실로 스승께서 말씀하신 그대로의 변화가 나타났다.

나는 다시 시내로 나가 노래를 부르던 여인의 집으로 찾아갔다. 그녀는 유명한 무희였는데 아마도 창녀인 것 같았다. 그녀는 젊은 스와미가 자신의 집을 방문한 것을 보고 소리쳤다.

"멈추세요, 들어오지 마세요! 이곳은 당신이 올 곳이 못 됩니다."

그러나 나는 포기하지 않았다. 그녀는 문을 닫더니 덩치가 크고 힘센 하인을 불러 나를 들어오지 못하도록 했다. 사나이가 내게 명령조로 말했다.

"멈추시오, 젊은 스와미! 여기는 당신에게 좋지 않은 곳이오."

"아니오, 나는 그녀를 보고 싶습니다. 그녀는 내 어머니처럼 나를 도와주었습니다. 그래서 감사를 드리고 싶군요. 만약 그녀가 노래로 나를 일깨워 주지 않았더라면 나는 수행을 끝마치지 못했을 겁니다. 그랬더라면 나는 낙담하고 좌절해서 평생 죄책감을 지닌 채 살아야 했을 겁니다."

그 말을 듣고 그녀가 문을 열어 주었다. 나는 그녀에게 말했다.

"정말이지, 당신은 제 어머니십니다."

나는 내게 일어난 일을 말해 주었다. 그리고 함께 몇 시간 동안 걸으면서 대화를 나누었다. 그녀도 나의 스승에 대해 들었다고 했다. 내가 떠나려고 일어서니까 그녀가 말했다.

"이제부터 나는 당신의 어머니가 될 뿐만 아니라 다른 많은 사람들의 어머니가 될 수 있다는 것을 증명해 보이겠습니다."

다음날, 그녀는 인도에서 배움의 고장으로 알려진 바라나시로 떠났다. 그녀는 갠지스 강 위의 배에서 생활하면서, 저녁이면 강변으로 나가 모래밭에서 노래를 불렀다. 그럴 때면 수천 명의 군중이 몰려들어 함께 찬송을 했다. 그녀는 자신의 하우스 보트에다 이렇게 써 두었다.

"나를 사두로 오해하지 마십시오. 나는 창녀입니다. 내 발에 절하지 마십시오."

그녀는 결코 다른 사람의 얼굴을 똑바로 쳐다보지 않았을 뿐만 아니라 어느 누구에게도 말을 걸지 않았다. 누군가 그녀에게 말을 하고 싶어 하면 그녀는 늘 "저와 함께 앉아 신의 이름을 찬송합시다."라고 말했다. 또 누가 "안녕하세요?"라고 인사하면, "라마!"라고 신의 이름을 찬송했다. "필요한 것이 없습니까? 뭘 갖다 드릴까요?"라고 해도 "라마!"라고 대답했다.

어느 날, 그녀는 5, 6천 명 군중 앞에서 이렇게 말했다.

"저는 아침 일찍 떠나기로 했습니다. 물고기들이 먹을 수 있도록 이 몸을 강물에 던져 주십시오."

그런 다음 그녀는 침묵을 지켰다. 다음날, 그녀는 육신을 버렸다.

자각의 물결이 밀려오면 과거를 던져 버리고 완전히 변화된 삶을 살게 된다. 세계의 유명한 성자들 중에는 나중에 사도 바오로가 된 사울처럼 행실이 악했던 사람도 있다. 다마스쿠스로 가는 도중에 그는 완전히 인품이 변해 버렸다. 인도의 고대 서사시 《라마야나》*의 저자 발미키도 마찬가지였다.

당신 자신을 꾸짖지 말라. 스스로 자신이 아무리 나쁘고 보잘것없다고 느껴질지라도 당신의 전 인격을 바꿀 기회는 반드시 오는 법이다. 참된 구도자는 언제든지 실재를 깨달아 모든 고통과 속박으로부터 자유를 얻을 수 있다. 눈 깜박할 순간에도 깨달음을 얻을 수 있는 것이다.

사두가 된 살인자

히말라야에는 유명한 성지聖地 네 곳이 있다. 강고트리Gangotri, 잠노트리Jamnotri, 케다르나트Kedarnath, 바드리나트Badrinath가 그곳이다. 6월에서 9월 사이에, 평지의 도시나 마을에 사는 사람들은 한두 달 정도 히말라야에서 보내기 위해 집을 떠나 산으로 올라간다. 고대 인도로부터 내려오는 이 전통은 지금까지도 지켜지고 있다. 산으로 순례를 가노라면 온갖 유형의 구도자를 만나게 된다.

언젠가 두 친구와 함께 성지로 순례를 가던 중에 50대 중반의 사두를 만난 적이 있다. 우타르프라데시 주의 반다 출신인 그 사두는 아주 친절하고 조용한 성품을 지니고 있었다. 그도 우리와 합류했고 우리 일행은 일반인이 다니는 길은 피하고 가능한 한 빨리 갈 수 있도록 지름길을 택했다.

저녁이면 동굴에 머물면서 불을 지펴 감자를 구웠다. 그것이 유일한 양식이었다. 그 사두는 아무것도 가진 것이 없었기 때문에 우리는 그와 함께 음식을 나누어 먹었다. 우리는 음식을 먹기 전에 모두 감사 기도를 드렸는데, 그 감사 기도는 이러했다.

"이 모든 것은 브라흐만입니다. 주는 자도 브라흐만이요, 취하는 자도 브라흐만입니다."

이러한 기도는 신에 대한 자각을 유지하는 데 큰 도움이 된다. 우리와 대화하는 도중에 사두는 다음과 같은 이야기를 해 주었다.

그가 18세가 되던 해, 그의 아버지와 같은 마을에 살고 있는 지주 사이에 토지 소유권 문제로 시비가 일어났다. 그의 아버지는 그 마을 사람들의 질시를 받아 살해되었다. 질시나 질투는 아집이라는 자궁 속에서 자라나며, 이기심과 집착에서 영양을 섭취한다. 아버지가 살해당한 그 시각에 그는 학교에서 공부를 하고 있었다. 집에 돌아온 그는 아버지가 살해된 것을 보고 아버지의 복수를 했다. 마을 사람 다섯 명을 죽인 것이다.

그러고는 산으로 도망쳐 히말라야의 성자와 요기들을 모시며 살았다. 그는 여기저기로 옮겨 다니면서 영적 모임에 참석하고 성자들을 만나는 등 죄책감을 벗어나려고 갖은 애를 다 썼다. 철저한 금욕생활을 실천했으며, 같이 사는 사두들에게 언제나 자신의 지난 이야기를 고백했다.

그는 36년 동안 산에 살면서 여러 번 경찰에 자수하려고도 생각했다. 그의 이름은 나가 바바Naga Baba였는데, 옷 한 벌도 없는 무소유의 수행자로 알려져 있었다. 그는 오랜 세월을 두고 사람들과 대화를 하면서 자신은 범죄자이며, 어떻게 내면의 자아를 변화시켰는지 이야기해 주었다. 그는 늘 이렇게 말하곤 했다.

"나는 내가 살인자라는 것을 알고 있다. 그러나 나는 완전히 변했다."

가슴속에서 일어나는 이러한 변화는 힌두교, 수피*, 기독교, 불교 등의 여러 경전에서 종종 등장하는 주제다.

진지하게 그와 이야기를 나눈 뒤 우리는 경찰에 자수해 재판을 받아야 한다는 결론에 도달했다. 그래서 다음날 아침 그는 우리와 함께 성지로 가는 대신 옛날 자기가 살던 마을로 돌아갔다. 그는 경찰서로 가서 자신의 지난 이야기를 전부 털어 놓았고, 경찰은 그를 법정으로 보냈다.

판사가 물었다.

"증거 서류는 어디에 있습니까? 무엇으로 그를 구속할 수 있겠습니까?"

경찰은 36년 전에 일어난 범죄 사건을 판사에게 들려주었다. 그러나 그 사건에 대한 자료나 기록이 하나도 없었다. 판사는 그에게 무엇을 했으며 그 뒤 어떻게 살았는지 물어본 뒤 그를 석방했다. 그리하여 그 사두는 다시 히말라야로 돌아왔다.

범죄학자들은 모든 범죄가 평정을 잃은 어떤 특별한 상태에서 저질러진다고 말한다. 나는 법이 존재해야 한다는 데는 동의한다. 그러나 '처벌에 앞서 범죄를 저지른 사람들을 교육시키고 변화시켜 줄 수 있는 길은 없는 것일까?' '사람이 범죄를 저지르는 것은 그가 병들어 있기 때문일까, 아니면 우리 사회가 그에게 범죄를 조장하고 있는 것일까?' 우리는 이 두 가지 관점을 주의 깊게 검토해 보아야 한다.

범죄를 저지른 사람에게 영성 수련을 하게 한다면, 다른 사람들의 권리와 존재를 깨닫게 하는 데 도움이 될 것이다. 범죄가 질병의 일종이라면, 치료할 수 있는 방법도 찾아보아야 한다.

우리가 얼마나 자유로운지를 생각할 때면, 내 마음은 세계 모든 나라의 감옥에 갇혀 있는 사람들을 떠올리게 된다. 이 얼마나 비극적인 일인가! 이들을 돕기 위해서는 자기 계발과 변화를 위한 알맞은 환경을 조성해 주어야 한다고 나는 생각한다.

인류는 아직도 충분히 문명화되지는 않았다. 무상 교육과 의료 혜택

바드리나트와 케다르나트로 가는 길에 있는 데브프라야그

이 모두에게 주어지고 모든 국민을 위한 법 아래 평등과 정의가 보장
되는 나라는 세상 어디에도 없다. 모든 사람에게 꼭 필요한 것을 제공
해 주는 사회를 우리는 건설해야 한다. 그런 사회는 우리가 기원하는
다음 단계의 진보된 문명에 도달할 수 있는 발판을 마련해 줄 것이다.

집착을 버려라

스승께서는 내게 모든 것을 베풀어 주셨지만, 내게는 스승께 드릴 수 있는 것이 아무것도 없었다. 스승을 따르는 사람들이 많은 돈을 드렸지만, 스승께서는 그것을 어떻게 써야 할지 아시지 못했다. 대신 내가 그 돈을 다른 사람들에게 나누어 주거나 내가 쓰고 싶은 곳에 써 버리곤 했다.

언젠가 나는 스승께 봄베이에 가고 싶다고 말씀드렸다. 그러자 스승께서는 원하는 만큼 돈을 가져가라고 말씀하셨다. 그래서 나는 5,000루피를 가져가서 축음기 세 대를 비롯해 많은 물건을 샀다. 스승께서는 단지 이렇게 말씀하실 뿐이었다.

"멋지구나, 얘야. 그것들을 어디 한꺼번에 틀어 보아라."

그래서 축음기 세 대를 동시에 틀어 보았더니 무슨 소리인지 하나도 알아들을 수 없었다.

정욕과 탐욕은 결코 만족을 주지 못한다. 욕망이라는 것은 시간이 지날수록 부풀어 올라 마침내는 불행의 늪이 되고 마는 법이다. 이러한 무지가 사원에 가거나, 교회에서 예배를 드리거나, 설법을 듣거나 또는 의식을 행한다고 해서 사라지는 것은 아니다. 수세기에 걸쳐 사람들은 자신의 욕망을 채워 왔지만, 그럼에도 그들은 여전히 불행하다. 궁극의 실재에 도달하려면 비본질적인 것에 대한 욕망에서 자유로워져야 한다.

필요 이상으로 소유하는 것은 스스로 장애를 만들어 내는 일이며, 시간과 에너지를 낭비하는 일이다. 꼭 필요한지에 대한 올바른 이해 없이 갖고 싶은 욕망만을 충족하려 할 때 우리는 깨달음의 길에서 멀어지게 된다. 욕망은 모든 불행의 어머니다. 세속적인 것을 얻기 위한 욕망을 자기 인식을 위한 것으로 돌릴 때, 욕망은 깨달음의 도구가 된다. 그 단계에 이르면, 욕망은 장애가 아니라 오히려 자아실현의 도구로 변한다.

간단한 비유로 설명해 보겠다. 촛불은 산들바람만 불어도 꺼져 버린다. 그러나 촛불이 꺼지지 않도록 잘 다루어서 숲에 불을 붙이면 산불이 된다. 그때 바람은 불을 끄는 역할이 아니라 오히려 불이 세차게 타오르게 하는 역할을 한다. 이와 마찬가지로 구도자가 수행의 도움으로 욕망의 불을 알맞게 지펴 나가면 그 불은 점점 자라나 크나큰 에너지로 변한다. 모든 어려움과 아픔은 장애가 되는 대신 성장의 밑거름이 될 것이다.

이처럼 깨달음의 길에 장애가 되는 것처럼 보이는 것들도 사실은 장애가 아니다. 자신의 약점이나 가치관 같은 것을 세상의 다른 대상에게 투영하여 스스로 장애를 만들어 내는 것일 뿐이다. 집착은 우리 스스로 만들어 내는 가장 큰 장애 중의 하나다. 그러므로 집착을 버린다면 그러한 장애들을 극복해 낼 수 있을 것이다.

장애를 제거하는 데에는 네 가지 길이 있다.

첫째, 대상이 없으면 인간의 마음은 집착을 일으키지 않는다. 그러니 대상을 버리는 것도 하나의 길이 될 수 있다. 그러나 이것은 보통 사람에게는 대단히 어려운 일이다.

둘째, 세상의 모든 대상을 가지기는 하되 그것을 도구로 사용하는 법을 배우는 길이다. 그렇게 되면 대상은 더 이상 장애를 만들어 내지 않는다. 이 길에서 중요한 것은 대상을 대하는 태도 자체가 바뀌어야 한다는 것이다. 태도를 바꾼 사람은 불리하게 보이는 환경을 좋은 환경으로 바꾸어 놓을 수 있다.

셋째, 극복의 길이다. 이기심을 극복하면서 정성을 다해 일을 하되, 일의 결과는 다른 사람들을 위해 바치는 길이다. 이 길을 따르는 사람은 자신의 행위에서 분리되어 삶의 바다를 유유자적하게 건널 수 있다.

넷째, 맡겨 버리는 길이다. 자기 자신과 자기가 가진 것을 모두 신께 맡겨 버리고 모든 집착을 벗어나 자유로운 삶을 사는 것이다. 이는 얼핏 쉬워 보이지만 사실은 참으로 어려운 길이다.

스승께서는 나의 잘못을 지적하는 대신, 나약하기 때문에 곧잘 변하는 것이 인간의 마음이라는 것을 깨달을 수 있도록 이끌어 주셨다. 나는 약점이 드러나면 깊이 반성해 본 뒤 그것을 변화시키기 위한 명상에 들어가곤 했다. 스승께서는 결코 '이것은 하고 저것은 하지 말라'는 식의 말씀을 하신 적이 없었다. 다만 나 스스로 일어나 걸어갈 수 있도록 길을 보여 주셨을 뿐이다.

"홀로 걸어가라!"

이것이 내게 주신 스승의 가르침이었다.

체험하라 그리고 포기하라

젊었을 때 나는 비싼 옷을 입는 좋지 않은 습관이 있었다. 나는 시장에 가서 직접 옷감을 골라다가 재봉사한테 가서 정확하게 맞춰 입곤 했다. 그리고 넥타이를 매고, 거기에 어울리는 색깔의 손수건도 가지고 다녔다. 나의 이런 행동은 스승의 몇몇 추종자들을 어리둥절하게 만들었다. 그들은 늘 이런 내 생활 방식에 불만을 늘어놓았다. 나는 그렇게 5년 동안이나 즐기며 살았으나 스승께서는 조금도 개의치 않으셨다. 내 성장에 필요한 교훈들을 배우고 있다고 여기셨기 때문일 것이다. 내가 스승 앞에 서 있으면 스승께서는 이렇게 말씀하시곤 했다.

"너는 취향이 아주 조잡하구나."

그러면 나는 이렇게 대꾸했다.

"스승님, 무슨 말씀이세요? 이 옷은 최상품입니다."

어느 날부터 나는 옷을 빼입는 취미를 버리고 단순한 쿠르타*와 바지를 입고 스승께 갔다. 내 모습을 본 스승께서는 "아름다워 보이는구나."라고 말씀하셨다. 스승께서는 내가 세상의 여러 가지 것들을 맛보기를 원하셨다. 내가 그것들의 가치를 이해하고 분석한 다음 그것을 넘어서도록 하기 위함이었다.

　소박한 삶과 고상한 생각은 심미적 감각을 기르는 데 도움을 준다. 심미적 감각이 만들어지는 데는 오랜 시간이 필요하지만, 이는 우리 삶에 우아함과 아름다움을 불어넣어 준다. 비싼 옷이라고 해서 우리의 추함을 가려 주는 것은 아니며, 유행하는 옷이라고 해서 우리에게 아름다움을 줄 수 있는 것은 아니다. 외면적인 것에만 관심을 쏟는 대신에 우리는 내면의 아름다움을 표현하고 가꾸는 것을 배워야 한다. 이러한 내면의 아름다움은 모든 사람이 볼 수 있을 정도로 환하게 빛이 난다.

　출가자의 길은 불의 길이다. 세속의 욕망을 불태워 버릴 수 있는 사람들만이 이 길을 걸을 수 있다. 많은 사람들이 세상에서 잃거나 얻은 것 때문에 실망하거나 감정이 혼란해지면 세속을 떠날 생각을 하게 된다. 이런 사람들은 어디를 가든지 내면이 늘 불안하다. 심지어 아주 즐거운 상황일 때조차도 마찬가지다. 낙담, 탐욕, 욕정, 사랑과 증오, 분노와 질투 등의 감정은 정신적인 수련이 없이는 극복될 수 없다. 쉽게 환멸을 느끼고 만족을 모르는 영혼은 출가의 길로 나가는 데 적합하지 않다. 동굴 속에 앉아 세상의 쾌락을 생각하는 것은 비참한 일이기 때문이다.

　스승께서는 내가 좌절하지 않고 보통 사람들처럼 젊은 시절을 보내기 바라셨다. 그 시절에 나는 가장 좋은 자동차를 사고 일 년에 두 차례나 그것을 바꾸곤 했다. 나는 인도의 그 어떤 왕자보다 더 호화로운 생활을 했다. 내가 많은 돈을 가지고 사치스러운 생활을 하자 나의 친척과 친구들 그리고 경찰조차도 매우 이상하게 생각했다. 그 비밀은 내가 돈이 필요할 때면 스승께서 언제나 주셨기 때문이었다. 그러나 스승께서는 결코 어떤 것도 지니지 않으셨다.

　세속적인 것의 덧없음을 깨닫게 되자 나는 점차 차분해졌고 명상을 통해 마음의 평화를 누릴 수 있게 되었다. 세속의 것을 얻고자 하는 욕망은 깨달음을 이루는 데 장애가 된다.

　한번은 스승께서 이렇게 말씀하셨다.

　"갠지스 강가로 가자. 나는 아직 너에게 중요한 가르침을 주지 못했다."

　나는 어리둥절해서 "그것이 무엇입니까?"라고 물었다. 그러자 스승께서는 "너는 왜 히말라야에 살고 있느냐?" 하고 되물으셨다. "영적인 수련을 하기 위해서입니다."라고 대답하자 왜 영적인 수련을 원하는지 물으셨다.

　"깨달음을 얻고 완전해지기 위해서입니다."

　나의 대답에 스승께서는 또다시 이렇게 물으셨다.

　"그런데 너는 왜 세상살이에 대해 욕망을 가지고 있느냐? 왜 세상을 필요로 하는 거냐? 동굴에서 생활하려면 그런 것부터 포기하거라. 출가하여 동굴에 살면서도 세속을 생각하는 것은 충족시키고 싶은 욕망이 네 속에 숨어 있다는 뜻이다. 그것은 자아 수련 외에는 다른 어떤 것으로도 고칠 수 없는 두통거리다. 자아 수련으로 너 자신을 단련시켜라. 그러한 단련은 직접적인 경험으로 너를 이끌어 줄 것이다. 직접 경험을 통해서 의식을 확장시킬 수 있다. 의식의 확장으로 깨달음에 이르는 것이야말로 삶의 목적이다."

　세속의 매력과 유혹이 막강한 것은 사실이다. 하지만 깨달음을 향한 불타는 열망이 있다면 구도자는 자신의 길에서 결코 벗어나지 않을 것이다.

보석이냐 불이냐?

스승께서는 결코 나에게 세상을 포기하고 스와미가 되라는 강요를 하지 않으셨다. 그분은 내가 직접 경험을 하여 스스로 결정을 내리기를 바라셨다. 그러면서 늘 이렇게 말씀하셨다.

"내게서 배울 것이 있다면 무엇이든지 배우되, 네가 자주적으로 성장하기를 바란다. 그러나 네가 도움이 필요하다면 난 언제든 이곳에 있겠다."

내가 질문을 하면 스승께서는 이렇게 대답하시곤 했다.

"얘야, 피곤하지도 않느냐? 왜 너는 스스로 답을 구하려 들지 않는 거냐? 어째서 너는 나에게 자꾸 질문을 하느냐 말이다. 내 너에게 간단하게 대답해 줄 수가 없으니, 의문을 해결할 수 있는 방법을 가르쳐주겠다."

스승께서는 세속에 대한 유혹으로 나를 시험하셨다.

"세상으로 가거라. 가서 정부의 고위 관리가 되어라. 그러나 네가 만약 오직 나와 함께 있겠다고 한다면 그렇게 하거라. 하지만 그건 그리 좋은 일이 아니다. 나는 네가 세상에서 안주하기를 바란다. 나는 너에게 부귀영화를 주겠다."

나는 스승께 이렇게 대답했다.

"그것은 제가 바라는 바가 아닙니다."

그러자 스승께서는 확실하냐고 재차 물으셨는데, 내 말을 믿지 않으시는 것 같았다. 스승께서는 나를 산으로 데리고 가더니 이렇게 말씀하셨다.

"너는 보석을 좋아하지. 그렇지 않느냐?"

그것은 사실이었다. 나는 그 아름다운 것들을 너무도 사랑했다. 스승께서는 숨겨진 나의 욕망을 알고는 "자, 여기를 보아라." 하고 말씀하셨다.

나는 내 앞에 있는 엄청난 보석 더미를 보고 소스라치게 놀랐다. 나는 도저히 믿어지지 않아서 눈을 깜박거렸다. 나는 그것이 환상인지 진짜인지 시험해 보고 싶었다. 그러자 스승께서 다시 말을 이으셨다.

"환상이 아니다. 가서 보석을 갖도록 해라. 내 그것이 진짜라는 것을 확언하마. 자, 가지거라. 그것은 모두 너를 위한 것이다. 너는 이제 인도에서 가장 큰 부자가 될 것이다. 애야, 이제 내 곁을 떠나거라. 나는 산으로 멀리 가고 싶구나."

나는 눈물을 흘리며 말했다.

"스승님, 저를 버리시는 겁니까? 저에게 스승님 대신 저 보석을 선택하라고 말씀하시는 건가요? 저는 저것들을 원치 않습니다. 저는 스승님과 함께 있고 싶습니다."

그러자 스승께서 이렇게 말씀하셨다.

"나와 함께 있고 싶다면 저기를 보아라. 저 엄청난 불꽃이 보이느냐?"

스승께서 가리키시는 쪽을 보니 엄청난 불꽃의 벽이 이글거리고 있었다. 내가 몹시 놀라고 있자니까 스승께서 다시 말을 이었다.

"네가 저 불길 속을 통과할 수 있다면 나를 따를 수 있을 것이다. 어느 쪽을 선택하겠느냐? 세상에 대한 욕망을 따를지, 깨달음의 길을 따를지 너 스스로 결정하도록 해라."

나는 확신에 찬 어조로 대답했다.

"저는 불길을 택하겠습니다. 저는 다시 태어나고 싶습니다. 다른 길은 없습니다."

그리하여 나는 출가자의 길을 따르기로 결정을 내렸다.

출가자의 길은 마치 면도날 위를 걸어가는 것과 같다. 이 길은 대단히 힘들며, 한 걸음씩 내딛을 때마다 추락할 위험이 많은 길이다. 이 길을 가면서 마주치는 숱한 장애물 중에서도 가장 큰 장애물은 바로 이기적인 욕망이다. 오직 두려움이 없고, 세속의 매력이나 유혹에서 자유로울 수 있는 사람만이 이 길을 걸어갈 수 있다. 자신의 모든 욕망을 한곳에 집중시켜, 깨달음을 구하려는 욕망으로 결집시킨 사람만이 성공할 수 있는 길이다.

출가자의 길을 선택하는 사람은 아주 드물다. 그것은 모든 사람을 위한 길이 아니기 때문이다. 그러나 출가자로서의 삶을 즐거이 받아들일 수 있는 이는 축복받은 사람이다. 비록 재가자의 길을 간다 할지라도 세속에 물들지 않고 비이기적이고 올바르게 행동하는 사람이라면 결과는 마찬가지다. 이 두 가지 길의 목표는 같은 것이다.

비워지지 않는 그릇

스와미 승단의 입문식을 치른 바로 다음날, 스승께서 물으셨다.

"스와미가 되려면 탁발을 해야 된다는 것을 알고 있느냐?"

미처 생각하지 못한 일이었다.

"네 안의 에고는 네가 다른 사람에게 의존하지 않는 존재라고 말하고 있다. 너는 그런 자만심을 정화해야 하고 겸손해지지 않으면 안 된다. 이제부터 가난한 사람들이 사는 곳으로 가서 먹을 것을 얻어 오너라. 그러면 네가 어떤 사람인지 알게 될 것이다."

"알겠습니다."

나는 그 뒤에 일어난 일을 결코 잊지 못할 것이다. 나는 건장한 몸에 비단 옷을 걸치고 있었다. 비단 옷을 입은 거지를 연상할 수 있겠는가? 게다가 나는 조심성 없이 자유롭게 걷는 버릇이 있었다. 요가에 따르자면 허리를 쭉 펴고 똑바로 걸어야 한다. 그러나 구걸을 하면서 그렇게 걸으면 사람들은 너무 거만하다고 생각할 것이다. 나는 아침 일찍 보시를 구하러 나갔다가 소젖을 짜고 있는 여인을 만났다. 그 여인은 노래를 부르면서 젖을 짜고 있었다. 그녀는 무릎 사이에 흙으로 만든 항아리를 끼고 있었다.

나는 스와미 식으로 "나라얀 하리*Narayan Hari!*"(스와미들이 다른 사람에게 인사를 할 때 쓰는 신의 이름) 하고 인사를 했다. 그 여인은 깜짝 놀라 펄쩍 뛰더니 그만 항아리를 떨어뜨려 깨뜨리고 말았다. 나는 속으로 '오, 신이시여!'라고 중얼거렸다.

그 여인은 화가 나서 소리를 질러 대기 시작했다.

"아니, 이렇게 건장한 사람이 동냥을 하러 다니다니. 나라에 짐밖에 안 되는 인간 같으니라고! 누가 당신에게 그런 짓을 시켰나요? 비단 옷을 입을 정도로 돈이 많은 사람이 동냥질이나 하다니……."

너무 부끄러워 몸을 숨기고만 싶었다.

"이 항아리는 시어머니에게 물려받은 거란 말이에요. 이 기생충 같은 인간아! 빨리 내 앞에서 꺼지지 못해?"

얼마나 항아리를 아꼈던지 그녀의 입에서 계속 욕설이 튀어나왔다.

나는 터덜터덜 스승께로 돌아왔다. 스승께서는 날마다 버릇처럼 내게 식사를 했냐고 물으셨다. 그래서 그날도 그렇게 물으실 줄 알았는데, 아무런 말씀도 안 하셨다. 나는 하루 종일 입을 다물고 있었는데 스승께서도 말 한 마디 없이 잠자코 계셨다.

저녁이 되었을 때, 나는 결국 불평을 늘어놓았다.

"오늘은 밥을 먹었는지도 묻지 않으시는군요."

"넌 이제 스와미가 되었으니까 그럴 필요가 없지."

"무슨 뜻이지요?"

"스와미란 자기 자신을 다스릴 뿐만 아니라 자신의 식욕까지도 다스릴 수 있는 사람이라는 뜻이다."

"그럼 이제 스와미로서 스승님께서 절 돌보지 않으실 겁니까?"

"이제 너도 스와미고 나도 스와미다. 너하고 나 사이에 다른 점이 뭐가 있느냐? 너는 원하던 대로 스와미가 되었으니 이제부터는 자신을 스스로 돌보아야 한다. 그러니 내게 의지할 필요가 있느냐?"

나는 잠시 생각에 잠겼다가 이제 독립을 해야 한다고 결심했다.

"오늘부터는 어떤 일이 있더라도 탁발을 하러 가지 않을 겁니다. 신께서 제가 죽는 것을 바라지 않으신다면 죽지 않고 살아서 명상을 하게 하시겠지요. 그러니 탁발은 결코 하지 않을 겁니다."

"그 약속을 지키고 싶다면 그렇게 하려무나. 그것은 너의 선택이니까 말이다. 나는 아무 말도 하지 않겠다. 너는 스와미다."

그런 맹세를 하고 난 뒤 나는 갠지스 강둑으로 가서 앉았다. 사람들이 나를 보러 왔다. 사람들은 모두 누군가가 나를 돌봐 주는 줄 알고 있었다. 꽃을 가져와 절을 하는 사람은 많았지만 먹을 것이나 과일을 가져오는 사람은 없었다. 13일이 지나도록 밥을 먹었는지조차 물어 오는 사람이 없었다. 나는 기운이 빠져서 걸을 수도 없었다. 그러자 이런 생각이 들었다.

'왜 내가 이따위 스와미가 되었을까?'

14일째가 되었을 때, 나는 울면서 성모께 기도를 드렸다.

"저는 올바르게 이 길을 따르겠다고 맹세했습니다. 그런데 저에겐 배를 채울 빵 한 조각도 없습니다."

그러자 갑자기 물속에서 손 하나가 나타났다. 그 손에는 음식이 가득 담긴 그릇이 들려 있었다. 그 손이 내 앞으로 다가오더니 어디선가 "자, 여기 먹을 것이 있다." 하는 여인의 음성이 들려왔다. 나는 그 그릇을 받아다가 실컷 음식을 먹었다. 그런데 이상하게도 그 그릇의 음식은 아무리 먹어도 줄어들지를 않는 것이었다.

산야신이 된 뒤의 스와미 라마

나는 그 그릇을 3년 동안 간직했다. 그릇에서 음식을 꺼내 많은 사람에게 나눠 주었지만 거기에는 여전히 음식이 담겨 있었다. 나를 보러 온 수많은 사람들이 그것을 목격했다. 사람들이 그 그릇에다 계속 우유를 부었지만 결코 넘치는 법도 없었다. 사람들은 내게 와서 무엇을 배우려 하지 않고 오직 기적의 그릇에만 관심이 있는 것 같았다. 마침내 스승께서 "그것을 갠지스 강에 던져 버려라." 하고 충고하셨다. 나는 그 충고를 따랐다.

깨달음의 길을 갈 때 신은 많은 유혹을 던진다. 그러나 모든 유혹을 물리쳤을 때에야 마침내 당신은 목적지에 도달하게 된다. 어린아이가 울면 어머니는 어떻게 하는가? 처음에 어머니는 아이에게 사탕을 준다. 그래도 울음을 그치지 않으면 인형이나 쿠키 같은 것을 주면서 달랜다. 그래도 그치지 않으면 이번에는 아이를 품에 안고 달랜다. 어머니도 아이를 안아 주기 전에 몇 번은 마음을 끌 만한 것을 주는 법이다. 깨달음이나 자아실현의 길도 이와 마찬가지다.

탁발을 하러 다니는 것은 승려에겐 의무지만, 일반 사람들에게는 굴욕스러운 일이다. 나는 신의 은총에 전적으로 기대어 살아가는 사람에게는 필요한 음식과 거처가 주어진다는 것을 믿는다. 음식 걱정, 잘 곳 걱정을 하는 것은 완전한 믿음이 아니다. 신만이 나의 모든 것이며, 신이 아닌 어떤 것에 의지하는 일은 내 인생에 파국을 초래한다는 것을 내 생명의 숨결이 다할 때까지 나는 믿을 것이다. 나는 신께서 내게 필요한 모든 것을 베풀어 주시면서 항상 내 앞에서 걸어가고 계심을 본다.

계속되는 **혼란**

나는 스물한 살 때 리시케시에서 8킬로미터 가량 떨어진 곳에 있는 갠지스 강변의 한 초막에서 혼자 생활했다. 그때 많은 사람들이 나를 대단한 성자라고 생각했다. 이상한 옷차림을 하고, 경전을 항상 가지고 다니면서(비록 한 번도 읽지는 않았지만) 사람과 떨어져서 혼자 살며, 더군다나 보러 오는 사람을 완전히 무시해 버린다면 사람들은 그가 위대한 스와미임에 틀림이 없다고 결론을 내리기 때문이다.

하루 종일 사람들은 나를 보려고 몰려들었다. 수행을 할 시간조차 없었다. 사람들은 아침부터 저녁까지 줄곧 찾아와서 절을 하고 꽃다발을 바치거나 돈을 주곤 했다. 얼마 동안은 기분이 좋았다. 그러나 점차 그런 일이 싫어졌다. 나는 혼자 중얼거렸다.

'이게 무슨 짓이람? 완전히 시간 낭비야.'

그래서 나를 찾아오는 사람들에게 화를 내기 시작했다.

그러나 사람들은 엉뚱하게 반응했다.

"스와미가 화를 낼 리가 없지. 저분은 우리를 피하려고 단지 화가 난 척하는 걸 거야."

그러고는 더 많은 사람들이 몰려왔다. 나는 화가 치밀어서 완전히 평정을 잃고 방문자들을 욕하기 시작했다. 그러나 사람들은 한술 더 떴다.

"선생님, 당신의 욕설은 우리에게 꽃이랍니다. 축복이라고요."

결국 나는 그곳에서 도망칠 수밖에 없었다.

나는 속으로 이렇게 중얼거렸다.

'아직도 멀었어, 분노조차 다스리지 못했으니.'

많은 출가자들이 이런 수난을 겪는다. 그들은 항상 방문객들의 방해를 받는다. 스와미라면 다른 사람의 관심을 끌지 않는 법을 배워야 하며, 수행이 방해받지 않도록 주의를 기울여야 한다. 스와미의 삶은 끊임없는 시련의 연속이다. 사람들은 스와미가 일반인들을 훨씬 넘어선 곳에 있는 존재라고 믿고 있다. 인도에서 스와미란 전능한 힘을 가진 자, 치료사, 의사, 설교사 등의 의미를 가진 존재다. 그래서 스와미들은 일반인이라면 미쳐 버릴 만큼 어려운 상황에 놓이게 된다.

사람들은 스와미 중에는 초심자도 있으며 대부분이 아직도 공부하는 도상에 있고, 오직 극소수만이 완성에 이르렀다는 사실을 모른다. 경지에 차이가 있다는 것을 잘 인식하지 못하기 때문에 일반인들은 물론 스와미들까지도 혼란을 겪게 된다. 이러한 혼란에서 벗어나기란 결코 쉬운 일이 아니다.

나는 사람들에게 솔직하게 호소했다.

"나는 아직 수행 중에 있어서 나누어 드릴 게 아무것도 없습니다. 제발 나를 혼자 있게 해 주십시오."

하지만 사람들은 내 말을 자기들 나름대로 해석하고 더 많은 사람을 나에게 데리고 왔다. 숲 속 깊숙한 곳에 들어가 살아도 보았지만 그래도 방해를 받기는 마찬가지였다. 때때로 나는 스와미라는 신분이 지긋지긋하기도 했다.

깨달음을 얻기 위해 반드시 출가자의 옷을 입을 필요는 없다. 중요한 것은 마음과 행동과 말을 닦는 영혼의 사다나를 쉬지 않고 행하는 데 있다. 스와미가 된다는 것은 얼마나 멋진 일인가! 하지만 참된 스와미가 된다는 것은 또한 얼마나 어려운 일인가!

자갈 산 위의 성자

    수행 중에 있는 구도자에게 사람들이 줄곧 찾아와서 방해를 하면, 그는 자신의 공부를 성공적으로 마치기가 어렵다. 그러나 인도에서는 스와미라면 사람들의 질문에 당연히 대답을 해 주어야 한다고 여긴다.

    사람들은 스와미가 세상의 모든 병을 치유해 줄 수 있다고 믿는다. 그런 자신의 믿음 때문에 때때로 치유가 되는 사람들도 있다. 그 결과, 이야기가 과장되어 사람들은 그 초심자를 완전한 경지에 이른 치유가라고 여기게 된다. 그렇게 되면 이 불쌍한 친구는 더 이상 수행을 하지 못하고 깨달음에의 목표를 잊어버리게 되는 것이다. 그는 시간과 삶을 허비한 채 깨닫지 못한 스와미로 남게 된다.

    이런 문제를 벗어나는 가장 좋은 방법은 적당히 위장을 하고서 수행을 계속하는 것이다. 실제로 사람들의 방해를 받지 않기 위해서 마치 불안정한 삶을 사는 것처럼 가장하는 위대한 신비가들이 많다.

    내가 아는 한 스와미가 있었는데, 많은 사람들이 끊임없이 돈과 음식을 가져와서 그를 혼자 있게 내버려 두지 않았다. 사람들이 자신의 수행을 방해했기 때문에 그는 누가 찾아오는 것을 원하지 않았다. 그래서 그는 사람들에게 이렇게 말했다.

"누구든 나를 사랑하는 사람은 오직 자갈만 가지고 오시오."

사람들은 그가 자갈을 좋아한다고 믿고 날마다 자갈을 가져왔다. 그들은 마음 내키는 대로 길에다 자갈을 쌓았다. 나중에 그 자갈이 쌓여 산이 되었고 스와미는 그 위에 올라가서 살았다. 사람들은 그를 '칸카리아 바바Kankaria Baba'라고 부르기 시작했다. 칸카리아란 자갈을 뜻한다.

그 뒤 스와미는 아무도 이해하지 못하는 말을 쓰기 시작했다. 그는 사람들이 자기를 보러 오면 "두, 두, 두, 두!"라고 말했다. 나에게도 그런 말을 했다. 그래서 어느 날 밤 그 스와미가 혼자 남게 되었을 때 나는 그에게 찾아갔고, 그는 세상 사람들의 방해를 받지 않고 지낼 수 있는 법을 내게 가르쳐 주었다.

"사람들이 하도 귀찮게 해서 새로운 말을 배웠지. 그랬더니 아무도 나에게 말을 걸지 못하더군."

사람들은 다양한 성격을 가지고 있다. 에고는 너무도 많은 양상을 띠고 있기 때문이다. 그 중 몇몇은 바로 분석해 볼 수 있지만, 대부분은 자기 자신에 대해서 모르는 채 지내기 쉽다. 이 스와미는 세상 사람들이 신이라는 이름으로 사실은 에고를 숭배하고 있다고 결론을 내렸다.

낮은 차원의 에고가 스스로 존재하는 실재, 즉 신을 자각하게 되면 자신의 내부로 들어가기 시작하게 된다. 내면으로 깊이 들어간 에고는 높은 차원의 에고라 할 수 있다. 높은 차원의 에고는 깨달음에 도움을 주지만 낮은 차원에 남아 있는 에고는 우리를 불행으로 이끈다.

수행 중의 유혹

나는 한 스와미를 만나러 갔다. 그 스와미는 나에게 깨달음으로 가는 길에서의 유혹들에 대해 가르쳐 주려고 다음과 같은 이야기를 해 주었다.

한 젊은이가 출가의 맹세를 하고 스와미가 되었다. 그의 스승은 그에게 세 가지를 피하라고 했다. 금과 여자와 명성이 그것이었다. 어느 날, 그 스와미는 강을 건너려다가 강둑에서 금화가 가득 담긴 커다란 항아리를 발견했다. 그 항아리를 보고 그는 생각했다.

'나는 세상을 버렸으므로 돈이 필요 없다. 그러나 저것으로 절을 짓는다면 그것은 좋은 일이겠지.'

스와미는 목수에게 가서 그 금화를 보여 주며 절을 지어 달라고 했다. 목수들은 서로의 얼굴을 쳐다보면서 수군거렸다.

"스와미가 저토록 많은 돈을 가져서야 되겠는가? 이 사람을 강에 던져 버리고 우리끼리 돈을 나누세."

그리하여 그는 강물에 빠져 거의 죽을 뻔했으나 신의 은총으로 가까스로 목숨을 건졌다. 이때부터 그는 굳게 결심을 했다.

'어떤 일이 있어도 돈이라면 거들떠보지도 않으리라.'

그는 깊은 숲 속으로 갔다. 사람들이 다가오면 그는 이 말부터 꺼냈다.

"거기서 멈추시오. 돈을 가지고 있으면 옆에 내려놓고 오시오."

어느 날, 한 여인이 스와미를 찾아왔다. 스와미는 그녀에게 "나에게 가까이 오지 마시오."라고 명령했다. 여인이 말했다.

"선생님, 저는 날마다 음식만 갖다 놓고 가겠어요."

그러면서 그녀는 날마다 조금씩 스와미에게 가까이 다가왔다. 스와미는 그 여인이 선한 사람이라고 확신했다. 그리고 '이 여인은 나를 돌봐 주고 나에게서 가르침을 받고 싶어 하는구나.'라고만 생각했다.

어느 날, 그 여인은 고양이 한 마리를 데리고 왔다. 그 고양이는 스와미가 주는 음식을 먹지 않았다. 그래서 스와미는 여인에게 청했다.

"날마다 고양이에게 줄 우유를 좀 가져다주면 좋겠는데……."

여인은 또 암소 한 마리를 몰고 왔다. 그것을 보고 스와미가 물었다.

"누가 암소를 돌보지?"

"제가 돌봐도 될까요?"

여인의 요청에 스와미는 그러라고 했다.

여인은 더 정성껏 스와미를 돌봤다. 마침내 그들은 같이 살게 되었고 일년이 지난 후에 여인은 그의 아기를 낳았다. 스와미가 아기를 돌보고 있던 어느 날, 다른 스와미 한 사람이 찾아와서 말했다.

"자네에게 무슨 일이 일어난 건가?"

그는 자신이 다시 얼마나 세상사에 얽혀 버렸는지를 깨닫고는 눈물을 쏟았다. 스와미는 가족을 떠나 더 깊은 산속으로 들어가고 말았다. 그는 아주 열심히 수행했고, 몇 년이 지나자 여러 가지 신통력을 얻게 되었다.

어느 날, 옆 마을에 사는 사람이 찾아오더니 그에게 절을 하며 말했다.

"스와미 님, 당신은 자비롭고 위대한 분이십니다. 나는 매우 가난해서 아이들이 굶고 있습니다. 제발 도와주십시오."

스와미가 대답했다.

"내 턱수염 하나를 뽑아 벽장 속에 넣어 두십시오. 내일 벽장을 열어 보면 그 속에 돈이 그득할 겁니다. 하지만 다른 사람에게는 절대 이 사실을 말하지 마십시오."

집으로 돌아간 그는 자기도 모르게 아내에게 그 사실을 말하고 말았다. 아내는 많은 사람에게 소문을 냈고 소문은 곧 멀리 퍼져 나갔다. 수백 명의 사람들이 스와미의 턱수염을 뽑으려고 밀어닥쳤다. 그의 얼굴은 할퀴어져 피가 흘러나왔다.

스와미는 다시 멀리 떠나 새로 수행을 시작했다. 그는 매우 값진 것을 배웠다. 금, 여자, 명성에 연루된 결과가 어떻다는 것을 뼈저리게 체험했던 것이다.

이 이야기를 마치고 나서 스와미는 내게 이렇게 당부했다.

"이 이야기는 당신이 결코 잊어서는 안 될 중요한 교훈이다. 이 이야기를 깊이 명심하고 도중에 만나게 되는 어린 스와미들에게도 일러 주도록 하거라."

결혼과 출가의 길

　내가 북인도의 우타르프라데시 주에 있었을 때의 일이다. 사람들은 저녁마다 나를 만나러 왔고 나는 그들을 위해 우파니샤드를 강의했다.

　어느 날, 영문학 석사학위를 딴 처녀가 나에게 면담을 요청했다. 그녀는 우리 둘이 전생에 부부였다고 주장했다. 그녀가 두 시간 동안이나 우기는 바람에 마침내 나도 어쩌면 그것이 사실일지도 모른다고 생각하는 상태까지 도달했다. 이전에는 그토록 오랫동안 개인 면담을 한적이 없었다. 그녀는 이 생에서도 우리가 결혼을 해서 함께 살아야 한다며 나를 설득하려고 했다.

　그 후에 나는 그 처녀의 어머니와도 이야기를 나누게 되었다. 그녀의 어머니도 딸의 주장을 지지했다. 처녀가 하는 이야기가 하도 매혹적인데다가 나도 순진했던 까닭에 그녀와 함께 살고 싶다는 생각을 하기에 이르렀다. 그래서 나는 스승께 여쭈어 보고 허락하시면 결혼을 하겠노라고 말해 주었다. 다른 사람과 함께 살겠다고 생각한 것은 내 인생에 처음 있는 일이었다. 그렇다고 해서 깨달음의 길을 버리려는 생각은 추호도 없었다. 처녀의 가문은 꽤 유명했다. 오빠들이나 사촌과 친척들 중에 정부의 고위층에 있는 사람도 많았다. 그들은 나에게 그녀와 결혼을 하라고 압력을 가했다.

　나는 그 한 해 동안 심한 정서적 동요를 겪었다. 좋지 않은 시기였다. 좌절감과 허탈한 생각이 밀려왔다. 그 처녀와 그녀의 가족에게서 많은 시달림을 받았지만 어떻게 해야 할지 알 수 없었다. 나는 그 경험 덕분에 영성의 길을 가는 출가자들에게 따르는 혼란과 방해가 어떤 것인지를 똑똑히 볼 수 있었다. 실제로 수행의 길을 가는 중에는 많은 장애가 나타난다. 그러나 나는 스승과 신의 은총으로 그러한 장애를 잘 극복할 수 있다는 것을 확신한다.

　마침내 나는 스승을 찾아뵙고 결정을 내려 달라고 말씀드렸다. 스승께서는 결코 나의 삶을 조정하려 들지 않으셨지만, 필요할 때면 적절한 조언을 해 주셨다. 나는 얼마 동안 스승의 말씀에 저항하고 반박하다가 결국은 그분의 말씀을 따를 수밖에 없다는 것을 깨달았다.

　스승께서는 이렇게 말씀하셨다.

　"너는 아직 네게 주어진 과제를 마치지 못했다. 너는 세상의 인간관계와 영적인 성취를 비교해 본 뒤 출가자의 길을 따르겠다고 결정을 내리지 않았느냐. 지금 너는 세상으로 돌아갈까 하는 유혹을 받고 있다. 여기서 그대로 주저앉아 버린다면 다시 이 길로 돌아오는 데 몇 번의 생이 더 걸릴 것이다."

　그러면서 결정은 나더러 하라고 미루셨다. 스승의 말씀을 듣고 나자 나는 이 유혹을 잘라 버리고 다시 출가자의 길로 돌아가야겠다고 결심하게 되었다.

　세상에는 두 가지 길이 있다. 하나는 출가의 길이고, 또 하나는 세속에서 사는 길이다. 내가 따랐던 것은 출가의 길이었다. 이 두 가지 길을 비교하면서 어떤 것이 더 우월하고 다른 것은 열등하다고 생각해서는 안 된다.

가족을 만들고 세상일을 하면서 깨달음의 길을 추구하는 사람들도 훌륭하다. 이 길을 택하면 생활은 풍요롭지만 시간이 더 걸린다. 출가자의 길은 영성 수련을 위한 시간은 많지만 음식, 옷, 잠자리 같은 것들이 초라하다. 출가자는 이런 것들을 해결하기 위해 세상 사람들에게 의지할 수밖에 없다. 어느 길을 따르는지는 중요하지 않다. 중요한 것은 공부하는 사람이 가지고 있는 정직성과 성실성 및 진실성이다.

사람들은 스와미나 요기를 높은 곳에 올려놓고 거의 신으로 우러러보는데, 돌이켜 보면 그 사건은 내게 부끄러움을 느끼게 한다. 인도 사람들은 스와미가 아무것도 소유하지 않은 채 세속에 물들지 않고 사회를 떠나 살아야 한다고 생각한다. 사람들의 이런 기대 때문에 위선적으로 살고 있는 구도자들을 나는 많이 보아 왔다.

서양 심리학자 중에는 출가와 금욕생활을 고행을 즐기는 정신 이상이라고 말하는 사람도 있다고 한다. 어느 것을 선택하는지는 자신에게 달려 있다. 다만 그 길에서 위선적인 행위는 커다란 장애를 낳는다는 사실만은 언급하고 싶다. 내면의 인격은 바뀌지 않으면서 겉으로만 금욕생활을 지키는 사람은 아닌 게 아니라 비정상적으로 변한다. 본능적 충동을 조절하지 못하는 사람은 출가의 길을 밟아서는 안 될 것이다.

식욕, 성욕, 수면욕 및 자기보존 욕구는 엄청난 충동을 불러일으킨다. 이 네 가지 본능은 각기 인간의 삶과 행동에 깊은 영향을 미친다. 그런데 왜 오직 성에만 터부가 많은 것일까? 요가에서는 모든 욕망이 서로 통로를 바꾸며 나타나고, 이는 영혼을 성장시키는 것으로 승화될 수 있다고 본다. 그러한 충동을 다스리거나 이겨 내지 못하는 사람은 세상에 살면서 정상적으로 충족시킬 수 있는 삶을 사는 것이 더 좋다. 그들에게 바람직한 것은 금욕의 길이 아니라 탄트라의 길이다. 탄트라의 길에서는 그러한 욕망의 충족을 영적인 경험으로 변형시킬 수 있다.

출가자들이 자신의 제자들에게 너무 엄격한 계율을 강요했기 때문에 많은 혼란이 생겨났다. 이 때문에 제자들은 종종 거짓말을 하거나 위선에 빠지게도 된다. 안과 밖의 이러한 분열상은 그가 영성의 길을 걷지 않고 있다는 명백한 징후다.

나르마다 강둑에서 수행하는 스와미 라마

세상에서의 **지위**를 버리다

다시 출가의 길을 따르려고 결심한 뒤 스승께서는 내가 죄책감을 느낄 것을 우려하셨다. 그래서 중부 인도를 따라 흘러내리는 나르마다 강둑에 가서 정화 수련을 하라고 말씀하셨다. 스승께서는 옴카레시와르 근처의 케리가트에서 남쪽으로 64킬로미터 가량 떨어진 깊은 숲 속 오지로 가라고 지시하셨다.

그곳의 강에는 악어가 우글거렸다. 아침저녁으로 악어들은 강변의 모래밭에 줄을 지어 누워 있었다. 나는 어느 누구의 방해도 받지 않고 여섯 달 동안 그곳의 강가에서 살았다. 가진 것이라곤 물병과 담요 하나, 옷 두 벌이 고작이었다. 여섯 달 동안의 심신 정화 수련은 내 생에서 참으로 값진 체험이었다.

어느 날, 사냥꾼 무리들이 그곳을 지나다가 수많은 악어 떼가 들끓는 모래 위에 앉아 명상을 하고 있는 나를 보았다. 악어들은 나와 겨우 몇 발자국 떨어진 곳에 있었다. 사냥꾼들은 내가 눈치 채지 못하게 몰래 사진을 찍어 이를 신문사에 제공했다. 여러 신문에 이 사진이 게재되었고 곧 나에 대한 소문이 퍼져 나갔다.

그 당시 카르비르피탐의 샹카라차리야는 후계자를 물색하고 있었다. 그는 몇 명의 판디트*에게 조금 떨어진 곳에서 내 일상을 지켜보라고 일렀다. 그들 일행은 밤에는 마을에서 자고, 낮에는 몰래 내 행동을 주시했다. 또 나에 관한 정보를 사람들에게서 모으기도 했다. 그들은 얼마 동안 나를 지켜보는 한편 내 배경도 면밀히 조사해 본 뒤, 내게 접근했다. 그러고는 샹카라차리야가 되라고 권유했다.

당시 샹카라차리야 직에 있던 사람은 높은 지성의 소유자로 산스크리트 학자로서의 명성을 지니고 있던 쿠르트코티 박사였다. 그는 인도의 지도자이자 《기타라하샤》*의 저자인 틸락Tilak의 친구이기도 했다. 사람들은 나를 쿠르트코티 박사에게 데리고 갔다. 그는 내가 마음에 드는 모양이었다. 그래서 나는 스승께 가서 그 직책을 맡는 것에 대한 허락을 받았다.

18일이나 계속된 의식 후에 나는 자가트 구루* 샹카라차리야의 후계자로 임명되었다. 나는 교황 및 다른 전통의 영적 지도자를 포함해서 세계 모든 지지자들로부터 수천 통의 축전을 받았다. 그것은 지난 여섯 달 동안의 고독과 침묵과는 묘한 대비를 이루는 기이한 경험이었다. 서른도 되지 않은 나이에 나는 그처럼 큰 직책을 맡게 되었던 것이다.

쿠르트코티 박사는 사회종교적인 개혁을 믿고 있었다. 그는 영적, 정치적 지도자들과 주고받은 중요한 서신 기록철을 내게 넘겨주었다. 나는 수많은 단체와 지도자들을 만났다. 또 여행과 강의를 하느라 눈 코 뜰 새 없이 바빴고, 일정이 없을 때는 사람들이 몰려와 아침부터 저녁까지 내게 축복을 청했다. 내게는 자유가 없었고 삶은 점점 힘들어졌다.

'명상과 수행을 할 시간이 전혀 없구나. 사람들을 축복해 주느라 하

샹카라차리야 시절의 스와미 라마 (1949~1951년)

루를 다 보내야 하다니 이것은 바람직하지 않은 일이다.'

나는 전혀 행복하지 않았다. 내 속에서 '이게 아니다. 떠나라!' 하는 양심의 소리가 들렸다. 그리하여 나는 2년 뒤 호주머니에 돈 한 푼 없이 그곳에서 도망쳐 버렸다. 하루아침에 큰 저택과 많은 차를 소유했다가, 또 하루아침에 입은 옷 한 벌밖에 없는 빈털터리가 된 것이다. 나는 히말라야로 돌아가고 싶었다. 그래서 표도 없이 열차의 삼등석에 올랐다. 그때까지 값비싼 샹카라차리야 법의를 입고 있었기 때문에 열차에 탄 사람들은 아마도 내가 어디서 옷을 훔쳤는지 궁금해했을 것이다. 내가 신분을 밝히지 않은데다 돈도 없었기 때문에 열차 안내원은 날더러 다음 역에서 내리라고 했다. 나는 한 번도 표 없이 여행하는 죄를 지은 적이 없었다. 나는 머리를 숙인 채 공손하게 말했다.

"용서해 주셔서 감사합니다."

샹카라차리야의 추종자와 찬양자들은 내가 샹카라차리야 직책을 버린 것을 못마땅하게 생각했다. 그들은 내가 책임을 회피하려 했다고 생각한 것이다. 그러나 나는 그곳에서 행복하지 않았고 다시 돌아가고 싶은 마음이 조금도 없었다.

스승께서는 나를 따뜻하게 맞아 주셨다.

"스와미에게 어떤 세속적인 유혹이 따라오는지 이제 알겠지? 세상이 어떻게 영적인 사람들을 침몰시키는지 보았을 거다. 너는 사회적 지위와 포기의 경험을 다 해 보았으니 이제 아무것에도 영향을 받지 않을 것이다. 사람들은 영적인 지도자에게 많은 것을 기대한다. 너의 길을 결코 잊지 말되 사람들을 고양시키고 그들에게 빛을 전하도록 해라."

가짜 스와미

　잔디와 풀을 깎아 소와 물소의 사료로 파는 사람이 있었다. 그것이 그의 직업이었다. 그러나 그는 자신의 일에 만족하지 못하고 이런 생각을 했다.

　'스와미 라마는 아무 일도 하지 않지만 멋진 삶을 누리고 있지 않은가. 어디에 가든지 꽃다발을 받고 좋은 대접을 받는다. 심지어 집까지 주는 사람도 있다. 사람들은 그를 위해 청소와 요리를 해 주고 필요한 것은 모두 해 준다. 스와미는 분명 아주 멋진 직업이다.'

　그는 그런 생각을 아내에게 말했다. 그리고 여섯 달 동안 스와미인 체 가장하고 살아 보겠다고 하자, 그의 아내가 불평을 했다.

　"내게 필요한 것은 돈이란 말이에요. 당신 가족이나 돌보시지 그래요."

　"사람들이 돈을 주면 전부 당신에게 줄게."

　그는 모아 두었던 돈으로 법의를 사서 스와미 흉내를 내기 시작했다. 사흘이 지났으나 아무도 그에게 시장한지 물어보는 사람이 없었다. 그런데 내게는 많은 사람들이 찾아와서 과일을 놓고 가는 것을 보고 그는 모욕감을 느꼈다. 사람들이 나에게 선물을 가져오면 나는 그것을 다른 사람에게 넘겨줌으로써 부담감에서 벗어났다. 사람들은 나에게 주는 것으로 자신의 사랑을 표현하고, 나는 그것을 또 다른 사람에게 주는 것으로 나의 사랑을 표현했던 것이다. 일주일이 지나자 그의 몸무게는 크게 줄어들었다. 그렇지만 돈은 한 푼도 벌지 못했다.

어느 날 저녁에 그는 슬며시 아내를 찾아갔다. 아내는 바가지를 긁었다.

"이 어리석은 양반아! 당신은 전에 꽤 많은 돈을 벌었는데 도대체 지금 무슨 짓을 하고 있는 거죠? 적어도 스와미지께 가서 성공 비결 정도는 여쭈어 볼 수는 있잖아요?"

그는 할 수 없이 스와미 복장을 하고 나를 찾아왔다. 내가 먼저 "스와미지, 이리 앞으로 오십시오." 하고 인사를 건넸다. 그러자 그가 말했다.

"선생님, 개인적인 질문을 좀 드리고 싶습니다."

나는 사람들에게 밖에 나가서 기다려 달라고 부탁했다. 사람들이 나가자 그는 "선생님의 성공 비결을 여쭤 보고 싶습니다."라며 입을 열었다.

"내가 성공을 하고 있는지 나는 잘 모르겠습니다. 무슨 뜻에서 내가 성공했다고 말씀하시는 겁니까?"

"당신은 돈을 달라고 하지 않는데도 돈이 모입니다. 이 집도 선생님 마음대로 사용할 수 있고요. 운전기사도 당신을 모시러 옵니다. 많은 사람이 당신께 찾아오고 있습니다. 대체 그 이유가 뭡니까?"

"그런 것들은 내가 원했을 때는 결코 오지 않았습니다. 그런데 그것들을 바라지 않으리라 마음먹었더니 그 뒤부터는 얻게 되더군요."

이것을 잘 기억해 두기 바란다. 스와미 비베카난다*도 이렇게 말했다.

"행운은 바람둥이와 같다. 당신이 그것을 원할 때는 도망쳤다가, 그것에 흥미가 없어지면 제 쪽에서 찾아온다."

수행을 통한 변화

  고등교육을 받은 한 젊은이가 스와미가 되기로 작정했다. 그는 스와미들이 말하는 법, 행동하는 법을 관찰했다. 그리고 난 뒤 계도 따르지 않은 채 옷차림과 외적인 행동만으로 나름대로 스와미 생활을 시작했다.
  어느 날, 그는 히말라야의 우타르카시에 있는 나의 아쉬람*으로 와서 잠시 머물다 가기를 청했다. 나를 볼 때마다 그의 눈은 내 손목시계에 가 있었다. 그것은 어떤 사람이 선물한 오메가 시계였는데, 나는 그것이 보통 시계인지 아니면 그가 탐내는 비싼 고급품인지 관심이 없었다. 그러나 그는 이야기를 할 때마다 시계 이야기를 꺼냈다.
  "야, 멋진 시계로군요. 디자인도 매력적이고 시간도 정확하고요."
  사흘 뒤, 나는 그에게 말했다.
  "나는 얼마 동안 강고트리로 갈까 하네. 이 시계를 좀 맡아 주겠나?"
  나는 담요와 샌들을 챙기고 난 뒤 작별 인사를 했는데, 그가 시계와 함께 곧 사라질 거라는 걸 짐작하고 있었다. 사실 나는 강고트리로 간다고 하고는 무슨 일이 일어나는지 보고 싶었던 것이다.
  잠시 후, 아쉬람에 돌아와 보니 예상했던 대로 그 젊은이는 시계와 함께 사라지고 없었다. 그날, 사람들이 내 시계에 대해 물었다. 나는 개의치 않았고 다른 곳에 쓰이고 있다고 대답해 주었다. 여섯 달 뒤, 나는 우연히 하르드와르 기차역에서 그 젊은이와 마주치게 되었다. 그는 소스라치게 놀라 도망치려고 하다가 쩔쩔매면서 말했다.

"선생님, 죽을죄를 지었습니다."

"자네는 나에게 아무런 잘못도 하지 않았네. 그러나 그것이 나쁜 일인 줄 알았으면 다시는 그러지 말도록 하게."

그러나 그의 손목에는 이미 시계가 없었다. 나는 그 시계를 어떻게 했는지 물었다. 그는 돈이 없어서 팔아 버렸다고 했다.

얼마 뒤, 그 시계는 다시 내게로 돌아왔다. 마침 나의 제자가 그 시계를 샀는데, 내 것이라는 것을 확인하고는 내게 되돌려 주었던 것이다. 나는 그 젊은이를 다시 찾아 시계를 줘 버렸다.

"이 시계가 자네한테 도움이 된다면 자네가 가져야 하네."

처음에 그는 내가 말하는 것을 이해하지도 못했을 뿐 아니라 받아들이지도 않았다. 그러나 점차 이제까지 자기가 알던 것과는 전혀 다르게 사물을 대하는 방식이 있다는 것을 알게 되었다. 이 사건으로 그의 마음에 큰 변화가 일어났다. 그래서 그는 아쉬람으로 돌아가서 내가 권하는 자기수행법을 배우기로 했다. 현재 그는 완전히 변화된 사람이 되었다.

대부분의 사람들은 직접 어떤 일에 부딪쳐 보려 하지 않는다. 갈등이나 욕망 혹은 습관과 같은, 자기가 좋아하지 않는 것과 직접 맞부딪쳐 보는 것을 거부하지만, 그것에서 벗어나지도 못한다. 다른 사람에게 자신의 참모습을 드러내는 것을 꺼리기 때문에 방어와 위장의 벽을 쳐 버린다. 그러나 어떤 사람, 어떤 장소, 어떤 관계에서든 속에서 곪고 있는 고통의 씨앗을 그대로 눌러 둘 게 아니라 완전히 드러내야 할 때가 있다. 비밀로 숨겨 두면 성장만 느려질 뿐, 아무런 소득이 없다. 우리는 직면하기 꺼리는 자신의 모습을 다른 사람에게 투사하는 습성이 있다. 명상 중에 이와 같은 난처한 사념이나 욕망이 올라올 수 있도록 부드럽게 허용하면 거기에 빠져들지 않고 잘 관찰할 수가 있다. 이럴 때 명상은 조화로운 삶을 살아가게 하는 효과적인 방법이 된다.

출가한 사람일지라도 과거의 생에서 뿌린 삼스카라*의 씨앗을 여전히 자기 깊은 곳에 간직하고 있다. 삼스카라로부터 자유로워지기까지는 오랜 시간이 걸리는데, 끊임없이 마음에 창조적인 양식을 부어 주고 영성의 씨앗을 뿌려 주어야 한다. 마음이 정화되고 변화되는 것은 이런 자기 수련의 길을 따를 때만 가능하다.

현대의 많은 교사들은 이러한 자기 수련에 대한 가르침도 없이 학생들에게 영성과 명상을 지도하려 든다. 그러면 명상의 기법은 소개될지 모르지만, 학생들에게 자기 자신을 다스리는 수련을 먼저 시키지 않는다면 그런 가르침은 갈지도 않은 밭에 씨를 뿌리는 것과 다름없다.

스와미나 승려가 되는 것 자체는 그리 중요하지 않다. 중요한 것은 자신을 다스려 나가는 삶을 진정으로 받아들이는 데 있다. 그러려면 삶의 안과 밖을 이어 줄 다리가 필요한데 수행이야말로 그러한 다리의 기초가 된다. 사람들은 명상의 기법에만 현혹되지 말고 스스로의 마음을 갈고 다스리는 법을 배워야 한다.

벌거벗은 두 출가자

강고트리로 가는 길에 나는 히말라야의 깊은 산간마을 우타르카시에서 한 달 동안 머물렀던 적이 있다. 나는 그곳에서 아침이면 테칼라를 향해 3~5킬로미터가량 산보를 나가곤 했다.

내가 체류하는 곳과 테칼라 사이에 있는 갠지스 강변에 두 벌거벗은 출가자가 작은 통나무집에서 살고 있었다. 그들은 각기 다른 방을 쓰고 있었는데, 둘 다 60대 중반의 홀아비로, 물병 하나조차 없는 완전한 빈털터리였다. 나는 그 두 사람을 잘 알고 있었다. 그들이 사람들에게 명성을 얻게 된 것은 수행이라든가 요가의 지혜 때문이 아니라 엉뚱한 데 있었다. 그들은 매우 추운 곳에 살면서도 나체로 지냈기 때문에 사람들의 관심을 끌 수 있었던 것이다. 그러나 사실 그들은 아집과 분노, 질투로 가득 차 있었으며 서로를 경멸하고 있었다.

햇볕이 내리쬐는 어느 날, 테칼라를 향해 걸어가노라니까 멀리 두 사람의 모습이 보였다. 그들은 밀짚모자를 말리기 위해 각자 태양을 향해 자신의 모자를 펼쳐 들고 있었다. 그런데 내가 그들이 사는 집에 도착했을 때는 서로 뒤엉켜 엎치락뒤치락 싸우고 있었다. 격렬하게 싸우고 있는 벌거벗은 두 늙은 사두의 모습이란 정말 가관이었다.

내가 끼어들어 그들을 말리면서 말했다.

"이게 무슨 짓들입니까?"

그제야 그들은 서로 떨어졌는데, 그 중 한 사람이 씨근거리며 말했다.

"글쎄, 저 늙은이가 내 모자를 밟잖아. 그는 자기만 생각한다니까! 저 꼴에 자기가 세상에서 가장 위대한 출가자라나!"

그 일은 내 삶을 되돌아보게 해 주었고, 그들로 인해 나는 출가자의 길을 다시 생각해 보게 되었다. 재산과 집, 일가친척과 아내와 아이들을 모두 버리고 출가를 하더라도 이름과 명성에 대한 욕망은 쉽게 버리지 못하는 법이다. 또 자신의 에고를 정화해 나가면서 깨달음을 얻고자 하는 강렬한 염원을 갖는 것도 결코 쉬운 일이 아니라는 것을 실감할 수 있었다.

마음을 늘 새로 갈고닦는 것은 깨달음을 얻기 위해 꼭 필요한 과정이다. 단순히 출가만 한다면 불행과 좌절이 뒤따를 수도 있다. 삶의 목적에 대한 자각 없이 출가자가 된다면 자신뿐만 아니라 모범을 보여주기를 바라는 세상 사람들에게까지 문제를 일으키게 된다. 세상 사람들은 출가자들을 자신이 따라야 할 가장 훌륭한 모범으로 생각한다. 하지만 나는 그 어떤 출가자보다 훨씬 더 훌륭한 재가자들을 많이 만나 보았다. 외적인 삶의 방식보다는 내면의 상태가 더 중요한 것이다.

세속에 살되 그것을 넘어서

걸으로 보기에는 인도의 스와미들이 아무 일도 하지 않으면서 필요한 것은 모두 받는 것처럼 보일 것이다. 그러나 사실은 그렇지 않다. 사실 인도 전역에서 스와미들은 수난을 받고 있다. 사람들은 스와미는 인간이 아니라고 생각한다. 사람들은 스와미가 초인적인 삶을 살아야 된다고 기대하면서 그를 방해한다.

사람들은 스와미에게 찾아와서 "이러이러한 곳에서 설법해 주셔야 합니다."라고 하거나 "저를 만나 주세요." 또는 "이 사람을 고쳐 주셔야 합니다."라는 등 갖가지 주문을 한다. 그러나 어떤 스와미가 자기들이 기대한 대로 살지 않으면 곧바로 "사이비로군!" 하고 내뱉을 것이다.

인도인들은 스와미는 먹을 필요도 잘 필요도 없고, 그러한 것들을 모두 초월했을 거라고 기대한다. 출가자이기 때문에 스와미는 배고픔을 느껴도 안 되고, 돈이 있어도 안 되고, 추워도 담요가 있어서는 안 된다. 사람들의 그런 관념 때문에 출가자들은 잠이나 식사는 물론 모든 것에서 대가를 치르며 살아야 한다. 스와미가 되는 것은 쉬운 일이 아니다. 비록 호의에서 비롯되었다 할지라도 거기에는 언제나 수난이 따르게 마련이다.

인도에서는 스와미가 걸어가면 빗나간 광신적 믿음으로 사람들이 끊임없이 북을 치고 노래를 부르면서 따라온다. 그래서 어떤 때는 30킬로미터씩이나 걸어야 하는 날도 있었다. 그런 날 저녁에는 아주 지치게 된다. 다음날에는 명상을 하기 위해 새벽 일찍 일어나야 하므로 밤만이 쉴 수 있는 유일한 시간이다. 그러나 사람들이 와서 몇 시간 동안이고 노래를 부르면 나는 이제 그만 가라고 부탁한다. 그러면 사람들은 말을 듣지 않고 "선생님, 선생님을 위해 찬가를 부르고 싶습니다."라고 우긴다. 나는 자고 싶어 하고, 사람들은 노래하고 싶어 한다. 그래서 나는 북소리며 노랫소리로 시끌벅적한 가운데서도 잠자는 법을 배우게 되었다. 그들이 찬가를 부르면서 눈을 감을 때, 나는 잠을 자기 위해 눈을 감는다.

자면서 걷는다는 말을 들어 본 적이 있을 것이다. 그러나 당신이 들어 보지 못했을 또 다른 종류의 '자면서 걷기'가 있다. 나를 혼란에 빠뜨리는 것들에 개의치 않기 위해 나는 잠을 자면서 내 길을 걸어가는 법을 배웠다. 무슨 일이 일어나도 나는 걸음을 멈추지 않고 나아간다.

어떤 일이 있더라도 당신이 시작한 일은 반드시 행하겠다고 결심하라. 결심이 확고하다면 도중에 혼란이 조금 있더라도 큰 어려움 없이 당신의 길을 계속 나아갈 수 있을 것이다. 상칼파 즉 올바른 결심은 아주 중요한 것이다. 당신은 상황을 바꿀 수도 없고 세상이나 사회를 당신에게 맞게 고칠 수도 없다. 그러나 굳센 용기와 결심이 있다면 당신은 성공적인 삶을 이끌어 갈 수 있을 것이다.

잃는 것이 얻는 것이다

자기의 제자를 찾아가 함께 생활하는 한 스와미가 있었다. 그 스와미는 수행의 본보기를 보이는데다가 영성이 매우 뛰어난 사람이었으므로 제자의 가족도 모두 그를 사랑하고 우러러보았다. 그는 항상 해가 뜨기 전에 일어나 목욕을 한 뒤, 몇 시간 동안 명상에 잠겼다.

어느 이른 새벽, 아직 어두컴컴한 시간이었건만 느닷없이 그의 외치는 소리가 들려왔다.

"밥 좀 다오!"

그의 제자가 어리둥절해서 대답했다.

"선생님, 지금은 목욕하실 시간인데요."

"밥 좀 다오. 배가 몹시 고프구나!"

그는 밥을 먹고 나더니 목욕을 했다. 목욕을 끝낸 그는 자기의 밥그릇을 씻은 뒤 다시 자러 갔다. 그가 모든 것을 엉망진창으로 만들어 놓는 바람에 집안이 발칵 뒤집혔다. 가족들이 당황해서 말했다.

"선생님께 무슨 일이 일어났나 봐. 혹시 미치신 게 아닐까?"

부인이 안타까운 듯이 말했다.

"우리 스승님은 훌륭한 분이세요. 스승님을 살려야 해요."

그래서 그들은 의사들을 불러다 이런 부탁을 했다.

"약 같은 이야기는 꺼내지도 마십시오. 스승님의 마음을 거스를지도 모르니까 말입니다. 단지 '선생님께 배우고 싶습니다.'라고만 해 주십시오. 제발 공손하게 여쭤 주십시오."

의사들은 미리 돈을 받았기 때문에 가족들이 시키는 대로 제자처럼 스와미에게 말을 걸었다.

"선생님, 안녕하십니까?"

그러나 아무런 대답이 없었다. 의사들은 그가 전혀 미동을 않자 혼수상태에 빠져 있다고 생각했다. 눈을 살펴보았더니 안구의 움직임이 멎어 있었다. 다른 의사는 맥박이 희미하다는 것을 발견했다.

한 의사에게 다른 동료 의사가 말했다.

"살 것 같지 않은데."

세 번째 의사는 청진기를 꺼내 심장의 박동을 검사해 보았다. 심장박동이 점점 느려지는 것을 안 그가 단정적으로 말했다.

"심장마비입니다."

그러자 그를 영혼의 아버지로 생각하고 있던 부인이 흐느끼기 시작했다.

마침내 나에게 도와달라는 부탁이 왔다. 내가 그 방에 들어갔을 때, 그는 자리에 앉아 있었다. 내가 그에게 물었다.

"스와미지, 무슨 일입니까?"

"아무것도 아니라네. 그런데 왜 그렇게 묻는 건가?"

"모두들 걱정하고 있습니다."

내 말에 그가 조용히 입을 열었다.

"나는 두 가지에 대해 명상을 해 왔네. 그런데 오늘 내 부모가 죽었기 때문에 슬퍼서 명상을 하지 않은 거라네."

그의 말은 매우 신비스럽도록 의미심장했다.

"부모님이 돌아가셨다고요? 스와미는 육신의 부모님께 애착이 없지 않습니까?"

나는 어리둥절해져서 그에게 물어보았다.

"아니, 그런 뜻이 아닐세. 자네에게도 부모가 있을 것이네. 그들이 죽으면 자네도 그걸 알게 될 걸세."

그는 잠시 쉬었다가 다시 말을 이었다.

"집착은 나의 어머니이고, 분노는 나의 아버지였지. 그런데 그들이 모두 죽었으니 나는 이제 아무런 할 일이 없네. 아무것도 할 필요가 없어졌다네."

집착과 분노와 자만을 버리게 될 때, 명상은 당신의 본질 속에 녹아들게 될 것이다. 그러면 굳이 명상하려고 앉을 필요가 없게 된다. 당신의 삶 전체가 바로 일종의 명상이기 때문이다.

Part 7

깨달음에 이르는
수많은 길

깨달음을 얻는 여러 가지 방법은
자신만의 확신을 갖게 해 준다.
알면 알수록 배울 것이 많다는 것을 깨닫게 된다.
통찰력이 깊어지면 아무런 주저 없이
자신의 길을 갈 수 있게 된다.

−저자의 일기 중에서

헌신의 길을 가는 여성 구루

열여섯 살이 되던 해, 나는 도반인 난틴Nantin 바바와 함께 나니탈의 라리아 칸타 숲에서 살았다. 그 무렵 인도의 영적 지도자로 잘 알려진 아난다모이 마Anandamoyee Ma는 남편과 함께 순례 중이었다. 그들은 함께 여행했지만 일상적인 부부관계는 하지 않았다. 그들은 절제의 가치를 잘 알고 있었기 때문에 금욕행을 따르기로 합의했다. 그 당시 두 사람은 모두 40대였는데, 온 영혼을 다하여 신께 헌신하고 있었다.

그들의 순례 길에는 수많은 사람들이 따랐다. 그들은 마나사로와르에서 히말라야의 여러 산 중에서도 가장 높은 에베레스트 옆의 카일라스를 향해 가고 있었다. 카일라스로의 순례는 가장 중요한 것으로 간주되었고, 사람들은 가는 도중에 성자나 깨달음을 얻은 사람들을 만날 수 있기를 간절히 바랐다.

아난다모이 마는 두 명의 젊은 수행자가 나니탈에 있다는 소식을 듣고 카일라스로 가는 도중 우리에게 잠시 들렀다. 그리고는 2개월 뒤 카일라스에서 돌아오는 길에 그녀는 다시 나니탈에 들렀다. 그래서 우리는 다시 그녀를 만나 저녁 법회에 참석했다. 아난다모이 마는 사랑과 헌신의 길을 따르는 성자로서, 자기를 따르는 수많은 신도에게 그 길에 대해 정규적인 설법을 베풀었다.

깨달음에 이르는 길은 여러 가지가 있지만 요가에서는 일반적으로 여섯 가지 중요한 길이 있다고 본다. 헌신의 길인 박티 요가*Bhakti yoga*도 그 중 하나다. 이 요가에서 추구하는 사랑의 길은 자기를 바치는 길이며 헌신의 표현 중의 하나로 음악을 애호한다. 박티 요가는 자기희생, 스승과 신에의 공경 및 자비를 뿌리로 하며 겸손, 친절, 순수, 소박, 진실 등이 주요 미덕이다. 이 길은 또한 마음의 길이라고도 할 수 있는데, 이 길을 따르는 사람은 모든 마음을 신에게 쏟는다는 의미다. 박티 요가의 헌신자들은 신에 대한 이야기를 듣거나 함께 찬가를 부를 때 눈물을 흘리기 일쑤다. 이 길을 따르는 사람들은 신과 자신이 하나가 되기를 원하기보다는 분리된 존재로서 언제까지나 신의 봉사자로 남아 있고 싶어 한다. 이 길의 해탈관에 의하면, 해탈이란 천국에서 항상 신의 곁에 있게 되는 것을 뜻한다. 많은 사람들이 이 길을 따르지만, 이 길은 일반 사람들이 생각하듯 그리 쉬운 길은 아니다. 박티 요가는 맹목적인 추종자의 길이 아니다.

즈냐나 요가*Jnana yoga*는 지식의 길로서, 지성의 길이라 불리기도 한다. 이것은 단순히 인식적인 지성만을 중시하는 것이 아니라, 위대한 현자들의 말을 주의 깊게 들음으로써 예리하게 지성을 가다듬어 진리의 말씀에 대해 깊이 명상한 뒤, 걸림이 없는 자유상태에 이르게 하는 것을 의미한다. 이 길은 면도날과 같아서 만일 수행을 하지 않고 이 길을 밟는다면 아집만 강화되기 쉽다. 이 길에서 염두에 두어야 할 것은 항상 성자들을 찾아뵙고 명상을 하는 것 그리고 무집착행을 닦는 일이다.

카르마 요가*Karma yoga*는 이기심 없이 자신의 의무를 수행하는 길을 따르는 사람들의 길이다. 이 길의 구도자들은 모든 행위의 결과를 신에게 바쳐야 한다고 믿는다. 그 신은 바로 모든 사람들의 가슴에 깃든 신이다. 비이기적인 행위는 인과의 속박에서 행위자를 자유롭게 한다. 카르마 요가의 지혜는 해탈에 필수적이다. 얽매이지 않는 올바른 행동과 고결한 지혜를 통해 삶과 죽음의 윤회에서 벗어나게 된다.

쿤달리니 요가Kundalini yoga는 몸과 신경계, 인체 내 여러 가지 기氣의 통로에 대해서 잘 알고 있는 구도자들이 수련하는 요가 체계다. 쿤달리니 요가의 특별한 수련을 통해 구도자는 자기 몸의 기능과 내면의 상태를 조절할 수 있게 된다. 또한 척추 밑바닥에서 잠자고 있는 원초적인 생명력을 각성시키고, 이를 수슘나를 통해 샥티와 시바의 원리 즉 음과 양이 하나가 되는 최고의 차크라*에 이를 수 있도록 수련한다.

라자 요가Raja yoga는 8단계의 수련을 통해 사마디 즉 궁극의 실체와 합일을 이루는 길이다. 이것은 카르마, 박티, 쿤달리니, 즈냐나 요가가 체계적으로 결합된 포괄적이자 발전된 요가 과학이다. 라자 요가의 철학은 상키야 철학을 기반으로 하고 있다.

스리 비드야*는 소우주와 대우주의 실상을 완벽하게 체득할 수 있는 수행법이다. 모든 요가의 길 중에서 가장 높은 수행의 길로서 극히 소수의 사람만이 이것을 수련한다. 이는 수행의 길임에도 불구하고 수행 전에 철학적인 공부를 해야 한다. 그러나 책에서의 단순한 정보만으로 스리 비드야를 수련하는 것은 시간 낭비일 뿐만 아니라 위험하기까지 하다. 반드시 숙달된 스승과 함께 이 영적인 수련을 해야 하며, 제자는 수행하기 전에 탄트라의 원리 및 다른 요가 철학들도 철저히 이해해야 한다.

나는 난틴 바바와 함께 벵골 어와 힌디 어로 찬가를 부르고 있는 아난다모이 마의 제자들 모임에 참석했다. 우리는 즐거운 마음으로 그 노래를 들었지만 어쩐지 우리가 그들의 일원이 아니라 구경꾼이라는 생각이 들었다. 우리 둘은 다른 요가 방법도 수련해 봤지만 라자 요가와 즈냐나 요가가 성향에 맞았다. 어떤 사람이 어떤 수행방법을 따른다고 해서 그가 다른 방법을 싫어한다는 말은 아니다. 그런데 아난다모이 마의 제자 중 한 사람이 우리에게 오더니 헌신의 길이 가장 좋은 수행법이라면서 우리가 그 길로 가야 한다고 설득하려고 했다.

그러면서 그는 이렇게 묻는 것이었다.

"왜 같이 노래를 부르지 않습니까?"

그래서 나는 그에게 대답했다.

"마차를 끄는 말은 그것을 즐길 수 없지만 마차에 앉아 있는 사람은 조용히 앉아서 마차를 타는 것을 즐깁니다. 행위를 하는 사람이라고 해서 그것을 바라보고 있는 지혜로운 사람보다 더 자신의 행위를 즐긴다고는 말할 수 없습니다. 어떤 사람은 찬가를 부르고, 어떤 사람은 조용히 앉아 그것을 듣는 것을 즐깁니다. 사실 우리는 그 누구보다도 더 즐기고 있습니다. 그런데 당신은 어떻게 우리가 헌신의 길을 따르지 않는다고 생각하는 것입니까?"

그러나 그 제자의 무지는 견고하기 짝이 없는 것이어서 계속 자신의 방법만이 유일한 길이라고 주장하는 것이었다. 우리의 대화가 곧 논쟁으로 이어지자 아난다모이 마가 다가오더니 그녀의 제자에게 말했다.

"이 두 젊은 구도자와 논쟁하지 마시오. 각자 자기 내면의 보물을 깨닫고 자신에게 맞는 방법을 따르면 그만이오. 헌신의 길은 우둔함을 뜻하는 것이 아니라오. 헌신이란 신께 모든 것을 맡기고 오직 신만을 사랑한다는 뜻이오. 그것은 마음의 길이지만 삶의 여러 가지 문제를 해결해 주는 지성이나 이성과 대립되는 것이 아니라오. 헌신은 다른 길에서도 필요한 것이지요. 헌신이 없다면 즈냐나 요기 또한 깨달음을 얻을 수 없을 것이오. 쉽고 간단하다고 생각해서 많은 사람들이 헌신의 길인 박티를 따르려고 하지요. 하지만 사실은 그렇지 않다오. 헌신의 길은 자신의 존재를 숭배하는 대신 신의 존재를 받아들인다는 뜻이오. 운다거나, 감정적으로 되거나, 어리석은 행동을 하는 사람을 두고 박티 요가를 따르는 사람이라고 할 수는 없다오. 먼저 마음이 고요해져야만 모든 길이 이해될 수 있소. 마음을 깨끗이 정화하려면 마음과 행동과 말을 잘 다스려야 하오. 논쟁은 학문을 하는 사람들이나 하는 것이지, 수행하는 사람들이 취할 것은 못 된다오."

나는 오늘날까지도 그녀의 말을 또렷이 기억한다.

"선생님의 길이 다른 사람들의 길보다 나은 것이고, 선생님의 방법만이 진실한 것일까요? 다른 사람들은 시간을 헛되이 보내고 있다고 생각하시는지요?"

내 질문에 그녀는 다음과 같이 대답했다.

"헌신의 길은 나에게 맞는 길이오. 그렇다고 해서 당신의 길을 바꾸지는 마시오. 이끌어 주는 이가 없는 사람은 혼란에 빠져 종종 자신의 길을 바꾸곤 한다오. 그러나 혼란스러운 마음으로는 어떤 길도 발견하지 못한다오. 진리를 찾고자 하는 사람은 참된 스승을 찾아야 하오. 이기심 없고 진실하며, 말과 행동뿐만 아니라 마음을 잘 다스릴 수 있는 사람이라면 참된 스승이라고 볼 수 있소. 제자가 자신의 수행 능력은 고려하지 않고 이상만을 고집한다면 그것은 그릇된 태도라오. 그런 사람은 자기가 보려고 하는 것밖에는 보지 못하오. 그런 태도는 배움의 길에 장애를 만들고, 자기가 따르고 있는 길만 고집하게 만든다오. 그

알모라에서 아난다모이 마

런 사람들은 아주 광신적이고 이기적으로 변해 다른 사람들과 불화를 일으키게 되지요. 이런 일들은 열등감이 강하고, 스스로 한계를 긋고, 지식의 문을 모두 걸어 잠근 뒤 자기 속에 들어가 대화의 창문을 막아 버리는 자기중심적인 사람에게 곧잘 일어난다오."

그녀는 그렇게 우리의 생각을 확인시켜 주었고 우리가 따르고 있던 원칙을 더 강화시켜 주었다. 그녀가 다시 말을 이었다.

"경전을 공부하는 것은 도움이 되지만 삿상가 없이 경전 공부를 한다면 아집만 키우기 쉽다오. 그러나 스승의 축복과 가르침 속에서 경전 공부를 한다면 겸손하고, 친절하며, 온유해지지요. 초심자들은 자기 방법이 가장 낫다고 자주 우기게 되지만 수행을 많이 쌓은 사람은 모든 길이 같은 목적지로 향하고 있다는 것을 잘 안다오. 영혼의 길에는 높은 것도 없고 낮은 것도 없지요. 무슨 길을 따르는지가 중요한 것이 아니라 자기의 마음 작용을 잘 살펴서 그것에 빠져들지 않는 것이 더 중요한 일이지요."

말을 마친 그녀는 헌신적 사랑을 위한 한 잔의 포도주와도 같은 남편의 눈을 지그시 응시했다. 우리는 아난다모이 마에게 작별 인사를 하고 우리만의 고요한 장소로 돌아갔다.

나체의 수피 성녀

인도에서는 힌두교, 기독교, 이슬람교, 시크교, 수피교의 교도들이 수세기 동안 조화롭게 살아왔다. 인도는 용광로다. 인도를 찾아오는 사람은 모두 이 용광로 속에 녹고 만다. 이것이 인도 문명의 특징이다. 인도라는 거대한 땅에서 모든 사람들은 평화롭게 살아왔다. 그러나 인도를 통치한 외국인들은 분리정책으로 인도의 수많은 종교 간에 서로 증오심을 갖게 만들었다.

세계의 모든 수피들은 인도의 수피들에게 경의를 표한다. 오늘날까지 인도는 수피의 고향이다. 수피즘은 사랑의 종교로서 이슬람교도들만 수행하는 것은 아니다. 내가 만난 수피 성자들 중 가장 위대한 사람은 델리에서 190킬로미터 가량 떨어져 있는 아그라 시에서 사는 여성이었다. 아그라는 사랑의 상징이자 세계의 경이로운 건축물 중의 하나인 타지마할Taj Mahal로 유명한 곳이다.

나는 조그만 다르가*에서 완전 나체로 살던 그 여자 성자를 만나 보기 위해 히말라야에서 내려온 적이 있다. 당시 그녀는 93세였는데, 밤에 잠을 자지 않았다. 나는 그녀를 '비비지Bibiji'라고 불렀는데, 이 말은 어머니라는 뜻이다. 그녀는 나를 '아들bete'이라고 불렀다.

나는 아그라에 머물면서 밤 열두 시에서 한 시까지 그녀를 만나러 가곤 했다. 내가 한밤중에 비비지를 만나러 가자 사람들은 내가 마음의 평정을 잃은 거라고 오해를 했다. 군부의 고위 인사 몇 명과 학자들도 그녀를 만나러 오곤 했는데, 그 중 카이라 대령은 그녀를 열렬히 따르는 헌신자였다.

많은 수피교도와 다른 교파 사람들도 이 위대한 여자 성자를 예배했지만, 일반인들은 그녀의 신기한 생활 방식을 이해하지 못했다. 그녀는 방문자들에게 무한한 자비를 베풀었으나, 세속에 대한 태도는 단호했다.

"세상 사람들은 그릇에 밥과 돈을 채울 줄은 알지만 사랑을 담을 줄은 모른다."

어느 날 밤, 비비지는 내가 신을 만나는 것은 쉬운 일일 거라고 말했다.

"어떻게 하면 신을 만날 수 있을까요?"

내 물음에 비비지께서 말씀을 이었다.

"신성과 하나가 되려면 세속을 떠나서 신과 맺어지기만 하면 된다. 그것은 너무도 쉬운 일이야. 너의 영혼을 신께 바쳐 버린다면, 더 해야 할 일도 없고 더 이상 깨달아야 할 것도 없단다."

그렇지만 어떻게 신과 맺어질 수 있는지 묻자, 비비지는 내게 이런 이야기를 들려주었다.

"내가 신을 만나러 갔을 때, 그분은 '내 성소 입구에 서 있는 자가 누구냐?'고 물으셨다. 나는 '신이시여, 당신을 사랑하는 사람입니다.'라고 대답했다. 신께서 '그 증거를 댈 수 있느냐?'고 하시기에 '여기 두 손으로 받든 제 가슴과 제 두 눈의 눈물이 있습니다.'라고 나는 대답했다. 그러자 신께서 말씀하셨다, '그것을 받겠노라. 나 또한 그대를 사랑하며, 그대는 내 사람이로다. 다르가에 가서 살거라.'라고. 아들아, 그날 이후부터 나는 이곳에서 살고 있단다. 나는 밤낮으로 그분을 기다리고 있으며 영원토록 그분을 기다릴 것이다."

나는 어떤 성인의 말씀을 곰곰이 새겨보았다.

"인생이란, 고약한 악취를 풍기는 나무지만, 거기에는 두 개의 열매가 달려 있다. 그 하나는 불멸의 명상이고 또 하나는 성현과의 만남이다."

나는 몇 번이고 비비지의 눈에서 뿜어져 나오는 아주 강렬한 빛을 보았다. 나의 마음속에는 그녀의 성스러운 법열과 전적인 귀의 그리고 신에 대한 이루 말할 수 없는 사랑이 아로새겨졌다.

비비지는 말했다.

"지혜의 진주는 이미 가슴이라는 바다 속에 숨겨져 있다. 깊이 잠수하라. 그러면 언젠가는 그 지혜를 발견하게 될 것이다."

어느 날, 비비지는 입가에 미소를 머금은 채 육신을 벗었다. 그녀의 열반을 지켜보던 우리 열두 사람은 반짝이는 별과 같은 빛을 목격했다. 그 빛은 성자의 가슴에서 나와 번개처럼 하늘 위로 사라져 갔다. 그녀는 늘 내 가슴에 남아 있다. 지금도 비비지를 회상할 때면 언제나 벅찬 사랑과 존경의 마음이 솟아오른다.

카르마로부터의 자유

　학식과 영적 지혜로 명성이 높은 한 성자에 대한 소문을 자주 들었다. 우리아 바바Uria Baba라고 불리는 그는 브린다반에서 살고 있었다. 스승께서는 그 성자와 함께 살라고 나를 보내셨다. 나와 잘 알고 지내던 바바의 제자가 나를 브린다반으로 안내해 주었다.

　그곳에 도착해 보니, 우리아 바바를 친견하기 위해 수백 명의 사람들이 기다리고 있었다. 제자 한 사람이 내가 도착했다는 것을 바바에게 알렸다. 그는 제자더러 자신의 방으로 나를 데려오라고 말했다. 바바는 북인도에서 가장 박식한 사람이었는데, 그를 따르는 사람들이 인도 전역에 널려 있었다. 그는 나를 관대하고 친절하게 대해 주었다.

　저녁 무렵이면 우리는 목욕재계를 하기 위해 야무나 강가로 가곤 했다. 어느 날 저녁, 나는 그에게 이렇게 물었다.

　"출가하는 것이 세속에서 사는 것보다 더 나은 길입니까? 어떤 길이 옳은 것입니까?"

　그 당시 나는 카르마의 철학에 대해서 공부하던 중이었다. 카르마란 원인과 결과의 관계를 뜻하며 이 카르마의 법칙에서 벗어나기란 매우 어렵다는 것을 나는 알고 있었다.

바바는 나에게 이렇게 말해 주었다.

"모든 사람이 다 출가할 필요는 없다. 출가는 매우 어려운 길이다. 인간은 사실 아무것도 소유하고 있지 않으므로 세상일을 버린다는 것은 필요치 않다. 말하자면 세상의 어떤 대상들을 버리라는 것이 아니라 소유욕을 버리라는 뜻이다.

세속에서 사느냐, 출가자로 사느냐 하는 것은 문제가 되지 않는다. 세상의 사물에 대한 집착이 고통의 원인이다. 지극한 믿음으로 무소유의 수행을 닦는 사람은 카르마의 속박에서 벗어나 자유를 얻을 수 있다. 사심 없는 지극한 마음으로 정성을 다함으로써 자유를 얻는다. 출가자는 모든 것을 버리지만 필수적인 의무는 다한다. 세속에 남아 가업에 종사하는 사람도 그들의 필수적인 의무는 해야 한다. 자신이 한 행위의 결과에 얽매여 이기적이 되는 사람은 스스로 많은 장애를 만들어 낸다. 그런 사람이 스스로 만든 속박에서 벗어나기란 쉬운 일이 아니다. 집착과 소유욕을 버리지 않으면 출가자의 길은 비참해진다. 또한 재가자도 무집착행을 닦지 않고 이기심과 소유욕만 키워 간다면 많은 고통이 따를 것이다.

인생의 목적에 도달하려면 세속에서든 출가해서든 자신의 의무를 다해야 한다. 출가와 재가의 길이 비록 다르다 할지라도 깨달음을 얻는 데는 똑같이 유용하다. 다만 하나는 희생을 통한 길이고, 하나는 정복을 통한 길이다.

카르마의 법칙은 모든 사람에게 적용된다. 과거의 삼스카라는 무의식 깊은 곳에 뿌리를 내리고 있다. 이러한 삼스카라는 여러 가지 상념을 불러일으키면서 말과 행동을 통해 스스로를 표현한다.

지혜와 무집착의 불로 삼스카라를 태워 버리는 사람은 삼스카라가 만든 속박에서 자유로워진다. 그것은 형태는 아직 남아 있지만 불에 타서 묶는 힘을 잃어버린 밧줄과 같다. 무의식 속에 남겨진 잠재 인상이 지혜의 불에 타서 발아력을 잃게 되면 다시는 자라나지 못한다. 그것은 불에 타 버린 씨와 같다.

무집착은 삼스카라의 속박을 태우는 불길이다. 출가자들이 세상을 버리고 얻는 것을, 재가자는 무집착의 수행을 닦아서 얻을 수 있다. 출가자는 세속을 떠나 깨달음을 얻지만 재가자는 세속에 살면서 깨달음을 얻는다.

무집착은 무관심이나 사랑 없음이 아니다. 사랑과 무집착은 하나다. 무집착은 자유를 주지만, 집착은 속박을 준다. 무집착을 통해 재가자가 삶의 목적을 깨닫고 사심 없이 자기 의무를 행한다면 그 자체가 깨달음을 얻는 수단이 되는 것이다. 출가자는 삶의 목적을 끊임없이 되새기면서 깨달음을 얻는다. 무집착과 세속적인 것의 포기는 의식을 확장시킨다. 자신의 의식을 활짝 열어 우주 의식과 하나가 되는 것을 배우게 될 때, 비로소 카르마의 작용으로부터 벗어나게 되며 완전한 자유에 이르게 된다.

이와 같이 깨달음을 얻은 이는 다른 사람들에게 자유의 길을 보여 줄 수 있는 힘을 가지게 된다. 재가자로 있든지 출가자로 있든지 간에 그는 카르마의 과보로 인해 생기는 질병도 치유할 수 있다. 또한 그는 다른 사람의 카르마로부터 일어나는 과보에 물들지 않고 우뚝 설 수 있다. 진정한 스승은 자기 자신을 넘어서서 세상 속에서 자유롭게 움직인다. 도공이 도자기를 완성한 뒤에도 한동안 물레는 돌아가지만 그것은 도자기를 만들기 위해 도는 것이 아니다. 자유로운 영혼도 생의 수레바퀴는 여전히 돌아가지만 더 이상 카르마가 그를 구속하지는 않는다. 그의 행위는 '행위 없는 행위'라 할 수 있다. 그런 위대한 스승이 이끌어 줄 때, 제자들은 어렵지 않게 깨달음의 길을 갈 수 있으며 언젠가는 그 또한 절대 자유를 얻게 될 것이다."

나는 바바께 사람들을 치유하는 능력에 대해 말해 달라고 했다.

"치유에는 육체적, 심리적, 영적인 세 가지의 단계가 있는데 영적인 힘을 가진 사람은 세 가지 단계 모두로 사람을 치유할 수 있다. 하지만 다른 사람을 치유하는 것을 직업으로 삼고자 한다면 그의 마음과 의지는 다시 세속적인 방향으로 흐르게 된다. 속되고 산란한 마음은 다른 사람을 치유하는 데 합당치 않다. 사심이 들어가는 순간, 마음은 저급한 곳으로 흐르게 된다. 영적 치유력을 잘못 사용하면 잇챠 샥티*라고 하는 힘의 뿌리 자체가 약화된다. 위대한 성자나 깨달은 사람들은 언제나 '모든 힘은 신에게서 오는 것'이라고 말하고 있다. 그들은 단지 신의 도구인 것이다.

사람들은 모두 스스로를 치유할 수 있는 힘을 지니고 있다. 치유의 에너지는 모든 사람의 가슴으로부터 끊임없이 흘러나오고 있다. 의지의 힘을 바르게 사용하면 치유의 에너지를 몸이나 마음의 환부로 보낼 수 있다. 이 치유의 에너지는 환자에게 영적인 영양을 공급해 건강을 회복하게 한다. 치유의 열쇠는 사랑, 이기심 없는 마음과 사랑 그리고 강력한 의지와 내면의 신에 대한 열렬한 헌신이다."

바바와 함께 보름 동안 지내고 난 뒤, 나는 스승께 돌아왔다. 그를 통해 삶과 존재의 기술은 출가하든지 세속에 살든지를 막론하고 인생의 목적과 무집착을 향한 자각에 있다는 것을 깨달을 수 있었다.

간디의 아쉬람에서

1930년 후반에서 1940년 초반까지 나는 바르다Vardha 아쉬람에서 마하트마 간디Mahatma Gandhi와 함께 머물 기회가 있었다. 나는 그곳에서 친절하고 사랑이 넘치는 많은 사람을 만났다. 그곳에 머무는 동안 나는 나병 환자를 돌보고 있는 마하트마 간디를 보았다. 그 나병 환자는 박식한 산스크리트 학자였는데, 무척 좌절한 상태였다. 간디는 참으로 우리 모두의 모범이 될 만한 사람이었다. 병자를 간호하는 그의 모습은 나에게 깊은 인상을 남겼다.

스승께서는 내게 마하트마 간디를 잘 주시해 보라고 하셨다. 스승의 말씀에 따라 그가 걷는 모습을 지켜보았더니, 그의 걸음은 여느 성자들과는 달랐다. 그의 걸음은 마치 자신의 몸과 분리되어 있는 것처럼 보였고, 말이 마차를 끌 듯 자신의 몸을 끌면서 걷는 것 같았다. 그는 또한 항상 남을 위해 기도하는 사람이었다. 그에게는 종교나 계급, 성별이나 피부색 등에 대한 아무런 편견도 없었다. 그가 스승으로 삼은 사람은 그리스도와 크리슈나 그리고 붓다였다.

비폭력운동의 선구자였던 간디는 항상 남을 사랑하는 능력을 더욱 키워 나가려 했다. 그와 같은 사람은 일상의 모든 역경 속에서도 기쁨을 찾는 사람이다. 그는 자신을 방어한 적이 없었다. 그는 언제나 비폭력과 사랑을 수호하려고 했다. 그 무엇으로도 끄지 못할 사랑의 불이 그의 영혼에서 밤이나 낮이나 활활 타오르고 있었다. 완전한 자족과 용기야말로 간디 철학의 주춧돌이었다. 폭력이 그의 삶 깊숙한 곳까지 파고들었지만 그는 비폭력 정신으로 묵묵히 걸어갔다. 그의 삶에서 분노나 적대감 같은 것은 전혀 찾아볼 수가 없었다.

간디 곁에 머물면서 나는 일기에 다음과 같은 것들을 적어 나갔다.

1. 비폭력과 비겁은 공존할 수 없다. 비폭력은 두려움을 쫓는 사랑의 완전한 표현이기 때문이다. 무기를 가지고 있다고 해서 용감해진다면 그것은 두려움을 품고 있다는 것을 의미한다. 비폭력은 지극히 생동적이고 활력적인 힘이지만, 물리적인 힘을 의미하는 것은 아니다.

2. 진정으로 아힘사 정신을 따르는 사람은 실망하지 않는다. 그는 영원한 행복과 평화 가운데 머문다. 이러한 평화와 기쁨은 자신의 지성과 학식을 뽐내는 사람에게는 없다. 그것은 신뢰가 깊고 의식이 통일된 사람에게 나타난다.

3. 지성은 많은 놀라운 일을 만들어 낼 수 있지만, 비폭력은 가슴의 작용이다. 그것은 지적인 훈련으로 할 수 있는 것이 아니다.

4. 증오는 증오로 극복될 수 없다. 증오는 오직 사랑으로 극복된다. 이것은 불변의 법칙이다.

5. 헌신은 단지 입으로 하는 예배가 아니다. 헌신은 말과 마음과 행동으로 자기 자신을 바치는 것이다.

6. 간디는 종교나 문화, 미신과 불신 등에 의해 만들어진 장벽을 믿

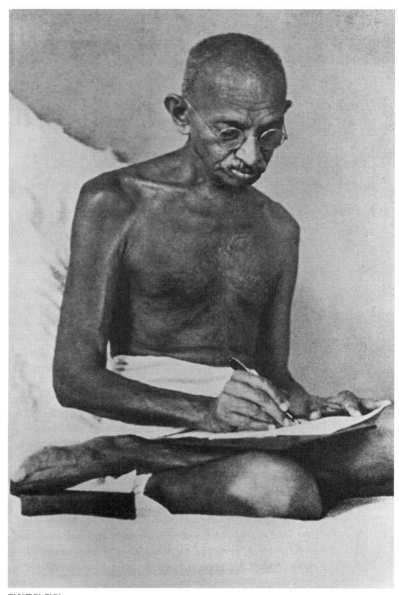

마하트마 간디

지 않았다. 그는 모든 종교의 형제애를 가르치고 실천했다.

7. 간디는 행위의 결과에 신경 쓰지 않으면서 사는 법을 믿었다. 그는 일의 성공과 실패에 대해 초연했으며, 자기가 하는 일에 조금도 피로나 싫증을 느끼지 않고 정성을 다했다.

8. 삶을 즐기기 위해서는 어떤 물건에도 이기적으로 집착하지 말아야 한다. 무집착이란 결과에 대해 바라거나 걱정하는 바가 없이 순수한 동기와 올바른 수단을 취하는 것을 뜻한다. 행위를 포기한 사람은 타락하지만, 행위의 대가를 버린 사람은 자유를 얻을 것이다.

9. 요가는 마음과 지성, 감각, 정서, 본능 그리고 모든 수준의 인격을 완전히 재통합한다. 요가는 완전한 전체가 되어 가는 과정이다.

10. 만트라는 우리 인생에서 지팡이가 되어 모든 일을 쉽게 넘길 수 있도록 해 준다. 만트라를 암송할 때마다 더욱 신께 가까워진다. 만트라는 인간의 내면에 있는 부정적 힘을 변화시켜 긍정적으로 바꾸는 힘이 있으며, 혼란되고 모순된 사고를 통일시켜 더욱 깊은 수준의 의식으로 이끈다.

나는 마하데브 데사이, 미라 벤, 프라바바티 바헨 등과 같은 저명한 인사들을 만나고 난 뒤, 간디의 아들인 람 다스와도 친한 사이가 되었다. 나는 그를 히말라야의 아름답고 매혹적인 고장 카우사니로 데리고 가기도 했다.

시인이자 구도자였던 타고르

10대 시절에 나는 종종 단디 스와미 시바난다와 함께 여행을 다녔다. 강고트리에 머물던 그는 나보다 스무 살가량 많은 사형이었다. 한번은 히말라야 산기슭에 있는 휴양지 무수리로 여행을 갔다가 라지푸르라는 작은 도시에서 발길을 멈추게 되었다. 그 무렵 동방의 시인 타고르가 그곳에 있는 오두막에 기거하고 있었다. 벵골 출신의 사형이 타고르와 잘 알고 있었던 터라 우리는 그를 찾아가 두 달가량 타고르와 함께 오두막에서 머물게 되었다. 나를 좋아하게 된 타고르는 사형에게 자기가 설립한 샨티니케탄Shantiniketan으로 나를 보내는 게 어떠냐고 물었다.

샨티니케탄을 방문해 보고 싶은 열망이 일어, 나는 1940년에 그곳으로 가게 되었다. 라빈드라나트 타고르Rabindranath Tagore의 아들인 라틴드라나트 타고르가 나를 반갑게 맞아 주었다. 그는 타고르의 후원자인 스리 말리크지의 집 바로 옆에 내 거처를 마련해 주었다.

샨티니케탄은 세계에서 가장 아름답고 매혹적인 아쉬람이었으며 학생 수백 명이 그곳에서 살면서 공부하고 있었다. 샨티니케탄의 학생들은 타고르를 '구루데바'라고 불렀고, 일반 사람들은 '타쿠르'라고 불렀다. 벵골의 천부적인 시인 타고르는 모든 세기에 걸쳐 가장 위대한 시인 중의 한 사람이었다. 종교, 철학, 문학, 음악, 그림, 교육 등 다방면에 걸친 타고르의 고매한 식견과 훌륭한 인품은 온 세계에 잘 알려진 바와 같다.

타고르와 함께 살면서 나는 그의 헌신적인 노력을 지켜볼 수 있었다. 그는 날마다 빠뜨리지 않고 수행을 했으며, 틈만 나면 글을 쓰거나 그림을 그리곤 했다. 그는 불과 몇 시간만 자고도 낮 시간 동안 활기차게 일했다. 쇠약한 노령에도 불구하고 그의 부지런한 습관은 바뀌지 않았다.

나는 타고르야말로 진지한 구도자라고 생각한다. 세상의 모든 구도자들은 완전해지고자 한다. 하지만 타고르같이 완전한 사람은 자신을 드러내기 위해 인도의 다른 성인들을 흉내 낼 필요가 없었다. 그의 삶은 사막같이 메마른 여느 고행승과는 달랐다. 고행은 깨달음에 이르는 오래된 길이며 진정한 고행은 경외할 만한 것이다. 마찬가지로 세상에 남아 자기 의무를 다하는, 보다 어려운 길도 가치가 있다. 타고르는 세상 속에 살면서 세상에 물들지 않는 길을 따랐다. "세상을 떠나 해탈하는 것은 나의 길이 아니다."라는 타고르의 시 한 구절이 그의 철학을 잘 나타내 주고 있다. 타고르의 인생에서 가장 중요한 것은 희생이 아니라 정복이었다.

인류 역사에서 뛰어난 위인들은 세 가지 부류로 나눌 수 있다. 첫째는 천부적으로 위대성을 타고난 사람들이고, 둘째는 진지하고도 헌신적인 노력에 의해 위대성을 얻는 사람들이며, 셋째는 대중 매체에 의해 위인으로 만들어진 딱한 사람들이다. 타고르는 첫 번째 범주에 속

타고르의 아쉬람에서 스와미 라마

하는 사람으로, 그는 천부적인 시혼과 천재성을 가지고 있었다. 그는
"우주에서 움직이는 모든 것에는 신이 내재하고 있다. 신이 준 모든
것을 누리되, 남의 것을 탐하지 말라."라는 우파니샤드의 말씀에 따라
살았다.

　나는 타고르의 인품에 정말 탄복했다. 그는 내가 알고 있는 사람 중

에 가장 그릇이 크고, 완벽한 사람이었다. 그는 또한 지혜와 예술적 창조의 화신이었다. 그는 사회에서 요구하는 일을 하면서도 홀로 있을 필요성을 동시에 충족시킴으로써 인간의 성숙이 이루어질 수 있다고 믿었다. 나는 그를 '동양의 플라톤'이라고 부르기도 했다.

동서양에 대한 타고르의 시각은 동양과 서양 사람 모두에게 칭송을 받았다. 타고르는 서양인이 마음이나 외적인 행동을 바꾸어 동양인이 되는 것을 바라지 않았다. 그는 세상 사람들 모두 공통적으로 갈구하는 지고의 이상에로 나아가는 고결한 경쟁의 대열에 서양인이 동양인과 손을 잡기를 바랐던 것이다. 그는 인간의 진화가 창조적 개인의 진화라고 보았고 인간만이 생물학적인 법칙을 넘어설 수 있는 용기를 가지고 있다고 생각했다. 이 세상의 모든 위대한 국가와 숭고한 업적 뒤에는 고결한 이상이 있었다. 이상이란 창조성의 토대인 것이다. 인생이 불행으로 가득한 것은 사실이지만, 자신을 창조적으로 만들어 줄 이상이 있는 사람은 행복하다. 시간은 가장 위대한 여과기이며, 이상은 최고의 재산이다. 행운은 자신의 이상과 능력을 적절한 시기에 펼칠 수 있는 드문 기회를 뜻한다.

타고르의 철학은 진리의 빛을 가리는 모든 장애물을 극복하게 한다. 그는 사람들이 진리에 대해 깊이 생각하지 않았기 때문에 죽음이 오랜 세월 동안 두려움과 불행의 원천이 되어 왔다고 말한다.

"오, 죽음이 다가오는 것을 두려워하고 고뇌하는 이여! 무한과 영원 속에 자신을 놓아 버리라 하는 타고르의 노래를 들어라. 그대 존재의 현을 조율해 우주의 음악에 맞춰 울리게 하라. 모든 선남선녀는 진리의 빛을 보존하고, 지혜롭고 단순하게 살도록 노력하라."

신비한 음악의 선율이 타고르의 인생철학을 말해 주고 있었다. 음악

동방의 시인 타고르

은 그의 인격을 완성시켰고, 그의 가사와 멜로디는 오늘날의 시인과 음악가들의 마음속에도 여전히 울리고 있다.

타고르는 모든 존재가 영원한 우주와 하나의 유기체를 이루고 있다고 믿었다. 그 유기체가 가진 생명력의 최상의 발현이 바로 우러나는 사랑이며, 영적 은하계의 중심이 그 유기체의 영혼이라 생각했다. 세상 사람들은 신의 종교만 언급해 왔으나, 타고르는 언제나 인간의 종교를 이야기했다. 그것은 격정적인 초월의 경험을 통한 마음의 종교로서, 삶의 고통에 대해 철학이나 형이상학보다 더 나은 해결책을 제시한다. 신의 사랑은 연민으로 가득하며 모든 것에 대해 응답한다. 유한한 존재가 신을 갈구하듯이 신도 유한한 존재를 필요로 한다.

"연꽃은 수세기 동안 끊임없이 피어났네. 나는 달아날 수도 없이 그것에 묶여 버렸네. 연꽃은 끊임없이 피고 그 속의 꿀은 너무도 달콤하여 그대는 마술에 걸린 사람처럼 연꽃을 버릴 수 없네. 나 또한 그대처럼 묶였으니 벗어날 길이 없네."

샨티니케탄에 머물다가 나는 히말라야로 떠나기로 마음먹었다. 그곳에서 얻은 생각을 정리하여 나의 미래를 위한 지침을 만들기 위해서였다. 나는 아직도 감동적인 타고르의 시 몇 구절을 기억하고 있다.

"세상과 삶의 수수께끼 속에
눈물과 기쁨이 뒤섞여 있구나
분주한 바람의 발길이 나에게 다가와
인류에 대한 사랑과 율법을 지키라 하네
열정이 잠들어 버린 그림자에게 바람이 재촉하네
오, 바람이여, 먼 곳으로 가서 우리 새로이 시작할까?
더 나은 삶과 노래를 다시 짓기 위하여"

투사의 길을 간 스와미

스무 살 무렵에 나는 펀자브 히말라야에 있는 휴양지 심라로 여행을 떠났다. 거기서 펀자비 마하라즈Punjabi Maharaj라는 한 스와미를 만났는데, 그는 훤칠한 키에 건강하고 교양 있는 사람이었다. 그는 우산을 들고 있던 내게 말했다.

"왜 그런 짐스러운 것을 가지고 다니는 건가? 자유로워지게!"

둘이 함께 길을 걷는 중에 비가 내리기 시작했다. 그래서 내가 우산을 폈더니 그가 다시 "지금 무얼 하는 건가?" 하고 물었다. 비를 가리고 있다고 하자 그는 내게 이렇게 말했다.

"그러지 말게. 비란 하늘과 땅을 이어 주는 것인데, 그 은총을 뺏겨서야 되겠나? 나와 함께 가려거든 우산을 비롯한 모든 소유물을 버리게."

"스와미지, 그랬다간 비에 젖을 텐데요?"

"옷 젖는 것이 두렵거든 아예 옷을 입지 말고 자유롭게 걷든지, 아니면 비 밖으로 나가게."

그의 말이 내 가슴에 깊이 파고들었다. 나는 즉시 우산을 버렸고 그때 이후부터 나는 비 맞는 것을 즐기게 되었다.

겨울철에도 마하라즈는 얇은 면 옷 한 벌만 걸치고 다녔다. 그가 소유한 것이라고는 그 옷 한 벌뿐이었다. 그는 감수성이 매우 예민한 사람이었는데, 추위나 더위에 대한 감각은 완전히 초월한 모양이었다. 마음이 감각을 통해 외부의 대상을 접할 때, 고통과 쾌락의 느낌을 경험한다. 바깥세상의 대상에 집착하지 않는 법을 배운다면 외부의 영향에서 벗어나 내면에서 더 큰 기쁨을 찾을 수 있을 것이다.

마하라즈는 학식이 매우 뛰어났고 영어로만 이야기했다. 몇 시간이고 영문학에 대해 이야기하는가 하면, 스와미 라마 티르타Rama Tirtha의 생애와 작품에 대해 대화를 나누기도 했다. 그는 옥스퍼드 대학에서 석사학위를 받고, 라호르 대학에서 박사학위를 받았다. 베단타 철학의 보편성에 대해 강의하기도 한 그였지만, 외국인의 인도 통치만은 싫어했다.

그때는 인도가 아직 독립을 하기 전이었는데, 명상 수련을 하지 않는 현대 스와미들의 단체가 있었다. 근대 교육을 받은 이 젊은 스와미들은 조국이 처한 상황을 잘 알고 있었기 때문에 독립운동에 참여했다. 나는 그들을 '정치적인 스와미'라고 불렀다. 그들은 '외적인 자유가 우선이고 내적인 자유는 그 다음'이라는 견해를 가지고 있었다. 펀자비 마하라즈도 정치적인 스와미였다. 그는 조국의 상황에 좌절한 나머지 스와미가 되었던 것이다. 그는 친절하고 온유했지만 매우 혁명적인 기질을 지니고 있었다. 그는 일반적인 출가자의 수행을 따르지 않고 인도에서 영국을 몰아내는 데 전념했다. 그것은 그의 신앙이자 삶의 목적이었다. 때로는 영국인을 모욕한 죄로 하루에 두 번씩 체포되기도 했다. 그는 영국인의 면전에서 영국은 인도를 떠나라고 당차게 말하여 영국인 관리들을 당혹하게 만들기 일쑤였다. 그는 그들에게 종종 욕을 하면서 이렇게 말하곤 했다.

"너희들은 영어로 말하지만 문법도 잘 모르는군. 자기 나라 말도 잘 모르다니. 대영제국이 저런 무식한 사람들을 인도로 보냈으니 비극이군."

한번은 그와 함께 심라 교외의 언덕길을 걷고 있는데 영국인 관리 한 사람이 말을 탄 채 우리 쪽으로 쏜살같이 달려왔다. 그가 갑자기 말을 세우더니 우리를 향해 "어이, 원숭이들! 길을 비켜!" 하고 소리쳤다. 그러더니 고삐를 놓고 말에서 내리는 것이었다. 마하라즈가 그에게 소리쳤다.

"우리에겐 이 길을 걸을 수 있는 권리가 있어. 여기는 우리나라야. 네 일이나 신경 쓰라고. 어서 말을 타고 꺼져. 나는 너의 노예가 아니야."

다음날, 그는 체포되었지만 두 시간 만에 풀려났다. 그 주의 주지사는 런던에서부터 그를 알고 있었는데, 이 스와미를 감옥에 넣으면 더 큰 말썽을 일으키리라는 것을 잘 알고 있었다.

그 당시 나도 영국의 인도 통치에 반대하고 있었기 때문에 독립운동에 참여하는 것을 고려하고 있던 중이었다. 그런 내게 그가 말했다.

"우리에게 오게. 총을 들고 영국인 통치자들을 하나씩 없애자고!"

그는 진지하게 나도 그와 함께 영국에 대항해서 싸우기를 원했다. 그것은 죄가 아니라면서 "어떤 사람이 자네 집에 와서 집안을 짓밟아 놓는다면 어찌 자신을 방어하지 않을 수 있겠는가?"라고 말했다.

나는 내심으로 마하트마 간디의 철학과 운동을 믿고 있었지만 직접 정치에 발을 들여놓지는 않았다. 나는 그에게 정치권에서 떠나라고 권유하고 싶었고, 그는 내게 정치권에 들어오라고 설득하고 싶어 했다. 그러면서 넉 달이 지나갔다. 그는 나를 설복하려고 무던히 애썼으나, 나의 스승께서는 내게 정당에 들어가서는 안 된다고 말씀하셨다.

"우주가 네 근원이고, 너는 전 세계의 시민이다. 그런데 너는 왜 인도인이라는 것에만 신경을 쓰느냐? 너의 관심은 인류 전체를 향해야 한다. 먼저 네 안에서 강해지고, 지성을 날카롭게 하여 감정을 조절하는 것을 배우고 난 뒤 행동에 나서라. 인도처럼 영적으로 위대한 나라라 하더라도 광적으로 한 나라에 헌신하는 것은 신을 받드는 인간에게 합당치 않다."

스승께서는 나에게 무력 투쟁에 발을 담그지 말 것을 당부하면서 인도 독립의 날짜를 예언하기도 하셨다.

나는 펀자비 마하라즈와 헤어져 각자 자신의 길을 가기로 했다. 그해에 그는 히말라야의 쿨루 계곡에서 영국 경찰에 의해 사살되었다.

심라에 머무는 동안 나는 인도 문화와 철학에 대한 책을 쓰고 있는 영국인 선교사를 만났다. 그는 내게 자신의 원고를 읽어 보게 했다. 나는 그가 인도의 문화와 철학에 대해 써 놓은 거짓말에 충격을 받았다. 심지어 그는 나를 개종시키려 했고, 부유한 영국인 처녀와 결혼하라는 유혹까지 했다. 도대체 내 삶의 방식 또는 문화 습관, 무엇을 개종하라는 말인가? 나는 예수와 성경을 사랑했기 때문에 기독교도 사랑했다. 하지만 이 사람은 내 마음속에 거부감을 불러일으켰다.

그 뒤부터 나는 도시와 마을, 산 등을 돌아다니는 기독교 선교사들을 되도록 피했다. 그들은 영국 정부가 재정 지원을 해 주는 선교사의 옷을 입은 정치인들로서 그런 책을 써서 의도적으로 고대 베다 문화를 파괴하고자 했던 것이다. 힌두교, 자이나교, 불교, 시크교를 포함하여 여러 종교의 모체인 베다 문화와 철학을 그들은 엉망진창으로 바꾸어 놓았다.

펀자비 마하라즈는 그러한 선교사들에 맞섰다.

"너희 선교사들은 참된 그리스도인이 아니고, 성경에 대해서도 몰라."

이삼백 년 동안 영국 선교사들은 인도의 문명을 파괴하려 했지만 두 가지 이유로 그것을 완수하지 못했다. 첫째는 인도 문화의 설계자와 수호자가 여성들이었고, 둘째는 인도 인구 중 75퍼센트가 시골에서 살았기 때문에 영국인 통치자와 선교사들의 영향을 받지 않았다는 점 때문이었다.

수백 년 동안 외국인들이 인도를 지배했지만 그들은 인도의 문화를 바꾸지는 못했다. 그들은 언어와 옷 그리고 몇몇 영국의 관습을 끌어 들이는 데는 성공했다. 영국 정부는 자기네 선교사들이 지은 책 따위를 출판하면서 대대적인 홍보활동을 벌였다. 인도의 작가와 학자들이 이에 반대하는 글을 쓰거나 반박하면 즉각 체포되었다. 영국인에 의해 출판된 이러한 저작들은 많은 혼란을 불러일으켰고 서양 학자와 여행 자들을 오도하여 방대한 인도의 문화와 철학과 학문에 대해 연구를 할 수 없게 만들었다.

파울 도이센, 막스 뮐러, 괴테 등 몇몇 작가가 요가와 우파니샤드에 서의 인도 철학 체계에 대한 책을 쓰기는 했지만, 서양의 대중에게는 여전히 인도에 대한 혼돈과 오해가 남아 있다. 애니 베전트*와 존 우 드로프 경 이전에는 성실하고 진지하게 요가에 대한 책을 쓴 서양인이 없었다. 존 우드로프 경은 인도 철학에 있어서는 으뜸가는 사람이었 다. 비록 자기가 원했던 만큼의 많은 책을 저술하지는 못했지만, 그는 서양인들에게 탄트라 체계를 소개했다. 나는 깊이 연구하거나 수련하 지도 않고 요가 철학이나 탄트라 그리고 여러 가지 영적인 주제에 관 한 책을 쓰는 여행자나 작가들을 보면 걱정이 된다.

서양인이 의도적으로 왜곡한 인도 역사가 학교교육에도 스며들었다. 이 때문에 인도 학생들은 자기 나라의 문화와 역사를 잊고 말았다. 영국인들은 인도의 교육을 완전히 바꿔 버렸다. 모든 과목을 영어로 가르쳤고, 학생들은 모두 영국인 선교사처럼 기도를 하도록 강요받았다. 생각의 자유가 없듯이 말과 행동의 자유 또한 없었다. 영국인들이 주입시킨 교육을 받지 않으면 좋은 직장은 얻을 수도 없었다. 그런 사실들을 보면서 나는 권력이 어떻게 한 민족을 파괴하고 그 문화와 문명을 말살시키는지 똑똑히 알게 되었다.

한 나라와 그 문명을 말살시키는 확실한 방법은 그 나라의 말을 바꿔 버리는 것이다. 이런 점에서 영국인들은 성공했다. 인도 독립 후 30년이 지난 지금까지도 인도에서는 영어가 공용어로 사용되고 있으며, 단일한 모국어가 없어 인도인끼리의 의사소통에도 많은 장애가 있다.

인도의 영주들은 서로 싸웠기 때문에 단결하지 못했다. 그리하여 인도는 수백 년 동안 고통을 받았다. 인도의 언어를 통일하는 것은 여전히 인도 정부와 국민 모두의 숙제로 남아 있다. 아름다운 언어는 문화와 문명을 살찌우는 훌륭한 문학 작품을 창조해 낸다. 인도에서는 아직 이런 작품이 부족하며, 이런 이유 때문에 인도 내에서도 다른 지방 사람끼리는 의사소통이 잘 이루어지지 않고 있다.

인도의 교육제도는 다양한 요구에 따라 신중하게 재편성되어야 할 것이다. 인도 전역에 새로운 형태의 학교를 세우고 국민 문학과 예술을 부흥시켜야 한다. 우리는 또한 문학, 과학, 예술, 교육 등을 통해 인도 사회의 전체적인 질서를 근본적으로 새로 짜는 일을 시도해야 한다. 수동적인 사고방식과 생활태도를 능동적이고 역동적인 것으로 바꾸어야 한다. 교육은 또한 여러 문화와 문명을 분리하지 않고 서로 연결하는 것이어야 한다. 오랜 역사에서 인간의 사유와 문화를 발전시킨 가치 있는 것이라면 모두 배우고 사용하라는 현자들의 말씀을 기억하고, 인도의 자라나는 세대들에게는 국제적인 교육을 제공해야 함을 신속히 깨달아야 한다.

나는 심라의 스와미를 통해서 영국 통치 이전의 인도에는 문화와 영적인 측면뿐 아니라 보석과 금 같은 광물류도 풍부했다는 것을 알게 되었다. 인도는 무굴 인의 침입과 프랑스와 포르투갈의 침입 그리고 영국의 침입 등으로 많은 불행을 겪었다. 그 침입자들은 한때 '황금 새'라 불리던 인도의 경제와 문화와 역사를 파괴했다. 인도의 보석이나 귀금속은 침입자들에 의해 대량 채굴되어 그들 나라로 반출되었다. 카스트 제도는 원래 노동의 분배에 따라 편성되었는데, 영국인들의 분리 통치 정책에 의해 카스트 계급 사이에 증오가 생겨나게 되었다. 그들을 미워하는 마음 때문에 이런 말을 하는 것이 아니라 이 모든 것은 명백한 사실이다.

오늘날까지도 인도를 여행하는 많은 외국인들은 진정한 인도 역사를 알지 못한다. 그들은 똑같은 질문을 되풀이한다.

"만일 인도가 영적인 나라라면 왜 이다지도 가난한가?"

나는 정치인이 아님에도 불구하고 많은 사람들이 왜 인도는 가난하냐고 내게도 물어 오곤 한다. 그러면 나는 세계 역사를 통해 살펴보아도 영성과 경제가 서로 양립한 적은 없었다고 대답해 준다. 이 둘은 전혀 다른 문제이기 때문이다. 인도에서는 정치와 종교가 항상 분리되어 있었다. 그리고 영적인 사람들은 결코 정치에 관여하지 않았다. 인도에서는 이 두 가지 이질적인 힘이 서로 결합될 수가 없었다. 인도의 가난은 영성 때문이 아니라 영성과 일상생활을 통합하는 방법을 몰랐기 때문에 생긴 것이다.

나라를 이끄는 사람들은 이러한 사실을 인식해야 한다. 지도자와 국민이 나라를 전체적으로 발전시킬 수 있는 통합된 비전을 갖지 못했기 때문에 인도는 여전히 고통을 겪고 있다. 그들은 인구 문제에 대한 해법을 찾지 못하며 당면한 어떤 해결책도 없는 것으로 보인다. 그럼에도 불구하고 인도가 유지되고 있는 것은 풍부한 영적이고도 문화적인 유산이 있기 때문이라고 나는 생각한다.

　문화와 문명은 한 사회나 국가의 삶의 방식에서 분리할 수 없는 두 가지 양상이다. 어떤 사람이 남들 앞에 옷을 잘 갖춰 입고 나타나면 사람들은 그를 문화인이라고 여길지도 모른다. 그러나 그런 점 때문에 그를 문화인이라고 할 수는 없다. 문화라는 것은 한 국민이 생각하고 느끼는 방식을 가리키는 것이며 또한 불살생, 동정심, 진지성, 성실성 같은 이상적인 덕목을 발전시킨 것을 가리킨다. 문명은 삶의 외형적인 모습이다. 문명이 꽃이라고 한다면, 문화는 그 꽃이 발하는 향기와 같은 것이다. 어떤 사람이 가난하지만 문화인일 수는 있다. 그러나 문화화하지 못한 문명인은, 비록 외적으로는 성공할 수 있더라도 사회에 기여할 수는 없다. 왜냐하면 그는 개인과 사회의 발전을 북돋을 수 있는 내적 소양과 덕망이 부족하기 때문이다.

　문명은 외적이고, 문화는 내적인 개념이다. 오늘날의 세계에는 이 두 가지의 통합이 필요하다. 인도는 문화적으로는 매우 풍요로우나 문명에 있어서는 사이비 영국식이 되어 버려서 오늘날에도 여전히 문제들을 일으키고 있다.

라마나 마하리쉬

유명한 물리학자인 둣타T. N. Dutta 박사가 가지푸르에서 나를 만나러 나식으로 오겠다는 편지를 보내 왔다. 그는 나를 찾아와 남인도의 아루나찰라Arunachala에 있는 라마나 마하리쉬Maharrshi Raman를 친견하게 해 주고 싶다고 말했다. 그래서 1949년 겨울, 우리는 아루나찰라로 떠났다. 그곳에 머문 기간은 비록 짧았지만 매우 즐거웠다.

그 당시 마하리쉬는 침묵을 지키고 있는 중이었다. 아쉬람에는 몇 명의 외국인이 머물고 있었다. 그의 수제자 중 한 사람인 샤스트리지가 사람들을 맞고, 마하리쉬는 고요히 앉아 있었다. 나는 그에게 다른 데서는 좀처럼 느낄 수 없는 무언가가 있다는 것을 깨달을 수 있었다. 아쉬람에서 뿜어져 나오는 영원한 침묵의 소리에 가슴을 연 사람은 그의 곁에 앉아 있는 것만으로도 내면의 의문에 충분한 답을 얻을 수 있었다. 성자의 옆에 있는 것은 사비칼파 사마디*를 체험하는 것과 같다는 말이 실감났다. 마하리쉬에게는 육신을 가진 스승이 없었다.

"근래의 수백 년 동안 인도라는 영혼의 땅에 나타난 성자 중 마하리쉬는 가장 위대하고 성스러운 분이다."라고 라다크리슈난* 박사는 말

라마나 마하리쉬

한다. 이러한 성자를 한 번 보는 것만으로도 영혼의 길이 정화된다.

마하리쉬에 의하면, 단순히 '나는 누구인가?'라는 의문만으로도 깨달음을 이룰 수 있다고 한다. 동양과 서양 철학에서 가장 기초적인 질문이 마하리쉬에 의해 다시 제기되었던 것이다. 마하리쉬는 베단타 철학의 전부를 수행하고 실천했다. 그는 베단타 철학의 위대한 서사시를 자신의 삶이라는 작은 그릇에 온전히 담았다. 자기 자신을 알면, 모든 것의 본질을 알게 된다. 아주 간단하면서도 의미심장한 이 자기 탐구 방법은 동서양의 여러 사람들에게 받아들여지게 되었다.

성스러운 기운이 넘치는 아루나찰라에서 닷새를 보낸 뒤, 우리는 다시 나식으로 돌아왔다. 그 성자를 만나고 난 뒤, 나는 샹카라차리야 직에서 물러나기로 결심했다. 나와 같은 출가자가 그런 바쁜 생활을 한다는 것은 내키지도 않을뿐더러 여간 답답한 노릇이 아닐 수 없었다. 마하리쉬를 친견하고 난 뒤, 내 속에서 이미 타오르고 있던 불길은 더욱 강렬해졌다. 내 가슴속에서 "그대를 버려라. 그러면 얻을 것이다."라는 소리가 너무도 강렬하게 메아리쳤기 때문에 나식에 머무는 것이 점점 더 불가능하게 되었다. 모든 것을 훌훌 떨쳐 버리고 떠나는 것이 쉽지는 않았으나, 어느 날 나는 용기를 내어 나식을 떠나 고향인 히말라야로 향했다.

누구에게나 깨달음이 주어지는 것은 아니며 누구도 남의 도움으로 깨달을 수는 없다. 하지만 성자들은 깨우침에 필요한 내면의 힘을 북돋워 준다는 확신을 나는 가지고 있다. 오늘날에는 사람들이 따를 만한 모범이 없다. 그들을 일깨워 줄 위대한 인물이 없기 때문에 깨달음이 매우 어려운 것이다. 위대한 성자들은 영감과 깨달음의 원천이다.

스리 오로빈도와의 만남

　나식에서의 생활을 더 이상 견디기 힘들게 되자 나는 마더*와 스리
오로빈도*를 만나기 위해 퐁디셰리로 갔다. 그곳에 있는 아쉬람의 학
생들은 매우 헌신적이었고, 자기들의 삶의 방식이 최상이라는 굳은 신
념을 가지고 있었다.

　내가 간 날에는 오로빈도의 제자였던 한 유명한 음악가의 음악회가
열리고 있었다. 마더는 친절하게도 그 성악가의 노래를 잘 들을 수 있
도록 그와 가까운 곳에 내 자리를 잡아 주었다.

　퐁디셰리에서 21일을 머무는 동안 아루나찰라의 라마나 마하리쉬
아쉬람에서 끓어올랐던 열망이 더욱 간절해졌다. 당시는 그렇게 속에
서 갈등이 일고 있을 때라 마음을 차분히 가라앉힐 수가 없었다. 한편
으로는 모든 것을 떨쳐 버리고 싶었으나 다른 한편으로는 나에게 맡겨
진 의무 때문에 그럴 수 없다는 생각이 들어서 갈피를 잡지 못했던 것
이다.

　퐁디셰리에 머물면서 나는 몇 차례 오로빈도를 만났다. 그는 내게
친절했다. 상대를 압도하는 그의 성품은 매우 인상적이었다. 나는 통

합 요가에 대한 그의 현대적이고 지적인 접근에 주의를 기울이기 시작했다.

내가 이해한 그의 철학을 정리해 보면 다음과 같다.

스리 오로빈도의 철학은 '통합적 비이원론非二元論'이라 일컬어진다. 통합적 비이원론이란, '궁극적인 하나 됨' 속에서 실재를 이해하고자 하는 접근 방법이다. 우리의 눈에 비치는 다양성은 모든 것을 포괄하는 절대적 실재의 테두리 안에서 일어나는 현상으로 간주된다. 통합적 비이원론은 윤리, 종교, 논리, 형이상학의 구별을 없앤다. 절대적 실재는 그 근본에서 볼 때 이원적이 아니며 관념화할 수도 논리적으로 규정지을 수도 없는 것이라고 스리 오로빈도는 확신했다. 그것은 오직 순수한 영적 직관의 예리한 통찰을 통해 직접 체험할 때에만 이해될 수 있다. 아드바이타* 즉 불이론에 의하면 실재는 물질과 인과 관계, 구조와 숫자를 초월한다. 이와 동일한 신념이 베단타의 니르구나 브라흐마* 철학, 불교철학의 슈냐타* 사상, 중국 철학의 도道 그리고 탄트라의 탓트바티타Tattvatita 철학에 나온다.

탄트라 철학은 쿤달리니라는 잠재된 원초적 생명력을 일깨움으로써 영적으로 성장할 수 있다는 것을 일관되게 주장하고 있다. 이러한 영적 잠재력을 체계적으로 높은 수준으로 끌어올리면 삶은 무위 자재하게 되어 저절로 존재의 궁극적인 목적과 조화를 이룬다고 한다.

비슈누 학파Vaishnavism는 온 마음으로 신에게 자신을 맡기는 헌신과 사랑의 방법을 제시한다. 기독교의 신비주의와 수피즘은 이 점에서 비슈누 학파와 유사하다. "제 뜻이 아니라 당신 뜻대로 하소서."라는 기도가 곧 그들이 말하는 영적 성장의 비결이다. 이와는 대조적으로 베단타는 명상과 자기 탐구의 방법에 더 큰 비중을 둔다. 이 방법은 참자

스리 오로빈도

아와 거짓 자아의 차이에 대한 분별력, 거짓 자아에 대한 감정적 집착의 포기를 담고 있다. 거짓 자아와의 그릇된 동일시가 사라지면 그 즉시 내재하는 진리의 빛이 나타난다.

오로빈도의 통합 철학에 의하면, 인간과 우주의 낮은 성질과 높은 성질 모두 이 궁극적 실재로부터 오는 것이다. 낮은 성질이란 물질세계의 물리적 힘이며, 무의식 속의 본능적 충동의 원천이다. 인간의 높은 성질은 순수 의식과 영적 열망이다. 그것은 샥티라고 하는 근원적 창조력의 자각을 통해 낮은 성질의 모체母體로부터 진화해 나온다. 오로빈도는 이 근원적 창조력을 '성모Divine Mother'라고 했다. 궁극의 깨달음을 얻으려면 이 창조력을 정확하게 알아야 한다. 이것을 안다는 것은 물질과 영혼의 안정적인 결합을 의미한다. 오로빈도에 의하면 초물질적인 것은 물질에 굳건히 뿌리내리고 있을 때 가장 완전하게 꽃필 수 있다고 한다.

이러한 인식은 두 가지 방법을 통해 전개된다. 그 중 하나는 명상에 행위를 결합하는 것이다. 명상을 통해 무지가 벗겨지면 모든 존재의 진아인 자신의 참된 자아를 깨닫게 된다. 또한 이타적인 봉사행을 통해 다른 사람과 자비가 확장되는 관계를 맺게 된다. 신성을 자각하는 또 하나의 방법은 의식의 힘을 끌어 올리고 내리는 것에 대한 바른 이해에 있다. 의식의 힘찬 상승 운행으로 영혼의 시야가 넓어지고 높은 수준의 의식으로 성장할 수 있다. 의식의 하강 운행은 높은 의식의 빛과 힘을 끌어내려 물질적 차원의 여러 단계로 스며들게 한다. 이 방법은 육신을 자비와 삼라만상에 내재한 진리를 표현하는 효과적인 전달 수단으로 바꾸게 만든다.

통합적 비이원론에서는 우주적 영혼이 차츰 물질상태로 자기현현하는 과정을 진화라고 본다. 전 우주는 신성의 현현이다. 인간의 최고 목표는 이 우주적 영혼을 완전히 자각하여 성장의 길로 나아가는 데 있다. 따라서 통합 요가의 진수는 신성과 개별 의식이 하나라는 것을 효과적이고도 생동적으로 깨닫는 데 있다.

스리 오로빈도는 현대인이 출가하지 않고도 자기수양의 목적을 깨달을 수 있다는 믿음에 고대 인도의 불이론적인 아드바이타 철학을 결합시켰다. 집착 없는 행위와 함께 하는 명상이 구도자로 하여금 근원적 생명력인 쿤달리니를 일깨우게 만든다. 그리하여 샥티와 시바가 합일을 이룰 때 높은 자각의 세계로 성장할 수 있다.

오로빈도의 철학은 현대 인도인들에게 널리 받아들여졌으며 특히 서양인들에게 대단히 높은 평가를 받았다. 그러나 조용한 고독에 익숙한 나로서는 연극이나 공연, 테니스와 같은 그곳에서의 다양한 활동에 적응할 수 없었다. 나는 나식으로 돌아와서 히말라야로 떠나기로 결심했다.

축복의 물결

한번은 치트라코트Chitrakot라는 성지를 방문했는데, 그곳은 인도에서 가장 긴 빈드야 산맥에 자리하고 있다. 《라마야냐》에 의하면 치트라코트는 라마가 망명 중에 살았던 곳이라고 한다. 고대로부터 전해지는 이야기에 의하면 바이라기 사두들이 브린다반과 치트라코트를 방문했다고 하는데 브린다반에는 크리슈나를 사랑하는 사람들이 그리고 치트라코트에는 라마를 사랑하는 사람들이 다녀갔다고 한다. 빈드야 산맥에는 빈드야찰Vindhyachal이라는 성지도 있는데, 그곳에는 샥티 숭배자들이 많이 살고 있다. 레바 주의 숲을 순례하는 중에 요가 전통과 베단타에 고도로 숙련된 아주 잘생긴 스와미 한 사람을 사타나 숲에서 만났다. 그는 경전들을 잘 알았으며 아주 명석한 구도자였다. 나중에 그 스와미는 히말라야의 바드리나트로 가는 길목에 있는 지오티르마야피탐Jyotirmayapitham의 샹카라차리야로 임명되었다. 그의 이름은 브라흐마난다 사라스바티Brahmananda Sarasvati였다.

그는 연못 가까이에 있는 산 둔덕의 작은 천연 동굴에서 살고 있었는데 약간의 소금을 곁들인 발아곡물만으로 살았다. 나는 마을 사람들의 안내를 받아 거기로 갔지만 처음에는 그를 찾지 못해 몹시 낙담했다. 다음날, 연못 근처에 나막신 자국이 나 있는 것을 발견하고 따라가 보았지만 역시 허사였다. 그렇게 하기를 닷새째, 동이 트기 전 이른 새벽에 연못으로 가 보았더니 그가 목욕을 하고 있었다. 나는 그에게 "나모 나라얀Namo Narayan."이라고 정중히 인사했다. 그것은 스와미끼리의 인사법으로, "당신 안의 신성에게 절합니다."라는 뜻이다. 침묵 수행을 하고 있던 그는 몸짓으로 자신의 동굴로 따라오라는 시늉을 했다. 나는 기쁜 마음으로 그를 따라 동굴로 들어갔다. 그날은 그가 침묵 수행을 한 지 여드레째 되는 날이었는데, 그는 그날 밤을 나와 함께 보낸 뒤 다음날 침묵 수행을 마쳤다.

나는 공손하게 내가 온 목적을 말했다. 나는 그의 생활 방식과 수행 방법을 알고 싶었던 것이다. 그는 산스크리트에 정통한 사람만이 할 수 있는 최고의 길인 스리 비드야에 대해 이야기해 주었다.

그의 설명에 따르면 이 방법은 라자 요가, 쿤달리니 요가, 박티 요가, 아드바이타 베단타를 결합한 것이다. 이 길의 스승이 권하는 책은 《축복의 물결The Wave of Bless》과 《아름다움의 물결The Wave of Beauty》 두 권인데, 두 책을 합한 것을 산스크리트 어로 '사운다랴라하리Saundaryalahari'라고 했다. 그 외에도 미조르와 바로다 도서관에서 발견된 필사본으로, 《프라요가 샤스트라Prayoga Shastra》라는 책이 있다고 했다. 그러나 이 행법을 직접 터득한 스승의 도움 없이는 어떤 학자도 영적 의미가 풍성하게 깔려 있는 이 책을 이해하지 못한다는 것이다.

나중에 안 일이지만 스리 비드야와 마두 비드야*는 전 인도에서도 10~12명 정도의 극소수에게만 알려진 행법이었다. 나는 그것에 흥미를 느끼게 되었는데, 내가 스리 비드야에 대해 조금 알고 있는 것은 그

덕택이다. 스리 비드야에서는 몸을 사원으로, 내면의 거주자 아트만을 신으로 본다. 인간은 소우주와 같은 것이므로 이 사실을 깨닫게 되면 우주 전체를 이해하게 되고, 궁극적으로 절대자를 깨닫게 된다.

여러 가지 경전에 대해 연구하고 다양한 방법을 배우고 나자, 마침내 나의 스승께서는 스리 비드야의 행법 수련을 도와주셨다. 이 체계에서는 쿤달리니의 불을 성모로 본다. 요가 수련을 통해 잠자던 쿤달리니가 각성되어 최고의 차크라를 향해 올라간다. 차크라는 영적인 몸을 형성하며, 의식의 전 흐름을 연결하는 생명의 수레바퀴다.

차크라의 기법은 아주 간단하다. 하지만 이에 대한 깊은 이해가 있어야만 모든 수준에서 큰 도움을 얻을 수 있다. 차크라는 육체적, 생리적, 에너지적, 심리적, 영적인 단계 전체에 작용한다. 이 에너지 중심들은 몸의 척추를 따라 놓여 있는데 맨 아래의 차크라는 미저골 부근에 있다. 두 번째는 천골, 세 번째는 배꼽, 네 번째는 가슴, 다섯 번째는 목 밑, 여섯 번째는 양미간, 일곱 번째 차크라의 위치는 정수리 부근이다. 하위 차크라들은 낮은 수준의 마음이 흐르는 통로들이다. 가슴의 아나하타* 차크라는 낮은 차크라와 높은 차크라가 만나는 지점이며 사랑과 자비, 평온의 감정과 깊은 관련을 맺고 있다. 불교, 힌두교, 기독교, 유대교 등 모든 종교에서 이 차크라의 존재에 대해 말하고 있다. 힌두교에서의 아나하타 차크라는 유대교의 다윗의 별*이며, 기독교에서 말하는 성심*이다.

상위 차크라들은 상승하는 에너지의 각각의 중심에 위치한다. 가슴의 아나하타 차크라에서 정수리의 사하스라라* 차크라 사이에는 많은 단계의 의식이 있다. 명상 자세로 곧게 앉으면 이 차크라들이 바르게 정렬되고 특정 차크라에 에너지를 집중시킬 수 있다.

스와미 브라흐마난다 사라스바티

　기의 흐름을 보다 높은 차크라로 보낼 수 있는 능력은 영적 진보의
한 면모다. 체계적으로 모든 차크라를 체험하려면, 생명력의 중추인
차크라에 대한 지식이 큰 도움이 된다.
　차크라에 관한 문헌은 힌두교와 불교에 엄청나게 많은데, 뒷날 신지학* 연구자들이 서양인을 위해 해설과 함께 소개했다. 서양인들도 차크라에 관한 책을 많이 써 냈는데, 존 우드로프 경의 저서를 제외하고는 잘못된 것이 많다. 왜냐하면 수련에 대한 안내가 없이 간접적인 정보만 늘어놓았기 때문이다. 이와 같이 고도의 완전한 체계에 대해 오도하는 저술은 도처에 널려 있으며 심지어 건강식품 가게에서도 찾을 수 있다.

스와미 브라흐마난다는 스리 비드야를 알고 있는 극소수의 성자 중한 분이었다. 그는 우파니샤드와 샹카라의 주석에 대해 독보적으로 깊이 이해하고 있었다. 그는 아주 훌륭한 연설가이기도 했다. 브라흐마난다의 제자 중 한 사람이자 유명한 학자인 스와미 카르파트리Karpatri는 그에게 300년 동안 공석이던 북인도의 샹카라차리야 직을 받아들이라고 권했다. 그가 이 도시에서 저 도시로 다니면 수천 명의 사람들이 몰려들었는데, 샹카라차리야에 오른 뒤로는 그 수가 더욱 늘어갔다. 그의 가르침 중 매우 돋보이는 것은 박티와 아드바이타를 결합시킨 것이다. 나는 며칠 동안 그와 함께 있으면서 그가 바가바드 기타에 관한 마두수다나Madhusudana의 주석에 관해 말하는 것을 주의 깊게 들었다.

스와미 브라흐마난다는 루비로 만든 스리 얀트라*를 가지고 있었는데, 내게 그것을 보여 주면서 예배하는 법을 설명해 주었다. 위대한 성자들이 영적, 심적, 육체적인 힘을 그들의 궁극적 목표를 향해 쏟는 것을 지켜보면 대단히 흥미롭다. 인도의 수많은 스와미 중에 대중과 함께 살면서도 세속의 유혹에 물들지 않고 청정한 빛을 발하는 그와 같은 성자를 나는 불과 몇 명밖에 보지 못했다. 그와 함께 일주일을 보내고 난 뒤 나는 우타르카시로 향했다.

탄트라의 세 파

스승께서 나에게 남인도의 말라바르 언덕에 살고 있는 위대한 스승을 찾아가 탄트라를 배워 오라고 하셨다. 그는 102세였는데도 평온한 모습에 건강하고 학식도 높았다. 그는 비록 재가자였지만 의식이 진보된 많은 요기와 스와미들에게 탄트라의 철학을 가르치고 있었다.

탄트라에 관한 문헌은 대단히 방대하지만 이해하기도 어렵고 더러 잘못 쓰이는 수도 있다. 힌두교도나 자이나교도 또는 불교도들 중의 일부가 대단히 진보된 밀교를 수련해 왔다. 파트나의 쿠다박샤 도서관, 바로다 도서관 그리고 마드라스 도서관에는 탄트라 문헌들이 가득하지만 모두 일반인의 이해 수준을 넘는 것들이다. 또한 그것을 활용할 수 있는 탄트라의 대가 역시 참으로 드물다. 그러나 숙달된 스승의 지도를 받아 수련하면 다른 영적인 길 못지않게 이 길 또한 큰 깨달음을 얻을 수 있다.

탄트라에 의하면 남성성과 여성성은 우주의 두 원리로서 시바와 샥티라고 불리는데 모든 사람에게 이 두 요소가 존재하고 있다. 탄트라에는 카울라Kaula, 미슈라Mishra, 사마야Samaya라는 세 학파가 있다. 카울라 즉 좌도左道 탄트라 수행자들은 샥티를 숭배하며, 그 방법에는 성행위가 포함된 외적 의식이 수반된다. 그들은 명상을 통해 척추 기저의 물라다라 차크라*에 잠재된 생명력인 쿤달리니를 각성시킨다. 그러나 일반인들은 종종 이 방법을 잘못 사용하고 있다.

미슈라 즉 중도中道학파에서는 내적 숭배와 외적 수련을 병행한다. 이 파에서는 잠재된 생명력을 각성시켜 가슴 중앙의 아나하타 차크라로 보내며 이를 숭배한다.

가장 순수하고 높은 탄트라는 사마야 즉 우도右道 탄트라다. 순수 요가인 사마야에는 성을 수반하는 어떤 형태의 예배나 의식도 없다. 여기에는 명상이 열쇠지만, 그 명상법은 일반적인 명상법과는 전혀 다르다. 이 파의 구도자들은 의식의 정점인 사하스라라에 대해 명상하는데 이러한 예배법을 안타르야가antaryaga라 한다. 스리 차크라*의 지식이 이 파에서 전수되어지며 차크라, 나디*, 프라나* 그리고 삶에 대한 철학적 지식을 완전히 공부한 사람만이 이 파에 입문할 수 있다.

그 세 가지를 다 알고 있었지만 내가 택한 것은 사마야였다. 이 지식 체계를 설명하는 책들 중에 내가 선호하는 것은 《축복의 물결Anandalahari》과 《아름다움의 물결Saundaryalahary》이다.

나는 그곳에서 한 달간 머물면서 탄트라의 스승에게서 실제적인 수련을 익히고, 두 책에 언급된 여러 주석에 대해 공부했다. 그리고 다시 산으로 돌아왔다.

인도 철학의 일곱 학파

나는 가끔 베단타 철학의 가장 훌륭한 해설자인 알라하바드 대학의 라나드Ranade 박사를 만나러 가곤 했다. 그의 제자들은 으뜸가는 선생이자 위대한 신비 철학가인 라나드 박사를 '구루데바'라고 불렀다. 나는 인도의 모든 대학교수 중에서 그를 가장 존경했으며 인도 철학에 대한 체계적인 나의 지식은 모두 그의 덕분이다. 그는 인도 철학이 가장 근원적인 철학적 질문에 답을 주고자 하는 일곱 개의 학파로 나누어질 수 있다고 했다. 그 중요한 질문이란 다음과 같다.

1. 나는 누구인가? 나는 어디서 왔으며, 왜 왔는가? 다양한 세상과 다른 사람들과 나와의 관계는 무엇인가?
2. 내 존재의 본성은 무엇이며, 현상계와 그 원인의 본성은 무엇인가?
3. 의식의 중심과 세상의 대상들과의 관계는 무엇인가?
4. 현상계의 사물들이 지니고 있는 이름과 형태의 본질은 무엇이며, 그것들이 인간의 본성 혹은 우주 의식에 어떤 도움이 되는가?
5. 육체를 가지고 사는 동안 어떻게 행동해야 하는가? 사후에도 삶이 계속되는가?

신비주의 철학자 라나드 교수

6. 진리란 무엇인가? 어떻게 진리를 구하는 의문들에 대한 합리적인
　　결론에 도달할 것인가?

　이러한 문제에 초점을 맞춘 인도 철학의 일곱 학파는 베단타, 요가,
상키야, 바이셰시카Vaisheshika, 미맘사Mimamsa, 니야야Nyaya 그리고 불
교다. 아래에 제시된 이 학파의 스승들이 생존했던 시대는 서양 학자
들이 추정한 것이다. 그러나 각 학파에 속한 학자들은 이미 수천 년 전
에도 스승들이 존재했다고 여긴다.

　베단타 나는 스스로 존재하는 의식이며 지복이다. 이것들은 나의 속
성이 아니라 내 존재 자체다. 나는 어디서 온 것도 아니고, 어디로 가
는 것도 아니지만, 많은 형상과 이름을 지니고 있다. 나의 본성은 모든
속성과 한계를 넘어 자유롭다. 나는 바다와 같으며, 모든 피조물은 파
도와 같다. 개별적 영혼이란, 본질적으로 볼 때 광대한 우주에 존재하
는 모든 것을 포함하고 있는 브라흐만 자체다. 그것의 이름은 우주 성
음인 옴이다. 옴은 핵이며, 우주는 그것이 펼쳐진 것이다. 그것은 절
대, 초월, 속성이 없는 실재이며, 또한 내면의 생명력인 샥티를 조절하
는 능력을 그 안에 가지고 있다. 그러므로 브라흐만의 힘은 마야라고
불리는 다양하게 변하는 모습을 드러내 보이지만, 실재로 다양성은 겉
모습일 뿐이다. 무한은 실재가 다시 드러날 때 사라져버릴 유한한 현
상에 덮여 있다. 그리되면 자신이 브라흐만으로서 브라흐만 안에 존재
한다는 것을 깨닫게 된다. 자신이 브라흐만임을 알고 브라흐만과 하나
가 된다.

　다음은 우파니샤드의 기초가 되는 베단타 철학의 주요 명제들이다.

　1. 다양성은 없다. 다양성이 실재한다고 생각하여 여기에서 어떤 것

을 찾아 헤매는 사람은 여러 생을 방황한다.

2. 평온한 사람은 그로부터 우주가 나오며 그 안으로 우주가 소멸하는 브라흐만 안에 머문다.

3. 이 모든 것이 브라흐만이다.

4. 브라흐만은 순수한 신비적 직관이다.

5. 진아는 브라흐만이다.

6. 그대가 그것이다(That thou art).

7. 나는 그것이다(I am that).

8. 나는 브라흐만이다(I am Brahman).

기원전 2000년부터 기원전 500년경에 베다의 현자들이 가르친 철학은 비야사*, 가우다파다* 그리고 많은 고대 경전의 저자이자 이 고대 철학을 집대성한 고빈다파다*와 같은 성자들의 계보를 따라 전수되어 왔다. 8세기에 샹카라차리야가 마침내 일원론을 체계화했으며, 그 뒤 많은 아차리야*들이 샹카라차리야와는 다른 이원론과 불이론 철학의 다양한 지파를 설립했다.

요가 요가 체계에서는 개별 영혼을 자기 내부에 있는 궁극의 실체인 우주 의식을 찾는 탐구자로 본다. 실천적인 면에 유용하다면 요가는 모든 체계와 수행법을 다 받아들인다. 현상계에 사는 동안 영혼은 육체를 잘 돌봐야 하며, 그 능력을 순화하고 강화해야 한다. 이 학파에서 개인은 야마*와 니야마*의 계율 실천을 통해 고귀한 행위를 닦아야 하며, 마음의 움직임을 잘 다스려야 한다. 좌법과 호흡 수련으로 마음이 고요해지면 집중과 명상을 통해 오관五官을 조정할 수 있게 되어 마침내 물아일체物我一體의 사마디에 들어간다. 요가의 최종 목표는 카이발라*를 성취하는 것이다. 1세기에 파탄잘리*가 196장의 《요가 수트라》를 짓기 수천 년 전에도 요가 철학은 이미 존재했다. 요가와 상키야 철학의 관점은 서로 비슷하다.

상키야 상키야 철학은 이원적이다. 상키야 철학에서는 의식 푸루샤 *Purusha*와 무의식 프라크리티*Prakriti*가 분리되어 공존하며, 상호 의존하는 실재라고 여긴다. 의식 또한 개별 영혼인 지바*Jiva*와 우주적 영혼인 이슈바라*Ishvara*로 나뉜다. 상키야 철학의 다른 지파에서는 신의 존재를 별로 중시하지 않는다. 상키야 철학의 모든 학파에서 중시하는 것은 푸루샤가 자신이 항상 순수하고 지혜로우며 자유로운 본성을 지닌 것을 망각한 채 프라크리티에 연연함으로써 생기는 고통과 비극을 제거하는 것이다. 세 가닥이 꼬여 밧줄을 엮고 있듯이 사트바, 라자스, 타마스라는 세 가지 속성이 프라크리티를 이루고 있다. 정신 작용을 포함하여 세상의 모든 현상은 프라크리티의 세 가지 구나* 사이의 상호작용에 지나지 않는다. 이 속성들이 푸루샤 안에 잠재되어 있는 다양한 요소를 여러 가지 모습으로 나타나게 한다. 세 가지 구나가 균형을 이루고 있을 때, 프라크리티는 조화상태에 있게 된다. 정신적인 동시에 물질적인 우주가 창조되면, 세상의 모든 현상과 경험을 내포하는 24단계, 36단계 또는 60단계의 운행과정을 통과하게 된다.

인도의 모든 철학 체계는 상키야 철학을 부분적으로 수용하고 있으며 이는 또한 인도 심리학의 기초를 이루고 있다. 몸을 이해하는 것은 인간의 모든 속성을 이해하는 것이기도 하므로, 상키야 철학은 수학과 인도 의학에도 많은 영향을 미쳤다. 상키야 철학의 설립자는 아수리 *Asuri*이며, 고대 현자 중의 한 사람인 카필라*는 이 철학의 아차리야다.

그 뒤를 이어 AD 3세기 무렵 이슈바라 크리슈나Ishvara Krishna가 이 철학을 상키야카리카Sankhya-Karika로 체계화했다.

바이셰시카 이 철학에서는 인체와 우주의 물리학과 화학에 관해 다룬다. 기원전 300년경, 카나다Kanada는 자기 철학의 주제가 현생에서 인간을 번영으로 인도하며 내세에 지고의 선으로 인도하는 다르마[*]임을 명시했다. 바이셰시카 철학의 창시자인 그는 또한 땅, 물, 불, 바람, 공간, 시간, 차원, 마음, 영혼의 아홉 가지 주제와 그것들의 상호작용에 대해 논했다. 그의 철학은 4세기경에 프라샤스타파다Prashastapada에 의해 더욱 발전했다.

미맘사 미맘사 철학은 자이미니Jaimini에 의해 창설되었다. 이 철학에서는 베다를 내면의 지혜를 드러내는 지고의 경전으로 받아들인다. 행위를 통한 구원을 믿으며, 의식과 경배 그리고 도덕적 행위의 효용에 관한 철학적 기반을 확립하였다. 이런 기초 위에서 카르마 철학이 발전되어 나왔다. 이 학파는 언어학과 수사학에 매달리는 문법학자들과 논리학자들의 권위에 도전한다. 미맘사 철학은 일종의 행동철학이다. 자이미니는 기원전 400년 무렵의 사람으로 추정된다.

니야야 니야야는 고대 성자 중의 한 사람인 고타마Gautama에 의해 창설된 논리학파. 그는 의심을 철학 탐구의 전제 조건으로 삼고, 토론의 규칙을 정교하게 다듬었다. 오늘날까지도 인도의 모든 철학파는 이 니야야의 논리 체계를 따르고 있다. 니야야의 논리 체계는 16세기에 들어 더욱 발전하였으며, 오늘날에는 신논리학neologic이라고 불리고 있다. 그 체계는 매우 복잡하며, 현대 서양의 수리논리학mathematical logic과도 비슷하다.

불교 고타마 붓다는 2,600여 년 전, 상키야 철학의 창시자 중 한 사람인 카필라의 아쉬람 근처에 있는 카필라 성에서 태어났다. 고타마는 아다라 칼라마Adara Kalama라는 스승 밑에서 상키야 철학을 깊이 공부했는데, 그 뒤 그는 네 가지의 거룩한 진리四聖諦를 발견했다.

1. 고통이 있다(苦諦).
2. 고통의 원인이 있다(集諦).
3. 고통은 제거될 수 있다(滅諦).
4. 고통을 제거하는 방법이 있다(道諦).

이 네 가지 거룩한 진리는 파탄잘리의 《요가 수트라》에 이미 나와 있는 것인데, 차이점이라면 붓다가 아나타*anatta* 즉 무아설無我說을 가르쳤다는 사실이다. 고대의 현자들이라면 '네티*neti*' 즉 '이것이 아니다'라는 말의 뜻을 충분히 이해했을 것이다.

붓다는 형이상학적인 공론을 받아들이지 않았다. 그는 신의 존재에 대해서 논하지 않았으며, 열반에 든 뒤에도 붓다가 존재할 것인지에 대한 질문에도 답하지 않았다. 그는 그런 질문은 생각해 볼 가치가 없다고 말했다. 깨달은 자이자 대단히 실천적인 스승이었던 붓다는 제자들이 가장 청정한 의식 수준인 보디*를 얻기 위한 팔정도八正道를 수행하기를 원했다. 그는 대화의 수단으로 팔리 어*를 택했다.

붓다의 열반 이후 승려들은 여러 집단으로 나누어졌다. 크게는 두 개 학파로 갈라졌는데, 원로들의 정통 교리를 이은 테라바다*와 불교의 형식 철학을 발전시킨 마하야나Mahayana가 그것이다. 오늘날 마하야나 즉 대승불교는 인도에서 사라졌다. 이 두 학파의 역사적, 교리적 주요 차이점에 대한 저작은 상당히 많이 있다.

테라바다 신도들은 붓다의 가르침이 다른 인도 철학과는 완전히 분리되어 있다고 생각한다. 그들은 팔리 어를 경전 연구의 수단으로 공부하며, 깨달음을 얻은 완벽한 스승으로 붓다를 공경한다. 그들은 붓다를 찬미하기 위해 아름다운 불상을 안치한 큰 절을 지었는데, 그곳에서는 고대 힌두 양식의 푸자*가 행해지고 있다. 그렇다고 해서 테라바다 교리에서 붓다를 구세주로 보는 것은 아니다. 각 개인은 자신의 빛을 발견해 깨닫고 마침내 아나타 즉 무아無我에 도달한다고 믿는다.

인도의 다른 철학과 만났던 마하야나는 정교한 산스크리트 어를 채택하지 않을 수 없었다. 가장 위대한 학자 중 한 사람이었던 나가르주나*는 슈냐shunya를 공空이라고 설명했다. 유식학파*에서 말하는 아라야식*은 우주의식이다. 힌두교도들은 붓다를 신의 아홉 번째 화신으로 받아들이기 시작했으나, 불교도들은 화신보다 더 높은 존재에 헌신하려 하는 인간적 갈망을 충족시키고 싶어 했다. 그리하여 현신하는 지고의 실체에 대한 개념이 발달하게 되었고, 붓다는 다음과 같이 세 개의 몸 또는 존재의 세 가지 단계를 가지고 있다고 보았다.

1. 다르마카야*Dharma-kaya* : 절대 존재(우파니샤드의 슈클라 브라흐만 *Shukla Brahman*과 같은)

2. 삼보가카야*Sambhoga-kaya* : 절대 존재의 전개(우파니샤드의 샤발라 브라흐만*Shavala Brahman*이나 이슈바라*Ishvara* 혹은 인격적 신)

3. 니르마나카야*Nirmana-kaya* : 인간으로 태어난 붓다의 몸, 화신

마하야나의 가르침에는 쿤달리니와 차크라에 관한 지식이 원용되고 있다. 상징적 형상을 마음에 떠올리고 정교하게 의식을 준비하는 것은

힌두교와 똑같다. 또한 힌두 경전에서 가르치는 것과 똑같이 지극히 자비로운 존재에 대한 믿음과 헌신을 수행한다. 붓다의 길은 중도中道의 길이었으며 붓다의 가르침은 무엇보다도 승려들을 위한 것이었다.

그러나 고대의 여러 가르침처럼 불교는 세상 여러 지역 사람들의 생활양식이 되었다. 중도를 따름으로써 인간을 욕망으로 이끄는 무지를 없앨 수 있으며 그런 다음에라야 인간은 슬픔과 고통, 불행을 벗어나 자유로워질 수 있다.

위의 일곱 학파는 진리와 실재를 여러 가지 양상으로 다루고 있다. 그러나 그들은 모두 지고한 초월적 목표를 신성한 것으로 여기며, 몇 가지 근본적인 문제에서는 생각을 같이한다. 그런 이유로 《푸라나》 같은 고대 인도의 힌두교 경전이나 《마하바라타》나 《라마야나》 같은 서사시에서 이 철학들이 모두 진실하다고 평가하는 것이다.

소마

소마에 관해 연구한 산속의 학자가 저술한 책을 읽었다. 소마는 히말라야에서 약초를 다루는 사람들이 예배나 의식에 사용하는 유명한 약초 이름이다. 베다의 어떤 구절에는 소마가 어디에 사용되며, 어디에서 자라는지 등에 대해 다루고 있다.

이 책은 내 호기심을 자극하여 저자를 직접 만나 보게 만들었다. 저자는 소마에 관해 최고의 권위를 지닌 유명한 히말라야의 약초학자인 바이디야 바이랍두트Vaidya Bhairavdutt를 내게 소개해 주었다. 그는 이제 가고 없지만 그가 설립한 센터와 도서관은 세계 여러 나라에 약초에 대한 지식을 계속 제공하고 있다. 경전에도 달통했던 그는 내게 어떤 약초를 가져와서 그 사용법을 가르쳐 주겠다고 약속했다. 그것은 해발 3,350미터에서 자라는 덩굴식물이라고 했다. 그에게 여행비로 1,000루피를 주었더니, 겨울이 지나자 450그램 정도의 소마를 가져다주었다.

그가 준 소마를 마리화나와 하시시를 사용하는 사두들에게 실험해 보았다. 그랬더니 그들은 두려움이 없어졌다고 했다. 그들의 체험담은 환각용 버섯을 먹은 서양인들의 체험담과 비슷했다. 약초학자는 나에게 소마와 비슷한 약효를 지닌 버섯이 몇 종류 있다고 설명해 주었다. 그러나 덩굴식물인 소마는 버섯과가 아니라 다즙식물과에 속한다고 했다. 고대 의약서인 《아유르베다*Ayurveda*》에는 여러 종류의 버섯 이름 과 색깔, 크기, 사용법 등이 설명되어 있다. 이것은 고대 인도인들이 심리적인 실험을 목적으로 그러한 약초들을 사용했었다는 것을 입증해 준다. 그러나 다른 다즙식물들은 그런 효과를 내지 못한다. 아가리 쿠스*Agaricus*, 사리풀잎*Hyoscyamus*, 가시독말풀*Stramonium* 같은 몇 종류의 약초가 독성을 지니긴 했지만, 소량을 복용할 경우 환각작용 같은 효과를 일으킨다. 이런 약초를 다룰 때 가장 중요한 것은 적정량을 맞추는 일이다.

소마와 수은의 처방에 관해 고대인들이 많은 저술을 남겼다. 어떤 경전에는 환각제를 만드는 방법이 수백 가지나 기술되어 있지만 요가에서는 이러한 외적 자극의 사용을 금하고 있다. 적절한 사용법도 모르면서 그러한 약초를 마구 사용하는 저급한 사두들도 있다. 그들은 여기저기서 멍하니 늘어져 있다. 고대의 약초인들은 이러한 약초들을 언제, 어떻게 사용하는지 상세히 알고 있었다.

동종요법의*들은 사망 직전의 환자에게 두려움을 느끼지 않도록 마약의 일종인 ARS 10-M을 처방한다. 또한 이집트와 그리스에서는 죽어가는 사람이 고통을 겪지 않고 기쁘게 죽을 수 있도록 헴록이라는 독초를 먹게 했다. 마찬가지로 인도의 약초학자들은 마음을 내면으로 돌리기 위해 소마를 사용할 것을 권장하기도 했다. 그들은 이 약초를 예식에 이용했는데, 그것이 고대 아리안들의 종교 의식의 일부가 되었다.

요가과학을 집대성한 파탄잘리는 《요가 수트라》 4장 1절에서 아우사디*ausadhi* 즉 약초로 제조한 약이 심령 체험을 돕는다고 기술하고 있다. 이 방법을 통한 심령 체험은 나름대로 효과도 있고 감각기관을 통해 받아들이는 체험보다 강렬할 수도 있지만, 영성에는 아무 소용이 없다.

고대 문헌에 언급된 소마 즙soma-rasa은 오랫동안 한 자세로 앉아 있을 수 없거나 마음을 집중할 능력이 없는 열등한 제자들을 돕기 위해 이용되었다. 소마 즙은 외부 자극에 대해 무감각하게 만들어서 생각을 한 방향으로 흐르게 해 준다고 한다. 즉 몸이 고요해지고 통증도 사라지게 해 주는 것이다. 체계적인 훈련을 통한 바른 자세를 수련하지 않는 사람들 중에 명상을 하기 전에 경배의식에 따라 소마를 복용하는 사람들이 있다. 그러나 소마는 일반적인 환각제가 아니며, 평생 이 약초에 대해서만 연구해 온 특정한 전통의 약초학자들만 이 약초를 사용할 수 있다.

바이디야 바이랍두트는 만트라와 함께 이 약초를 사용하는 것이 일반적인 수련이었다고 했다. 숙달된 사람의 지도 아래 단식과 고행을 하고 난 뒤 조용한 곳에서 이 약제를 쓰면서 만트라를 암송했다는 것이다.

엄격한 수행도 하지 않고 마음도 잘 수련하지 않는 사람이 환각제를 사용하는 것은 위험하다. 그렇게 되면 신경계가 상할 뿐만 아니라, 결국에는 정교한 에너지 통로가 교란된다. 환각 증상이 일어나고 미칠 수도 있다. 마약을 사용하면서 그 행동에 아무런 영적 징후도 보이지 않는 사람들을 나는 많이 보아 왔다. 그들은 아마 이상한 체험을 했겠지만, 나중에 해로운 부작용이 나타난다면 그런 체험이 무슨 도움이 되겠는가. 아무런 마음의 준비도 되어 있지 않고 적절한 식이법도 지키지 않은 채 이 약을 사용하면 으레 장기간의 우울증이 나타난다. 과거에 소마 즙을 사용할 때는 적절한 식사, 조용한 환경, 만트라 그리고 올바른 지도를 대단히 중시했다.

약초학자인 바이디야 바이랍두트는 자신이 직접 소마 즙을 사용해 보았다고 했다. 그것이 고대 경전에 나와 있는 소마인지는 나도 알 길이 없다. 그는 그것이 마음을 매우 기쁘고 고양되게 하는 효과를 가져다주지만, 장기간 사용하면 부작용으로 우울증이 온다고 했다. 또한 이 약초를 계속 복용할 경우 심리적 중독 같은 것이 생길 수도 있다고 했다. 그런데도 그는 내게 "굉장합니다. 아마 당신은 그런 경험은 한 번도 못해 봤을 겁니다."라면서 한번 사용해 보라고 유혹했다.

어느 날 아침, 그는 아쉬타 바르가*를 준비한 뒤 그 속에다 소마를 섞었다. 우리는 함께 그것을 마셨다. 맛은 약간 쓰고 시큼했다. 잠시 후에 그가 몸을 흔들면서 찬송가를 부르더니 마침내 옷을 전부 벗고 춤을 추기 시작했다. 그러나 내게는 심한 두통이 시작되었고 머리가 깨질 것만 같아 두 손으로 머리를 감싸 쥐었다. 곁에서 시중을 들던 사람은 두 사람이 전혀 다른 행동을 보이자 몹시 어리둥절했는지 머리를 절레절레 내저었다.

"맙소사! 한 사람은 바깥에서 춤을 추고 있고, 또 한 사람은 방구석에서 머리를 감싸 안고 쩔쩔매는군요."

나는 갠지스 강으로 뛰어들어 건너편 숲으로 달아나고 싶을 만큼 견디기 힘들었다. 그것은 혼란스러운 경험이었다. 그러나 약초학자는 춤을 추면서 자신이 우주의 주신主神 시바라고 외치면서 울부짖었다.

"나의 파르바티*는 어디에 있느냐? 그녀와 사랑을 나누고 싶구나!"

이 소동은 아침에 나를 방문하러 온 학생들을 혼란하게 만들었다. 학생들은 그를 제지하려고 했다. 하지만 그의 힘이 어찌나 세던지 학생 다섯 명이 안간힘을 써도 그를 이길 수가 없었다. 그는 체격이 작았는데도 불구하고 학생들을 하나씩 내던져버렸다. 나는 창문을 통해 그 광경을 보았지만, 머리가 너무 무거워서 도저히 방 밖으로 나갈 수가 없었다. 한 스와미가 내게 더운물을 가져다주며 마시고 토하라고 일러주었다(이것은 많은 양의 온수를 마신 뒤 토하게 하여 위를 씻어내는 요가의 치료법이다). 그러자 좀 나아졌다. 우타르카시의 우자일리 아쉬람에 머무는 동안 일어난 이 사건으로 아쉬람의 다른 모든 일과가 엉망이 되고 말았다. 나는 이 일을 제자들에게 어떻게 설명할지 난감했다.

몇 년에 걸쳐 환각제 사용을 면밀히 검토해 본 결과, 나는 그것이 가져다주는 좋은 효과보다 해가 훨씬 더 크다는 결론을 내렸다. 마음의 준비가 되어 있지 않은 사람은 그러한 약재를 사용할 때나 그 뒤에 좋지 않은 경험을 하게 된다. 또 준비가 된 사람이라면 구태여 그런 약을 사용할 필요가 없다.

Part 8
종교를 넘어서

세상의 모든 위대한 종교는
모두 하나의 진리에서 나왔다.
진리를 실천하지는 않으면서 어떤 종교만 따르는 것은
장님이 장님을 이끄는 것과 같다.
신에 귀의한 사람은 모든 존재를 사랑한다.
사랑은 우주의 종교다.
자애로운 이는 종교의 한계를 넘어
나뉨이 없는 절대 진리를 깨닫는다.

히말라야의 **기독교** 성자

　그리스도를 믿는 성자 한 사람이 우리 동굴 수도원에서 함께 지낸 적이 있다. 그의 이름은 순다르 싱Sundar Singh이었다. 그가 마드라스를 방문할 때면 수만 명이 그의 설교를 듣기 위해 해변으로 모여들었다. 심지어 유럽 사람들은 그를 만나러 비행기를 타고 오기도 했다.

　그는 펀자브 지방 암리트사르에서 태어났고 그의 집안은 시크교를 믿었다. 어렸을 때 그에게는 밤마다 똑같은 환영이 나타났다고 한다. 그런데 그것이 꿈인지, 아니면 누가 자기를 인도하려는 것인지, 그것 도 아니면 뭔가 위험한 징조인지 그는 이해할 수가 없었다. 그것은 어떤 이가 그에게 나타나 일어나서 히말라야로 가라고 하는 환영이었다. 그래서 잠을 자지 않으려고 버티기도 했으나 결국은 지쳐서 눈을 감곤 했다. 그러면 으레 그 환영이 나타나서 "내 말을 들을 준비가 되었느냐? 나는 너의 구세주다. 너에게 다른 길은 없다."라고 말하는 것이었다.

　그는 자기를 찾아오는 사람이 누군지 알 수가 없어 사람들에게 물어보았다. 어떤 사람은 그리스도라 했고, 어떤 사람은 크리슈나라고 하는가 하면 또 어떤 사람은 붓다라고 했다. 마침내 그리스도의 사진을 보게 되었을 때, 그제야 그 환영의 인물이 그리스도라는 것을 알게 되었다.

"내 꿈에 나타나서 나를 깨우던 스승이 여기 있군."

그리스도는 그 후에도 몇 번이고 나타나서 이렇게 말하는 것이었다.

"아들아, 왜 늑장을 부리느냐?"

그러던 어느 날, 마침내 그는 아무에게도 알리지 않고 살며시 집을 빠져나와 히말라야로 왔다. 그리고 그곳에서 오랜 세월을 머물렀다. 그는 몇 년 동안 우리의 동굴 수도원에서 같이 살기도 했다. 그는 내게 신약성서를 소개해 주었고, 바가바드 기타와 성경을 비교하며 설명해 주기도 했다.

그는 이렇게 말했다.

"아침의 메시지는 크리슈나의 가르침이고, 오후의 메시지는 붓다의 가르침이며, 저녁의 메시지는 그리스도의 가르침이다. 거기에는 아무런 차이가 없다. 자비로우신 그리스도, 깨달음을 얻은 붓다, 완전하신 크리슈나는 각기 자신이 살던 시대와 그들을 따를 준비가 된 사람들의 필요에 맞게 가르침을 펴신 것이다. 이런 성인들은 필요할 때면 여러 가지 형상으로 내려와 인류를 인도해 주는, 절대의 실재를 드러내 주는 대리자들이다. 성인들은 세상의 모든 위대한 종교를 존중하는 전통을 따른다."

사두 순다르 싱은 매우 인자하고 친절하며 고도로 진화된 영혼의 소유자였다. 나는 그를 공경하면서 스승의 한 분으로 모셨다.

어느 날 그가 불교와 기독교를 비교해 설명했다.

"불교가 힌두교를 모태로 해서 나온 것처럼, 기독교는 유대교를 모태로 해서 나왔다. 이 두 개의 위대한 세계 종교는 변화하고, 진화하고, 여러 세기를 거쳐 성장하면서 다양한 형태를 띠어 왔다. 이 두 고결한 종교에는 몇 가지 중요한 공통점이 있다.

이 둘은 모두 낮은 수준의 마음에서 비롯되는 육체적 관능을 거부한다. 이 두 종교는 육체적 관능을 모든 악의 뿌리라고 본다. 죄와 이기심을 부정하는 교리는 사람을 염세주의로 몰고 갈 수 있다. 그러나 이두 종교는 모두 인류를 위한 고난과 자비를 강조한다. 이 두 종교는 남에게 봉사함에 있어서 죽음까지도 감수하고, 남을 사랑함에 있어서 자기 자신에게 하듯이 할 정도로 근본적으로 깊은 박애의 이상을 편다. 둘 다 자비를 인간의 근본으로 파악하고 신자에게 자비심을 기를 것을 권고한다.

불교의 사랑은 기독교보다 범위가 더 넓다. 기독교는 관심을 인간에게만 한정한 반면, 불교는 자비의 대상을 의식이 있는 모든 축생에게까지 확장시켰다. 기독교는 신학의 도움을 빌려 인생을 분석하고 신앙에서 완결되는 반면, 불교는 삶의 근원을 추론하고 열반으로 완결된다. 불교의 고행은 평화를 가르치고 기독교의 고행은 기쁨을 가르치지만, 이 두 종교를 모두 이해한다면 세상의 그 무엇과도 바꿀 수 없는 평화와 기쁨을 얻을 수 있다. 기독교와 마찬가지로 불교에서도 의지를 강조한다. 또한 도덕적 삶을 위한 수행과 훈련 그리고 습관 형성을 중요시한다. 넓은 관점에서 보면 두 가르침에는 그리 큰 차이점이 없다.

붓다를 따르는 사람들은 그의 생각과 말 그리고 행동을 예의 주시한다. 역사를 보면 예수와 함께 살던 사람들은 자신의 작은 자아를 버리고 '큰 나'에 전적으로 헌신했다. 불교와 기독교는 모두 개인의 도덕적인 완성을 이루도록 가르친다. 불교는 고통의 큰 원인이 욕망에 근거함을 인식하는 사성제[*]를 믿는다.

기독교는 기회를 잡아서 그것으로 무언가를 이루어 내는 전형적인 서양인의 행동적인 면을 지니고 있다. 불교는 고요함 속에서 깊은 명상에 잠겨 있는 성인의 모습을 최고의 상징이자 이상으로 삼았다. 기독교는 십자가 위에서 고통 받는 젊은 스승의 상징을 사용한다. 이는 극한의 고통을 사랑으로 극복하는 증거인 것이다.

붓다와 그리스도의 성격은 비슷하기도 하고 다르기도 하다. 예수는 진리를 열렬히 사랑했다. 이에 비해 붓다는 차분하고 자비로운 성자였다. 두 종교의 형이상학적 태도에도 윤리적인 면에서 차이가 있다. 기독교가 유일신을 믿는 종교라면, 불교는 외관상으로 불가지론不可知論이다. 이러한 차이는 두 종교의 신자들이 자기네 종교만 옳다고 주장하는 잘못을 저지르게도 했다. 붓다나 그리스도 두 분 다 뛰어난 천재였으며 인류를 성장시키는 데 이바지했다는 사실을 그들은 잊었던 것이다.

기독교도들은 비슈누 신자들처럼 이원론dualism을 믿는다. 불교도들은 베다에서 말한 니르바나를 믿는다. 성자들의 길은 아주 오래된 길이며, 거기에는 기독교와 불교의 가르침이 모두 포함된다. 성자들의 길은 최고의 길이다. 성자들은 아득한 고대에 베다의 가르침을 창시한 분들이다. 베다는 모든 도덕과 철학 그리고 인간과 우주의 관계를 두루 포함하고 있는 종교다. 오늘날까지 문헌으로 기록된 것 가운데 가장 오래된 베다에는 불교와 기독교의 메시지가 모두 담겨 있다.

베다의 후기 부분을 우파니샤드라고 한다. 우파니샤드는 성현들의 메시지를 전하고 있으며, 그 해석도 수없이 많다. 이 가르침들은 시간을 넘어선 보편적인 것이며, 모든 사람을 위한 것이다. 베다는 어떤 특정 인물이 지은 것이 아니다. 수많은 성자들이 묵상과 명상의 절정 상태에서 이 심원한 진리를 깨달았던 것이다. 이 지식의 원천에서 인도 철학의 일곱 개의 샘이 솟아나 점차 큰 흐름을 이루었는데, 이 흐름들은 모두 보편성을 띠고 있다.

베다의 지혜는 아리안 족이 전한 것이었다. 하지만 가장 중요한 문제는 누가 베다의 지혜를 따르는지일 것이다. 베다에서는 수없이 많은 길을 설명하고 있다. 출가의 길을 따를 수 없는 사람은, 그를 속박하는 것은 카르마이며 카르마의 법칙에서 벗어나는 길은 없다는 것을 이해하도록 노력해야 한다. 카르마는 인과의 법칙이다. 원인과 결과는 분리될 수 없다. 크나큰 헌신과 사랑이 없이는 카르마에서 벗어날 수 없다. 깨달음의 길에 장애를 만들어 인간을 속박하는 것이 카르마다. 카르마를 떠나서는 윤회輪廻를 생각할 수 없다.

성자들의 길은 묵상의 길이요 명상의 길이다. 그것은 금욕의 길임에도 불구하고 세상에서 사람들이 필요로 하는 것을 충족시켜 준다. 성자들은 세상 사람들에게 영적 삶으로 이끄는 실천적 가르침을 준다. 그리고 자신의 의무를 사심 없이 이행하면 지금 여기에서 궁극의 실재를 깨달을 수 있다는 확고한 신념을 가지게 해 준다. 기독교가 내면에 있는 하느님의 나라에 대해 이야기하고, 불교가 니르바나를 이야기할 때, 성자의 길은 진아의 깨달음에 대해서 말한다. 성자의 길에서는 진아를 앎으로써 궁극의 실재를 깨닫게 된다. 기독교와 불교와는 달리 성자의 길은 특정한 상징을 예배의 대상으로 사용하지 않는다. 모든 것을 포함하고 아무것도 배척하지 않는 성자의 길은 소아*로부터 진아*로 그리고 마침내 대아*로 가는 길이다."

이와 같은 사두 순다르 싱의 힘 있는 연설은 청중의 가슴에 깊은 감동을 주었다. 그는 항상 그리스도 정신* 속에 살았다.

어느 날, 그에게 물어 보았다.

"신을 보았습니까?"

"그런 질문을 하다니, 나를 모욕하는 것 같구려. 나는 언제나 신을 보고 있다오. 내가 한두 번쯤 신을 보았을 거라고 생각하시오? 아니오. 나는 언제나 그분과 함께 있소. 내가 그분과 함께 있을 수 없을 때면, 그분이 나와 함께 계시오."

"좀 더 자세히 설명해 주시면 감사하겠습니다."

그러자 그는 매우 아름다운 표현으로 답해 주었다.

"깨어 있는 동안, 늘 신을 상기하면서 의식적으로 항상 신과 함께 있다는 것을 느끼시오. 잠이 들면서 의식이 희미해지기 시작할 때면, 그대 자신을 신에게 맡기시오. 잠이 들기 전에 마지막으로 염두에 두어야 할 생각은, '오, 신이시여. 저와 함께하소서. 저는 당신의 것, 당신은 저의 주님이십니다.'라는 것이오. 그러면 밤새도록 주님이 그대와 함께 계실 것이오. 이렇게 그대는 늘 신과 함께할 수 있소."

어느 날, 이 위대한 성자는 히말라야의 고지에서 사라져 버렸고 아무도 그의 행방을 알지 못했다. 나는 여러 번 그가 간 곳을 알아내려고 수소문해 보았으나 결국 허사였다. 그는 항상 신의식God-consciousness 속에서 사는 것이 가능하다는 것을 내게 가르쳐 주었다. 그처럼 알려지지 않은 성자들이 아직도 곳곳에 존재하고 있다. 늘 그리스도 정신 속에 사는 사람들에게 축복이 있기를!

제수이트 사두와의 만남

샹카라차리야 직에 있을 때 제수이트* 사두를 만난 적이 있다. 사두와 스와미들은 가끔 흰 법복이나 헐거운 삼베옷을 입기도 하지만, 대체로 오렌지색 법의를 입는다. 이 법의는 출가자의 길에 입문할 때 받는 옷으로, 오렌지색은 불을 상징한다. 지혜의 불에 세속적인 욕망을 몽땅 불태워 버린 사람만이 이 옷을 입을 수 있다는 의미다. 고승들 중에는 법의를 입는 형식에 얽매이지 않는 사람도 있다. 그들은 흰 옷을 입고 모포를 걸치거나 삼베옷을 입기도 한다. 그들에게 옷의 형식 같은 것은 의미가 없다.

스와미에게는 열 개의 지위가 있고, 사두에게는 서너 개의 지위가 있다. 스와미의 열 개 지위 중에 네 개는 브라흐만 계급의 차지다. 브라흐만 계급은 어릴 때부터 경전을 공부하고 명상과 기도를 배우며 영적인 환경에서 성장할 수 있도록 배려를 받는다. 그래서 일찍부터 지혜가 담긴 경전을 공부한 그들은 지식을 훌륭하게 전수할 수 있다고 여기는 것이다. 나머지 여섯 개의 지위는 다른 계급에게로 돌아간다.

내가 만난 그 제수이트 사두는 오렌지색 옷을 입고 목에 십자가를 걸고 있었는데, 그것이 나의 호기심을 자극했다. 그는 내가 만난 기독교 사두 중 세 번째 사람이었다. 우리는 기독교의 실천적인 면에 대해 토의했다. 이 사두는 산스크리트 어, 영어 그리고 남부 인도의 방언까지 구사할 줄 아는 박식한 승려였다. 그는 힌두 스와미들과 똑같은 방식으로 살았다.

인도의 기독교와 서양의 기독교는 차이가 있다. 인도의 기독교인들은 명상을 하고, 스와미들이 우파니샤드와 그 다양한 주석서를 설명하듯이 성경의 철학적인 면에 대해 해설한다. 그는 기독교의 실천적 수행을 가르침으로써 기독교를 부활시킬 수 있다고 말했다. 서양에서는 기독교의 실천적 수행이 거의 이해되지 못하고 있다. 예수가 히말라야에 살았느냐 아니냐 하는 것은 나에게 아무런 문제도 되지 않지만, 그는 예수가 히말라야에 살았다고 굳게 믿었다. 이 제수이트 사두는 아주 겸손한 사람이었는데, 자기가 그리스도와 함께 걸었던 경험을 내게 이야기해 주었다.

"2,000년 전의 사람과 어떻게 함께 걸을 수 있습니까?"

그러자 그는 웃음을 터뜨리더니 이렇게 말했다.

"모르시는 말씀입니다. 그리스도란 완성의 상태, 하나가 된 상태, 진리의 상태랍니다. 진리란 영원한 실재로서 죽음에 의해 사라지는 것이 아니지요. 나는 그리스도 정신 속에 산답니다. 그분의 발자취를 따라가지요."

내가 그 발자취가 어디에 있는지 물었더니 그는 다시 웃으며 말했다.

"어디로 발길을 옮기더라도 그분이 인도하심을 봅니다. 그분의 발자취는 어디에나 있습니다. 그러나 당신 자신의 믿음의 눈으로 봐야만 할 것입니다. 당신에게 그 눈이 있습니까?"

나는 그리스도에 대한 그의 사랑에 경탄하면서 작별을 고했다.

히말라야의 예수

샹카라차리야 직에서 물러난 뒤 나는 스승께 돌아가 며칠간 머물렀다. 그곳에서 나는 카슈미르의 가장 높은 신전인 아마르나트Amarnath로 순례를 떠나기로 작정했다. 아마르나트는 일 년 내내 눈이 덮여 있는 동굴로 물이 떨어지면서 언 고드름은 마치 시바 링감*과도 같았다. 시바 링감은 기독교인의 십자가나 유대교인의 다윗의 별처럼 힌두교인들이 숭배하는 상징이다. 이 지방에는 한 쌍의 흰 비둘기 이야기가 매우 유명하다. 순례 날이 되면 흰 비둘기 한 쌍이 날아온다고 한다.

내 여행의 안내자는 박식한 카슈미르 인 판디트였다. 그는 예수에 대해 이야기하다가, 예수가 명상을 하면서 카슈미르 지방에서 살았다고 주장했다. 그는 해발 4,267미터의 히말라야 승원에 보존되어 있는 티베트 어 필사본에 대해서도 언급했다.

그 책은 후에 러시아 사람이 번역했고, 나중에 《예수 그리스도의 숨겨진 생애*The Unknown Life of Jesus Christ*》라는 제목으로 영어판이 나왔다. 이 고장에 사는 사람들은 대부분 이러한 이야기를 믿고 있으며, 그 근처에는 예수가 명상 수련을 했던 곳으로 유명해진 산이 있다. 판디트는 그런 주장을 뒷받침할 만한 세 가지 근거를 제시했다. 첫째는 예수가 전통적인 카슈미르 복장을 했다는 점이고, 둘째는 그의 머리 모양이 카슈미르 풍이라는 점, 셋째는 그가 보인 기적은 잘 알려진 요가의 신통력이라는 점이다.

판디트는 예수가 13세 때부터 30세까지의 알려지지 않은 세월 동안 소아시아를 떠나 카슈미르의 계곡에서 살았다고 주장했다. 그의 말을 믿고 안 믿고를 떠나서 예수에 대한 사랑이 깊은 그와 논쟁하고 싶지 않았다.

아마르나트로 가는 도중에 그는 굴마르크 숲에서 10킬로미터가량 떨어진 아쉬람으로 나를 안내했다. 굴마르크는 외국인들이 자주 찾는 흥미로운 장소다. 그곳에서 한 스와미를 만났는데 그는 시바 철학자로서 대부분의 시간을 명상 수련으로 보내고 있었다.

카슈미르의 시바 철학Kashmir Shaivism에는 지금까지 번역도, 해설도 되지 않은 경전이 많다. 이 위대한 경전들은 거의 미지의 상태로 남아 있으며, 이미 그 길로 들어선 사람들도 높은 경지의 스승 없이는 이 경전을 이해할 수 없다. 이 철학은 영혼, 마음, 육체 등 전 우주에 있는 모든 존재를 자발적인 진동 즉 스판다spanda라고 불리는 본질의 현현이라고 보았다. 이 경전들의 주제는 샥티파타*와 인간에게 내재한 잠재적 힘의 각성이다.

그 스와미는 내게 여름마다 아마르나트 동굴 사원을 방문하는 떠돌이 수행자에 대해 알려주었는데, 아무도 그가 살고 있는 곳을 모른다고 했다. 라다크에서 오는 사람들만 가끔씩 홀로 산을 오르는 그를 보았다고 했다. 내 관심은 동굴 신전을 방문하는 것만이 아니라 이 히말라야의 떠돌이 수행자를 만나는 데도 있었다. 내 생애를 통틀어 만난

예수가 살았던 곳으로 전해지는 카슈미르의 사원

수행자 중에는 내게 깊은 인상을 남긴 사람이 셋 있는데, 그 수행자가
바로 그 중 한 사람이다. 동굴 사원에서 50미터쯤 떨어진 곳에서 나는
일주일 동안 그와 함께 살았다.

  약 20세가량 되어 보이는 그는 앵둣빛 두 뺨에 매우 흰칠하고 잘생
긴 얼굴이었다. 그는 해마다 이 신전을 방문했는데 허리 두르개만 걸
쳤을 뿐 아무것도 가진 것이 없는 브라흐마차리였다.

고지대의 풍토에 완전히 적응된데다 요가 수련을 한 탓에 그는 해발 3,000미터에서 3,700미터 사이의 고지를 맨발로 여행하며 자유로이 살고 있었다. 그는 추위를 전혀 느끼지 않았다. 그와 함께 지내면서 나는 많은 깨우침을 얻을 수 있었다. 그는 완전한 구도자였으며 요가의 지혜와 성스러움으로 가득 차 있었다.

사람들은 이 젊은 수행자를 발 바가완Bal Bhagawan 즉 '어린이로 현현한 신'이라고 불렀으나, 그는 그런 칭송에 개의치 않고 언제나 혼자 히말라야를 여행하고 다녔다. 그는 나의 스승을 알고 있었고, 우리 승원에서 산 적도 있었노라고 했다. 그는 당시 자신과 함께 명상 수련을 했던 몇몇 학생의 소식을 내게 물었다.

그는 말을 할 때 차분하면서도 간결하게 했다. 그러나 안내자 판디트가 헌신에 찬 감정으로 그의 발에 대고 절을 하려 하자 그가 좋아하지 않는다는 것을 느낄 수 있었다. 이 위대한 수행자는 여러 가지로 나에게 모범이 되어 주었다.

나는 그때까지 8~10시간 동안 눈 한 번 깜빡거리지 않고 고요히 명상에 잠겨 있는 사람은 보지 못했던 터라, 이 수행자가 매우 특별한 존재로 느껴졌다. 그는 명상 중에 공중으로 떠오르기도 했다. 공중에 뜬 높이를 줄로 표시해 두었다가 나중에 재어 보았는데 무려 76센티미터였다. 앞에서도 언급한 바가 있지만 나는 공중 부양을 영적인 것으로 생각하지 않는다는 것을 다시 한번 밝히고 싶다. 그것은 프라나야마와 반다*를 결합한 고급 행법이다. 질량과 중력의 관계를 아는 사람은 공중 부양이 가능하다는 것을 이해하겠지만, 공중 부양이 되려면 오랜 수련을 거쳐야 한다. 그러나 그것은 내가 추구하는 것이 아니었다. 나는 그와 함께 있으면서 직접적인 깨달음을 체험하고 싶었다.

우선 나는 깨달음의 가장 높은 경지에 대해 물어보았다. 그러자 그는 우파니샤드의 만트라를 읊조리면서 이렇게 대답했다.

"감각이 잘 다스려져서 외계 대상과의 접촉으로부터 철수될 때, 감각 인지는 더 이상 마음속에 이미지를 형성하지 않습니다. 그때 마음이 한곳으로 모아집니다. 마음이 무의식의 상념을 되새기지 않으면, 마음은 균형 잡힌 상태가 되어 더 높은 의식상태로 들어갑니다. 사트바* 안에서의 완전한 평온상태가 가장 높은 깨달음의 상태입니다. 명상 수련과 무집착이 그 상태로 가는 두 가지 열쇠입니다. 삶의 철학을 확립하려면 굳은 확신이 필요합니다. 지성도 방해가 되고, 맹목적인 감정도 잘못된 길로 이끌기 쉽습니다. 둘 다 큰 힘이기는 하지만, 우선 그것이 무엇인지 잘 알고 나서 분석해 본 뒤 그 힘을 직관의 원천으로 향하게 해야 합니다. 직관만이 진정한 지식의 유일한 원천입니다. 세상에서 당신이 보는 모든 것은 참모습이 아닙니다. 그것은 끊임없이 변하고 있기 때문입니다. 실재는 이 모든 변화 뒤에 숨어 있습니다."

그는 내가 가고 있는 길을 두려움 없이 걸어갈 수 있도록 일깨워 주었다. 일주일간의 삿상가 뒤에 나와 안내자는 이 위대한 성자와 헤어졌다. 나는 스리나가르로 갔다가 다시 히말라야의 거처로 돌아와서 가을을 보냈다.

그리스도의 환영

1947년, 인도의 독립이 선포된 후에 티베트에서 돌아오던 중 시킴에서 며칠간 머물면서 유명한 불교 요기와 사두를 몇 사람 만났다. 그리고 아삼의 실롱 지방으로 갔다. 그곳은 인도에서도 기독교 교세가 강한 곳이다. 거기서 나는 유명한 기독교 신비가인 가르왈리Garhwali 사두를 만났다.

이 사랑이 넘치는 노인은 세속의 영향을 완전히 초월한 분으로, 내게 산상수훈과 요한 계시록을 파탄잘리의 요가 체계와 비교하여 가르쳐 주었다. 그는 여러 언어를 구사했으며, 가톨릭 신자와 개신교 신자들이 살고 있는 나가Naga와 가이로Gairo 언덕으로 나를 데려갔다. 그는 당시 그 지방에서 대립하고 있는 개신교와 가톨릭 사이를 원만하게 조화시키는 다리 역할을 하고 있었으며, 그리스도의 가르침을 이론화하거나 설교하지 않고 늘 실천적인 면을 가르쳤다. 그는 이렇게 말하곤 했다.

"나는 그리스도 정신의 실천을 사랑하지 교회를 사랑하지는 않는다."

이 말은 몇몇 교회 지도자의 비위를 거슬렀을 것이다.

그는 하느님의 나라는 모든 인간의 내면에 있으며, 예수는 기름 부음*을 받은 뒤 그리스도가 되었다고 믿었다. 그는 그리스도란 우주 의식이며, 그리스도 의식에 도달하지 않으면 궁극의 실재에 이를 수 없다고 보았다. 그러나 그의 말은 기독교 신비가들에게만 이해될 수 있었을 뿐, 일반 기독교인들로서는 무척 이해하기 어려운 것이었다. 이 사두는 기독교 교리에 대한 내 의문을 많이 해소해 주었다.

나는 오래 전부터 그리스도와 그의 가르침에 대해 깊은 경외심을 가져왔으나, 그리스도를 통해서만 구원을 얻을 수 있다는 교리는 결코 이해할 수 없었다. 성부와 성자 그리고 모든 인간이 성취할 수 있는 완전함에 대한 설명을 듣고서야 내 의문이 해소되었다.

이 위대한 기독교 사두와 만난 지 이틀 뒤 나는 또다시 당국과 어떤 문제에 부딪쳤다. 당시 그곳에서는 시장 선거 유세가 한창이었는데, 누가 내 의견을 물었을 때 나는 여당이 부정직하다면 여당에게 표를 던지지 말아야 한다고 대답했다. 그 도시의 방문객이었던 나는 즉시 경찰에 체포되었다. 사실 아무런 정치적 동기가 없었는데도, 그들은 새 정부를 지지하지 않는다고 내게 죄를 덮어씌웠다. 그 당시 인도는 민주주의가 아직 생소한 상태여서, 시민과 당국자들이 민주적 삶과 민주적 통치의 참의미를 잘 모르고 있었다. 나는 다시 의문에 빠지게 되었다.

'어떤 사람에게도 피해를 끼치지 않으려고 그토록 노력해 왔건만 어째서 이런 식으로 고통을 겪어야 하는 걸까?'

나는 신께 도와 달라 기도했다. 그날 밤, 잠을 자고 있는데 예수 그리스도의 환영이 선명하게 나타났다. 그는 인자하게 내 팔을 잡으면서 나를 축복해 주었다.

"걱정하지 말라! 그대에게 나쁜 일은 일어나지 않을 것이다."

다음날, 법정에 서게 되었는데, 마침 재판장이 기독교인이었다. 짧은 턱수염에 나무로 된 샌들을 신고 긴 지팡이와 긴 옷을 입고 있는 나를 보고 사람들은 종종 기독교인으로 오인하기도 했다. 판사가 내게 물었다.

"당신은 기독교인입니까?"

"아닙니다. 기독교 집안에서 태어나지 않았습니다."

그러나 나는 다른 위대한 종교를 사랑하듯 기독교를 사랑했다.

그가 다시 "당신은 왜 체포되었습니까?" 하고 물었다.

"나는 내 의견을 말했을 뿐입니다. 사람들이 내게 와서 누구를 찍는 것이 좋겠냐고 물어서 나는 자신의 의사대로 하라고 권했습니다."

경찰이 내게 불리하게 사건을 조작했지만, 판사는 사실을 알고 내가 부당하게 체포되었다는 것에 동의했다. 그리하여 나는 풀려났다.

이 사건 후 넉 달 동안 실론에 머물면서 나는 그 기독교 신비가에게서 많은 것을 배웠다. 바가바드 기타의 철학과 성경의 가르침을 명확하게 비교하면서, 두 가르침을 더 잘 이해하게 해 준 사두를 그 전까지는 만난 적이 없었다. 그는 규칙적으로 명상을 했고, 고요하고 차분했으며 두려움이 없었다. 그와 함께 공부한 후에 많은 시간을 산상수훈과 계시록에 대해 묵상했으며 그 뒤에도 한동안 그 구절들을 좋아했다. 성경을 해설하는 설교자들이 내용을 흐리거나 혼란스럽게 할 때도 종종 있었지만, 나는 성경이 많은 지혜를 담은 책이라는 것을 확신하게 되었다.

"세상의 위대한 종교를 비교 연구해 본 결과, 모든 위대한 종교의 근본적인 진리는 하나이며 모두 같다는 점을 발견하게 되었다. 그런데도 왜 종교 간에 서로 질시하고 증오하며, 자기네만 옳다는 독단에 사로잡혀 있을까? 이런 의문을 가지다 보니 보편적이던 고대 베다 시절의 종교도 사라졌으며, 인도 사제들도 베다 성현들의 메시지를 올바르게 전하지 못했다는 것을 깨달을 수 있었다. 그럼에도 불구하고 사제들은 자기네가 베다를 잘 알고 있다고 말한다. 샹카라는 자신의 바가바드 기타 주석서에서 기타란 베다의 변형판이며, 크리슈나는 그 가르침의 전달자일 뿐이라고 밝히고 있다. 진리는 항상 존재했다. 사실 어떤 종교의 창시자나 위대한 예언자는 신의 화신이 아니라 고귀한 진리의 전달자일 뿐이다. 그들은 또한 성현의 가르침의 전달자이기도 하다. 다만 가르침의 겉모양만 바뀌었을 뿐 속은 모두 똑같다."

이 기독교 사두의 설명을 듣고 나자 나는 새로운 차원에 눈을 뜨게 되었다. 그는 다시 말을 이었다.

"사회를 하나로 묶는 데에 종교가 큰 역할을 한다. 사람들은 영적 지도자나 종교 창시자들을 권능을 가진 사람으로 여기지만 오직 성현들의 지혜만이 영원하고 완전할 뿐이다. 여러 종교의 예언자와 지도자들은 옛 성현들의 지혜에로 다가가는 통로에 불과하다. 그들을 숭배하는 것은, 확실한 철학도 없이 교리나 예배의식을 받드는 것과 같다. 성현들의 길을 따르는 데 영웅 숭배란 있을 수 없다. 그들의 가르침은 보편적이고 영원한 것이기 때문이다.

종교 지도자들이 신도들에게 실천적 가르침을 주지 못한다면 그 종교는 부패하고 만다. 그들은 신을 믿어야 한다고 말하면서 영혼의 진정한 탐구를 도외시한다. 동서양을 막론하고 전도자들의 편의를 위해 맹목적인 믿음이 이용되어 왔다. 현대인들은 자기 자신의 문제보다도 그러한 전도자들에 의해 더욱 혼란에 빠져들고 있다. 사회 문제와 종교 문제들은 종종 심각한 갈등과 편견을 낳는다. 사람에게 속박과 불행을 가져다주는 종교가 과연 무슨 가치가 있겠는가?

자유는 성자들이 전해 준 중요한 메시지 중의 하나다. 하지만 악과 악마에 사로잡힌 채 두려움에 떨며 노예처럼 살아가는 오늘날의 종교인들에게는 그 메시지가 전달되지 않고 있다. 그들은 깨달음이나 신神보다는 죄와 악마 쪽에 더욱 기울어져 있다. 새로운 세대의 철학은 이전까지의 종교의 개념을 철저히 수정하고자 하나, 불행하게도 아직까지는 그 어떤 종교도 변혁을 시도하지 않고 있다. 종교적 혁명의 과정을 거치지 않고서는 참종교의 꽃이 피어날 수 없다. 개혁과 혁명은 인류 발전의 신호이자 전조다. 이런 혁명은 일상에서 아힘사를 훈련하고, 마음을 다스리고 변화시킴으로써 비로소 가능해진다. 오직 사랑만이 그러한 변화를 줄 수 있다. 이러한 혁명과 변화가 현대인들에게 전 인류를 하나 되게 할 한 차원 높은 의식을 준비하게 할 것이다."

이 위대한 기독교 성자는 내게 내면의 눈을 뜨게 해 주었다. 나는 온 인류가 하나의 진리를 숭배하고 사랑을 훈련함으로써 참된 인간의 종교를 따르게 되는 그런 날을 기대하기 시작했다. 그렇게 되면 어떠한 증오나 질투, 편견도 사라질 것이다.

그와 함께 보낸 4개월은 기독교를 더욱 잘 이해하는 데 많은 도움이 되었다. 그리스도의 환영은 그분의 가르침에 대한 나의 사랑을 보다 깊게 해 주었고, 내 마음 가장 고요한 곳에 안내자요 보호자로서 그리스도가 자리하고 있다.

요가 속의 유대 사상

푸나에서 열리는 인도 유대교 추종자들의 집회에 초청받은 적이 있었다. 거기에서 인도 출신의 유대 랍비 두 사람을 만났다. 카발라*에 대해 토론하던 그들과 이야기를 나누고 나서 나는 유대교의 수행에 대해 더 많은 것을 알게 되었다. 유대교도들은 인도를 제외한 전 세계에서 박해를 받아 왔다. 그러나 신성한 불을 숭상하는 조로아스터 교도들과 다윗의 별에 대해 명상하는 유대교도들은 다른 종교인 못지않게 인도에서 시민의 권리를 누리고 있다. 요가 수련법과 카발라 비법은 매우 비슷하다. 종교 문헌을 공부하다 보니 세계의 위대한 종교들은 영적 수련이 모두 동일하다는 것을 깨닫게 되었다.

요가의 바탕인 고대 상키야 철학과 카발라 철학은 같은 뿌리에서 나온 듯하다. 카발라 체계에 따르면 생명은 수數와 연관되어 있는데 이것은 고대 상키야 철학의 개념이다. 바가바드 기타의 가르침 중 많은 부분이 유대 사상과 유사하다. 힌두교와 유대교, 이 두 위대한 종교는 서로 비슷하며 세상에서 가장 오래된 종교다.

유대교의 바하이Baha'i 파는 이러한 사실을 인정하고 그들의 문헌과 종교적 상징에서도 이를 강조하고 있다. 깨달음을 얻기 위한 고대 요가 수련법인 스리 얀트라는 유대교의 다윗의 별에 해당된다. 또한 요가 수련의 아나하타 차크라는 기독교 수행에서 '성심'으로 알려져 있다. 고대 솔로몬 신전의 사제들은 스리 얀트라에 대해 잘 알고 있었던 것 같다. 고대의 영적 문헌에 따르면 스리 얀트라는 매우 비밀스런 요가 행법이며, 이를 수련하면 다른 존재나 우주 그리고 이 우주의 창조자와 깊은 교류를 하게 된다고 한다.

나는 요가가 남녀노소를 막론하고 모든 사람들에게 도움을 줄 수 있는 완전한 과학이라고 생각한다. 종교가 문화와 전통을 지속시키고, 사회 구조를 지탱해 주는 사회과학이라면, 요가는 자기 향상과 깨달음을 위한 보편과학이다. 모든 종교에 나타나는 자아 성장의 방법들은 이미 요가 문헌에 다 나와 있다.

그 집회를 갖는 동안 나는 세상의 여러 다른 종교의 영적 지도자들이 함께 만나서 그들의 철학과 이상을 토론하고 나누는 것이 절실히 필요하다고 느꼈다. 비록 방법은 서로 다른 듯이 보이지만, 모든 위대한 종교는 하나이며 같은 것이라고 나는 생각한다. 영적 지도자들이 만나서 함께 토론하고 서로 다른 길을 이해하게 된다면, 자신의 종교 공동체가 세상의 다른 집단이나 종교들과 소통하도록 이끌어 줄 수 있을 것이다. 자기 종교만이 유일한 참종교라고 주장하는 사람은 무지한 사람이며, 그 종교를 오도하는 사람이다. 편견은 인간의 성장을 죽이는 독과 같다. 사랑은 모든 것을 포용하며, 모든 위대한 종교의 토대를 이룬다.

나는 오직 신에게만 속하노라

강가에서 살고 있는 한 성자를 만나러 간 적이 있다. 당시 나는 진짜 성자는 히말라야에만 산다는 어리석은 생각을 가지고 있었다. 참다운 성자라면 이처럼 도시와 가까운 곳의 작은 강가에서 살 리가 없다고 생각했던 것이다. 아무튼 나는 그가 사는 방식을 직접 보고 싶었다.

그가 살고 있는 장소를 6킬로미터가량 앞둔 곳까지 갔을 때 그가 내게 먹을 것을 보내 왔다. 하지만 나는 거기에 대해 놀라지 않았다. 나는 속으로 생각했다.

'이런 것은 아무것도 아니야. 만약 누군가가 나를 만나러 오고 있다면, 나도 그가 오고 있는 것쯤은 알고 그를 위해 음식을 준비할 수 있어. 이런 것은 진정한 지혜가 아니야.'

마침내 그를 만났을 때, 그는 내게 이렇게 말했다.

"늦었군. 나는 내일 아침 내 육신을 벗으려 한다."

나는 그에게 부탁했다.

"반나절만 더 연장하셔서 저에게 가르침을 주십시오."

그러자 그는 단호한 어조로 말했다.

"안 돼. 내겐 시간이 없다."

그에게는 각기 다른 종교를 믿는 추종자들이 많았다. 힌두교도들은 그를 스와미로 알았고, 이슬람교도들은 그를 이슬람교도로 생각했으며, 기독교도들은 그가 기독교인이라고 생각했다. 그가 죽은 후에 기독교인들은 자기들 방식으로 장례식을 치르고 싶어 했고, 이슬람교도들은 그들 묘지에 모시겠다고 고집을 피웠으며, 힌두교도들도 그를 묻고 기념비를 세우려고 했다.

다음날, 그가 육신을 버렸다. 의사가 와서 그의 죽음을 확인했다. 그의 열반 후 몇 시간 동안 엄청난 소란이 일어났다. 각 종교 집단에 속한 사람들이 서로 그의 시신을 가져가려고 싸웠던 것이다. 각 종교 집단의 지도자들의 입장도 위태로워졌다.

그러자 그 지방의 관리가 내게 와서 말했다.

"당신은 그분과 함께 지내지 않았습니까? 아마 당신은 그분이 무슨 종교를 가졌는지 아실 것입니다. 그러니 이 분쟁을 해결하는 데 부디 도움을 주십시오."

"나도 그분에 대해서는 아무것도 모릅니다."

그렇게 대답하고 난 뒤 나는 다시 곰곰이 생각했다.

'무슨 성자가 이렇지? 아무것도 가르쳐 주지 않고 죽어서 여러 사람에게 문제만 만들어 주지 않았는가! 그가 정말 위대한 성자라면 이런 혼란은 만들지 않았을 텐데……'

그가 열반한 지 네 시간이 지났을 때였다. 갑자기 그가 벌떡 일어나더니 이렇게 말하는 게 아닌가!

"보라! 너희들이 이렇게 싸우고만 있으니, 나는 아직은 죽지 않겠다."

모두들 놀란 눈으로 그를 쳐다보았다. 그는 다시 말을 이었다.

"힌두교도, 기독교도, 이슬람교도들은 다 나가거라. 너희들은 모두 바보다. 나는 신에게 속할 뿐, 어느 누구에게도 속하지 않는다."

말을 마친 그는 시선을 돌려 내 쪽을 향해 이렇게 말했다.

"나의 아들아, 걱정하지 말라. 이제 너와 사흘 동안 함께 지내면서 가르침을 전해 주고 난 뒤 나흘째 되는 날 조용히 몸을 버리겠다."

그리하여 나는 그와 사흘을 함께 보냈다. 그는 나에게 많은 것을 가르쳐 주었고, 그와 함께한 사흘은 내게 큰 깨우침을 안겨 주었다. 그때가 내 인생에서 가장 좋은 한때였다.

그는 날마다 몇 번이고 내게 이렇게 말하곤 했다.

"진정한 너 자신이 되어라. 너 자신이 아닌 것을 거짓으로 꾸미지 마라."

나흘째 되던 날, 그가 말했다.

"나는 물속으로 들어가려고 한다."

말을 마친 그는 성큼성큼 강으로 걸어가더니 그만 사라지고 말았다. 사람들이 다시 그를 찾아왔을 때 나는 사실 그대로를 말해 주었다. 사람들이 그의 몸을 찾으려고 갖은 노력을 다했으나 결국 찾지 못했다.

위대한 성자들은 어떤 특정 종교나 교의와도 자신을 동일시하지 않는다. 그들은 모든 구별을 초월한다. 그들은 인류 전체에 속할 뿐이다.

Part 9
신의 가호

신에게 자신을 완전히 맡기는 것이야말로
깨달음으로 가는 가장 높고도 쉬운 길이다.
자신을 완전히 바치는 사람은
거룩한 힘의 보호를 받는다.
가진 것이 아무것도 없고 보호해 줄 사람도 없는 이는
신에게 속한 사람이다.
그는 항상 신의 가호를 받는다.

수호의 손길

나는 방해받지 않으면서 명상을 하며 살 수 있는 히말라야 골짜기의 고요한 장소를 많이 알고 있다. 지칠 때면 나는 곧 그곳으로 가서 지내며 생기를 되찾곤 한다. 그런 장소 중의 하나가 랜즈다운 북부에서 20킬로미터 정도 떨어진 곳에 있는 가르왈Garhwal이다. 그곳의 해발 2,000미터쯤에 울창한 전나무 숲에 둘러싸인 작은 시바 사원이 있다.

그곳 사람들은 옥수수를 먹을 때 반드시 신전에 먼저 바친다. 그곳의 전설에 따르면, 만일 실수로 옥수수를 신전에 바치지 않고 먹었다가는 집이 흔들리고 그 집 사람들은 바보 같은 짓을 하게 된다고 한다.

열네 살이 되던 해 처음 이런 이야기를 들었는데, 나는 사람들이 상상으로 그런 신화를 만들어 낸 것이라 여겼다. 그것이 멀리 퍼져 나가 아무 근거도 없이 사람들이 믿어 버리게 된 것이라고 생각했다. 그래서 나는 직접 그곳을 가 보기로 했다.

나는 이미 어두워진 저녁 일곱 시경에 등불도 없이 그곳을 향해 떠났다. 그 당시 나는 매우 미끄러운 나무 샌들을 신고 있었는데 가는 도중에 절벽을 타고 오르게 되었다. 갑자기 발을 내딛다 미끄러져 가파른 절벽에서 막 떨어지려는 찰나, 어디선가 흰 옷을 입은 훤칠한 키의 노인이 나타나 나를 잡아끌었다. 그러더니 발자국이 나 있는 길로 나를 안내해 주면서 "여기는 성스러운 땅이라 너는 안전하게 보호를 받게 되었다. 너를 목적지까지 인도해 주마."라고 말했다.

10분 동안 그가 인도하는 뒤를 따라갔더니 횃불이 타고 있는 오두막이 나왔다. 그 오두막을 둘러싼 돌담에 이르렀을 때, 나는 노인이 바로 내 뒤에 있는 줄 알고 뒤를 돌아보았다. 그에게 감사를 드리려 했으나 아무도 보이지 않았다. 나는 소리를 지르며 노인을 찾았다. 그러자 그 집에 살고 있던 사두 한 사람이 내 목소리를 듣고 나왔다. 그는 손님을 맞아 반갑다는 표정을 지으면서 횃불이 타고 있는 작은 방으로 나를 안내했다. 나는 그 사두에게 어둠 속에서 길을 인도해 준 노인에 대한 이야기를 해 주었다. 나는 노인의 모습을 낱낱이 묘사한 뒤, 그가 어떻게 절벽에서 떨어지고 있는 나를 구해 주었는지를 설명했다.

그랬더니 그 사두는 울면서 내게 말했다.

"그 위대하신 분을 만났다니 당신은 정말 행복하구려. 내가 왜 여기에 있는지 아시오? 7년 전 나도 똑같은 장소에서 길을 잃었답니다. 그때 시각이 밤 9시였지요. 그 노인께서 나타나 내 손을 잡아 주시면서 지금 내가 살고 있는 이 집으로 데려다 주셨다오. 그 뒤로 나는 다시는 그분을 만나지 못했소. 나는 그분을 '싯다 바바Siddha Baba'라고 부릅니다. 그분의 자비로운 손길이 당신과 나를 구한 거라오."

다음날 아침, 나는 그 둘레를 샅샅이 찾아보았지만 그분의 모습은 보이지 않았다. 나는 절벽으로 가서 내가 미끄러졌던 자리에 나 있는 자국도 확인해 보았다. 지금도 나는 나를 구해 준 그의 자비로운 손길을 가끔 회상한다. 그곳은 매우 위험한 곳이라 만일 내가 그대로 떨어졌더라면 목숨을 부지하지 못했을 것이다.

 나중에 마을 사람들에게 그 이야기를 했더니, 마을 사람들은 전부 그를 알고 있었다. 그들은 그 노인이 숲 속에 있는 여인들과 어린이들을 보호해 준다고 믿고 있었다. 그러나 아무도 그를 직접 본 사람은 없었다. 그 당시 나는 스승이 주신 가르침과 무소유행을 철저히 지키고 있었기 때문에 가진 것이 아무것도 없었다. 나는 경험을 통해 아무것도 가지고 있지 않은 사람은 신께서 보호해 주신다는 확신을 갖게 되었다.

 사두가 살고 있던 오두막은 작은 시바 사원에서 100미터가량 떨어진 곳에 있었다. 그 사원은 울창한 전나무 숲으로 둘러싸여 있었고 고양된 영적 진동으로 가득 차 있었다. 나는 사람들에게서 600년 전, 한 위대한 성자가 이곳에 살았다는 말을 들었다. 그는 거의 침묵 상태로 살았지만 그 지역에 사는 사람들의 삶을 이끌어 주었다 한다.

 성자가 죽은 뒤, 사람들은 그가 살던 자리에 사원을 짓고 그 안에 시바 링감을 모셨다. 마을 사람들은 지금도 그 성자에 대한 기억을 되살리기 위해 석 달에 한 번씩 시바 사원을 방문하고 있다. 어떤 사람이 내게 절벽에서 미끄러지는 나를 잡아 준 것은 바로 그분이라고 말해 주었다. 나는 시바 사원 근처의 작은 방에서 몇 달 동안 혼자 머물면서 명상과 수행을 계속해 나갔다.

 내가 그 사원을 방문한 지 몇 년이 지났을 때, 어떤 브라흐만 계급의 사람이 이미 낡아서 상태가 좋지 않은 시바 사원을 헐고 보다 견고하고 웅장한 사원을 새로 지으려고 했다. 사원을 헐기 위해 주춧돌을 파 내려 갔을 때, 일꾼들은 꽃뱀이 그 속에 가득 차 있는 것을 발견했다.

 그래서 뱀을 들어내고 다시 파 내려가니 이번에는 더 많은 뱀이 있

타르케쉬와르에 있는 시바 사원

는 것이 아닌가. 근처 마을에 사는 한 노파는 매일 아침마다 5킬로미터를 걸어와서 사원 안에 불을 켜고, 저녁이면 다시 불을 끄러 오곤 했다. 수년 동안 그 일을 계속해 온 노파는 절을 신축하는 것을 원하지 않았다. 그래서 인부들에게 경고를 했지만 작업을 맡은 감독은 그 말에 주의를 기울이지 않았다.

엿새 동안이나 판 다음에야 그들은 뱀이 끝도 없이 나온다는 것을 알게 되었다. 그들은 시바 링감을 옮기려고 그 둘레를 파 내려가기 시작했다. 그러나 너무 깊숙이 묻혀 있어서 2미터 이상 파도 뽑을 수가 없었다. 여드레째 되던 날 밤, 그 감독의 꿈에 나를 구해 준 흰 수염에 긴 옷을 걸친 그 노인이 나타났다. 노인은 감독에게 시바 링감은 성스러운 것이므로 그것을 뽑으면 안 된다고 알려 주었다. 그래서 그 오래된 사원은 6세기 동안 있어 온 그 모습 그대로 남아 있게 되었다.

1973년 봄, 나는 스와미 아자야와 몇 명의 학생들을 데리고 그 자리로 다시 가 보았다. 우리는 시바 사원에서 60미터 정도 떨어진 곳에 있는 2층 흙돌집에서 엿새 동안 머물렀다. 우리가 찾아갔을 때는 늙은 사두 한 사람이 사제 역할을 하면서 시바 사원에서 살고 있었다. 그는 찾아오는 사람들을 모두 섬기면서 따뜻하게 맞아 주었다. 그곳은 매우 고요하고 아름답다. 계곡을 둘러싸고 있는 높은 언덕 꼭대기에 올라가면 눈 덮인 산봉우리들이 서로 껴안을 듯 맞붙어 있는 모습을 볼 수 있다. 그것은 영원에서 영원으로 이어지듯 웅장하게 서 있는 히말라야 산맥의 모습이다.

데바의 세계에서 길을 잃다

즈나냐간지 마을에 대한 이야기를 여러 번 듣기도 하고, 책에서도 많이 읽어서 그곳에 꼭 가 보고 싶다는 열망을 갖게 되었다. 많은 순례자들도 그 마을에 대한 소문은 들어 알고 있었지만 정작 그곳에 가 본 사람은 거의 없었다.

이 작은 마을에는 영적인 사람들만 살고 있는데, 눈 덮인 히말라야의 오지에 자리 잡고 있어서 1년 중 8개월은 외부와 소통이 완전히 두절된다. 이곳에서는 수행자들이 작은 공동체를 이루고 있는데, 그들은 침묵을 지키며 대부분의 시간을 명상으로 보낸다. 이 마을의 구성원들은 인도, 티베트, 네팔의 사두들이며 조그만 통나무 오두막에서 지내는 그들의 주식은 한 해 동안 직접 경작한 감자와 보리다.

사람들은 티베트와 피토라 가르 사이의 히말라야 경계선에 위치하고 있는 즈나냐간지가 바로 그 수행자들의 마을이라고 했다. 나는 그 마을을 방문하기 위해 네 명의 출가자와 동행하여 카일라스 산으로 가기로 결심했다. 우리는 알모라에서 출발하여 도르촐라를 거쳐 가르비앙크로 갔다. 며칠 후 락샤스탈에 도착했을 때, 우리는 그만 길을 잃고 말았다.

카일라스 산으로 가는 길에서의 스와미 라마

히말라야 산들의 눈이 녹는 것은 7월경이다. 이 무렵에 녹은 빙하는 서서히 움직이다가 때때로 추락하면서 길을 막기도 하는데 그럴 경우 며칠이고 그 자리에서 꼼짝도 못하게 된다.

우리가 길을 가는 중에 빙하가 무너져 그만 앞뒤로 길이 막혀 버렸다. 나는 이러한 사태에 익숙해 있었지만, 다른 네 명의 스와미는 처음 당하는 일이라 무척 놀란 모양이었다. 그들은 내가 히말라야 출신이라 사정을 잘 알 텐데도 이런 사태를 당하게 했다는 식으로 나를 비난했다.

"당신은 산山사람이니 우리보다는 잘 알았어야 할 게 아니오? 식량도 없이 길이 막혔으니 우린 이제 꼼짝없이 죽게 되었소."

우리는 락샤스탈이라는 큰 호수 옆에서 오도가도 못 하게 되었는데, 락샤스탈은 '악마의 호수'라는 뜻이다. 눈이 녹은데다 눈사태까지 일어났기 때문에 물이 불어나기 시작했다. 둘째 날이 되자 일행은 거의 미칠 지경이 되었다. 그래서 내가 이렇게 말했다.

"우리는 일반 사람이 아닙니다. 우리는 출가자가 아닙니까? 그러니 죽는 순간에도 평온한 마음이 되어야 합니다. 신을 생각합시다. 무서워한다고 해서 도움이 되는 것은 하나도 없습니다."

모두들 제각기 만트라를 외고 기도를 했지만 뾰족한 수가 생길 것 같지 않았다. 드디어 믿음을 시험할 때를 만났지만 누구도 그런 믿음이 없었다. 그들은 눈 속에 파묻혀 죽는 것만을 두려워하고 있었다. 나는 "여러분이 모두 죽게 될 경우, 여러분이 이끄는 조직과 재산과 신도들은 어떻게 될까요?" 하고 농담을 걸었다. 그들은 화가 나서 "우리가 죽기 전에 당신이 죽는 걸 먼저 볼 거요."라고 대꾸했다. 내가 그런 상황을 대수롭지 않게 여긴데다 농담까지 했기 때문에 사람들은 약이 바짝 올랐던 것이다.

사람들은 유머를 즐길 줄 모른다. 그래서 어려운 상황에 부딪히면 매우 심각해진다. 유머는 삶의 모든 분야에서 활기를 북돋아 주는 중요한 역할을 한다. 소크라테스는 죽음을 앞둔 상황에서도 유머가 넘쳤고, 몇 가지 농담도 남겼다. 그는 독약이 든 잔을 받고서 "신들과도 이 약을 몇 모금씩 나눠 마실 수 있을까?"라고 말했다. 그러고는 웃으면서 "독약은 성인을 죽일 수 없다. 성인은 진리 속에 살고, 진리는 영원하기 때문이다."라고 했다. 말을 마친 소크라테스는 미소를 지으며 독약을 마셨다.

나는 "우리가 살 운명이고 우리의 길이 바르다면 신께서 우리를 보호해 줄 것입니다. 그런데 왜 걱정이 된다는 겁니까?"라는 말로 네 출가자를 위로했다. 날이 어두워진데다 눈까지 다시 내리기 시작했다. 그때 갑자기 흰 옷에 긴 수염을 날리는 사람이 등불을 들고 우리 앞에 나타나더니 "길을 잃으셨나요?" 하고 묻는 것이었다.

"이틀 동안 굶은 채 이곳에서 빠져 나가지 못하고 있습니다."

그는 자기를 따라오라고 말했다. 눈보라 속에 도저히 길이 나타날 것 같지 않았지만 그를 따라가니 마침내 다른 쪽으로 통하는 길이 나왔다. 그는 근처의 마을로 가는 길을 가르쳐 준 다음, 거기서 밤을 보내라고 했다. 그러고는 홀연히 사라져 버렸다. 우리는 모두 그가 매우 기이한 인물이라고 생각했다. 마을 사람들은 그런 일은 데바*의 세계에서는 심심치 않게 일어나는 사건이라고 말했다. 길을 잃으면 빛과 같은 이들이 나타나서 그들을 인도해 준다고 했다. 우리는 그 마을에서 그날 밤을 보냈다. 다음날이 되자 네 명의 출가자는 모두 돌아가겠다고 했다. 산 깊숙이 들어갔다가는 더 큰 위험에 처하지 않을까 하는 두려움 때문이었던 것이다. 그래서 나는 마을 사람들이 가르쳐 준 길을 따라 홀로 즈나냐간지로 향했다.

그곳에 도착한 나는 한 수행자가 친절하게 잠자리를 마련해 주어 한 달 반 동안 머물 수 있었다. 즈나냐간지는 눈 덮인 높은 산봉우리로 둘러싸인 마을로, 내가 가 본 곳 중에서 가장 아름다운 곳이었다.

즈나냐간지에서 돌아오는 길에 나는 카일라스 산기슭의 마나사로와르에 들렀다. 거기서 인도와 티베트 요기들을 여러 명 만났다. 나는 일주일 동안 라마승의 숙소에서 머물렀는데, 그때의 일을 지금도 소중히 기억하고 있다. 그 뒤 나는 양치는 목동들과 함께 가르비요크로 향했다. 목동들은 나와 함께 여행하면서 히말라야의 여행자들을 수호해 주는 존재에 대해서 이야기해 주었다. 그들은 자기네가 겪은 여러 경험담을 내게 들려주었다. 그 존재들은 데바 즉 '빛의 존재'라 불린다. 그들은 구도자들을 인도하기 위해 가끔 물질계에 나타나기도 하지만 초월계에 살고 있다.

밀교와 신비학의 가르침에는 이런 존재에 대해 꽤 많이 언급하고 있지만, 현대 과학은 환상이나 환영이라면서 데바의 존재를 부정한다. 나는 젊은 과학자들이, 노인들이 그런 영적인 존재를 본 경험을 순전히 환영을 본 것이라고 일축하는 말을 들은 적이 있다. 노인이 되면 어린애 같아져서 어리석은 일을 저지르기도 하고 환영을 보게도 된다. 그러나 영성을 닦는 사람들은 나이가 들수록 더욱 지혜로워진다. 그들은 먼저 마음을 정화하고 난 뒤 보다 높은 의식 수준에 들기 때문에 환상을 보지 않는다.

과학자들은 아직 일상의 많은 의문들을 해결하지 못하고 있다. 그럼에도 불구하고 그들은 여전히 두뇌와 관련된 것들만 연구하고 있다. 초월적 심리학이라고 명명된 심리학 분야는 현대 과학의 수준을 넘어선 곳에 있다. 고대의 전통적인 심리학은 수세기에 걸쳐 개발되어 온 매우 정확한 과학이다. 그것은 직관에 기초를 둔 정교한 과학이다. 그러나 자연과학은 아직 한계가 있으며, 물질이라든가 몸, 두뇌 같은 얕은 수준에 국한되어 있다.

함사의 세계

내 생애를 두고 찾아다닌 곳들 중에 가장 매혹적인 곳은 강고트리다. 강고트리는 산봉우리들이 만년설로 덮여 있는 함사*의 세계다. 젊었을 때 나는 30명에서 50명가량의 요기들 가까이에서 살았는데, 그들은 갠지스 강 양쪽 둑을 따라 나 있는 작은 동굴들 안에서 기거하고 있었다. 그들 대부분은 옷을 입지 않았으며, 몇몇은 불도 쓰지 않았다. 나는 3년 동안 겨울 내내 사형이 살고 있는 동굴에서 약 500미터쯤 떨어진 작은 동굴에서 혼자 살았다. 다른 사람들은 거의 만나 보지 못했고 그곳에 사는 요기들은 멀리서 바라보기만 했지 서로 방해하는 사람은 아무도 없었다. 그리고 아무도 서로 사귀는 것에 흥미가 없었다.

그때가 내 인생에서 가장 충만한 시기 중의 하나에 속한다. 나는 대부분의 시간을 요가 수련으로 보냈다. 식사는 밀과 녹두를 섞어서 먹었는데, 녹두와 밀을 물에 담갔다가 이틀 뒤 싹이 나면 소금을 뿌려 먹었다. 그것이 내 식사의 전부였다.

내가 살던 곳에서 가까운 동굴에 인도 전역에 걸쳐 널리 존경을 받고 있는 크리슈나쉬람Krishnashram이라는 성자가 살고 있었다. 어느 날

강고트리에서 젊은 브라흐마차리였던 스와미 라마

밤 12경, 수많은 폭탄이 터지는 것과 같은 무시무시한 소리가 울려 퍼졌다. 아주 가까운 곳에서 눈사태가 났던 것이다. 나는 동굴 밖으로 나가 어떻게 되었는지 살펴보았다. 달빛이 은은히 비치고 있어서 크리슈나쉬람이 살고 있는 얼어붙은 갠지스 강 건너편 둑을 볼 수 있었다. 눈사태가 일어난 곳을 확인하고 난 뒤 나는 크리슈나쉬람이 눈덩이에 파묻혔다는 결론을 내릴 수밖에 없었다. 후닥닥 긴 티베트 웃옷을 걸치고 횃불을 들고 그의 동굴로 달려갔다. 갠지스 강이라고는 하지만 그곳은 폭이 좁은 곳이어서 쉽게 강을 건널 수 있었다. 나는 그의 작은 동굴이 무사할 뿐 아니라 조금도 손상되지 않은 것을 발견했다.

그는 입가에 미소를 머금은 채 앉아 있었다. 당시 그는 침묵을 지키고 있었던 터라, 위쪽을 가리키면서 "음, 음, 음."이라고만 했다. 그러고 나서 석판에다 이렇게 적는 것이었다.

"아무것도 나를 해치지 못한다네. 나는 오랜 세월을 살아와서 이런 소리나 눈사태는 나를 놀라게 할 수 없다네. 내 동굴은 무사하다네."

그가 무사할 뿐만 아니라 태평스럽게 앉아 있는 것을 보고 나는 안심이 되어 다시 내 동굴로 돌아왔다.

다음날 아침이 되자 사정을 좀 더 자세히 알 수 있었다. 눈사태가 그의 동굴 양쪽을 타고 내려온 것을 똑똑히 볼 수 있었다. 울창한 전나무 숲조차 완전히 파묻혀 버릴 정도로 큰 눈사태였으나 그의 동굴만 무사했던 것이었다.

나는 종종 오후 두 시에서 다섯 시까지 크리슈나쉬람을 방문했고, 내가 질문을 하면 그는 석판에 글을 썼다. 그는 눈이 샛별처럼 빛났고, 피부는 코끼리 가죽처럼 두꺼웠다.

그는 80세 가까운 나이였지만 매우 건강했다. 나는 어떻게 그토록 혹독한 추위에 그가 옷과 불도 없이 살 수 있는지 놀라지 않을 수 없었다. 그는 아무것도 가지고 있지 않았다. 그곳에서 800미터가량 떨어진 곳에 사는 스와미 한 사람이 규칙적으로 그에게 음식을 가져왔다. 그는 하루에 한 번, 구운 감자 몇 개와 밀빵 하나만 먹고 살았다.

그곳에 사는 사람들은 모두 강가툴시Artemisia cina라고 하는 약초를 탄 녹차를 마셨다. 내가 만난 요기와 스와미들은 약초와 그 용법에 대해서 여러 가지를 알려 주었고, 함께 경전에 대해 토론하기도 했다. 그들은 인도의 평원으로 내려오고 싶어 하지 않았다.

매년 여름이면 몇백 명의 순례자들이 히말라야에서 가장 높은 곳 중의 하나인 이 성소를 방문했다. 당시 순례자들은 그곳에 가기 위해 150킬로미터를 걸어야 했다. 몸과 마음을 넘어서 영적인 힘을 가진 사람을 직접 보고 싶다면 오늘날까지도 그곳에서 살고 있는 아주 드문 몇몇 요기를 찾아가면 될 것이다.

신을 믿지 않는 스와미

박식한데다 고도의 지성을 갖춘 스와미 한 사람이 있었다. 그는 신의 존재를 믿지 않았다. 신을 믿는 사람을 만날 때마다 그는 교묘한 논쟁으로 상대방의 신앙을 뿌리 뽑아 버리려 했다. 많은 학자들이 그를 피했지만 나는 그와 친하게 지냈다. 그의 학식과 논리에 끌렸던 것이다. 그는 자신의 온 마음과 에너지를 단 하나의 일 즉 논쟁법에 집중했다. 그는 학식이 많을 뿐만 아니라 고집 또한 대단했다. 그는 이렇게 말하곤 했다.

"왜 사람들이 내게 와서 배우지 않는지 모르겠군."

그러면 나는 그에게 말해 주었다.

"당신이 그들의 신념과 신앙을 파괴하려 하는데, 그들이 뭐하려고 당신을 찾아오겠습니까? 그들은 당신을 무서워하는 것입니다."

그의 이름은 잘 알려져 있었다. 그는 모든 고전 철학을 논박하는 책을 한 권 저술했다. 그것은 지적 단련을 하는 데는 아주 그만인 책이다. 그 책의 제목은 《캇다르샤나*Khat-Dharshana*》 즉 '인도 철학의 여섯 학파'다. 티베트와 중국 학자들은 그를 훌륭한 논리가라고 찬탄해 중국으로 초대하기도 했다. 중국 학자들은 '인도에서 가장 박식한 사람은 바로 이 사람'이라고 확신하는 모양이었다. 그는 신도 믿지 않으면서 스와미의 신분을 하고 있었다. 그는 승단을 반박하면서 승단을 뿌리 뽑기 위해 스와미가 되었다고 말하곤 했다.

"그들은 전부 가짜다. 그들은 사회의 짐이다. 나는 참된 스와미를 보지 못했다. 그 사실을 세상에 폭로하겠다."

그는 만일 어떤 사람이 자기에게 신이 있다는 것을 믿게 한다면 그 사람의 제자가 되겠노라고 맹세했다. 한번은 내게 이렇게 물었다.

"나의 맹세를 아는가?"

그래서 나는 이렇게 응수했다.

"당신을 제자로 만들려고 하는 사람은 가장 어리석은 바보일 것입니다."

"무슨 뜻인가?"

"바보 같은 당신의 마음을 누가 잡을 수 있겠습니까? 당신은 당신의 마음을 한쪽으로만 날카롭게 했지, 다른 차원은 전혀 모르지 않습니까?"

그러자 그는 "자네야말로 바보로군. 자네도 미지의 차원을 이야기하는군. 그것은 전부 쓰레기요, 환상이라네."라고 반박했다.

그래서 나는 신에게 간절히 기도했다.

"무슨 일이 일어나더라도, 제 생애를 걸고 이 사람에게 보다 깊은 진실을 깨닫게 해 주겠습니다."

하루는 내가 그에게 물었다.

"히말라야에 가 본 적이 있습니까?"

"없네."

"여름에 산을 여행하면 매우 유쾌하지요. 산은 매우 아름답습니다."

만일 나를 따라오겠다고 하면 그를 바로잡아 줄 기회가 생길 거라는 기대를 가지고 있었다. 그랬더니 그는 흔쾌히 대답했다.

"좋지. 그리 아름다운 산과 함께하는데 우리에게 왜 신이 필요하겠나."

나는 '그가 신을 믿지 않을 수 없는 상황으로 몰고 가야지.'라고 생각하면서 그를 가장 높은 산으로 데리고 가기로 마음먹었다.

우리는 작은 텐트 하나와 비스킷과 마른 과일을 가지고 카일라스로 떠났다. 나는 굳게 신을 믿으면서, 이 사람이 꼼짝 못하고 신의 도움을 청하는 상황을 만들어 달라고 기도했다. 나는 히말라야 태생이었으므로 추위에 대한 저항력이 길러져 있는데다가 추위를 견딜 수 있는 요가 자세와 호흡법을 행했기 때문에 별 문제가 없었으나 이 불쌍한 스와미는 산에서의 혹독한 추위에 익숙하지 않았기 때문에 고통스럽게 떨고 있었다. 나는 그에게 내 담요를 주었다. 해발 4,300미터까지 데리고 가자 그가 불평을 하기 시작했다.

"숨도 제대로 못 쉬겠군."

"나는 아무런 어려움이 없는데요."

"자네는 젊지 않은가?"

"패배를 인정하지 마십시오."

날마다 그는 나에게 철학을 가르치려 했고, 나는 산에 대한 이야기로 그를 매료시키려 했다. 나는 "자연과 이렇게 가까이 있는 것은 얼마나 아름다운 일입니까?"라고 말하곤 했다.

나흘째 되는 날, 눈이 내리기 시작했다. 해발 4,600미터쯤에서 야영을 하기로 했는데 우리에게는 140센티미터 정도밖에 안 되는 작은 텐트 하나만 있었다. 눈이 60센티미터가량 쌓였을 때, 내가 말했다.

"눈이 계속 내리면 2미터 이상 쌓이게 될 것입니다. 그렇게 되면 텐트가 무너지고 우리는 텐트 속에 묻히게 됩니다."

그러자 그런 소리 하지 말라고 그가 소리쳤다.

"정말입니다."

"돌아갈 수 없을까?"

"없습니다, 스와미지!"

"그럼 어떻게 해야 하지?"

"신에게 기도하겠습니다."

그러자 그가 대뜸 말을 받았다.

"나는 사실만을 믿는다네. 나는 자네가 지금 말하는 어리석은 일 같은 것은 믿지 않아."

"신의 은총으로 눈이 멎을 것입니다. 눈을 멈추기 위해 당신이 철학과 지성을 쓰겠다면 그것도 환영합니다. 그렇게 해 보시지요."

"자네의 기도가 통한다는 것을 내가 어떻게 알 수 있겠는가? 설령 자네가 기도한 뒤에 눈이 멎는다 해도 나는 신을 믿지 않을 것이네. 왜냐하면 내리는 눈은 언젠가는 멎는 법이니까."

눈이 1미터 이상 쌓이자 작은 텐트가 완전히 눈에 덮여 버렸다. 그는 숨이 가빠지기 시작했다. 나는 우리가 숨을 쉴 수 있도록 눈에다 구멍을 낼까 했지만, 그것도 곧 막힐 것이 분명했다. 나는 틀림없이 무슨 일이 일어날 것을 알았다. 우리가 죽든지, 아니면 그가 신에게 기도하든지. 마침내 그 일은 일어났다. 그가 말했다.

"무슨 일이든 좀 해 보게. 자네의 스승은 위대한 분이 아닌가. 그런데 나는 그분을 여러 차례 비난했었지. 내가 지금 이런 위험에 빠진 것도 그 탓인 것 같네."

그는 무서워서 온몸을 떨기 시작했다. 나는 그 틈을 놓치지 않고 이렇게 말했다.

"만일 당신이 신에게 기도한다면 5분 만에 눈이 멎고 햇빛이 날 것입니다. 그렇게 하지 않으면 당신은 죽을 것이고, 나까지도 죽게 할 것입니다. 신께서 내게 그렇게 속삭이고 있습니다."

그러자 그가 물었다.

"정말인가? 그걸 어떻게 들을 수 있는가?"

"신께서 내게 말씀하고 계십니다."

그는 차츰 나를 믿기 시작하는 것 같았다. 그러나 그는 곧 격앙된 목소리로 이렇게 말하는 것이었다.

"햇빛이 나지 않으면 자네를 죽이겠네. 나는 지금 내 맹세를 깨고 있어. 내 삶의 지주이자 무조건적인 맹세는 신을 믿지 않는다는 것이야!"

죽음의 공포라는 숨 가쁜 압박 아래서는 그와 같은 사람도 한순간에 자기주장을 버리고 큰 신심을 얻게 되는 모양이었다. 그는 눈물을 흘리면서 기도했다. 나는 생각했다.

'5분 안에 눈이 그치지 않으면 그의 가슴은 더욱 굳게 닫힐 것이다.'

그래서 나도 그와 함께 기도했다.

신의 은총으로 정확하게 5분이 지나자 눈이 멎고 햇빛이 비치기 시작했다. 그 스와미만 놀란 것이 아니라 사실 나도 놀랐다.

"우리가 살아 있는가?" 하고 그가 물었다.

"그렇습니다. 신께서 우리가 살기를 바라셨나 봅니다."

그러자 숙연한 얼굴로 그가 말했다.

"내가 미처 몰랐네. 이제야 나는 무엇인가가 있다는 것을 깨달았네."

그 뒤 그는 죽을 때까지 침묵을 지키기로 맹세했다. 그는 그로부터 21년을 더 살다 갔는데, 그동안 누구에게도 말을 하지 않았다. 그리고 누구에게서든 신에 대한 이야기를 들으면 감격의 눈물을 흘렸다. 그 뒤 그는 《신의 찬가*Mahimnastotra*》라는 책을 저술했다.

지적 수련을 완전히 마치고 나면 이미 우리는 지성 저 너머에 무엇인가가 있다는 것을 발견하게 된다. 때가 되면 지성도 더 이상 우리를 인도할 수 없고, 직관이 앞을 이끌어 주게 된다. 지성은 계산하고, 결정하고, 판단하고, 받아들이거나 거부하는 작용을 한다. 이것은 모두 마음의 차원에서 일어나는 것들이다.

그러나 직관은 깊은 내면에 있는 생명의 원천에서 자발적으로 올라오는, 막힘이 없는 흐름이다. 마음이 고요하고 평온하게 가라앉을 때, 직관의 빛이 동터 온다. 순수한 직관은 의식을 확장시켜 모든 것을 명확히 볼 수 있게 해 준다. 그때 삶 전체가 이해되며 미망이 사라진다. 일련의 체험을 겪고 나면 자연히 직관의 인도를 받게 된다.

갑자기 위대한 성자 툴시다사*Tulsidasa*의 말씀이 떠올랐다.

"신에 대한 두려움이 없으면 신을 사랑하는 것이 불가능하다. 신에 대한 사랑이 없으면 깨달음이 불가능하다."

신에 대한 두려움은 신의 존재를 깨닫게 하지만, 세상에 대한 두려움은 또 다른 두려움을 만들 뿐 아니라 위험까지도 초래한다. 신을 믿지 않았던 그 스와미도 그 체험을 한 뒤부터는 신을 두려워하기 시작했다. 지성을 닦는 것은 두려움을 만드는 훈련일 뿐이지만, 신에 대한 사랑은 모든 두려움으로부터 인간을 자유롭게 한다.

죽음과의 약속

지금부터 들려줄 이야기는 내가 일곱 살 되던 해에 시작되어 스물여덟 살 되던 해에 끝이 난 것이다.

내가 일곱 살이 되던 해, 친척 중의 한 사람이 베나레스의 판디트들과 점성술사들을 초대해 내 운명을 점친 적이 있다. 나는 문 밖에 서서 "이 아이는 스물여덟이 되는 해에 죽을 것이오."라면서 정확한 시간까지 말하는 것을 들었다.

나는 충격과 절망에 빠져 울고 말았다. '내 수명이 그렇게 짧다면 그동안에 내 소명을 다할 수 있을까?' 하는 생각이 들었던 것이다. 그때 스승께서 내게로 오셔서 "왜 울고 있니?" 하고 물으셨다. 나는 울먹이며 "제가 곧 죽는대요."라고 대답했다. 누가 그렇게 말했냐는 스승의 물음에 나는 모여 있던 점성술사들을 가리키며 말했다.

"이 사람들 모두가 그랬어요."

스승은 나를 방으로 데리고 가시더니 점성술사들을 향해 말씀하셨다.

"당신들은 정말 이 아이가 스물여덟의 나이에 죽는다고 했소?"

모든 점성술사들이 이구동성으로 "그렇소." 하고 말했다.

"틀림없소?"

"틀림없소. 그 애는 틀림없이 그때에 죽을 것이며 아무도 그 운명을 막을 수 없소."

스승은 나를 위로하며 이렇게 말씀하셨다.

"걱정하지 마라. 저 점성술사들은 모두 네가 죽기 전에 죽을 것이다. 네가 그들보다 더 오래 살 것이다. 내가 너의 수명을 늘려 주겠다."

이 말을 듣고 점성술사들이 항의했다.

"어떻게 그런 일이 가능합니까?"

그러자 스승께서는 이렇게 말씀하셨다.

"당신들의 예언은 틀렸소! 점성술보다 더 큰 것이 있기 때문이오."

그러고는 울고 있는 내게 이렇게 덧붙이셨다.

"애야, 울지 마라. 비록 그날과 맞부딪치더라도 너는 무사할 것이다. 운명의 날에 너는 죽음을 직접 대면해야 하겠지만 말이다."

그 후 나는 까마득히 그 예언을 잊어버렸는데 세월이 흘러 나도 모르는 사이에 그날이 다가왔다.

내가 스물여덟 살이 되던 해, 스승의 말씀에 따라 나는 리시케시에서 100킬로미터 정도 떨어진 해발 3,350미터 높이의 산 정상에서 9일간의 두르가푸자*를 행하러 가게 되었다.

그때 나는 나무 샌들과 허리에 두르는 옷 그리고 숄뿐인 차림이었고 가진 것이라고는 물병 하나밖에 없었다. 나는 대지의 여신을 위한 찬가를 부르면서 산속을 자유로이 돌아다니곤 했었다. 산은 내게 고향과도 같았다. 나는 해발 6,000미터까지 맨손으로 등반한 적이 있었기 때문에 특별한 장비 없이도 어떤 산이나 탈 수 있다는 자신감에 넘쳐 있었다.

나는 가파른 절벽을 따라 혼자 노래를 부르며 걷고 있었다. 그 깊은 고독 속에 신이 함께하고 있다는 느낌이 들었다. 성모께 예배하기 위해 작은 사원이 있는 산 정상까지 올라가는 중이었는데, 주위는 온통 소나무로 둘러싸여 있었다.

그런데 갑자기 솔잎 더미에 미끄러져 산 아래로 굴러 떨어지기 시작했다. 이제 죽었구나 하고 생각했는데 다행히 150미터쯤 떨어지다가 작은 가시나무에 걸리게 되었다. 나는 날카로운 가지에 배를 찔린 상태로 매달려 있었는데 나무는 점점 기울어지고 있었다. 위로는 산이, 아래로는 갠지스 강이 보였다. 아찔한 생각이 들어 얼른 눈을 감았다가 떠 보니 가지에 찔린 복부에서 피가 흘러나오는 것이 보였다. 하지만 죽음과 마주한 그 적나라한 위험에 비하면 그런 것쯤은 아무것도 아니었다. 나는 죽음에의 두려움 때문에 아픔도 잊고 있었다.

내가 알고 있던 모든 만트라를 나는 외었다. 불교는 물론 기독교까지 그리고 모든 사원에서 배웠던 만트라를 외었지만 아무 소용이 없었다. 많은 신들을 떠올리면서 도와 달라고 기도했지만 허사였다. 내가 시도해 보지 않은 단 한 가지가 남아 있었다. 그것은 용기였다. 마지막 희망인 나의 용기를 시험해 보려 했을 때 갑자기 한 생각이 떠올랐다.

'나는 죽지 않는다. 왜냐하면 영혼에게는 죽음이 없기 때문이다. 육체의 죽음은 불가피하지만 그것은 중요치 않다. 나는 영원한 존재이기 때문이다. 내가 두려워할 이유가 어디에 있는가? 이 육신을 나라고 생각하다니.'

그렇게 20분쯤 매달려 있노라니까, 문득 스승의 말씀이 떠올랐다.

"나에게 의지하려는 습관을 버려라. 그러나 네가 진정으로 나를 필요로 할 때에는 나를 기억하거라. 어떤 방식으로든 내가 너와 함께할 것이다."

나는 생각했다.

'나는 내 용기를 시험했다. 이제는 나의 스승을 시험해 보리라.'(이런
일은 제자들에게는 자연스러운 일이다. 제자는 스승을 시험해 보고 싶어 한다. 스
승의 결점을 보면서 자신의 약점을 회피하려는 것이다.)

심한 출혈로 정신이 몽롱해지기 시작했다. 그때 위에서 "저기 좀 봐!
사람이 죽었어."라고 외치는 소리가 들려 왔다. 그들은 가축에게 먹일
풀을 베러 온 여인들이었다. 문득 이런 생각이 스치고 지나갔다.

'만일 저들이 내가 죽었다고 생각하면 나를 이대로 내버려 두고 가
버릴 것이다.'

어떻게든 내가 살아 있다는 것을 그들에게 알려야 했다. 나는 거꾸
로 매달려 있었고 그들은 30미터 이상 떨어져 있었다. 나는 말을 할 수
없었기 때문에 다리를 흔들어 보았다.

"어머나, 살아 있잖아! 다리가 움직이고 있어!"

그 여인들은 용감하게 내게 다가와 줄로 내 허리를 묶고 끌어올렸
다. 나뭇가지가 아직도 내 배 안에 있었다. 지금이야말로 용기를 내
야 할 때라는 생각이 들었다. 나는 위장을 안으로 누른 다음 나뭇가지
를 배에서 빼냈다. 그들은 나를 일으켜 세우고 작은 산길로 데려다 주
었다. 그러고는 나에게 혼자 걸을 수 있겠냐고 물었다. 나는 내 상태도
잘 파악하지 못하고 그렇게 하겠다고 대답해 버렸다. 그들은 내가 스
와미이기 때문에 스스로 자신을 돌볼 수 있을 것이라고 생각했는지 마
을로 가는 길을 가르쳐 주고 떠나가 버렸다. 나는 어떻게든 걸어 보려
고 했으나 결국 몇 분 안 되어 정신이 희미해지더니 쓰러지고 말았다.
나뭇가지가 만든 상처는 외상이 아닌 내장기관의 손상이었던 것이다.

나는 스승을 생각하며 혼자 중얼거렸다.

"내 운명은 끝났습니다. 스승님은 저를 가르치시고 모든 것을 다 주셨습니다. 그러나 나는 지금 깨달음을 얻지 못한 채 죽어 가고 있습니다."

그런데 그때 놀랍게도 스승께서 나타나셨다. 나는 내 마음이 만들어 낸 환상이 아닌지 의심했다.

"정말 스승님이십니까? 스승님께서 저를 버리신 줄 알았습니다."

"왜 걱정을 하느냐? 너에게는 아무 일도 없을 것이다. 지금이 죽음이 예언된 그날, 그 시간임을 잊어버렸느냐? 오늘 이후로 너는 더 이상 죽음과 마주칠 필요가 없다. 얘야, 이제 괜찮다."

이 말을 듣자 몽롱해지던 의식이 서서히 돌아왔다. 스승께서는 약초를 으깨어 상처에 발라 주셨다. 그러고는 가까운 동굴로 나를 옮긴 뒤, 사람들에게 잘 돌봐 달라고 부탁하셨다.

스승은 이런 말씀을 남기고 떠나셨다.

"죽음이라 할지라도 막을 수가 있는 법이다."

그로부터 2주일 후 상처가 다 나았다. 그러나 그 흉터는 아직도 남아 있다. 이 일로 해서 나는 참스승은 제자가 아무리 멀리 있어도 도울 수 있다는 것을 알게 되었다. 그리고 제자와 스승의 관계는 그 무엇보다 고귀하며 순수하다는 사실을 깨달았다. 그것은 어떤 말로도 설명할 수 없는 것이다.

Part 10

마음의 힘

마음은 수많은 힘의 보고다.
그 속에 숨겨진 자원들을 개발한다면
이 세상 어떤 것에도 다 성공할 수 있다.
만일 잘 닦인 마음이 한곳에 집중되어 내면으로 향한다면,
우리 존재의 깊은 곳까지
들어갈 수 있는 힘을 발휘하게 된다.
마음은 인간이 지닌 가장 뛰어난 도구다.

모래 위의 수업

　만일 당신이 온 마음을 집중해 어떤 사람을 바라본다면, 그 즉시 그 사람에게 영향을 미칠 수 있다. 내가 젊었을 때에 한 스와미가 내게 그것을 가르쳐 주었다. 그는 인도의 뛰어난 수학자 가운데 한 사람으로 《차크라바르티의 수학Chakravarti's Mathematics》이라는 책의 저자였다. 후에 그는 스와미가 되기 위해 출가하여 내 스승의 제자가 되었다. 그는 응시trataka가 외부의 사물에 영향을 미치고 집중력을 기르는 데에 매우 강력한 도구라고 주장했다.

　마음이 외부의 어떤 대상에 초점을 맞출 때를 '응시gaze'라 하고, 내적으로 모일 때를 '집중concentration'이라고 한다. 집중된 마음의 힘은 실로 막강하다. 인간의 마음에 각기 다른 힘을 주는 응시법에는 여러 가지가 있다. 우리는 두 눈썹 사이의 미간이나 양 콧망울 사이의 콧날, 어두운 방에서의 촛불이나 이른 아침의 태양 또는 달을 응시할 수 있다. 그런데 꼭 조심해야 할 것이 있는데, 그것을 지키지 않으면 신체적으로나 정신적으로 상처를 입을 수도 있다.

　'생각의 힘'은 세상에 널리 알려져 있다. 한곳으로 집중된 마음은 경이로운 일을 할 수 있으나, 만일 세속적인 이득을 위해서 그것을 사용한다면 이기적 욕망의 소용돌이에 휩싸이게 된다. 많은 사람들이 평온함과 조용함을 얻고, 나아가 깨달음을 이루고자 하는 참목표를 잊고, 초능력*siddhi*을 얻으려는 유혹에 빠지고 만다.

어느 날, 그 스와미가 내게 말했다.

"오늘 당신에게 무엇인가를 보여 주려고 합니다. 법정으로 가서 억울한 일을 당하고 있는 사람을 찾으십시오."

그래서 나는 한 변호사를 찾아가 물어보았다.

"이 법정에서 부당하게 심리를 받고 있는 사람이 있습니까?"

그러자 그는 "예, 그런 소송 사건이 있습니다."라고 대답했다.

스와미에게 되돌아가서 그렇게 전하자 그는 이렇게 말했다.

"좋습니다. 그 사람은 무죄 판결을 받을 겁니다. 그리고 이제 그에게 언도될 판결문을 한 단어씩 정확하게 말해 드리겠습니다."

그는 변호사가 아니었건만, 나에게 판결문을 구술해 주더니 이렇게 덧붙이는 것이었다.

"나는 일부러 세 군데 실수를 했습니다. 그 판결문에도 내 구술과 똑같은 세 군데의 실수가 있을 것입니다."

나는 그의 구술을 타이프로 쳤다. 나중에 보니 그 판결문은 단어, 쉼표, 점 하나 틀리지 않고 그가 내게 구술한 것과 똑같았다. 그는 "내 구술문과 판결문을 비교해 보면, 두 개의 쉼표와 하나의 점이 똑같이 빠져 있는 것을 발견할 수 있을 것입니다."라고 말했는데, 과연 구술문은 판결문과 완벽하게 맞아떨어졌다.

나는 놀라지 않을 수 없었다.

"스와미지, 당신은 세상사의 진행을 바꿀 수 있군요."

"나는 그렇게 하지는 않습니다. 그것이 내 목적이 아니니까요. 내가 이런 시범을 보인 것은, 선한 이유에서라면 세상의 어떤 곳에서라도 다른 사람의 마음에 영향을 미칠 수 있다는 것을 당신에게 이해시키기 위해서였습니다. 다른 사람을 돕는 것은 먼 곳에서도 가능합니다."

나는 그런 힘의 비밀을 가르쳐 달라고 부탁했다. 그러자 그가 말했다.

"그 비밀을 당신께 가르쳐 드리겠습니다. 하지만 당신은 그것을 연습하고 싶지 않게 될 것입니다."

나는 그가 알려 준 방법을 얼마 동안 연습해 보았다. 그것이 내게 도움도 되었지만, 얼마 후에는 그것 때문에 주의가 산만해지고 시간 낭비가 되는 바람에 그만두고 말았다.

그 스와미는 아주 친절해서 수학을 통해 내게 철학을 가르쳐 주었다. 그는 0에서 9까지의 숫자 하나하나를 우파니샤드에 나오는 시구로 설명해 주었다. 그리고 0에서 100까지 숫자의 철학적인 의미를 낱낱이 설명해 주었다. 수학에는 숫자 1이 있다. 모든 숫자는 1의 배수다. 이처럼 이 우주에는 하나의 절대적인 실재가 있고, 이 우주의 다른 모든 이름은 그 하나의 배수적 표현에 지나지 않는다. 그는 지팡이로 갠지스 강변 모래 위에 선을 그어서 삼각형을 만들었다. 그러고는 어떻게 삶이 정삼각형이어야 하는지를 가르쳐 주었다. 몸과 내적 상태와 외부 세계의 세 각이 삶의 정삼각형을 구성한다. 모든 수가 측정할 수 없는 하나의 점에서 나오듯이 전 우주도 측정할 수 없는 공空으로부터 나온다. 삶은 그가 원圓이나 영0에 비유한 하나의 수레바퀴와 같은 것이다. 이 원은 한 점의 확장이다.

그는 또 다른 비유를 들었다.

"죽음과 탄생이라고 불리는 두 개의 점이 있는데, 여기에서의 삶은 이 두 점 사이의 선이다. 삶의 알려지지 않은 부분은 무한한 선이다."

그로 인해 수학 공부에 대한 나의 혐오감이 사라져 버렸다. 그 이후 나는 매우 흥미를 가지고 수학을 공부하기 시작했다. 나는 수학이 모든 학문의 참된 기초가 되는 명확한 학문이며 상키야 철학에 기초하고 있다는 것을 알게 되었다. 상키야 철학은 몸과 그것을 구성하는 요소 그리고 마음의 다양한 기능을 탐구하는 가장 오래된 철학이다. 요가는 사람을 초의식상태로 이끌어 주는 실제적인 과학이다. 상키야 철학이 이해되자 내 마음에 일어난 모든 철학적 의문들이 쉽게 풀렸다. 그러고 나자 경전을 정확히 이해하게 되었다.

그의 마지막 가르침은 실로 매혹적이었다.

"자, 0을 먼저 쓴 다음 1을 놓아 보십시오. 이렇게 '01'로 말입니다. 만일 1이 먼저 나오면 0은 가치를 지니게 되지만, 1이 먼저 나오지 않으면 0은 아무런 가치를 지니지 못합니다. 세상의 모든 것은 이 0과 같아서, 만약 하나 1의 실재를 의식하지 못한다면 그것들은 모두 아무런 가치도 없게 됩니다. 우리가 하나의 실재를 기억할 때, 삶은 보람 있는 것이 되겠지만, 그렇지 않으면 이 삶은 무거운 짐이 될 것입니다."

이 스와미는 히말라야의 깊은 곳으로 떠나서, 그 이후로 다시는 그를 보지 못했다. 나를 가르치는 데 귀중한 시간을 내 주신 그에게 감사를 드린다.

시체를 먹는 바바

1942년에 나는 히말라야의 유명한 성지인 바드리나트를 향해 여행을 떠났다. 가는 길에는 스리나가르가 갠지스 강변에 위치하고 있다. 여기서 8킬로미터 떨어진 곳에 작은 샥티 사원이 하나 있는데, 거기에서 3킬로미터 정도 아래에 있는 동굴에 아고리 바바가 살고 있었다.

아고르*aghor*는 책에서도 거의 언급되지 않고 인도의 요기나 스와미들조차도 거의 이해하지 못하는 아주 신비한 학문이다. 이것은 태양학solar science과 관련된 비밀스런 길로서, 치료를 위해 이용된다. 이 학문은 프라나보다 더 정교하게 삶의 강력한 힘을 이해하고 터득하게 해 준다. 또한 현재의 삶과 사후의 삶 사이에 다리를 놓아 준다. 그러나 아고르를 행하는 요기는 아주 드물고, 사람들은 이상한 방식으로 사는 그들을 기피한다.

스리나가르 근처의 주민들은 아고리 바바를 몹시 두려워했다. 누구든지 접근하기만 하면 그가 욕설을 퍼부으면서 자갈을 던졌기 때문이었다. 그는 75세가량 되었는데, 195센티미터 정도의 키에 강인해 보이는 체격의 소유자였다. 긴 머리에 턱수염을 기르고 있었으며, 황마로

된 천을 허리에 두르고 있었다. 그의 동굴에는 삼베로 만든 몇 개의 자루 외에는 아무것도 없었다.

나는 그에게서 무엇인가를 배우려고 그 지방의 판디트에게 길을 인도해 달라고 부탁했다. 그러자 판디트는 "아고리는 성자가 아닙니다. 그는 부정한 사람입니다. 그를 만나지 않는 게 좋을 겁니다."라고 대답하는 것이었다. 하지만 나는 바바의 동굴로 나를 데리고 가도록 그를 설득했다.

우리는 날이 저물기 직전에 그곳에 도착했다. 아고리 바바는 갠지스 강과 그의 동굴 사이에 있는 바위에 앉아 있었다. 그는 우리에게 옆에 앉으라고 하더니 판디트를 쳐다보며 이렇게 말하는 것이었다.

"내 등 뒤에서는 욕을 하더니 앞에서는 공손하게 인사를 하는군."

그 말을 들은 판디트가 황급히 자리를 뜨려고 하자 아고리 바바는 느닷없이 "안 돼! 강가로 가서 물 한 동이를 떠 와." 하고 명령을 내렸다.

겁에 질린 판디트가 물을 떠오자 바바는 그에게 큰 식칼을 주었다.

"강물에 떠다니는 시체가 있을 거다. 강둑으로 끌어올려서 허벅지와 종아리의 살덩이를 잘라 그것을 내게 가져와라."

아고리 바바의 요구에 충격을 받은 판디트가 몸을 부르르 떨었다. 판디트도 나도 점점 불안해졌다. 겁에 질린 판디트가 말을 듣지 않으려 하자 아고리 바바는 불같이 화를 내면서 소리쳤다.

"그 시체의 살덩이를 가져오겠나, 아니면 내가 너의 살을 잘라 먹을까? 어떻게 할 거야?"

불쌍한 판디트는 불안과 공포로 몸을 떨면서 시체로 다가가 다리를 자르기 시작했다. 너무 당황한 나머지 자신의 왼손 엄지와 검지까지 잘라서 피가 철철 흐르고 있었다. 판디트와 나는 둘 다 거의 제정신이 아니었다. 판디트가 살덩이를 가지고 가까이 다가오자 아고리 바바가 그의 다친 손가락을 만져 주었다. 그러자 즉시 상처가 나았고 흉터조차 남지 않았다.

아고리 바바는 그에게 살덩이를 질그릇에 담아 불에 올려놓고 뚜껑을 돌로 덮으라고 명령했다. 그러면서 이렇게 덧붙이는 것이었다.

"이 젊은 스와미는 배가 고플 테고, 너도 뭘 좀 먹어야 하지 않겠나?"

그 말을 들은 나는 질겁을 하면서 "선생님, 저는 채식주의자입니다."라고 외쳤다. 바바는 그 말에 화가 조금 난 듯이 내게 말했다.

"내가 고기를 먹는다고 생각하나? 내가 부정하다는 이곳 사람들의 말을 믿는가? 나 또한 철저한 채식주의자다."

10분쯤 지나자 바바는 판디트에게 질그릇을 가져오라고 했다. 그는 큰 잎을 몇 개 모아 놓고는 "음식을 놓을 수 있도록 땅 위에 이 잎들을 펴 놓아라." 하고 말했다. 판디트가 떨리는 손으로 시키는 대로 하자, 그는 질그릇 사발 세 개를 가지러 동굴로 들어갔다. 그가 없는 동안 판디트가 내게 속삭였다.

"나는 이 일을 못 견뎌 낼 것 같소. 이것은 내가 전 생애를 통해 배우고 실행해 온 모든 것들에 위배되는 일이오. 나는 자살을 해야겠소. 당신이 대체 내게 무슨 짓을 한 거요? 왜 나를 이리로 오게 했단 말이오?"

"조용히 하시오. 도망칠 수도 없으니 무슨 일이 일어나는지 지켜보도록 합시다."

아고리 바바는 판디트에게 음식을 나눠 주라고 명령했다. 판디트가 그릇 뚜껑을 열고 내 그릇에 음식을 담으려는 순간 우리는 소스라치게 놀라고 말았다. 그릇에 담긴 것은 치즈와 설탕으로 만들어진 라스굴라 *rasgula*라는 과자였던 것이다. 그것은 내가 제일 좋아하는 음식으로, 바바의 동굴로 걸어오면서 잠깐 동안 그것을 먹고 싶다는 생각을 했었다. 정말로 이상한 일이 아닐 수 없었다.

아고리 바바는 태연스레 이렇게 말하는 것이었다.

"이 과자에는 고기가 전혀 안 들어갔어."

나는 그 과자를 먹었고, 판디트 역시 먹어야 했다. 아주 맛있는 과자였다. 바바는 우리가 먹고 남긴 것을 마을 사람들에게 나눠 주라며 판디트에게 주었다. 우리가 최면술에 걸려 바보 취급을 당한 것이 아니라는 것을 증명하기 위해서였다.

어두운 밤, 판디트는 동굴에서 5킬로미터쯤 떨어져 있는 마을을 향해 홀로 떠났다. 나는 어떻게 음식이 변형되었는지 그 수수께끼를 풀기 위해 그리고 그의 아주 이상한 생활 방식을 이해하기 위해 아고리 바바의 곁에 남았다. 나는 무척 궁금했다. '왜 시체의 살을 요리했으며, 어떻게 그것이 과자로 바뀌었을까? 왜 그는 여기서 혼자 살고 있을까?' 그런 사람들에 대한 이야기를 들어 보기는 했으나 직접 그런 사람을 만나 보기는 그때가 처음이었다.

나는 두 시간 동안 명상을 끝낸 뒤, 그와 함께 경전에 대해 이야기를 시작했다. 그는 비범할 정도로 지적이었으며, 또 많은 경전을 읽은 듯했다. 그러나 그의 산스크리트 어는 너무 간단하고 투박해서 매번 그가 말한 것을 해독하고 답하는 데 몇 분씩 걸렸다. 분명 그는 대단히 학식이 많은 사람이긴 했으나, 그의 생활 방식은 이전에 내가 만난 그 어떤 사두와도 달랐다.

아고르는 《아타르바 베다》*에 기술된 행법이기는 하지만, 그 어떤 경전에서도 사람의 살을 먹어야 한다는 것을 읽은 적이 없었다.

나는 그에게 물었다.

"왜 죽은 사람의 살을 먹으면서 이런 식으로 사는 것입니까?"

그러자 그는 오히려 이렇게 반문하는 것이었다.

"왜 그것을 죽은 사람이라고 부르지? 그것은 더 이상 사람이 아니라 단지 쓸모없는 물질일 뿐이다. 그런데 네가 그것을 사람과 연관시키고 있다. 어느 누구도 그 시체를 이용하지 않는다. 그래서 내가 그것을 이용하는 것이다. 나는 물질과 에너지의 드러나지 않은 법칙을 발견하기 위해 노력하며 실험하는 과학자다. 나는 물질의 한 형태를 다른 형태로 변화시키고 있다. 나의 스승은 대자연Mother Nature이다. 자연은 많은 형태를 만들어 내고, 나는 형태를 바꾸는 데 자연의 법칙을 따를 뿐이다. 나는 판디트로 하여금 다른 사람들에게 이곳에 접근하지 말라는 경고를 하게 하려고 그랬던 것이다. 지난 13년 동안 아무도 이 동굴을 방문하지 않았다. 사람들은 내 겉모습 때문에 나를 두려워한다. 그들은 내가 부정하며, 물고기와 시체를 먹고 산다고 생각한다. 나는 그들에게 자갈을 던지지만, 결코 아무도 맞히지 않는다."

겉으로 보이는 그의 행동은 대단히 거칠었지만, 그는 단지 사람들이 자신의 연구를 방해하지 않기를 원했던 것이다. 또한 마을 사람들에게서 먹을 것이라든가 필요한 것들을 의존하지 않기 위해서 일부러 그렇게 행동했노라고 말했다. 그는 이상한 사람이 아니었는데도 사람들을 피하기 위해 마치 그런 것처럼 행동했던 것이다. 그의 생활 방식은 전적으로 자급자족이었으며, 그 동굴에서 21년이나 살았어도 마을 사람들 중 그 누구도 그를 찾아가지 않았다.

밤을 꼬박 새워 그는 자신의 아고르 수행에 대해 가르쳐 주었다. 그의 수행 방법은 내게 적합하지 않았지만, 나는 그가 왜 그런 방식으로 사는지 그리고 왜 그런 행동을 하는지 알게 되었다.

그는 돌멩이를 설탕으로 바꾸는 식으로 한 물질을 다른 물질로 변화시킬 수 있는 능력을 가지고 있었다. 날이 밝자 그는 실제로 그런 것들을 내게 해 보였다. 예를 들면, 그가 나에게 모래를 만져 보라고 해서 그대로 했더니, 그 모래는 어느새 아몬드나 캐슈*로 변해 있는 것이었다. 사실 나는 그런 일에 대해 듣기도 했을뿐더러 그것의 기본 원리도 알고 있었지만 좀처럼 믿기지 않았다. 하지만 이 분야를 직접 탐구하지는 않았으나, 이제 그 원리는 충분히 알 것 같았다.

정오가 되자 아고리 바바는 내가 떠나기 전에 뭔가 좀 먹어야 된다면서, 예의 그 질그릇에서 다른 과자를 꺼내 왔다. 그러고는 탄트라 경전에 대해 논의하는 내내 대단히 정중하게 나를 대했다. 그러면서 그는 마치 혼잣말하듯 이렇게 중얼거렸다.

"이러한 학문은 이미 죽어가고 있네. 배웠다는 사람들은 더 이상 그런 수련을 하려 들지 않거든. 이 학문이 사라질 때가 올 거야."

나는 문득 호기심이 일었다.

"그렇다면 무슨 쓸모가 있어서 이런 일들을 해 보이는 것입니까?"

그러자 그가 대답했다.

"무슨 쓸모라니? 이것은 엄연한 과학이고, 이 지식의 탐구자는 치유를 위해 이것을 사용해야 하네. 그리고 다른 탐구자들에게도 물질이 에너지로 또 에너지가 물질로 변화될 수 있음을 알려 줘야 한다네. 물질과 에너지를 이루는 법칙은 하나이며 같은 것이라는 걸 말이지."

그가 다시 말을 이었다.

"모든 명칭과 형태의 이면에는 현대의 과학자들이 아직 그 전체를 밝혀내지 못한 통일된 원리가 숨어 있어. 베단타나 고대의 학문들은 생명 속에 내재된 그러한 법칙들을 가르쳐 주고 있지. 오직 하나의 생명력만이 존재하며, 이 우주의 모든 형태와 이름들은 그 하나의 변형일 뿐이야. 모든 것의 근원은 하나이며 같은 것이기 때문에 두 물질 사이의 관계를 이해하기는 어렵지 않아. 물이 얼면 얼음이라 하고, 증발될 때는 수증기라고 하지. 어린아이들은 이처럼 똑같은 물질이 세 가지 형태를 띠는 것과, 그것이 취한 형태만 다를 뿐 분자구조가 같다는 것을 이해하지 못해. 오늘날의 과학자들은 어린아이와 같아. 그들은 모든 물질에 내재된 통일성도, 하나의 형태에서 다른 형태로 변화하는 원리도 깨닫지 못하고 있어."

그의 말에 나는 지적으로는 동의했다. 그럼에도 불구하고 그의 생활 방식만큼은 도저히 동의할 수가 없었다. 나는 그에게 작별 인사를 하고 다시 찾아오겠노라고 약속했으나, 그렇게 하지 못했다.

나는 전날 밤에 공포에 질려 자기 마을로 돌아간 판디트가 염려되어 그를 찾아가 보았다. 그랬더니 놀랍게도 그는 완전히 변해 있었다. 판디트는 아고리 바바의 추종자가 되어 있었고, 그의 제자가 되어 그 길을 따르려는 작정을 하고 있었던 것이다.

내 당나귀는 **어디**에 있는가?

언젠가 우타르프라데시에 있는 작은 도시 마우Mau에 머문 적이 있다. 그곳에서 나는 만행 중인 스와미나 사두를 위해 지은 작은 오두막에 기거하면서 대부분 시간을 방에서 수련과 명상으로 보냈다. 외출은 아침과 저녁에 아주 잠깐씩 밖으로 나가는 것이 고작이었다.

근처에 세탁소 주인이 한 사람 있었는데, 아내도 자식도 없는 그에게는 오직 당나귀 한 마리만 있을 뿐이었다. 그런데 어느 날 그 당나귀를 잃어버리고 말았다. 너무 상심한 그는 넋이 나가 인사불성이 되었다. 그것을 보고 사람들은 그가 사마디에 들었다고 생각했다.

인도 사람들은 '사마디'라는 말 앞에서는 무슨 일이건 다 한다. 사마디를 성취한 듯 보이는 사람에게는 집을 팔아서라도 돈을 바친다. 선물을 바치는 것이 성자에 대한 자신들의 사랑과 헌신을 나타내는 것이라고 믿기 때문이다.

이틀이 지나도록 세탁소 주인이 넋을 잃고 한자리에 앉아 있자 사람들이 그의 주위에 돈이며 과일이며 꽃 따위를 가져다 놓기 시작했다. 그러자 두 사람이 나서서 자기네가 그의 제자라면서 돈을 모으기 시작했다. 그러나 그 세탁소 주인은 여전히 꼼짝도 하지 않았다. 두 사람은 다른 사람들을 불러오기 시작했다. 그들은 모든 사람들에게 자기네가 이 위대한 스승의 제자라는 것을 알리고 싶었던 것이다. 이 소문은 입에서 입으로 전해져 삽시간에 널리 알려지게 되었다.

나는 그의 제자 한 사람을 통해 가까운 곳에 사는 성자가 사마디에 들었다는 소식을 전해 들었다. 그래서 그를 보러 갔더니 정말로 눈을 감은 채 고요히 앉아 있는 사람이 있었다. 많은 사람들이 그의 주위에 몰려들어 "오, 신이시여. 그를 다시 우리에게로 돌려보내 주십시오. 하리 라마*, 하리 라마! 하리 크리슈나*, 하리 크리슈나!" 하면서 기도를 올리고 있었다.

내가 그들에게 물었다.

"지금 무엇을 하고 있습니까?"

그러자 그들이 대답했다.

"이분은 우리의 구루이신데, 지금 사마디에 들어 계십니다."

나는 호기심이 생겨 혼자 중얼거렸다.

"어디 이 상태에서 벗어났을 때 어떤 일이 벌어지는지 봐야겠군."

이틀 뒤, 그가 눈을 떴다. 그를 에워싼 사람들은 위대한 구루가 전해 줄 심원한 설법을 기대하며 숨을 죽였다. 그러나 넋 나간 상태에서 벗어난 그가 처음 한 말은 "내 당나귀는 어디에 있지?"였다.

명상에 들 때 가지고 있던 욕망이 명상의 주된 요소가 된다. 바보가 잠 속으로 들어가면 잠에서 나올 때도 바보다. 그러나 깨달음의 열망만으로 명상 속으로 들어가면 성자가 되어 명상에서 나온다.

자기 생각에 빠져 있고 수심에 잠긴 사람과 진짜 명상을 하는 수행자 사이에는 엄밀한 차이가 있다. 극심한 근심은 마음을 부정적인 방향으로 집중하게 만든다. 그러나 명상을 통해 마음은 긍정적인 방향으로 집중되고 내면으로 향하게 된다. 겉보기에 증상과 징후는 비슷하다. 근심은 몸을 마비시키고 긴장되게 하지만, 명상은 마음을 느슨하게 풀어 주고 고요하게 한다. 명상에는 마음의 정화가 필수이나, 근심은 마음의 정화 없이도 늘 진행된다. 극심한 근심이 마음을 지배할 때 마음은 마비되고 무감각하게 된다. 그러나 한 위대한 사람이 세상의 불행에 대해서 명상한다면, 그것은 근심이 아니라 인류에 대한 관심과 사랑이다. 이 경우 개인의 마음은 확장되어 우주의 마음과 결합된다. 마음이 개인적인 관심에만 집중될 때, 그것을 근심이라고 한다. 그러나 마음이 다른 사람의 불행을 깨닫게 될 때는 그들을 위한 기도를 하기 시작한다. 둘 다 마음이 집중되지만, 후자의 경우엔 의식이 확장된다는 점이 다르다.

성 요한John은 외딴 섬 파트모스Patmos에 유배되었을 때, 스승의 가르침이 대중에게 이르지 못할까 봐 걱정했다. 그러나 이런 종류의 근심은 자신의 욕망을 충족시키기 위한 근심이 아니었다. 그것은 그가 늘 깊이 묵상했던 인류를 위한 보편적인 문제였다. 명상은 확장이요, 근심은 수축이다.

부정적인 방향으로 흐르는 힘은 긍정적인 방향으로 바뀔 수 있다. 따라서 명상하기 전에 우선 마음을 정화하는 것이 중요하다. 마음이 훈련되지 않고 정화되지 않으면, 깨달음의 길에서 명상은 도움이 안 된다. 준비가 중요하다. 그 준비란 행위와 말, 식사 습관 그리고 다른 욕구들을 다스리는 것이다. 그것들은 필수적인 준비 항목들이다. 자신을 잘 다스리고 난 뒤 명상을 하면 효과 있는 체험을 하게 된다. 그런 사람은 긍정적이고 강력한 잠재력에 접하게 된다. 이런 경험이 보다 깊은 의식 수준으로 이끌어 주는 것이다. 훈련되지 않고 불순한 마음으로는 가치 있는 것을 창조할 수 없다. 그러나 명상적이고 관조적인 마음은 언제나 창조적이다. 근심과 명상은 둘 다 무의식에 깊은 자국을 남긴다. 근심은 심각한 정신적, 신체적 질환을 일으키는 반면에 명상은 의식의 다른 영역을 깨닫게 해 준다. 명상하는 법을 알게 되면 자연스럽게 근심하는 버릇에서 벗어나 자유롭게 된다. 증오와 근심은 마음을 지배하는 두 개의 부정적인 힘이다. 그러나 명상과 성찰은 마음을 확장시킨다.

이 가련한 세탁소 주인은 아주 조용히 앉아 있기는 했지만 깊은 근심과 슬픔에 빠져 있었다. 너무 슬펐기 때문에 마음이 균형을 잃었던 것이다. 그런 상태에서 그는 자신이 어디에 있는지조차 의식하지 못했던 것이다.

사마디에서는 마음이 깨어 있는 상태에서 높은 자각의 영역으로 유도된다. 마음의 정화 없이 사마디를 얻으려는 사람은 실망하게 된다. 불순한 마음이 그러한 상태에 이르는 것을 방해하기 때문이다. 사마디는 의식적이며 잘 조절된 노력의 결과다. 그것은 초월적 의식 상태다. 근심은 마음을 웅크리게 하지만, 명상은 마음을 확장시킨다. 개인의 의식이 확장되어 초월적 의식과 결합하는 것을 사마디라고 한다.

도대체 그는 누구란 말인가?

칸푸르 시에서 10킬로미터 정도 떨어진 갠지스 강의 맞은편 강변에 머물 때의 일이다. 당시 나는 강둑 옆의 정원에서 살았는데, 세상사에는 통 개의치 않고 지냈다. 그래서 결코 도시에 내려가지 않았건만, 많은 사람들은 나를 보고 싶어 했다.

그들은 과일 같은 것을 가지고 와서 내 앞에 앉아 있곤 했다. 나는 그것을 피하기 위해 말라를 좀 준비해 두었다. 그래서 누군가가 찾아오면 "우선 앉으십시오. 그리고 이 만트라를 2,000번 반복하고 나서 이야기하도록 합시다."라고 말했다. 그러면 방문객의 대부분은 말라를 남겨둔 채 조용히 가 버리곤 했다.

어느 날 오후, 고피나트라는 사람이 네 사람을 동행하고 나를 찾아왔다. 그는 칸푸르에 있는 인디아 준비은행의 금전 출납원이었다. 그들은 자리에 앉더니 찬송을 하기 시작했는데, 그것에 전념하느라 시간 가는 줄도 모르고 있었다. 저녁 아홉 시쯤 되었을 때, 고피나트가 갑자기 눈을 번쩍 뜨더니 느닷없이 소리를 질렀다.

"끔찍한 일이 벌어졌다!"

사람들이 모두 놀라 물었다.

"무슨 일입니까?"

그러자 그는 매우 당황한 기색으로 대답했다.

"내 조카딸이 오늘 밤 일곱 시에 결혼을 하기로 되어 있습니다. 그 결혼식에 쓸 예물이 모두 내 금고에 들어 있지요. 그런데 그 금고의 단 하나뿐인 열쇠를 내가 가지고 있지 뭡니까? 스와미지, 도대체 제게 무엇을 하신 것입니까?"

그의 말에 내가 대답했다.

"나는 아무 일도 하지 않았습니다. 단지 이곳의 분위기가 당신을 그렇게 만든 것뿐입니다. 이곳에 오는 모든 사람에게 일어나는 일이지요. 당신은 긴장을 풀고 세상 문제를 잊었던 것입니다. 그래서 신성神性을 경험하고 즐겼던 것이지요. 그런데 왜 걱정을 하십니까?"

"하지만 그들에게 주어야 할 보석과 예물이 모두 내 금고에 있단 말입니다."

"오늘 찬송을 할 때 당신은 정말로 당신 자신을 잊고 있었습니까?"

"그래서 제가 아직 여기 있지 않습니까?"

"그렇다면 걱정하지 마십시오. 신께서 상황을 잘 처리해 주실 것입니다. 만약 나쁜 일이 벌어진다 해도, 신의 이름을 찬송했으니 그대로 두십시오. 그러지 않았다가는 더 나쁜 일이 일어날 것이기 때문입니다."

그들은 마차를 타고 황급히 마을로 돌아갔다. 고피나트는 도착하자마자 어찌 되었냐고 다급하게 물었다. 사람들은 그가 몹시 걱정하는 기색을 보이자 어리둥절해서 물었다.

"무슨 문제라도 생겼습니까? 예식은 끝났어요. 모든 게 다 좋았다고요."

"예물은 어떻게 되었소? 나는 금고 열쇠를 가지고 갠지스 강 건너편에 앉아 있었는데……."

그때 그의 아내가 와서 말했다.

"당신이 결혼식이 시작되기 10분 전에 예물을 주셨잖아요. 이제 결혼 피로연이 끝나고 모두들 음식을 들고 있는 중이에요."

고피나트와 함께 있었던 네 사람이 나서서 그가 분명 자기네와 함께 찬송을 하며 갠지스 강 건너편에 있었노라고 증언했다. 그러면서 그들은 이렇게 말했다.

"이거야 원, 당신들이 바보거나 아니면 우리가 바보로군요."

그들은 자신들의 기억이 다른 사람들의 진술과 맞아떨어지지 않자 매우 어리둥절해했고 고피나트는 마음의 평정을 완전히 잃었다.

"내가 고피나트란 말이오. 그런데 나 말고 다른 고피나트가 왔었다니, 도대체 그가 누구란 말이오?"

다음날, 사무실로 간 그는 단 한 가지 물음 외에는 어느 누구와도 말을 하려고 들지 않았다.

"내가 고피나트요. 누가 내게 그가 누구였는지 말해 주지 않겠소?"

그 후 3년 동안이나 고피나트는 강박 관념에 사로잡혀 있었다. 결국 그것 때문에 그는 직장까지 포기해야 했다. 그의 아내가 나를 만나러 왔지만, 도와줄 수가 없었다. 나는 그의 아내에게 물었다.

"그가 당신과 이야기를 합니까?"

"예, 그러나 그는 날더러 줄곧 묻기만 해요. '여보, 그 다른 고피나트가 누군지 말해 주구려. 그가 나와 똑같이 생겼더랬소?'라고 말이에요."

그 일이 있고 난 후 많은 사람들이 나를 찾아와서 "당신은 정말 위대한 기적의 성자이십니다."라고 말했다. 그러면 나는 "당신들은 아무 까닭도 없이 나를 칭송하는군요."라고 대답하곤 했다. 사실 나 역시도 그들처럼 무슨 일이 일어났는지 모른다. 그리고 정말로 그런 일이 어떻게 일어날 수 있는지도 알지 못했다.

나는 나중에 그 문제를 스승께 여쭈어 보았다.

"그게 대체 어찌 된 일인가요?"

스승께서는 그 일에 대해 잘 알고 계셨는데, 우리 전통의 성인 가운데 한 분이 고피나트가 신의 이름을 찬송하는 데 열중했기 때문에 그를 도왔을 수도 있다고 말씀하셨다. 그 일은, 성자들은 신께 헌신하는 자들을 보호하고 인도하는 데 있어서 매우 친절하고 관대하다는 것을 깨닫게 해 준 소중한 경험이 되었다. 그 경험으로 미루어, 성자들은 히말라야에 머물면서도 세상의 그 어느 곳이든 여행하고 자유로이 몸을 나타낼 수 있다는 것을 알 수 있었다.

생각을 읽는 사람

1973년, 리시케시로 가는 길에 우리 일행은 뉴델리의 한 호텔에 머물렀다. 거기서 나는 정신과 의사이자 미국 의과대학에서 교수로 재직한 루돌프 발렌타인 박사를 만났다. 그는 중동을 여행하고 파키스탄을 거쳐 최근에 뉴델리에 왔다고 했다. 발렌타인 박사는 내게 뉴델리의 유명한 쇼핑센터에서 겪은 일을 이야기해 주었다. 그곳에서 한 낯선 사람이 박사의 이름을 부르더니 영국에 있는 그의 여자 친구 이름을 말했다는 것이다.

어리둥절해진 박사가 어떻게 알았는지 물었더니, 그는 한술 더 떠서 박사가 태어난 날이며 그의 할아버지의 이름을 대더니 본인 외에는 아무도 모르는 지극히 개인적인 것까지 말했다고 하였다.

박사는 '나는 이런 사람을 만나기 위해 인도에 온 것인지도 모른다.'라고 생각했다. 그런데 그는 "5달러만 주십시오."라고 했고, 박사가 돈을 주자 두려워하는 기색으로 사방을 두리번거렸다. 만약 경찰이 그가 하는 짓을 봤다가는 당장 체포될 것이기 때문이었다. 그러면서 "여기에 계십시오. 곧 다시 돌아올 테니까요."라고 말하고는 이내 사라져 버렸다. 박사는 그 자리에서 30분이나 기다렸으나 그는 끝내 되돌아오지 않았다.

이야기를 마친 박사는 이렇게 말했다.

"스와미지, 그는 정말 대단한 사람이었습니다."

그래서 내가 "그가 무슨 일을 했습니까?"라고 박사에게 물었다. "그는 나를 전혀 모르는 사람이었는데도 나에 관한 개인적인 것들을 말했습니다."라는 그의 말에 내가 다시 반문했다.

"당신은 그런 것들을 이미 알고 있지 않았습니까?"

"예, 그렇습니다."

"그렇다면 그가 무슨 큰일을 했단 말입니까? 누군가가 당신이 생각하고 있는 것을 안다면, 당신도 이미 그것을 분명히 알고 있었다는 뜻입니다. 그런 지식은 어떠한 방법으로도 당신을 개선시켜 주지 않습니다. 그런 능력은 잠시 동안 당신을 놀라게 하겠지만, 자기 성장이라는 면에서는 아무런 도움이 되지 않습니다."

콘노트 지방에서는 발렌타인 박사가 만난 사람 같은 사기꾼들을 종종 볼 수 있다. 그들은 어떤 사람의 과거나 미래에 대해 이야기해 주면서 마치 자신이 사두인 것처럼 행세한다. 그들은 생계를 위해 그런 술수를 배운다. 순진한 여행자들이 그런 자들을 만나면 위대한 성자로 착각한다. 그런 여행자들은 진짜 성자가 있는 곳에는 결코 도달하지 못하게 된다. 이런 사기꾼들이 영성과 영적인 사람들의 이름을 더럽히는 것이다.

발렌타인 박사는 우리와 함께 여행을 했다. 우리가 인도를 떠날 때, 그는 인도의 여러 의과계열 학교를 방문하면서 리시케시와 인도의 여러 지방에서 몇 달간 더 머물렀다. 그는 나중에 미국으로 돌아와 우리와 합류했고, 히말라야 연구소에서 '통합 치료 프로그램'을 이끌었다.

Part 11
치유의 힘

모든 사람에게는
스스로를 치유할 수 있는 힘이 숨겨져 있다.
그러므로 그 잠재된 힘을 일깨울 수 있다면
사람은 누구나 자신을 치유할 수 있다.
이기심이 전혀 없는 신성한 사람은
그 어떤 사람도 고칠 수 있다.
치유 중에서도 최상의 치유는
모든 고통으로부터 자유로워지는 것이다.

처음 접한 **치유의 힘**

열두 살 무렵에 나는 스승과 함께 인도 평원을 가로질러 도보여행을 하고 있었다. 스승께서는 에타에 있는 기차역에서 가던 길을 멈추고 그곳의 역장에게 부탁했다.

"이 아이가 배가 고프답니다. 음식을 좀 주시겠습니까?"

역장은 음식을 가지러 서둘러 집으로 갔다. 하지만 그가 집에 도착하자 그의 아내가 울부짖으며 말했다.

"당신은 하나밖에 없는 우리 아들이 천연두로 앓아 누워 있는 걸 잘 아시잖아요. 그런데도 어떻게 떠돌이 사두에게 음식 줄 걱정만 하고 있나요? 우리 아들이 죽어가고 있는데 말이에요. 어서 이 집에서 나가요. 난 지금 너무 괴로워요."

그는 몹시 낙담한 기색으로 우리가 있는 곳으로 돌아왔다. 그리고는 무척 죄송하다는 표정으로 이렇게 말했다.

"제가 어떻게 하면 좋겠습니까? 아내는 지금 울부짖고 있습니다. '그가 진정한 스와미라면 왜 우리 사정을 알고 아이를 치료해 주지 못할까요? 그는 감정도 없나 보죠? 하나밖에 없는 우리 아이가 사경을 헤매고 있다고요. 그런데도 그는 음식을 달라고만 하고 있군요.'라면서요."

스승께서는 지그시 미소를 짓더니 나에게 역장을 따라가자고 하셨다. 그래서 우리는 함께 역장의 집으로 갔다. 그것은 하나의 도전이었다. 스승께서는 항상 도전받는 것을 즐기시는 듯했으나 나는 불만스럽지 않을 수 없었다.

"저는 지금 몹시 배가 고파요. 먹을 것은 언제 나오지요?"

그러자 스승께서 말씀하셨다.

"넌 기다려야 해."

나는 제시간에 먹을 것을 주지 않는다고 종종 스승님께 불평을 해대곤 했다. 때로는 울면서 도망쳐 버릴 때도 있었다. 그러나 스승께서는 늘 내게 인내를 가지라고 가르치셨다.

스승께서 다시 말을 이으셨다.

"너는 지금 배고픔 때문에 안달이 났구나. 5분 만 기다려라. 그러면 마음이 가라앉을 테니까. 이런 상황에서는 기다리는 것이 좋아."

그런데도 내가 계속 불평을 늘어놓자 역장의 아내는 나를 쫓아내고 싶어 하는 눈치였다. 내가 천연두를 앓는 사람을 본 것은 그때가 처음이었다. 그 소년의 온몸에 큰 종기가 나 있었으며, 얼굴에도 종기가 나서 고름이 흐르고 있었다.

스승께서 소년의 부모에게 말씀하셨다.

"걱정하지 마시오. 2분이 지나면 깨끗이 나을 테니까."

스승께서 물 한 컵을 들고 소년이 누워 있는 침대 주위를 세 바퀴 도셨다. 그리고 나서 그 물을 마시더니 소년의 어머니를 보고 말씀하셨다.

"점차 회복되고 있지요, 보이지 않습니까?"

놀랍게도 소년의 몸에서 종기가 사라지고 있었다. 그런데 그와 동시에 스승의 얼굴에 종기가 생기는 것이었다. 나는 놀라서 그만 엉엉 울고 말았다.

스승께서 조용히 나를 위로해 주셨다.

"걱정하지 말거라. 나에겐 아무 일도 일어나지 않을 것이다."

2분 만에 소년의 얼굴이 말끔하게 되었다. 우리는 즉시 그 집을 나와 반얀나무가 있는 곳으로 갔다. 그 나무 아래 앉자 스승의 얼굴에서 종기가 사라졌고 갑자기 반얀나무에 종기가 생겨났다. 10분이 지나자 나무에서도 종기가 사라졌다.

나는 스승의 얼굴이 말끔해지는 것을 보고는 스승을 껴안고 울었다.

"다시는 그런 일을 하지 마세요. 얼마나 놀랐는지 몰라요."

그때 사람들이 갑자기 우리를 찾아 우르르 몰려왔다. 나는 눈이 휘둥그레져서 스승께 물었다.

"우리가 무슨 나쁜 일을 한 건가요?"

"아니란다. 자, 나를 따라오거라."

스승께서는 내 손을 꼭 잡으셨다. 우리는 야무나 강둑을 걷기 시작했고 결국 다른 집에 가서 약간의 먹을 것을 얻을 수 있었다. 그리고 담이 둘러쳐져 아무도 우리를 찾을 수 없는 안마당으로 들어가서 음식을 먹은 뒤 휴식을 취했다.

성자들은 남을 돕기 위해 받는 고통 속에서도 기쁨을 느낀다. 일상적인 마음으로는 이해하지 못할 일이다. 인류 역사를 볼 때 다른 사람들을 위해 고통을 겪은 영혼의 스승들이 많았다. 이런 스승들이 본보기가 되어 오늘날까지도 많은 이들이 그 위대한 성자들의 발자취를 따라가고 있다.

개인의 의식이 확장되어 우주 의식에 이르게 되면, 남을 위해 고통을 겪는 데서도 기쁨을 느끼게 된다. 일반 사람들은 그것을 고통이라 하겠지만, 성자들에게는 고통이 아니다. 의식이 개인의 테두리에만 갇혀 있을 때, 사람은 고통을 느끼게 된다. 그러나 위대한 사람은 자신에게 무슨 일이 일어나더라도 고통을 받지 않는다. 다만 다른 사람의 고통을 아파할 뿐이다.

쾌락과 고통은, 감각이 세상의 대상과 접할 때 느끼게 되는 서로 상반되는 한 쌍의 경험이다. 의식이 감각의 수준을 초월한 사람은 이 상반되는 경험에서 자유롭다. 감각으로부터 마음을 거둬들여서 내면으로 향하게 하여 의식의 중심을 밝히는 행법이 있다. 그런 상태의 마음은 쾌락과 고통 같은 것에 영향을 받지 않는다.

이처럼 한곳에 집중된 마음은 또한 치유를 가능케 하는 강한 의지를 낳는다. 모든 치유의 힘은 의식의 근원으로부터 인간을 통해 흘러나온다. 그러나 치료자가 개아個我를 의식하는 순간, 치유력의 자연스러운 흐름이 멈추어 버린다. 치유는 사람이 본래 타고나는 능력이다. 저급한 마음의 방해를 받지 않는 의지의 힘을 통해 다른 사람을 치료하는 일은 얼마든지 가능한 일이다.

가서 그를 치료하라!

어느 화창한 날 아침, 나는 스승과 함께 동굴 밖에 앉아 있었다. 그런데 스승께서 갑자기 내게 "버스를 타거라. 버스 길은 여기서 11킬로미터쯤 떨어진 곳에 있으니 서둘러라." 하고 말씀하셨다. 스승께서 갑자기 나를 어떤 곳으로 보내는 일은 한두 번이 아니었다. 더러는 영문도 모르는 채 가기도 했고 그곳에 도착하고 나서야 그 이유를 알게 되곤 했다. 나는 항상 차고 다니던 물병을 들고 일어났다. 그러자 스승께서 말씀하셨다.

"하르드와르 기차역으로 가는 버스를 타거라. 거기서 표를 사서 칸푸르로 가거라. 미트라 박사가 지금 병석에 누워 끊임없이 나를 생각하고 있다. 그는 지금 뇌출혈을 일으켜 오른쪽 코에서 피가 흘러나오고 있지만, 아내가 병원으로 데려가지 않고 있다. 처남인 바수 박사는 그가 뇌출혈이라는 것을 알지만 뇌수술을 할 수 있는 시설이 없다."

나는 스승께 "제가 어떻게 해야 하나요?"라고 물었다.

"사랑을 담은 손길로 그의 뺨을 쓰다듬기만 해. 네가 치료자라고는 생각지 마라. 네가 도구라고 생각하고 그곳에 가거라. 우리가 항상 돌봐 주겠노라고 그와 그의 아내에게 약속했으니, 가능한 한 빨리 가도록 해라."

"제겐 아무 말씀도 않고 그런 약속을 하셨다니, 당혹스럽습니다."

나는 그렇게 먼 곳까지 가고 싶지 않았으나 스승의 말씀을 거역할 수가 없었다. 동굴에서 11킬로미터쯤 떨어진 버스 길로 가서 하르드와르행 버스가 오기를 기다렸다. 인도의 운전기사들은 스와미가 길가에서 차를 기다리고 있으면 언제나 무료로 태워 준다. 나는 돈 한 푼 없이 하르드와르에서 하차했다. 칸푸르행 기차가 떠날 시간은 30분밖에 남지 않았다.

나는 내 손목시계를 들여다보면서 그것을 팔아 표를 살까 하고 생각했다. 그래서 역에 서 있는 한 신사에게 다가가 표값만 내고 시계를 사지 않겠냐고 물었다. 그랬더니 그는 놀랍게도 이런 말을 하는 것이었다.

"내 아들이 오지 않아서 표가 하나 남습니다. 이것을 가지십시오. 시계는 필요 없습니다."

표를 받아 기차에 탔는데, 열차 안에서 어떤 부인을 만났다. 그 부인은 미트라 박사의 가까운 친척으로, 미트라 박사 내외로부터 나와 스승에 관한 이야기를 들었노라고 했다. 그 부인이 나에게 먹을 것을 주었다. 밤새 기차를 타고 다음날 아침 칸푸르에 도착했다. 역에 사람이 많아서 밖으로 나오는 데 10분이 걸렸다.

역을 나서자마자 아는 사람을 만났다. 그는 근처에 자기 차를 세워 놓고 어떤 사람을 기다리고 있었는데, 그가 오지 않았노라고 했다. 아마 델리에서 기차를 놓친 모양이었다. 그는 나를 자기 집으로 초대하겠다고 했으나, 사정을 이야기하자 미트라 박사의 집으로 데려다 주었다.

박사의 집에 도착해 방으로 들어서니, 세 명의 의사가 미트라 박사를 진찰하고 있었다. 미트라 박사 아내가 나를 보고 여간 기뻐하지 않았다.

"이제 제 남편을 당신께 맡깁니다."

바로 이런 것을 두고 사두에 대한 인도인의 맹목적인 믿음이라고 한다.

"저는 치료사가 아닙니다. 단지 그분을 만나 보러 왔을 뿐입니다."

나는 미트라 박사가 누워 있는 침대로 갔다. 코에서 계속 피가 흐르고 있었으므로 그는 자리에서 일어날 수가 없었다.

내가 나타난 것을 보고 그는 "스승께서는 어떠십니까?" 하고 물었다. 나는 잠자코 그의 오른쪽 뺨을 부드럽게 쓰다듬어 주었다. 몇 분이 지나자 피가 멎었다. 그것을 본 의사 중 한 사람이, 출혈이 멎게 된 것은 내가 뺨을 문질러 혈관을 막았기 때문이라고 설명했다. 사실 나는 스승의 말씀만 따랐을 뿐이지, 내가 어떻게 해서 그를 치유하게 되었는지 알지 못했다.

미트라 박사가 갑자기 회복했다는 소문이 삽시간에 온 도시로 퍼져 나가, 수많은 환자들이 나를 찾아 몰려들기 시작했다. 그래서 그날 늦게야 그 도시를 떠나 다음날 아침에 하르드와르에 도착할 수 있었다.

나는 스승을 만나 장난조로 말했다.

"저는 비법을 알고 있어서 어떤 출혈이라도 다 멎게 할 수 있습니다."

그러자 스승께서는 웃으시면서 이렇게 말씀하셨다.

"너에게 그런 설명을 해 준 의사는 아무것도 모르고 있다. 세상에는 여러 단계의 온갖 고통이 있지만, 그 모든 고통의 모태는 바로 무지다."

그러고도 몇 번이나 나는 스승의 분부를 받아, 행선지도 목적도 모르는 채 여행에 나서야 했다. 그때마다 이와 같은 경험을 많이 했다. 그리하여 나는 성자들의 길은 매우 신비스러우며 평범한 마음의 이해 수준을 넘어선다는 것을 알게 되었다. 나는 먼저 행하고 그런 다음에 경험을 했으며, 그 경험은 내게 지혜를 안겨 주었다. 마음의 조건들로부터 자유로운 사람은 과거, 현재, 미래를 안다. 이 조건들이란 시간과 공간 그리고 인과 관계다. 일상적인 마음으로는 이 조건들을 헤아리지 못하지만, 위대한 사람은 그렇게 한다. 이는 보통 사람들로서는 이해하기 어려운 것이나, 구도의 길을 가고 있는 사람에게는 그리 특별한 능력이 아니다.

한번은 스승께 이런 질문을 한 적이 있다.

"세간의 사람들도 마음의 모든 조건에서 벗어나 자유를 얻을 수 있을까요? 아니면 스승님과 같은 능력을 개발하기 위해 자신의 삶 전체를 히말라야에서 보내야 하는 걸까요?"

"만일 인간이 끊임없이 자기 인생의 목적을 인식하면서 모든 행동을 그 목적의 실현을 위해 집중한다면 그에게 불가능한 것이란 없다. 그러나 삶의 목적을 자각하지 못하는 사람은 쉽게 고통의 소용돌이에 빠진다."

사람은 자신의 의무를 다하며 살아야 하지만, 그 의무가 그를 노예로 만드는 것도 사실이다. 만일 자신의 의무를 아무 사심 없이 잘 처리해 낸다면 그의 의무는 더 이상 그를 속박하지 않는다. 사랑으로 실천하는 모든 행위와 의무는 해탈의 길을 가는 수단이 된다. 의무를 다하는 것도 중요하지만 더욱 중요한 것은 사랑이다. 사랑이 없으면 의무는 속박을 만들기 때문이다. 사심 없이 남에게 봉사하면서, 미망의 수렁을 건널 수 있는 사람은 축복을 받을 것이다.

사람들은 모두 치유 능력을 갖추고 있지만, 그것을 사용하는 법을 모를 뿐이다. 그러나 어떤 사람이 자신의 내면에 잠재된 치유력을 일깨우게 되면, 그는 이제 스스로를 치유할 수 있게 된다. 모든 힘은 오직 신에게 속해 있다. 인간은 단지 도구일 뿐이다.

다양한 **민간** 치료요법

신들림에 대한 믿음은 가장 오래된 문화만큼이나 긴 역사를 가지고 있다. 우리는 아직도 누군가가 악마나 귀신에 씌었다는 말을 듣는다.

나는 1960년 이래 지금까지 전 세계를 여행하며 경험한 결과, 무지한 사람들뿐만 아니라 교양 있는 사제들까지도 신들림이 실재한다고 믿고 있다는 것을 알게 되었다. 그러나 신들림은 단지 정신적인 불균형에 불과한 것이다. 그래서 신이 들린 경우, 종교적인 예배나 의식으로 치료하는 것이 가능하다.

대부분의 사회에서는 가끔이기는 하지만 아직도 그런 종교적 의식이 은밀하게 행해지고 있다. 하지만 내가 조사한 대부분의 경우, 그런 문제는 주로 성적 충동을 억압하는 데서 생겨나는 히스테리였다. 그 밖에도 어떤 것을 잃어버리지나 않을까 하는, 그리고 절박하게 바라는 것을 얻을 수 없는 것이 아닐까 하는 병적 두려움 같은 것들이 원인이 되고 있었다.

인도에는 신들림에서 벗어나게 한다는 특정한 장소가 있는데, 치료사들은 그곳의 신상 앞에서 환자에게 채찍질을 하는 거친 방법을 사용하기도 한다. 바캬*vakya*라 불리는 치료사는 자기도 데바*deva*라는 좋은 영靈에 의해 신들린 듯 행동하면서 때로는 자신의 힘이 얼마나 강한지 증명하려고 불 속으로 뛰어들기도 한다. 그러고는 찬가를 부르면서 극도로 감정이 고조된 상태에서 환자를 도우려고 한다. 이러한 치료사들은 히말라야 산맥 곳곳에 흩어져 살고 있다.

몇 년 전, 엘머 그린 박사, 앨리스 그린 박사 그리고 메닝거 재단의 몇몇 동료들이 요기들을 실험하기 위해 감도가 높은 생리학적 검사 장비를 가지고 인도로 온 적이 있다. 그들은 리시케시의 갠지스 강둑에 위치한 나의 아쉬람을 방문했다. 그러나 그들은 원래 계획했던 것보다 1년 늦게 도착하는 바람에, 실험을 위해 아쉬람에 오기로 했던 요기들과 만날 수 없었다.

그래서 나는 아쉬람의 경비로 일하던 하리 싱이라는 사람을 실험 대상으로 지목했다. 그 실험에는 당시 내 아쉬람에 머물고 있던 의사들과 심리학자들을 포함하여 40명의 미국인 입회자들이 있었다. 그린 박사의 일행으로 따라온 미국의 영화 제작자는 하리 싱이 강철 칼날을 불속에 넣자 카메라를 작동시켰다. 강철이 발갛게 달궈지자 하리 싱은 그것을 불 속에서 꺼내어 혀로 핥았다. 쉿쉿 소리를 내면서 김이 올라왔다. 그러나 그의 혀는 조금도 데이거나 상처 입지 않은 채 말짱했다.

그런 현상은 요기가 아닌 사람들에게서도 종종 일어나는데 사람들은 누가 그런 능력을 보이면 요기라고 믿어 버린다. 호기심에 찬 서구인들은 그런 사람을 찾기 위해 인도와 히말라야 기슭으로 자주 찾아온다. 하지만 그런 현상은 특별한 것도 아니고 실재하는 하나의 현상일 뿐이다. 그것들은 요가의 일부가 아니며 요가 학교에서도 가르치지 않는다.

히말라야 우타르카시에서의 스와미 라마

1945년에 호주의 한 신경학자가 나를 만나려고 산속으로 찾아와 열흘 동안 함께 지낸 적이 있다. 그 당시 인도 정부는 여기저기에 질병 치료센터를 세우려고 노력 중이었지만, 산속에는 병원이나 진료소가 거의 없었다. 나는 그가 약을 처방하여 마을 사람들을 좀 도와주었으면 했다. 그러나 그 신경학자가 나를 찾아 히말라야로 온 이유는 자신의 정상적인 삶을 위협하는 극심하고 만성적인 두통을 없애기 위해서였다. 그 자신이 의사인데다 다른 많은 의사들로부터 진찰을 받아보기도 했으나 그 누구도 성공적으로 그를 치료하지 못했고 도무지 두통의 원인조차 발견할 수가 없었던 것이다.

　나의 오두막으로 우유를 갖다 주곤 하는 한 노파가 그를 보더니 "저 사람이 의사가 맞습니까?"라고 물었다. 그녀는 한바탕 웃고 나서 내게 이렇게 말했다.

　"만약 허락하신다면 2분 안에 그의 두통을 없앨 수가 있습니다."

　내가 그렇게 해 보라고 했더니, 노파는 산에서 불을 지피는 데 사용하는 약초를 가져와서 거기다 부싯돌로 불을 붙였다. 그러고는 그 약초를 가루 내어 의사의 오른쪽 관자놀이에 조금 얹어 놓았다. 그런 다음 "나를 믿으세요. 당신은 두통에서 영원히 해방될 거예요. 자, 누우세요."라고 말했다.

　그가 시키는 대로 하자 노파는 쇠갈고리를 불 속에 넣고 끝을 빨갛게 달구었다. 그러고 나서 그 빨갛게 달아오른 갈고리 끝을 의사의 관자놀이 위에 있는 약초 뜸봉 위에다 댔다. 의사가 비명을 지르며 벌떡 일어나는 바람에 나 역시 놀랐다. 노파는 조용히 자기 마을로 돌아갔고, 그 의사의 두통은 사라졌다.

　그런 치료법은 마을 사람들이 자주 행하곤 했다.

"그것은 대체 어떤 의술인가요? 저도 그 의술을 배우고 싶습니다."

그러한 그의 뜻을 나는 격려해 주지 않았다. 왜냐하면 그런 치료가 비록 가끔은 도움이 된다고 하더라도 체계적이지 못하고, 어떤 것이 진짜 효과적이며 어떤 것이 미신인지 판단하기가 무척 어렵기 때문이다.

하지만 의사는 끝까지 고집했다. 결국 그는 가르왈 산악지역으로 가서 그곳의 약 만드는 사람 밑에서 배웠다. 그는 바이디야 바이랍두트라는 사람으로, 3,000종 이상의 약초를 아는 사람이었다.

6개월 후에 그 의사는 나를 다시 만나 이렇게 말했다.

"그 노파에게서 받은 치료가 어떤 것인지 알게 되었습니다. 그것은 티베트 국경을 지나 중국으로 가는 여행자들이 사용하던 것으로, 침술로 체계화된 원리에 근거한 치료입니다. 고대 인도의학의 대가였던 차라카Charaka는 그것을 수치베다Suchi-vedha라고 했는데, 현대 힌디 어로는 수이sui 라고 하는 것입니다."

나는 그가 한 종류의 두통은 제거했으나 그 치료법을 연구하느라 스스로 새로운 두통을 만들어 버렸다는 생각이 들었다. 물론 제법 효험 있는 민간요법이 많이 있긴 하다. 그러나 우리는 그 숨은 원리를 이해하기 전까지는 그런 방법을 사용하는 데 있어 좀 더 지혜롭고 신중해져야 한다. 다만 그 가능성에 대해서는 항상 마음을 열어 두어야 할 것이다.

서양에서는 아직 약초라든가 금속으로 제조한 약이 일반적이지 않다. 우리가 비록 환자를 치료하는 약을 만드는 데에 현대적인 방법을 많이 쓰고 있다 하더라도, 약이 모든 병의 치료제가 될 수는 없다. 아유르베다*의 치료법은 약초는 물론 다양한 전통 치료 방법을 사용한다.

물 요법, 진흙 요법, 스팀 요법, 색채 요법, 일광욕 그리고 다양한 과

일이나 꽃, 채소의 즙 등이 아유르베다 요법의 핵심적 구성 요소다. 아유르베다의 치료 방법은 니다나*Nidana*와 파티야*Pathya*로 나뉜다. 혼잡한 현대식 병원에서는 환자들을 종종 끔찍한 상황으로 몰아넣기도 하지만, 아유르베다의 치료사들은 식생활과 수면 그리고 기후 변화까지도 고려해서 환자를 치료한다.

나는 히말라야에 사는 사람들이 현대 의학의 혜택을 거의 받지 않고도 어떻게 그리 건강하게 오래 살 수 있는지 신기해했다. 오늘날 현대 의학계도 아직 치료법을 발견하지 못한 병들이 많이 있다. 그러나 이곳 산사람들은 그런 병에 시달리는 일이 거의 없다. 아마도 맑은 음식과 공기 그리고 무엇보다도 근심 없고 자유로운 마음이 그들의 건강을 유지시켜 주는 것 같다.

심인성 질병에 시달리는 세상의 수많은 환자들은 올바른 음식 섭취와 이완법 그리고 호흡법과 명상을 통해 많은 도움을 받을 수 있다. 여기에는 또한 예방과 대체의학도 무시되어서는 안 된다.

의사와 스와미의 대결

사업가와 의사 몇 명이 히말라야의 바드리나트에 있는 사원을 방문하기로 결정했다. 칸푸르 출신의 수완 좋은 사업가 자이푸리아 씨가 이 순례 여행을 계획했고, 샤르마 박사는 40명 정도 되는 일행의 건강 관리자로서 따라나섰다. 그들 일행은 나에게 함께 가면서 자기네들을 지도해 달라고 부탁했다.

우리는 카르나프라야그에서부터 걷기 시작하여 여러 날의 여행 끝에 마침내 바드리나트에 도착했다. 그들은 산길을 걷는 데 익숙하지 않았기 때문에 모두 기진맥진하고 말았다. 게다가 온 데가 쑤시고 아픈 고통, 특히 무릎 관절의 부종으로 인한 고통 때문에 애를 먹었다. 그래서 해질 무렵 바드리나트에 도착하자마자 모두들 온천으로 목욕을 하러 갔다. 내 방은 사원을 방문하러 온 여행객이 많이 묵고 있는 커다란 건물의 조용한 한쪽 구석으로 주어졌다.

나는 밤에는 깨어 있고, 오후 1시부터 3시 반까지 쉬는 습관이 생활의 일부가 되어 있었다. 새벽 두 시 반경, 누군가가 내 방문을 두드리며 말했다.

바드리나트 시

"스와미지, 좀 나와 보십시오! 내 동생이 심장발작을 일으켜 고통스
러워하고 있습니다. 의사들도 어떻게 할 수 없답니다. 제발 도와주십
시오."

나를 무척 따르는 자이푸리아 씨의 목소리였다. 나는 이른 새벽의
명상을 엄격히 지키고 있었는데 그 소동이 수행을 방해했다. 거기에는
산소호흡기와 의료 기구를 갖춘 몇 명의 의사가 있는 것을 나도 알고
있었기 때문에 문을 열지 않고 그냥 안에서 이렇게 대꾸했다.

"우리 요기와 스와미들은 이런 곳에서 죽기를 열망하지만 그런 일은
결코 일어나지 않습니다. 하물며 당신 동생이 어떻게 이런 성스러운
곳에서 죽도록 선택받을 수 있겠습니까? 그런 일은 불가능합니다. 그
는 죽지 않을 겁니다. 어서 가십시오, 나를 방해하지 말고."

그날 아침에 나는 자이푸리아 씨의 동생이 아주 멀쩡한 것을 보았

다. 내가 한 대답은 사업가들 사이에 농담거리가 되었다.

"성자들도 바드리나트 같은 성지에서 죽는 행운을 못 누리는데, 어찌 감히 우리 같은 상인들이 그런 평화로운 죽음을 얻을 수 있겠어? 그건 불가능하다고!"

다음날 아침에는 모두들 사원으로 가서 근처 동굴에 기거하는 많은 스와미들을 만났다. 저녁 다섯 시쯤 되었을 때, 나는 일행 중 수석 의사인 샤르마 박사로부터 자이푸리아 부인이 혈변으로 고통받고 있다는 소식을 들었다. 그녀는 항상 나를 돌보아 주던 사람 좋은 노부인이었는데, 나는 그녀를 어머니라고 부르곤 했다. 나는 걱정이 되어 서둘러 그녀에게로 갔다.

그녀는 얼굴이 아주 창백했고, 기력도 매우 떨어져 겨우 입술만 달싹거릴 수 있었다. 곁에 앉아 있던 그녀의 두 아들도 모친이 되살아날지 확신하지 못하고 있었다. 의사들이 그녀에게 약을 투여했지만 아무런 차도도 보이지 않았다. 호흡이 가빠지자 의사들은 가망이 없다고 했다. 나는 연민을 느껴 내 손을 그녀의 이마 위에 올려놓기는 했으나 무엇을 해야 할지 알 수 없었다. 그때 갑자기 누군가 내 이름을 부르는 것 같아 고개를 돌려 보니 웬 훤칠한 젊은 스와미가 서 있는 게 보였다.

그 스와미가 "의사는 어디 있습니까?"라고 물었다.

의사가 앞으로 나서자 스와미가 말했다.

"이것이 당신네 의학이 할 수 있는 전부요? 당신들은 고작 사람들을 죽이거나 약에 취하게 만드는 일이나 하고 있소. 이 얼마나 바보스런 지식이란 말이오!"

그러자 그 의사는 화가 나서 맞받았다.

"내가 실패한 것과 다른 의사들이 실패한 것을 인정하오. 그런데 당신네 두 스와미가 치료하지 못하는 것은 어찌된 일이오?"

자이푸리아 씨는 아내를 매우 사랑했기 때문에 방 한쪽 구석에서 흐느끼고 있었다. 그의 아들들과 친척들 역시 울고 있었다. 내가 젊은 스와미를 바라보자 그는 미소를 지으며 꽃을 좀 구할 수 있겠냐고 물었다. 누군가 붉은 장미꽃을 들고 앞으로 나왔다. 그는 사원에 바치려고 꽃을 가지고 있었던 것이다. 그 젊은 스와미는 자이푸리아 부인에게 일어나라고 말했다. 그는 거칠게 팔을 잡아당겨 부인을 억지로 일으켜 앉히더니 아무도 이해하지 못하는 말을 중얼거리면서 부인의 입에다 꽃잎을 띄운 물을 흘려 넣었다. 그리고 나서 그녀를 다시 침대에 눕히고 담요를 덮어 준 뒤, "이분은 지금부터 깊은 잠을 잘 것이오."라고 말하며 사람들에게 밖으로 나가라고 했다.

사람들은 그 스와미가 말한 깊은 잠이 죽음을 의미하는 것이라 생각하고는 고함을 지르며 울기 시작했다. 우리 둘은 그 광경을 보고 웃지 않을 수가 없었다. 그러나 그들은 우리의 웃음을 전혀 이해하지 못했다. 심지어 그 노부인의 아들은 이렇게 말했다.

"당신들 같이 무책임한 사람들은 아무것도 잃을 것이 없겠지만, 나는 나의 어머니를 잃었소. 그런데도 우리를 지금 놀리고 있다니!"

그 젊은 스와미와 나는 집 밖에 서서 부인이 깨어나기를 기다렸다. 그러나 그녀의 가족은 장례 준비를 하고 있었다. 약 30분쯤 지난 뒤 그 젊은 스와미는 자이푸리아 씨에게 가서 아내와 함께 있으라고 했다. 자이푸리아 씨가 방으로 들어가자 부인은 완전히 건강을 회복하고 앉아 있었다.

나는 병을 고치는 데 도움을 주는 약이나 치료법을 반대하지는 않으나, 그보다는 예방법을 더 중요하게 생각한다. 또 의지력을 사용해서

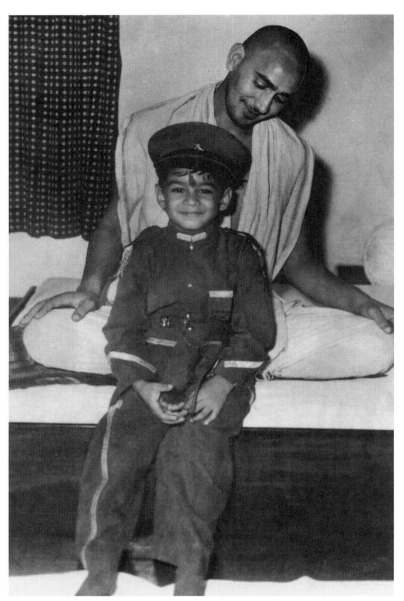

자이푸리아 씨의 손자와 함께한 스와미 라마

사람들을 돕는 고차원의 방법도 있다. 여기서 말하는 의지력이란, 한 곳에 집중된 마음이나 명상 또는 영적인 훈련에 의해 만들어지는 역동적인 의지력을 말하는 것이다. 그러나 오늘날의 의학은 이러한 의지력의 배양을 완전히 간과하고 있다.

그 젊은 스와미는 의사의 도전을 받아들이고서 고통받는 노부인을 치료할 수 있는 자신의 잠재력을 자각하게 되었다. 나는 많은 의료 전문가들을 만나고 나서, 질병을 다루는 데 있어 가장 중요한 것은 단순한 약물 투여보다 의사의 태도와 의지력의 사용임을 확신하게 되었다. 이런 것을 의료 전문가들이 더 많이 이해할수록, 약물 사용만이 아닌 특정한 예방법을 가르침으로써 인류를 도울 수 있다는 내 견해에 동의하게 될 것이다. 그런 방법을 사용하면 더 많은 환자들이 자기 내면의 치유 능력을 자각할 수 있게 될 것이다.

젊은 스와미가 노부인을 치료하자 일행은 우리를 숭배하기 시작했고 사례금이며 집과 차를 선물하고자 할 정도였다. 우리는 그들에게 웃음으로 답했다. 나는 부자라는 사람들은 모든 것을 돈으로 지불하려 한다는 것과 심지어 출가자들까지 뇌물로 매수하려 한다는 사실을 알게 되었다.

그러나 진실로 출가의 길을 따르는 사람을 부자들이 유혹할 수는 없다. 그들은 물질적으로는 가난하지만 영적으로는 이미 풍요로운 길에 들어서 있기 때문이다. 고차원적인 풍요와 세속의 풍요를 비교해 볼 때, 그들은 결코 출가의 길에 장애가 될 수도 있는 유혹에 빠져들지 않을 것이다. 그러나 금욕적인 생활을 하면서 출가의 길을 따르기를 열망하는 초심자들은 종종 그러한 유혹의 희생물이 되기도 한다. 어떤 이들은 좌절을 겪기도 하고, 심지어는 정신적으로 극심한 혼란을 경험하게 된다.

세속적인 즐거움은 의심할 나위 없이 강력한 것이다. 이러한 쾌락에 대한 애착은 모든 무지의 근원이다. 그러한 유혹을 견뎌 내는 강한 의지와 세속적인 덫에 걸려들지 않는 집중된 마음 그리고 무엇보다도 신의 은총은 소수의 운 좋은 사람들에게만 주어진다.

나는 바드리나트 사원을 방문한 일행을 먼저 떠나보내고 내 친구와 함께 뒤에 남았다. 파르바티카르 마하라자Parvatikar Maharaja라고 불리는 현자가 연주하는 음악을 듣기 위해서였다. 우리는 엿새를 더 팔라하리 바바Phallahari Baba(그는 과일과 우유로만 연명했기 때문에 이렇게 불렸다.)의 동굴에 머물면서 매일 저녁 그 현자의 연주를 듣기 위해 사원으로 내려가곤 했다. 그는 몇 개의 줄이 달린 비시트라 비나bichitra veena라는 현악기로 연주를 했는데 사원의 복도에는 항상 500명이 넘는 청중이 앉아 있었다.

그는 악기를 조율하기 전에 침묵을 깨고 이렇게 말했다.

"축복받은 사람들이여! 나는 내 악기를 조율할 테니 여러분은 여러분의 악기를 조율하십시오. 삶의 현이 알맞게 조율되어야 합니다. 현을 조율한 뒤에 편안하고 안정되게 악기를 드는 것 자체가 하나의 예술이지요. 이제 당신 자신이 악기가 되게 하십시오. 신으로 하여금 당신을 통해 연주하게 하십시오. 자신을 그저 맡기기만 하면 됩니다. 조율된 당신이라는 악기를 신이라는 음악가에게 바치십시오."

그의 말을 이해하는 사람도 있었고, 이해하지 못하는 사람도 있었다. 나와 친구는 한구석에 조용히 앉아 있었는데, 그의 말을 듣고는 더욱 관심을 집중하게 되었다.

그는 팔로 비나를 안고 눈을 감은 채 연주를 시작했다. 설령 시타르*와 기타 그리고 모든 현악기를 동원해 함께 연주하더라도 그토록 아름다운 소리를 창조해 내지는 못했을 것이다. 두 시간 반가량의 연주를 들으면서 청중은 비록 그 음악은 알지 못했으나 모두가 크게 감동했다. 그는 음악 역시 평화와 기쁨을 가져다주는 수단이 될 수 있음을 믿게 한 음악가였다. 나는 그것을 음악 속의 명상이라고 부른다.

모든 예술 가운데 가장 좋은 것이 음악이다. 음악은 노래와 선율과 가사만이 아니라, 가장 정묘한 소리인 나다*로 이루어진다. 나다의 떨림이 없는 춤이란 있을 수 없다. 이 나다 때문에 삶의 시냇물은 특별한 리듬으로 노래하며, 또한 삶의 다채로운 굴곡은 매순간 새로운 경험을 선사하면서 흐를 수가 있는 것이다.

이 우주의 가장 오래된 여행자는 영원에서 영원까지 기쁨으로 노래하며 춤추는 삶의 흐름이다. 신과 만나는 환희 속에서 마침내 그 흐름은 지복의 바다와 하나가 된다. 태초부터 종말에 이르기까지 영원한 소리가 있으니 그 소리는 일곱 개의 음계를 이루며 다양한 음조를 띤다. 세상의 모든 음악은 대부분 7음계로 되어 있으며, 이는 일곱 단계의 의식을 상징한다. 이러한 소리들은 의식의 다양한 단계를 깨닫게 해 주고, 마침내 우리를 의식의 원천으로 이끈다. 이 원천으로부터 약동하는 생명의 흐름이 솟아나는 것이다. 이 생명의 흐름은 음악이 되기도 하고, 춤이 되기도 하고, 그림이나 시가 되기도 한다.

소리 중에 또 하나의 형태가 있는데, 우리는 그것을 '소리 없는 소리'라고 한다. 내면을 성찰하는 사람만이 아나하타 나다*anahata nada* 즉 내면의 소리라고 불리는 이 소리 없는 소리를 인식하게 된다. 이 내면의 소리가 성대를 통해 흐르게 되면 그것이 곧 음악이 되는 것이다.

카비르*는 이렇게 노래했다.

"오, 사두여, 무지의 장막을 걷어라. 그러면 그대는 신과 하나가 될 것이다. 그대 존재의 내부에 사랑의 등불을 밝혀라. 그러면 신과 만나게 될 것이다. 거기서 가장 아름다운 노래 아나하타 나다를 들어라."

헌신의 길을 가는 요기들은 모든 이의 가슴에서 흐르는 영원한 음악을, 소리 없는 소리, 침묵의 소리를 듣는 법을 배운다. 그렇지만 우리 중에 과연 얼마만큼의 사람이 그 음악을 들을 수 있을까? 파라브하바*para-bhava*(황홀경)에 빠진 뛰어난 음악가들은 신을 찬미하는 노래를 부른다. 이러한 헌신의 음악은 구도자의 정서적 삶에 지대한 영향을 미쳐 법열로 향하게 만들며, 지고의 순간을 누릴 수 있게 해 준다. 이것을 일러 음악 속의 명상이라 부른다.

여기에서 스스로의 노력은 필요치 않다. 이 길에서는 신을 향한 사랑의 불을 지피는 것이 필요할 뿐이다. 헌신의 길은 가장 단순하면서도 우리를 정신적 희열의 정점으로 이끌어 준다. 음악을 통해 표현된 사랑이 바로 음악 속의 명상이다. 점차 마음이 한곳에 집중되면 아나하타 나다를 듣게 되는 날이 온다. 영감을 고취시키는 다양한 소리들이 있다. 이 소리들의 도움으로 구도자는 궁극의 기쁨을 얻을 수 있다. 헌신의 길에서 음악은 깨달음의 수단이 된다.

비나를 연주한 후 파르바티카르 마하라자는 다시 침묵에 들어갔다.

스승의 발아래에서

알모라의 카사르데비Kasardevi에 갔을 때, 나는 서양에서 온 어느 유명한 화가와 불교 승려 한 사람을 만났다. 그들은 히말라야 봉우리의 장관을 즐기며 조용한 암자에서 살고 있었다. 그들은 줄곧 히말라야의 산과 대화를 나누었으며, 그 산이 알프스나 다른 산과는 달리 아름다울 뿐만 아니라 살아 있다고 생각했다. 그들은 "우리가 산에게 말을 하면 산이 대답합니다."라고 말하는 것이었다.

"산이 어떻게 말할 수 있습니까?"라고 물었더니 그들이 대답했다.

"당신은 히말라야에서 나고 자라지 않았습니까? 항상 그렇듯, 친숙함이 오히려 그 가치를 모르게 만드는 법이지요. 이 산들은 성스러우며, 구도자를 위한 영적 환경을 만들고 있다는 것을 잊지 마십시오. 히말라야의 아름다움은 그것을 느낄 수 있는 모든 사람을 위한 것입니다. 당신은 이 산에게 감사하는 것을 잊었나 보군요."

그러면서 그들은 계속 눈 덮인 히말라야의 아름다움을 찬미했다.

나는 그곳에서 잠시 머문 뒤, 곧 카사르데비에서 48킬로미터쯤 떨어진 샤마데비Shyamadevi를 향해 떠났다. 샤마데비의 작은 샥티 사원에

한 스와미가 홀로 살고 있었는데, 나는 그곳에서 얼마간 그와 함께 지낼 작정이었다. 내가 그곳에 도착한 직후, 그 지역에서 아주 유명한 난틴 바바Natin Baba가 우리와 합류했다. 나는 이전에 바게스와르Bageswar와 람가르Ramgarh의 여러 동굴에서 그와 함께 지낸 적이 있었다.

샥티 사원에서 사는 그 스와미는 자신이 40년 전에 살았던 유명한 성자 솜바리Sombari 바바의 직계 제자라고 주장했다. 그 당시 솜바리 바바와 하리아칸Hariakhan 바바는 종종 함께 다녔다. 나의 스승과 하리아칸 바바는 인도에서 태어나 대부분의 시간을 티베트에서 보내셨던 구루의 제자였다고 한다.

하리아칸 바바와 나의 스승을 사람들은 '바바지'라고 불렀다. 바바지는 할아버지라는 뜻으로, 나이가 매우 많은 성자를 부를 때 쓰는 말이다. 오늘날까지도 네팔과 나니탈, 카시푸르와 알모라에서는 누구나 할 것 없이 이 성자들에 대한 일화라든가 그들의 놀라운 영적 기적과 치유력에 대한 이야기들을 하는데, 그 이야기는 끝이 없을 정도다. 우리가 그곳에 머무는 동안 그 스와미는 몇 시간 동안 쉬지 않고 자기의 스승에 대한 이야기를 했다.

그 사원의 스와미 역시 신비한 힘을 얻은 싯다siddha였는데 그는 치유 능력으로 널리 알려져 있었다. 그가 사는 샥티 사원으로 누군가 찾아올 것이라는 사실을 그는 미리 알았다. 그리고 아무런 소개를 받지 않고서도 모르는 사람의 이름을 곧바로 부르곤 했다. 그는 방해받는 것을 원치 않아서 사람들이 접근하지 못하도록 성을 내는 척하기도 했다. 그는 내면이 매우 부드러운 사람이었으나, 마을 사람들은 그를 두르바사Durbasa, 즉 '더러운 혀'라고 불렀다.

그는 다섯 가지 불을 조정하는 행법인 판차그니 싯디Panchagni Siddhi

히말라야의 성자 솜바리 바바

라는 원시적인 수행을 하곤 했다. 그는 외적 예배와 내적 예배를 함께 했다. 그는 신은 불이라면서, 기회만 나면 그 주제를 끄집어내곤 했다.

그는 내게 태양학과 관련된 몇 가지 가르침을 주었다. 아직도 그것을 기억하고는 있지만 직접 수련해 보지는 않았다. 짧은 일생 동안에 모든 것을 다 수련할 수는 없기 때문이다.

태양학은 병자를 치료하는 데 도움을 준다. 나는 태양학에 관한 흩어진 자료들을 모아 그 원리를 공부한 뒤에 고통받는 대중을 돕기 위한 병원을 지으려고 했다. 그러나 스승께서는 그런 일이 보다 큰 목적으로부터 내 시선을 다른 곳으로 돌리게 한다며 말리셨다. 내가 노래를 부르고 시를 짓거나 그림을 그릴 때면 스승께서 반대하셨다. 그런 것을 피하고 침묵을 실천하라는 것이었다.

그러면서 스승께서는 이렇게 말씀하셨다.

"침묵의 소리는 최고의 보배다. 그것은 어떤 의식 수준이나 의사소통 수단보다도 위에 있는 것이다. 침묵의 소리에 귀 기울이는 법을 배워라. 경전을 토론하면서 성자들과 논쟁하기보다는 그냥 그 사람들과 함께 있음을 기뻐하라. 너는 여행 중이다. 한곳에 오래 머물지 말고 그 어떤 것에도 집착하지 말라. 침묵은 세상이 네게 줄 수 없는 것을 줄 것이다."

나는 샤마데비를 떠나 산에 있는 거처로 돌아왔다. 부다 케다르 마을 사람들이 나에게 작은 돌집을 지어 주었는데, 나는 종종 그곳에 가서 침묵을 지키며 쉬곤 했다. 해발 1,800미터 높이에 있는 이 돌집은 오늘날까지도 남아 있다. 나는 그곳에서 히말라야의 웅장한 파노라마를 감상하곤 했다. 때때로 문을 두드리는 방랑하는 요기들 때문에 갑자기 침묵이 깨어지기도 했다.

오직 소수의 구도자만이 히말라야의 깊은 곳으로 들어간다. 대부분의 여행자들은 길가에 머물며, 잘 알려진 성소나 흥미 있는 장소를 방문할 뿐이다. 그러나 보다 진지한 구도자들은 그런 길을 피하고 인적이 드문 암자나 동굴 혹은 성자들의 산속 거처를 찾아간다.

히말라야는 중국에서 파키스탄에 이르기까지 2,400킬로미터에 걸쳐 뻗어 있다. 히말라야는 세상에서 가장 높은 산이다. 물론 거대한 아름다움을 자랑하는 다른 산들도 있지만, 히말라야는 오직 이 산만이 줄 수 있는 독특한 그 무엇을 제공한다. 그것은 바로 히말라야만이 가진 영적 환경이며 히말라야를 집으로 삼은 고도로 진화된 성자들을 만나 그들로부터 배울 수 있는 기회다.

Part 12
스승의 은총

완성은 삶의 목표지만
인간의 노력만으로는 부족하다.
행복은 단지 인간의 노력에 의해서만
이루어지는 것이 아니라 은총을 통해서 온다.
신과 스승의 은총을 함께 받는 이는 복되도다.

구루의 힘

　구루guru라는 말이 너무도 잘못 사용되고 있기 때문에 나는 가끔 기분이 상할 때가 있다. '구루'는 고귀한 단어이며 경이로운 말이다. 어머니가 낳아 주고, 부모님이 키워 준 뒤에 구루의 역할이 시작된다. 구루는 삶의 목적을 실현하는 데 도움을 준다. 만일 내가 매우 나쁜 사람이라 할지라도 누군가 나를 스승으로 여긴다면 나는 그 사람들을 위해 최선을 다해야 한다. 구루는 선생teacher과는 다르다. 구루는 '구gu'와 '루ru'라는 두 낱말로 이루어져 있는데 '구'는 어둠을, '루'는 빛을 뜻한다. 그러므로 무지의 어둠을 쫓아버리는 이를 구루라 하는 것이다.

　그러나 서양에서는 구루라는 단어가 잘못 사용되고 있다. 인도에서는 깊은 경외심을 가지고 구루라는 단어를 사용하며, 이 단어의 의미는 언제나 성스러움과 최상의 지혜와 관련되어 있다. 그것은 신성한 단어다. 또한 구루라는 단어는 그 하나로 쓰이는 일이 거의 없고, 대개 접미사 데바deva와 함께 쓰인다. 데바는 빛나는 존재라는 뜻이다. 그래서 깨달은 스승을 '구루데바'라고 부른다.

　일반적인 선생과 영적인 스승 사이에는 엄청난 차이가 있다. 구루를 따르는 제자가 설령 80세라 하더라도, 구루에게는 아이와 같다. 구루는 제자들을 먹여 살리고 잘 곳을 마련해 주며, 아무런 보상을 바라지 않고 제자들을 가르친다. 한번은 나의 스승께 물어본 적이 있다.

"왜 구루는 그런 일들을 합니까?"

그러자 스승께서는 이렇게 대답하셨다.

"준비된 구도자들을 가르치는 것 말고는 구루에게는 다른 바람이 없다. 그런 일이 아니라면 달리 무슨 할 일이 있겠느냐?"

스승에게 입문하러 갈 때 제자는 마른 나뭇가지 한 단을 가지고 간다. 그리고 경외와 사랑의 마음으로 스승께 절을 하며 "이것을 바치나이다." 하고 말한다. 이것은 제자가 최고의 지혜를 얻겠다는 일념으로 스승에게 마음과 행동과 말을 다하여 자신을 완전히 맡기겠다는 뜻이다. 그러면 스승은 그 나뭇가지를 불사르며 말한다.

"이제부터 내가 너를 이끌어 주고 보호해 주겠다."

그리고 난 뒤 스승은 여러 단계에 맞게 제자를 입문시키고, 수행법을 가르친다. 스승과 제자는 너무나 순수한 관계다. 그 어떤 관계도 이만큼 순수할 수는 없다고 생각한다. 스승이 가지고 있는 모든 것, 심지어 스승의 몸과 마음, 영혼조차도 제자들의 것이다. 그러나 스승에게 만약 상식 밖의 버릇이 있다면 그것만은 스승의 것이다.

구루는 신비한 힘을 가진 단어를 제자에게 전해 주며 이렇게 말한다.

"이것은 너의 영원한 친구가 될 것이니, 이것을 잊지 말라. 이것은 너를 도울 것이다."

이것을 만트라 입문이라 한다. 스승은 그 만트라를 사용하는 법을 설명하고 나서 제자가 가지고 있는 장애를 제거해 준다. 제자는 욕망과 많은 문제를 가지고 있기 때문에 적절한 결정을 내리는 데 어려움을 겪는다. 그러므로 구루는 제자에게 어떻게 결정을 내려야 하는지, 그리고 어떻게 평온하고 고요한 상태를 유지하는지를 가르쳐 줄 것이다.

"너는 때로 고결한 생각을 하나, 실천에 옮기지 않는구나. 마음을 하나로 모아라. 네게는 큰 힘이 있다. 나의 축복이 너와 함께할 것이다."

제자는 스승을 위해 뭔가를 하려고 최선을 다하지만 그렇게 할 수가 없다. 스승은 아무것도 필요로 하지 않기 때문이다. 그토록 자비로운 스승은 자연스레 제자의 마음을 움직인다. 제자는 간혹 '왜 스승께서는 이토록 많은 것을 베풀어 주시는 걸까? 스승께서 내게 원하는 것이 무엇일까?'라며 의아해한다. 그러나 스승은 아무것도 원하지 않는다. 그가 하는 일은 그의 의무이며 그가 사는 목적이다. 스승이 우리를 이끌어 줄 때, 그분이 우리에게 은혜를 베푸는 것이 아니다. 스승은 자신의 일을 하고 있는 것이다. 자기 의무를 하지 않고 스승은 살 수가 없다.

바로 이런 사람을 가리켜 구루라고 하는 것이다. 구루는 인류를 인도한다. 태양이 모든 생명에게 빛을 비추지만 멀리 있는 것처럼, 구루는 영혼에서 흘러넘치는 사랑을 베풀면서도 연연하지 않는다. 구루는 육체적인 존재가 아니다. 구루를 육체 또는 사람이라고 생각하는 사람은 이 성스러운 단어의 뜻을 이해하지 못하는 사람이다. 구루가 자신에게서 나오는 힘이 제 것이라고 생각하게 되면, 그는 더 이상 영혼의 인도자가 될 수 없다. 구루의 힘은 지혜를 전수하는 전통에 바탕을 두고 있다. 지혜의 강물은 수많은 길을 통해 흐른다. 그리스도가 병자들을 고쳐 주었을 때 사람들은 그를 주님이라 불렀다. 그러자 그는 이렇게 말했다.

"이는 나의 아버지로 말미암음이요, 나는 아버지의 도구일 뿐이다."

어떤 사람도 자신의 힘으로 구루가 될 수 없다. 그러나 자신을 지혜를 전해 주는 도구로 이용하도록 절대적인 힘 앞에 내어놓는다면, 그런 일이 일어날 수 있다. 그러려면 이타심을 먼저 배워야 한다.

흔히 사람들이 말하는 사랑에는 이기심이 뒤섞여 있다. 사람들은 뭔가 필요할 때, "당신을 사랑합니다."라고 말한다. 이것을 흔히 세상에서는 사랑이라 부르는 것이다. 그러나 아무런 이기심 없이 행하는 것, 그것이 참사랑이다. 참사랑은 아무런 대가도 기대하지 않는다.

참된 구루는 이타심 없이 살 수 없다. 이타적 사랑이 그들의 깨달음의 토대이기 때문이다. 구루는 세상의 숨은 곳곳에까지 생명과 지혜의 빛을 뿜는다. 그러나 세상은 그들을 알지 못하고, 그들도 인정받기를 원하지 않는다. 누군가가 당신 앞에 와서 '나를 숭배하라.'라고 요구한다면, 절대로 그를 믿지 말라. 그리스도나 붓다도 그런 것을 요구하지 않았다. 구루는 목적지가 아님을 결코 잊지 말라. 구루는 강을 건너게 해 주는 배와 같다. 좋은 배를 갖는 일은 무척이나 중요하다. 물이 새는 배는 참으로 위험하다. 그러나 일단 강을 건너고 난 뒤에는 배에 매달리거나 숭배할 필요가 없다.

많은 광신자들이 구루를 숭배해야 한다고 생각한다. 구루는 사랑과 공경을 받아야 하지만 그것은 숭배와는 다른 것이다. 만약 구루와 신이 함께 오신다면, 나는 먼저 구루에게 갈 것이다. 그러고는 "참으로 감사합니다. 당신께서 저를 신에게 인도해 주셨습니다."라고 스승께 감사 인사를 드릴 것이다. 그렇지만 신께 나아가 "정말로 감사합니다. 당신은 저에게 구루를 보내 주셨습니다."라고 하지는 않을 것이다.

눈물을 흘리는 동상

나는 가끔 히말라야의 우타르브린다반Uttarvrindavan을 방문해 크리슈나 프렘(닉슨 교수)과 아난드 비쿠(알렉산더 박사)를 만나 함께 삿상가를 가졌다. 크리슈나 프렘은 영어 교수였고, 아난드 비쿠는 의학 교수였다. 이 두 유럽인은 인도에 와서 벵골 출신의 여성 신비가인 야쇼다 마 Yashoda Ma의 제자가 되었다.

그들은 방문객을 피해 조용히 살고 있었다. 크리슈나 프렘은 은거생활을 하면서 《바가바드 기타의 요가The Yoga of the Bhagavad Gita》와 《카타 우파니샤드의 요가The Yoga of Kathopanishad》라는 두 권의 책을 썼고 나중에 런던에서 출판되어 나왔다.

그들은 생계를 유지할 수 있을 만큼의 돈을 가지고 있었기 때문에 다른 이들에게 의존하지 않았다. 그들의 생활 방식은 대단히 단순하고 정갈했다. 그들은 요리를 준비하는 데 매우 까다로워 부엌에 아무도 들여보내지 않았다.

그 무렵 야쇼다 마가 육신을 버리자 그들은 '사마디Samadhi'라는 추모탑을 세웠고 추모탑 위에 대리석으로 만든 아름다운 크리슈나 상을 세웠다. 기념탑이 세워지고 얼마 지나지 않아서 그들을 방문했을 때, 나는 크리슈나 프렘이 무언가를 팔에 차고 있는 것을 보았다. 그것이 뭐냐고 물었더니 그는 내가 믿지 않을 것이라며 대답을 피했다. 내가 설명해 달라고 하자 그는 마지못해 대답했다.

"당신은 모든 것을 이성적으로 생각하기 때문에 내가 미쳤다고 생각할지도 모르겠습니다. 그러나 말씀드리지요. 50일 전부터 기념탑 위에 세운 크리슈나 상이 눈물을 흘리기 시작했습니다. 눈물은 그치지 않고 계속 흘러내렸죠. 우리는 크리슈나 상의 주춧돌을 치우고 물이 흘러나오는 곳이 있는지 조사해 봤지만 아무것도 발견하지 못했습니다. 물이 크리슈나 상을 타고 올라와 다시 그 눈에서 흘러나올 수 있는 길은 전혀 없었습니다. 그래서 상을 다시 제자리에 올려놓았더니 눈물이 다시 흐르기 시작했습니다. 그것 때문에 나는 무척 슬퍼졌고, 내가 수행 중에 잘못한 게 있어서 어머니께서 언짢아하고 계시다는 결론을 내렸습니다. 그래서 항상 그것을 기억하기 위해 솜에 그 눈물에 적셔서 작은 함에 넣어 팔에 차고 있는 것입니다. 지금 내가 당신께 드리고 있는 말은 사실입니다. 그리고 왜 이런 일이 일어났는지 나는 잘 알고 있습니다. 아무에게도 말하지 마십시오. 아마 그들은 나를 미쳤다고 생각할 겁니다."

"나는 당신이 정직하다는 것을 믿어 의심치 않습니다. 그러니 왜 그런 일이 일어났는지 설명해 주십시오."

"구루께서는 다른 세상에서도 여러 가지 방법으로 저를 이끌어 주고 계십니다. 눈물은 구루께서 내게 내리신 가르침입니다. 나는 게을러져서 저녁 수행을 하지 않고 일찍 들어가서 쉬곤 했습니다. 우리가 게으름에 빠져서 수행을 등한시할 때마다 구루께서는 항상 우리를 일깨워 주셨습니다. 이것이 아마 합당한 설명이겠지요."

말을 마친 그는 갑자기 흐느껴 울기 시작했다. 구루에 대한 그의 깊은 사랑이 내 가슴에 뜨겁게 와 닿았다. 구루에 대한 사랑은 신성에의 사다리를 오르는 첫걸음이다. 그러나 그 사랑은 사람들이 흔히 나누는 그런 형태의 사랑이 아니다.

브라흐만 계층을 제외한 모든 인도인이 유럽에서 온 이 두 스와미를 매우 존경했다. 그러나 브라흐만 계층 사람들은 사원의 다른 사제들보다 두 스와미가 더 순수하고 영적으로도 앞서 있었지만 그들을 합당하게 예우해 주지 않았다. 그들이 사원을 방문하면 불가촉천민*으로 취급했다. 나는 그런 브라흐만 계급 사람들을 비난했다. 그리고 이 두 벗에게 많은 사람들이 무지로 인해 광신적으로 변해 가지만 그러한 광신주의는 결코 참된 종교가 아니라고 자주 말해 주었다.

서양 사회가 인종 차별이나 계급제도로 고통을 겪은 것처럼 인도 사회는 카스트 제도로 고통을 겪어 왔다. 계급제도나 카스트 제도 모두 인간 사회의 해악이다.

스승님의 사진

    1939년 9월, 사진을 찍기 위해 히말라야를 여행하는 프랑스인 사진작가 두 사람을 만났을 때, 나는 스승의 말씀을 저버리는 일을 저질렀다. 나는 사진작가들에게 스승의 사진을 찍어 달라고 부탁하고 싶었다. 그래서 주머니에 있던 돈 몇 푼과 모자라는 150루피를 빌려서 그들에게 주었다. 그러고는 그들을 이끌고 갠지스 강을 가로지르는 좁은 통나무다리를 건너 스승과 내가 보름 동안 머물고 있던 작은 오두막으로 갔다.

    사진작가를 본 스승께서 내게 말씀하셨다.

    "넌 왜 그렇게 고집불통인 거냐? 사진은 나오지 않을 것이다."

    나는 스승을 이해할 수가 없었다. 때때로 나는 고집스럽게 스승이 나만을 위한 분이라고 생각하곤 했다.

    사진작가들은 각기 필름 한 통씩 사진을 찍었다. 두 번째 필름을 집어넣으면서 그들은 스승과 내가 함께 나올 수 있도록 나를 스승 곁에 앉으라고 했다. 스승께서는 입술을 꾹 다문 채 눈을 감고 계셨다. 오후 세 시부터 다섯 시 반까지 두 대의 카메라로 네 통의 사진을 찍었다.

산 풍경을 몇 장 더 찍고 나서 그들은 델리로 떠났다.

사진이 현상되어 돌아왔을 때, 나는 그 결과를 도저히 믿을 수가 없었다. 사진에는 스승께서 앉아 계시던 주위 부분은 다 나와 있는데 스승의 모습은 전혀 나와 있지 않았던 것이다.

그 뒤에도 나는 서너 번 더 스승의 사진을 찍으려고 시도했다. 그러나 그때마다 스승께서는 조용히 내게 타이르셨다.

"죽어 없어질 육신의 사진이 내 안의 빛을 보는 데 방해가 될지도 모른다. 너는 결코 내 육신에 집착해서는 안 된다. 우리 사이에 있는 신성한 연결고리를 깨닫도록 해라."

그 뒤 내가 유럽과 일본으로 여행을 떠나려 하자 스승께서 말씀하셨다.

"네가 서양의 시장에 나를 팔지 않기를 바란다."

스승의 뜻을 받들어 나는 스승의 모습이 담긴 단 한 장뿐인 사진을 복사하려는 시도를 하지 않았다. 그 사진은 나의 사형이 구했는데, 스리나가르의 한 사진사가 상자형 카메라로 찍은 것이었다. 요기는 자신과 카메라 사이에 베일을 쳐서 자신의 모습이 사진에 나오지 않도록할 수 있다. 하지만 스승께서는 어떤 이유에서인지 그 사진만은 그렇게 하시지 않았던 것이다.

누가 영원을 죽일 수 있겠는가?

한번은 산사태가 일어나 거대한 토사가 우리 쪽으로 밀려오기 시작했다. 나는 겁에 질려 "우린 꼼짝없이 죽게 됐어요!"라며 울부짖었다. 그러자 스승께서는 이렇게 말씀하시는 것이었다.

"누가 영원을 죽일 수 있겠느냐?"

"산이 무너져 내리고 있어요. 그런데도 누가 영원을 죽일 수 있겠냐니요. 저 산을 좀 보세요!"

내 말에 스승께서는 산 위쪽을 올려다보면서 소리쳤다.

"멈춰라! 우리가 건너갈 수 있게!"

그 말에 갑자기 산사태가 멎는 게 아닌가! 우리가 그 장소를 벗어나자 스승께서 다시 말씀하셨다.

"이제 떨어져도 좋다."

그러자 멈췄던 산사태가 다시 계속되는 것이었다.

또 한번은 몇 명의 일행이 스승을 따라 산을 올라가고 있을 때 일어난 일이었다. 눈이 오기 시작하더니 세 시간 동안 계속 쏟아졌다. 사람들에게는 눈과 추위를 견딜 충분한 옷가지가 없었다. 그들은 스승께 말했다.

"선생님, 당신은 영원한 존재로 존경을 받고 있습니다. 당신은 기적을 행하는 힘을 가지고 있다고 하던데, 왜 이 눈을 멈추게 하지 않으십니까?"

그러자 스승께서는 "그거야 쉽지." 하시더니 큰 소리로 외쳤다.

"멈추어라. 그리고 태양이 비추어라!"

그러자 눈이 멈추고 태양이 빛나기 시작했다.

의지력의 힘은 현대인들에게 거의 알려져 있지 않다. 그 힘에는 세 개의 통로가 있다. 크리야 샥티*kriya shakti*, 잇챠 샥티*iccha shakti*, 즈냐나 샥티*jnana shakti*가 그것이다. 이 세 통로를 통해서 자기 자신을 드러내는 힘이 샥티다. 이 힘은 잠재적일 수도 있고 활동적일 수도 있다. 우리는 크리야 샥티를 통해 행동하고, 잇챠 샥티를 통해 행동하고자 하는 의지를 일으키고, 즈냐나 샥티를 통해 행동을 결정할 수 있다. 우리는 이 힘의 어떤 측면도 개발할 수 있다. 어떤 요기들은 사람들에게 능숙하게 영향력을 행사하는 법을 익혀 세상에서 성공하기도 한다.

어떤 이들은 스스로의 의지력을 개발해서 자신의 의지에 따라 말하고 행동한다. 또 어떤 이들은 분별 능력 붓디*를 가다듬어 한결같은 평정상태 즉 프라즈냐* 상태를 성취한다. 이 경우 모두 수행이 필요하며 개발되고 있는 샥티의 양상에 따라 수행 방법은 달라진다.

잇챠 샥티를 개발하면 의지의 힘을 강하게 만들어 그 힘으로 수족을 제어하듯 자연 현상을 제어할 수 있다. 스승께서 자연의 힘을 제어할 수 있었던 것도 바로 이 의지력을 통해서였다.

절반은 이곳에서 절반은 저곳에서

한번은 스승과 함께 갠지스 강가의 카르나프라야그라는 성소에 머문 적이 있다. 스승께서는 자신의 육체를 의식하지 않기 때문에 거의 옷을 입지 않았다. 그분은 항상 내면의 기쁨 속에 사셨다.

어느 날 저녁, 갑자기 스승께서 "이제 가자." 하고 말씀하셨다. 이미 날이 저물어 어두운데다 계속 비가 내리고 있었다. 나는 생각했다.

'내가 그러지 말자고 말씀드려도 스승께서는 가실 것이다. 벌거벗은 왕처럼 그냥 걸어가실 것이다.'

그래서 담요를 스승께 입혀 드리고 꿰매어 여민 다음 길을 나섰다.

살을 에는 듯한 추운 날씨였다. 한참을 맨발로 걷다 보니 온몸이 얼기 시작했다. 나는 아주 작은 담요 하나만 걸치고 있었다. 어떻게 하는 게 좋을지 혼자 고민해 보았다. 3킬로미터 정도 더 걸어가자 네거리가 나왔다. 나는 스승께 "어느 쪽으로 가야 하는지 아십니까?" 하고 여쭈었다. 스승께서는 "이쪽 길이야."라고 하셨다. 하지만 나는 스승을 돌려세우며 "아닙니다. 이쪽 길입니다." 하고 말했다. 그래서 우리는 방향을 돌려 처음 출발했던 곳으로 되돌아갔다.

사방은 어두컴컴한데다 스승께서는 자신이 지금 어디에 있는지 의식을 못하고 계셨다. "이제 이곳에서 머물러야겠습니다."라고 말하자 스승께서는 쾌히 좋다고 대답하셨다. 내가 담요를 벗어 불가에 깔아놓자 스승께서 거기 앉으셨다.

다음날 아침, 눈을 뜬 스승께서 껄껄거리며 웃기 시작했다.

"밤새 걸었는데 여전히 같은 장소에 있구나. 어떻게 그럴 수 있지?"

"제가 속임수를 썼습니다."라고 아뢰자 왜냐고 물으셨다.

"몸이 꽁꽁 얼 지경인데도 스승님은 전혀 의식을 못하셨으니까요."

스승께서는 이런 경험을 즐기셨다. 무아의 경지에서 스승께서는 종종 세상일을 잊어버리셨다. 그러나 다시 바깥세상을 의식하게 되면 마치 기뻐하는 아이처럼 좋아하곤 하셨다.

한번은 스승과 함께 있으면서 매우 이상한 경험을 했다. 햇볕이 내리쬐는 6월에 우리는 기온이 45도까지 오르는 바라나시 근처 숲 속에 있었다. 날씨가 너무 더워서 나는 스승께 "목욕하시겠습니까?" 하고 여쭈었다. 스승께서 그러자고 하셨다.

인도에서 여행을 하다 보면 우물을 자주 만나게 된다. 목욕을 하고 싶으면 근처에 두레박과 밧줄을 가진 사람을 찾으면 된다. 그런 다음 우물에서 물을 길어 목욕을 하면 되는 것이다. 우리는 목욕을 하기 위해 우물가로 갔다.

"앉아서 기다리십시오. 가서 두레박과 밧줄을 가져오겠습니다."

내가 돌아왔을 때 스승이 보이지 않았다. 큰 소리로 스승을 부르자 20미터 깊이의 우물 바닥에서 누군가가 대답하는 소리가 들렸다. 우물 속으로 뛰어내린 스승께서 물장난을 치고 있었던 것이다.

대개 20미터 아래로 뛰어내리면 다치게 마련이다. 그러나 법열의 상

카르나프라야그에서 스와미 라마

태에 있는 이는 자연의 아이와도 같으며, 신의 보호를 받는다.

그런데 문제는 스승께서 밖으로 나오려 하지 않는다는 것이었다. 나는 스승을 구슬릴 수가 없어서 마을 사람들에게 도움을 청했다. 그랬더니 세 사람이 와 주었다. 우리는 밧줄에다 양동이를 매달아 아래로 내려 보냈다. 그러고는 아래쪽을 향해 소리를 질렀다.

"스승님, 양동이 위에 오르십시오. 그러면 우리가 끌어올리겠습니다."

"날 좀 내버려 둬. 목욕 좀 하자."

스승께서는 한창 물장난을 즐기고 계시는 중이었다. 그러자 사람들이 나를 밧줄에 묶어 우물 안으로 내려 보냈다. 내가 "스승님, 이리 오십시오."라고 말했으나, 스승께서는 "목욕 좀 하자꾸나." 하시면서 여전히 물장난을 치셨다. 나는 스승께 간청했다.

"거의 한 시간이 지났습니다. 이제 목욕은 충분합니다."

"그래?"

"그렇습니다."

한참이 지난 후에야 마침내 스승을 설득해 나오시게 할 수 있었다.

스승께서는 날마다 목욕을 하시지만 마음은 늘 다른 곳에 가 있었다. 그래서 나는 종종 "목욕이 끝났습니다. 이제 그만 나오십시오."라고 말씀드리곤 했다.

스승께서는 대부분의 시간을 '그곳'에서 늘 지복의 상태에서 보내시고, 덧없는 세상을 의식하는 '이곳'에서는 아주 잠깐 동안만 머무셨다.

어린 미망인을 구출한 백발노인

   필라니Pilani에서 서쪽으로 80킬로미터 떨어진 곳에 위치한 라자스탄의 사막 마을에 한 지주와 그의 외아들이 살고 있었다. 그런데 이 외아들이 결혼식 직후에 그만 열병으로 죽고 말았다. 열일곱 살도 채 안 된 매우 아름다운 그의 신부는 신혼의 단꿈조차 맛보지 못한 채 미망인이 되었다.

   인도의 어떤 지역에서는 '한 번 결혼이 영원한 결혼'이라는 법이 있어서 미망인은 다시 결혼할 수가 없다. 이 제도는 아르야 사마즈Arya Samaj라는 개혁운동으로 고쳐졌는데, 이 운동의 창시자는 사회 종교개혁의 위대한 지도자 스와미 다야난다Dayananda였다.

   경건한 삶을 살고 싶었던 이 어린 소녀는 벽돌로 지은 시댁의 2층 방에서 홀로 지냈다. 그 방 안에는 사진 두 장과 그녀가 깔개로 쓰는 담요와 방한용 이불 하나가 있을 뿐이었다. 방 뒤쪽에 창문이 있었고, 앞쪽에는 튼튼하고 두꺼운 나무문이 있었다.

   어느 날 밤, 무장 강도 셋이 이 집에 숨어들었다. 그들의 목적은 어린 미망인을 욕보이고 유괴하는 것이었다. 강도들은 시댁 식구를 모두

한 방에다 몰아넣고 잠가 버린 뒤, 미망인의 방문을 부수고 안으로 들어가려고 했다. 이를 알게 된 그녀는 기도를 하기 시작했다.

"구루데바시여, 저는 순결합니다. 저를 구해 주시고 보호해 주십시오. 당신의 보호의 손길은 어디 있나요? 당신께 무슨 일이라도 생긴 건가요?"

그때였다. 낙타를 탄 백발노인이 긴 수염을 날리면서 갑자기 창가에 나타났다.

"애야! 나하고 같이 가자. 그렇지 않으면 위험하다. 그들에게 붙잡혀 갔다간 모욕을 당하고 마침내 너는 자살하고 말 것이다."

문을 부수고 미망인의 방으로 쳐들어간 강도들은 실망하고 말았다. 방 안에 아무도 없었던 것이다. 소녀와 노인은 밤새 낙타를 타고 거기서 100킬로미터 떨어진 그녀의 친정집으로 달려갔다. 그들이 무사히 친정에 도착했을 때는 아직 해가 뜨기 전이었다.

1951년에 그 마을을 방문했을 때, 나는 순결과 영성으로 명망이 높은 한 여인으로부터 직접 이 이야기를 들었다. 자신의 사연을 이야기한 뒤에 그 여인은 나의 스승에 대해 많은 것을 물었다. 그녀의 친정아버지는 우리와 아는 사이였는데, 그는 우리 전통과 영적으로 연결되어 있었다.

대화를 나누다 보니 그녀가 시댁에서 가지고 있었다는 사진 두 장은 미라 바이*와 나의 스승의 사진이었다는 것을 알게 되었다. 스승의 사진은 그녀의 친정아버지가 히말라야 여행을 마쳤을 때 나의 사형이 준 것이었다. 그녀의 가족은 모두 나의 스승을 존경하여 이 사진을 무척 소중히 간직했다고 한다.

그런데 그 여인은 자신을 구출해 준 노인의 얼굴이 사진 속의 얼굴과 같았으며 그 노인은 바로 나의 스승이었다고 했다. 나는 스승의 사진을 간직하고 싶어서 여인에게서 그 사진을 빌려 왔다. 복사본을 보내 주겠다는 약속을 했지만 여러 가지 이유로 결국 보내 주지 못했다. 그것이 나의 스승의 유일한 사진이다. 나는 그녀의 경험이 사실이라는 것에 조금의 의심도 없다. 그러나 어떻게 그런 일이 일어났는지는 설명할 길이 없다.

내가 이런 이야기를 하는 것은 구루 예찬을 하기 위해서가 아니다. 스승의 존재는 대단히 신비스러우며 세상 어느 곳에서든, 심지어는 지구 반대편에서도 제자들을 돕는다는 것을 일깨워 주고 싶어서다. 제자를 돕고, 이끌고, 보호해 주는 데에 스승이 반드시 육체적으로 함께 있을 필요는 없다.

강물에 빠진 노인

　라자스탄에서 학자 한 사람이 우타르카시에 있는 내 아쉬람을 찾아왔다. 그는 유명한 판디트로서 히말라야의 강고트리로 순례 중이었다. 그때 그는 70세가량이었다. 하루는 그가 성스러운 갠지스 강에서 목욕을 하고 싶어 했다. 그러나 그는 수영을 할 줄 몰랐다. 강은 내 아쉬람 가까이에 있었다. 그는 마침 강 건너편 둑에 있던 원숭이들이 물에 풍덩 뛰어들어 잠수했다가 다시 떠오르는 것을 보았다. 그래서 그는 '원숭이도 수영을 할 줄 아는데 하물며 배운 사람인 내가 못할 리 있겠는가?'라고 생각했다. 그러고는 곧장 강물로 뛰어들었는데, 그만 물속으로 빠져들기 시작했다. 내 동료 한 사람이 그가 물에 빠진 것을 보고 소리쳤다.

　나는 그 소리를 듣고 뛰어나가 무슨 일이냐고 물었다. "노인이 물에 빠졌어!"라는 말에 나는 소스라치게 놀라 강 쪽으로 달려갔다.

　'내 아쉬람 앞에서 사람이 죽어가고 있다니!'

　내가 강가에 도착했을 때, 그 노인은 둑에 앉아 숨을 헐떡거리고 있었다. 그가 한숨을 돌린 후에 나는 무슨 일이 일어났는지 물어보았다.

"강물에 빠졌었다네."

그의 대답에 나는 "그런데 어떻게 나오셨나요?" 하고 물었다.

"스와미 한 분이 나를 밖으로 끌어내 주었지."

그 사람이 누구였는지 물었다. 그랬더니 그가 설명하는 사람은 나의 스승의 모습과 똑같았다. 나는 스승의 사진을 딱 한 장 가지고 있었지만 그것을 아무에게도 보여 주지 않았다. 그러나 그를 구해 낸 사람이 정말 스승인지 확인해 보고 싶어서 그 사진을 노인에게 보여 주었다.

그랬더니 그는 반색을 하며 대답하는 것이었다.

"그래, 이분이라네. 물속으로 세 번 잠긴 후에 바닥으로 가라앉으며 물을 마시기 시작했지. 그 순간 '만일 이곳이 성스러운 땅이라면 누군가 나를 도와줄 것이다.'라는 생각을 했네. 그때 갑자기 누군가가 나를 물 밖으로 끌어냈는데 그가 바로 이분이야."

"그러니까 환영을 보았던 거군요."

"아니야! 나는 지금 너무나도 큰 믿음이 생겼네. 나는 반드시 그분을 찾아가 그분과 함께 살 작정이네. 집에는 이제 돌아가지 않을 거야."

"가족이 뭐라고 할까요?"

"아이들은 이제 다 컸어. 나는 히말라야로 가려고 하네."

그렇게 말하고 그는 훌쩍 떠나 버렸다. 그가 길을 가는 도중에 나의 스승께서는 준비가 잘 갖춰지기 전까지는 오지 말라는 전갈을 그에게 보냈다. 그 후, 그는 나의 사원에서 20킬로미터 정도 떨어진 곳에서 살면서 명상으로 시간을 보냈다. 내가 서양으로 떠날 때까지도 그는 스승을 만나기를 기다리고 있었다. 그는 "내가 언젠가 준비가 되는 날이 오면, 나는 달려가서 그분을 만나 뵐 것이다."라고 말했다.

샥티파타를 경험하다

나는 사마디를 경험해 보려는 열망에 사로잡혀 있었다. 스승께서는 네 시간 동안 완전히 고요하게 앉아 있지 않으면 사마디를 경험하지 못할 것이라고 말씀하셨다. 그래서 나는 어릴 때부터 올바른 좌법坐法을 수련했다. 오직 사마디를 경험해 보겠다는 일념으로 좌법 수행에 많은 시간을 보냈건만 결코 사마디에 이르지 못했다.

많은 책을 공부하고 난 뒤 나는 교사가 되었지만, 간접적이고 전해 들은 지식을 타인에게 전하는 것은 바람직하지 않다고 느꼈다. 이런 식으로 사원에서 수행자들을 가르치는 것보다는 차라리 대학에서 철학을 강의하는 것이 더 낫겠다고 생각했다.

'이런 일은 옳지 않아. 난 아직 깨닫지도 못했고, 내가 경험한 것이 아니라 책이나 교사들을 통해 배운 것을 가르치고 있을 뿐이 아닌가.'

그래서 어느 날 나는 스승께 말씀드렸다.

"오늘 저는 스승님께 최후의 통첩을 하려고 합니다."

스승께서 웃으시며 내게 물으셨다.

"그게 뭔데?"

"스승님께서 저에게 사마디를 주시지 않으면 자살해 버리겠습니다."

나는 정말로 그럴 작정이었다. 스승께서 다시 물으셨다.

"진심으로 하는 말이냐?"

"예!"

그러자 스승께서 조용히 말씀하셨다.

"그렇다면 당장 가서 그렇게 하거라."

전혀 예상 밖의 대답이었다. 나는 "열흘이나 보름 정도 기다려라."라고 스승께서 말씀하실 줄 알았다. 스승께서 차갑고 거칠게 나를 대하신 적은 한 번도 없었다. 그러나 그날은 달랐다.

"밤에 잠을 잔다고 해서 문제가 해결되는 것이 아니다. 그 다음날 다시 그 문제에 직면하게 될 테니까. 마찬가지로 자살한다고 해서 네 문제가 해결되는 것이 아니다. 너는 다음 생에 다시 그 문제로 고민해야 할 것이다. 너는 고대 경전들을 공부하고 그 뜻을 이해했다. 그런데도 자살을 운운하고 있다니! 그러나 네가 정말 죽고 싶다면 그렇게 해 보아라."

나는 늘 샥티파타에 대해서 들어 왔다. 샥티shakti는 '에너지', 파타pata는 '부어 줌'을 가리키는 말로서, 샥티파타는 '에너지를 부어 줌, 등불을 밝힘'이라는 뜻이다.

"스승님께서는 제게 샥티파타를 해 주지 않으셨습니다. 그 이유는 스승님께 샥티가 없든가, 제게 샥티를 부어 주실 뜻이 없든가 둘 중의 하나일 것입니다. 아주 오랫동안 눈을 감고 명상해 보았지만 결국 아무것도 얻지 못했고 머리만 아플 뿐이었습니다. 제 인생은 헛되이 낭비되었습니다. 저는 사는 즐거움을 모르겠습니다."

스승께서 잠자코 계셨으므로, 나는 계속 말을 이었다.

"저는 정말 열심히 공부했습니다. 스승님께서는 14년이 걸린다고 하셨는데, 제가 수행한 지도 벌써 17년이 지났습니다. 저는 스승님께서 하라는 것은 다 했습니다."

그제야 스승께서 말씀하셨다.

"정말이냐? 내가 가르쳐 준 수행법들을 너는 진정으로 따르고 있느냐? 고작 자살하겠다는 것이 내 가르침의 열매란 말이냐?"

스승님께서 다시 물으셨다.

"언제 자살할 건데?"

"바로 지금요! 그래서 죽기 전에 스승님께 말씀드리는 겁니다. 이제 당신은 더 이상 제 스승이 아닙니다. 저는 모든 것을 포기했습니다. 저는 세상에서 아무 필요도 없고, 스승님께도 필요 없는 존재일 뿐입니다."

말을 마친 나는 갠지스 강에 빠져 죽기 위해 자리에서 일어났다. 강 가까이에 갔을 때 스승께서 말씀하셨다.

"너는 수영을 할 줄 아니까 강에 뛰어들면 저절로 헤엄을 치게 될 거야. 그러니 물에서 나오지 못하고 그대로 빠져 죽을 수 있는 방도를 찾는 것이 좋겠구나. 뭔가 무거운 것을 매달아야 하지 않겠니?"

스승께서는 나를 놀리고 계셨다. 나는 스승께 소리쳤다.

"도대체 왜 그러시는 겁니까? 스승님께서는 저를 무척 사랑하셨지 않습니까?"

그리고 나서 나는 진지한 표정으로 스승께 인사를 드렸다.

"이제 가겠습니다. 그동안 정말 고마웠습니다."

나는 밧줄을 가지고 갠지스 강으로 가서 약간 큰 바위를 몸에다 묶었다. 바로 그때 정말로 강으로 뛰어들 기세라는 것을 아신 스승께서 나를 부르셨다.

"잠깐! 거기 앉아라. 1분 뒤에 너에게 사마디를 주겠다."

나는 그 말이 진심인지 알 수가 없었다. 그러나 1분 정도는 기다릴수 있다고 생각했다. 내가 명상좌로 앉자 스승께서 내게로 다가오시더니 내 이마에 손을 대셨다. 나는 그 자세로 아홉 시간 동안이나 앉아 있으면서 세상에 대한 생각을 단 한 번도 하지 않았다. 그것은 무어라 말로 표현할 수 없는 체험이었다. 일상의 의식으로 되돌아 왔을 때나는 아직도 아침 아홉 시인 줄 알았다. 사마디에 든 동안 시간에 대한관념이 사라져 버렸던 것이다.

나는 스승께 무릎을 꿇고 빌었다.

"스승님, 용서해 주십시오."

스승의 축복으로 인해 내게서 사라진 것은 두려움이었다. 그리고 더이상 내가 이기적이지 않음도 알게 되었다. 내 삶이 완전히 달라졌다.그 뒤로 나는 삶을 올바로 이해하기 시작했다.

나중에 나는 스승께 여쭤 보았다.

"그것은 저의 노력이었습니까, 스승님의 노력이었습니까?"

"은총이었지."

은총이 뜻하는 바는 무엇일까? 사람들은 오직 신의 은총에 의해서깨달음을 얻는다고 생각한다. 그러나 그렇지 않다. 스승께서 다시 말씀하셨다.

"사람은 자신이 할 수 있는 모든 정성과 노력을 다 기울여야 한다.그러다 완전히 지쳐, 지극히 간절한 감정상태에서 절망으로 울부짖을때 무아의 경지에 들어가게 된다. 그것이 신의 은총이다. 은총은 너의진실하고 진지한 정성의 열매다."

샥티파타는 오랜 기간 규율을 지키고 금욕 수행과 영적 수행을 한 제자에게만 가능하다는 것을 나는 깨달았다. 제자가 준비되었을 때, 비로소 스승이 나타나 적절한 입문을 해 준다는 말은 사실이다. 제자가 사다나를 진지하고 성실하게 수행하고 나면 스승이 제자에게 남아 있는 아주 미세한 장애를 제거해 준다. 스승과 제자 모두 최선을 다할 때 깨달음을 경험하게 된다.

다시 말해 당신이 온 마음을 다해 자신의 의무를 완수했을 때, 당신은 은혜롭게도 그 결실을 거두게 된다. 행위가 끝날 때 은총의 빛이 나타난다. 샥티파타는 스승을 통해 나타나는 신의 은총이다.

고요한 밤에 홀로 명상을 하며 그와 같은 경험을 하는 시간을 나는 간절히 바란다. 그보다 더 큰 기쁨은 없으리라.

티베트의 대스승

　1939년, 나는 티베트로 가고 싶었다. 내가 스승과 함께 살고 있는 곳에서 고작 14킬로미터쯤 떨어진 곳에 국경이 있었지만, 마나의 산길을 지나 티베트로 들어가는 허가를 얻을 수 없었다. 7년 뒤, 나는 다시 시도했다. 1946년 초에야 나는 다르질링, 칼링퐁, 시킴, 페동, 걍시, 시가체를 지나 티베트 수도 라싸로 가는 여행을 시작했다. 여행의 가장 큰 목적은 티베트에 계시는 대스승(나의 스승의 스승)을 만나 고급 행법을 배우는 것이었다.

　다르질링에서 머무는 동안 나는 몇 차례 대중 강연을 했다. 영국 관리들은 내가 영국 정부를 혼란시키기 위해 라싸로 가려는 반역자라고 생각했다. 그들은 내 여행 계획에 대해서는 알고 있었지만 동기는 이해하지 못했던 것이다.

　열흘 뒤 나는 칼링퐁으로 가서, 어려서 쿵후와 다른 무술들을 배우던 절에서 머물렀다. 옛날에 내게 쿵후를 가르쳐 주신 선생과 함께 지내다가 시킴으로 가서 달라이 라마*의 가까운 친척집에 가서 머물렀다. 시킴의 홉킨스 장교는 내가 티베트 관리들에게 영국에 대한 부정적인 견해를 심어 줄까 염려했다. 그래서 몇 번이나 그를 만났지만 티베트로 갈 수 있도록 허가해 주지 않았다. 그는 나를 당시 영국 정부와 싸우고 있는 인도 국민회의파의 밀정으로 의심하고 있었다.

그 당시 인도에는 두 계파가 있었다. 하나는 비폭력운동을 전개하며 수동적인 저항과 비폭력적 방법을 사용하는 마하트마 간디의 계열이었고, 나머지 하나는 인도 혁명주의자들이었다. 나는 그 어느 쪽에도 속하지 않았지만 장교는 내 소지품에서 네루와 간디의 서한을 발견했다. 그 편지들은 정치적인 성격을 띠지 않았지만 장교의 의심을 부채질했다. 결국 나는 방갈로(이동 조사관이나 관리들을 위해 정부에서 지은 관사)에 연금되어 감시를 받게 되었다. 생활이 불편하지는 않았지만 두 달 동안 집 밖에 나갈 수도, 손님을 만날 수도 없었다.

장교가 내게 말했다.

"직접적인 증거는 없지만, 당신은 첩자라는 혐의를 받고 있습니다. 당신에 관한 신원보고서를 받기 전에는 풀어 드릴 수 없습니다."

방갈로 밖에서는 밤낮으로 경호원이 감시하고 있었다. 그러나 거기에 있는 동안 나는 티베트 어를 배울 수 있는 기회를 얻게 되었다. 티베트에 들어갈 수만 있다면 티베트 인들과의 대화가 한결 쉬워질 터였다.

여러 관리에게 계속 요청했지만, 그 장교는 나를 석방하라는 통지를 받지 못했다. 그래서 두 달이 지난 뒤 나는 도망을 치기로 결심했다. 나는 경호원에게서 낡고 더러운 외투를 하나 사 입고 얼굴을 분장했다.

밤 열한 시가 되자 꽤 추웠고 나는 경호원이 술에 취해 잠이 든 것을 확인한 뒤, 낡은 티베트 외투를 걸치고 폐동을 향해 떠났다. 때는 6월 15일이었다.

떠나기 전, 나는 델리로 향해 떠난다는 편지를 식탁 위에 두고 나왔

티베트로 떠나기 전의 스와미 라마

다. 관리들이 나의 티베트 여행을 막는 것이 부당하다고 생각했기 때문에 그 거짓말이 내 양심을 괴롭히지 않았다. 사흘 뒤, 시킴 정부의 용병들이 지키고 있는 마지막 검문소에 도착했다. 군인들은 내게 신원증명을 요구했다. 내가 유창한 네팔 어로 대답하자 그들은 네팔 사람인 줄 알고 내가 티베트로 들어가는 것을 허가해 주었다.

티베트에서는 더 많은 고생을 겪어야 했다. 나는 채식만 했는데 그곳에서는 고기 외에는 먹을 것을 거의 구할 수 없었던 것이다. 기후가 춥고 고도가 높은 곳이기 때문에 티베트에서 나는 채식주의자를 단 한 사람도 만난 적이 없다. 그들은 모두 고기와 생선을 먹고 살았다. 하는 수 없이 나도 달걀을 먹기 시작했다. 고기와 생선을 먹는 것은 상상조차 할 수 없었지만 달걀 정도는 어쩔 수 없는 일이었다. 다행히 계절에 따라 나오는 약간의 채소를 구할 때도 있었다. 하지만 식사의 변화로 설사병을 앓았고 건강도 무척 나빠졌다. 그러나 나는 티베트 방문의 목적을 이루어야 했다. 내 스승의 스승님을 만나기 위해 나는 사원과 동굴을 찾아다니기 시작했다.

밤에 내가 야영을 하는 곳에서는 사람들이 소지품을 훔치려고 내 가방을 뒤지곤 했다. 그러나 내게는 비스킷과 약간의 곡류 그리고 국경을 지키던 병사가 건네준 물 한 병밖에 없었다. 여행 경비로는 고작 2,000루피를 가지고 있었는데, 그것을 양말 속에 숨겨 두고는 누구 앞에서도 신발을 벗지 않았다.

매일 16~24킬로미터 정도를 걸었는데, 더러 노새를 타기도 했다. 내가 만난 티베트 사람들에게 가끔은 점성술이나 운명 따위에 대해 말해 주어야 할 때도 있었다. 비록 양심을 괴롭히는 일이기는 했지만, 티베트 사람들은 그런 것을 무척 좋아했다. 그런 이야기를 듣고 나면 그들은 무척 상냥해지면서 산길을 여행하는 데 타고 가라고 노새를 빌려 주기도 했다. 사나운 설원지대 곰과 몸집이 큰 보티야*Bhotiya* 개떼를 만 난 적도 여러 번 있었다. 보티야 개는 티베트 사람들의 마을을 지키는 개다.

이런 모든 어려움 때문에 지치고 피곤했지만 나는 히말라야 성자들 의 숨은 가르침을 좀 더 배우도록 나를 이끌어 주는 어떤 힘이 존재함 을 느꼈다. 인도로 돌아가겠다는 생각은 전혀 하지 않았다. 인도를 강 점하고 있던 영국 정부가 틀림없이 나를 감옥에 가두려 할 것이기 때 문이었다.

어떤 사전 계획도, 안내자도 없고 경비도 떨어져 가고 있었다. 하지 만 나는 용기를 내어 계곡의 물줄기와 산길과 빙하를 가로지르는 그 지루한 여행을 계속하고 있었다. 내가 길을 잃으면 스승과 대스승께서 나를 보호해 주고 도와주실 것이라고 믿었다. 그러면서 나 자신을 신 의 섭리에 의탁하고, 내 운명을 그분들의 손에 맡겼다. 그때는 두려움 이 없었다. 죽음도 무섭지 않았다. 대스승을 만나 뵈려는 열망은 정말 뜨거운 불길과도 같았다. 그분 밑에서 한동안 지내는 것이야말로 내 생애에서 가장 큰 의무라고 생각했다.

대스승께서는 은둔을 원하셨지만 그분의 가르침을 열망하는, 높은 경지의 요기들 몇 명을 위해 티베트에 머물러 계셨다. 나 또한 그분을 만나 뵐 수 있기를 간절히 원했다. 나는 스승에게서 하리아칸*Hariakhan* 바바와 히말라야의 여러 성자들도 대스승을 숭배하고 그분 아래서 몇 년씩 공부했다는 말을 들었다. 하리아칸 바바는 쿠마윤에서 대단히 명 망이 높으며, 어떤 사람들에게는 히말라야의 영원한 바바지로 일컬어 지는 분이었다. 그런 하리아칸 바바도 대스승에게 가르침을 받았다고 했다. 그런 말들은 대스승을 만나고자 하는 열망을 더욱 강하게 만들었고 결국 모험의 길로 나를 이끌었던 것이다.

두 달 동안의 힘든 여행 끝에 나는 라싸에 당도했다. 그곳에서 한 가톨릭 사제를 만났는데 그는 성당으로 사용하는 작은 집으로 나를 데리고 갔다. 거기에는 다른 선교사 두 명이 함께 기거하고 있었다. 이들은 라싸를 통틀어 셋뿐인 가톨릭 선교사들이었는데, 티베트 정부의 감시를 받고 있었다. 나는 그들과 함께 10일 동안 푹 쉬면서 건강을 되찾았다. 그때쯤 시킴의 장교와 인도 경찰이 내가 티베트에 있다는 것을 알게 되었다. 사건은 CID(인도 중앙정보부)로 넘어갔다.

나는 한 라마승을 만나, 내가 구도자로서 티베트에 왔을 뿐 정치적 의도는 없다고 설득했다. 함께 15일을 지내고 나서 마침내 그 라마승은 내가 어떤 정치적 운동과도 관련이 없다는 것을 믿게 되었다. 그는 티베트에서 추방당하지 않을 것이라며 나를 정부 고위관리들에게도 소개했다. 나는 티베트 어는 잘 몰랐지만 그들에게 나의 진정성을 납득시키는 데는 성공할 수 있었다.

라싸에서 나와 함께 지냈던 그 라마승의 친구가 내가 가려는 목적지 근처의 승원에 있다고 했다. 그곳은 라싸에서 북동쪽으로 120킬로미터가량 떨어진 외딴 곳이었다. 라마승은 그 승원으로 무사히 나를 안내해 줄 경호원 몇 명을 붙여 주었다. 그래서 나는 마지막 목적지를 향해 길을 떠날 수 있었다.

그 승원에는 300명이 넘는 라마승이 살고 있었다. 티베트에는 승원이 많아 수천 명의 라마승이 각기 다양한 전통을 따르고 있었다.

라마교는 불교와 혼합되어 독특한 형태를 띠었는데 모든 라마승은 예배와 의식을 이행하면서 기도하고, 경통을 돌리고, 만트라를 외는

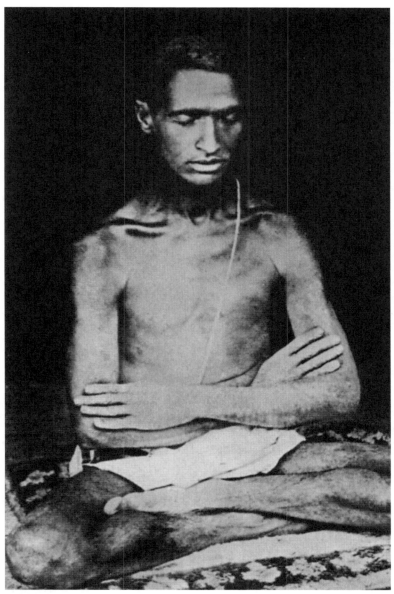

하리아칸 바바

등 자기만의 수행 방식을 가지고 있었다. 라마승의 만트라는 주로 산스크리트 만트라가 변형된 형태였다.

나는 이전에 비하르에 있는 인도의 고대 불교 대학인 날란다Nalanda 대학에서 공부한 적이 있었기 때문에 불교 승려들의 믿음과 수행 등에 대해 많이 알고 있었다. 나는 인도의 원시 불교와 현재 티베트, 중국, 일본, 동남아시아에서 신봉하고 있는 불교에 대해서도 공부했다.

1,000년 전에 한 티베트 학자가 인도에 와서 공부한 뒤 경전을 가지고 티베트로 돌아갔다. 그 후로부터 많은 인도 학자들이 불교 문헌을 가르치기 위해 티베트로 갔다. 나는 티베트 불교에 속하는 각양각색의 여러 파에 대해 잘 알고 있었다. 그 중에는 수많은 신과 악마의 존재를 믿으면서 붓다도 그 신들 중의 하나라고 받아들이는 파도 있었다.

티베트 불교는 탄트라와 혼합되어 있다. 대스승을 만나러 가기 전에 나는 위대한 티베트의 요기로 숭앙을 받는 한 라마승을 만나러 또 다른 승원에 들렀다. 티베트 요가라는 것은 사실 탄트라의 변형된 형태다. 이는 탄트라 중에서도 바마 마르가vama marga라고 불리는 좌도 탄트라에 해당된다. 이 길을 따르는 사람들은 예배나 공양에 술, 여자, 고기, 생선 그리고 만트라를 사용하는 것이 옳다고 믿는다. 내가 그 라마승을 만났을 때, 그는 나무로 만든 방에서 함께 만트라를 독송하는 일곱 명의 여인에게 둘러싸여 있었다. 만트라를 독송하고 나서 그들은 고추 등의 양념에 절인 날고기를 먹고는 다시 만트라를 독송했다.

15분 후에 그는 독송을 멈추고 나의 방문 목적을 물었다. 나는 미소를 지으면서 그를 만나러 왔다고 대답했다.

"아니, 아니, 거짓말이야. 네 이름은 아무개이고 지금 변장을 하고 있다. 시킴의 경찰이 너를 찾고 있다."

그는 화가 난 목소리로 말했다. 내가 그의 예불 방식과 날고기 먹는 것을 무시하고 있다는 것을 알아챘기 때문이었다. 그는 겁을 주려고 내 생각을 읽고 있었다. 그러나 나는 그전에 여러 명의 독심술사를 만났고, 독심술 과정을 이미 알고 있던 터라 그가 내 생각을 읽고 있다는 사실에 놀라지 않았다. 나는 공손하게 탄트라에 대해 좀 더 알고 싶어서 티베트에 왔을 뿐이라고 말했다. 그러자 탄트라 수행자인 그 라마승은 나에게 수행 교본을 보여 주었는데, 전에 내가 공부한 적이 있는 책이었다. 그는 내게 다른 라마승을 소개해 주었다. 그도 역시 탄트라 수행자였다. 그는 붓다가 깨달음을 얻은 인도의 부다가야Bodhigaya에서 산 적이 있기 때문에 힌두 어를 꽤 잘했다.

티베트에서 발견되는 문헌은 대부분 힌두교의 푸라나Purana 경전을 번역한 것이다. 그 중 몇몇은 불교와 혼합된 도교나 유교 문헌이지만, 체계적이거나 철학적으로 독창적인 것은 없다. 나는 티베트 어를 조금밖에 몰랐지만 그 라마승이 힌두 어로 말했기 때문에 영적인 문제에 관해 의사소통하기는 어렵지 않았다. 일상적인 대화는 간단한 티베트 어로 할 수 있었으나, 티베트의 여러 승원에 보관되어 있는 필사본 경전들을 혼자서 독파한다는 것은 불가능한 일이었다.

내가 머물던 승원에는 라마승들이 숭배하는 산스크리트 경전이 하나 있었다. 그 경전을 싸고 있는 천 위에는 백단향 가루로 만든 두꺼운 외피가 덮여 있었다. 라마승들은 그 경전을 읽으면 누구든지 즉시 나병에 걸려 죽는다고 믿고 있었다. 그래서 그것을 경배하러 온 사람은 많았지만 그 경전을 읽어 본 사람은 아무도 없었다. 나는 그 장대한 필사본 경전이 무척 보고 싶었지만, 라마승은 허락하지 않았다. 그를 설득하기 위한 나의 노력은 모두 실패했다. 그때 속담 하나가 떠올랐다.

"경전은 그것을 가지고 있지만 내용도 모르는 바보의 것이 아니라, 그것을 공부하는 사람의 것이다."

나는 새벽 세 시에 수많은 등불을 밝힌 승원 안으로 들어가서 일곱 폭의 비단 천에 싸여 있는 그 필사본을 열어 보았다. 그것을 읽으면서 나는 그만 놀라고 말았다. 그 필사본은 인도의 고대 베다 문헌에 기초한 수많은 영적 이야기와 수행법을 담은 《링가 푸라나Linga Purana》 18권 중의 한 권이었던 것이다. 나는 서둘러 필사본을 다시 싸 놓고는 내 방으로 돌아왔다.

그 책을 열어 본 사람이 있다는 사실은 곧 발각되었다. 내가 등불의 위치를 흩트려 놓은데다 원래대로 경전을 다시 싸지 못했기 때문이었다. 곧바로 내가 의심을 받았다. 나는 힌두 어를 아는 라마승에게 말했다.

"나는 히말라야의 스승에게서 그 책을 보라는 분부를 받았습니다. 만약 당신이 그 일로 해서 내게 무슨 말을 한다면, 해를 받는 사람은 내가 아니라 당신일 것입니다."

다행히도 나는 그곳의 라마승들을 진정시킬 수가 있었다. 그렇지 않았더라면 아마도 죽음을 면치 못했을 것이다. 금지된 경전을 열고 난 뒤에도 내게 아무런 일이 일어나지 않았으니 그것이 바로 내가 그 경전을 열어 볼 권한을 가졌음을 입증하는 것이라고 그들을 납득시켰다. 그러자 그들은 인도의 부다가야에서 큰 권능과 지혜를 지닌 젊은 라마승이 왔다고 소문을 퍼뜨리기 시작했다. 티베트 인 안내인들이 떠나야 한다는 충고를 해 줘서 나는 곧 마지막 목적지를 향해 출발했다. 영적인 길에는 완전한 무지가 신비한 지식으로 받아들여지는 일도 더러 있다. 사람들이 자신의 맹목적인 믿음을 돌아보지 않기 때문에 생겨나는 일이다. 그 전에도 나는 사람들의 광신주의와 맹목적인 믿음과 마주치곤 했었다.

마침내 대스승을 만났을 때, 그분은 나를 꼭 껴안아 주면서 말씀하셨다.

"애야, 무척 피곤하겠구나. 너는 많은 어려움을 겪어 냈다. 깨달음의 길은 가장 험난한 길이고, 깨달음에의 정진 또한 가장 힘든 일이다."

그분은 내게 목욕을 하고 푹 쉬라고 말씀하셨다. 사실 나는 길고 힘든 여행으로 몹시 지쳐 있었다. 그동안 수행과 요가 규율을 지킬 수 없었던 것이 정신적 건강에 최악의 일이었다. 그러나 대스승께서 나를 안아 주시자마자 그동안 겪은 어려움과 고통이 까마득히 잊혀졌다. 그분이 나를 바라보시는 모습은 내 스승의 모습과 너무도 똑같았다. 그분의 자비는 말로 이루 형용할 수 없을 정도였다. 위대한 스승이 그의 제자들을 바라볼 때는, 그의 전 존재로부터 충만한 사랑이 우러나오는 것이다.

언젠가 나의 스승에게서 대스승에 관한 이야기를 들은 적이 있었다. 대스승께서는 브라흐만 가정에서 태어나 어릴 때부터 히말라야를 전전했으며, 성자들의 계보에 속한 분이라고 했다. 대스승께서는 아주 연로하셨지만 대단히 건강하셨다. 대스승께서 자리에서 일어나는 것은 아침저녁으로 한 번씩뿐이었다. 키는 178센티미터 정도였으며, 몸은 마른 편이었으나 대단히 활력이 넘쳐 보였다. 눈썹은 짙고 얼굴은 빛나며, 깊은 평온과 고요가 감돌고 있었다. 또한 그분은 언제나 미소를 머금고 계셨다. 대부분은 야크 젖을 마시고 지내시지만, 가끔 보리죽을 잡수실 때도 있었다. 가끔 몇 명의 라마승이 대스승께 찾아와서 공부를 하곤 했다.

그분은 해발 2,100미터 높이의 천연 동굴에서 살았는데, 습기를 제거하고 우유와 물을 끓이기 위해 불을 지피셨다. 제자들이 동굴로 들어가는 입구에 나무로 지붕이 있는 현관을 만들어 놓았다. 그곳은 히말라야 산맥과 광활한 지평선을 바라볼 수 있는 아름다운 곳이었다.

함께 머무는 동안 나는 대스승께 비밀히 전해 내려오는 수많은 고급 행법들에 대해 질문했다. 그분께서는 내가 드린 무수한 질문에 일일이 대답을 해 주신 뒤, 왜 가장 큰 소망을 이야기하지 않느냐고 내게 물으셨다. 나는 떨리는 목소리로 말했다.

"제가 파라카야 프라베샤* 행법을 이해할 수 있도록 가르쳐 주십시오."

대스승께서는 쾌히 승낙하셨다.

다음날 아침, 라마승 하나가 대스승을 뵈러 왔다. 그때가 아침 아홉 시 반경이었다. 대스승께서 말씀하셨다.

"너에게 지혜를 주려고 한다. 시범을 보여 주마."

대스승께서는 자신의 몸에서 빠져나와 다른 사람의 몸으로 들어갔다가 다시 자신의 몸으로 돌아올 수 있다고 하셨다. 또한 몸을 마음대로 바꿀 수도 있다고 하셨다. 순간 한 생각이 번개처럼 스치고 지나갔다.

'대스승께서는 이제 육신을 벗고 내가 장례를 치러 드리기를 원하시는구나.'

그러자 갑자기 대스승께서 "그게 아니다."라고 말씀하시는 게 아닌가. 그분은 내 모든 생각을 읽고 계셨다. 그러더니 동굴로 들어가서 밖으로 나가는 출구나 숨겨진 문이 있는지 점검해 보라고 내게 분부하셨다. 그러나 나는 이미 한 달가량 그 동굴에서 살고 있기 때문에 새삼스레 동굴을 다시 점검해 볼 필요가 없다고 생각했다. 대스승께서는 동굴을 점검해 보라고 재차 말씀하셨다. 그분의 분부대로 동굴 안을 살펴보았으나, 내가 알고 있던 대로 나무 현관이 딸린 입구가 하나밖에 없는 작은 동굴일 뿐이었다. 나는 동굴 안쪽에서 나와 현관 아래 라마승 옆에 앉았다. 그러자 대스승께서는 우리에게 좀 더 가까이 오라고 하시더니 둥근 쟁반처럼 생긴 나무판을 붙잡으라고 하셨다. 우리가 그 나무판을 잡자 대스승께서 "내가 보이느냐?" 하고 물으셨다. 우리는 "예."라고 대답했다.

"제게 최면을 걸지 마십시오. 저는 스승님의 눈을 보지 않을 것입니다."

나의 무지한 말에 대스승께서 말씀하셨다.

"나는 너에게 최면을 걸고 있는 것이 아니다."

그런데 갑자기 대스승의 몸이 점점 흐려지기 시작하더니 구름처럼 변하는 게 아닌가. 그 흐린 구름 같은 인간의 형상이 우리를 향해 움직이더니 몇 초 후에는 완전히 사라지고 말았다. 그와 동시에 우리는 들고 있던 나무판이 점점 무거워지는 것을 느낄 수 있었다. 몇 분이 지나자 나무판이 다시 가벼워졌다. 10분 동안 라마승과 나는 나무판을 든 채로 서 있다가 그만 주저앉고 말았다.

우리는 숨이 막힐 듯한 경외감으로 또 무슨 일이 일어날까 기다렸다. 10분에서 15분 정도가 지나자 다시 일어나서 나무판을 붙잡으라는 대스승의 목소리가 들렸다. 나무판을 붙잡자 나무판이 다시 무거워지더니 구름과 같은 형체가 다시 우리 앞에 나타났다. 그 구름의 형체가 점점 뚜렷해지더니 그분은 다시 인간의 모습으로 돌아왔다.

놀랍고도 믿기 어려운 경험이었지만 내 눈으로 확인한 일이었다. 대스승께서는 다시 한번 그와 비슷한 크리야*kriya*(행법)를 보여 주셨다. 나는 세상 사람들에게 내가 보았던 이 경이로운 일을 알리고 싶다. 인간의 상식을 초월한 위대한 성자들이 아직도 존재하고 있음을 세상 사람들은 알아야 하고, 그와 같은 비밀스러운 기적에 대한 탐구를 이제 시작해야 한다고 느끼기 때문이다.

그분이 보여 준 기적은 인간에게 그런 능력이 있다는 것을 보여 주는 증거다. 요가 과학의 집대성자인 파탄잘리는 《요가수트라》 3장에서 모든 싯디에 대해 설명하고 있다. 이러한 싯디가 깨달음에 필수적인 것이라고 주장하는 것이 아니다. 그러나 인간의 가능성은 무한하며, 과학자들이 외부 세계를 탐구하듯이 진정한 요기도 내적 능력과 잠재력을 탐구하는 것을 멈추어서는 안 된다는 말을 하고 싶다.

대스승의 교육 방식은 매우 실제적이고 직접적이었다. 내가 우리의 영적인 맥에 대해서 알려 달라고 했을 때, 대스승께서는 이렇게 말씀하셨다.

"외적으로 볼 때 우리는 샹카라 승단 출신이다. 그러나 실질적으로 우리의 영적 전통은 인도에 현존하는 그 어떤 조직의 전통과도 같지 않다."

나는 또 대스승께서는 왜 인도에 계시지 않고 티베트에서 사시는지 여쭈었다. 대스승께서 대답하셨다.

"어디에 살고 있느냐 하는 것은 중요한 문제가 아니다. 여기에는 내 지도를 받는 몇 명의 준비된 높은 경지의 제자들이 있다. 훗날 나는 인도로 갈 수도 있다."

나는 종종 스승께 했던 것과 마찬가지로 대스승께도 여러 가지를 꼬치꼬치 캐물었다. 그러면 대스승께서는 미소를 지으면서 아주 간단명료하게 대답해 주신 뒤 눈을 감으셨다. 그리고 이렇게 말씀하셨다.

"평온하고 고요하게 있어 보아라. 그러면 말을 듣지 않아도 알게 될 것이다. 너는 내면의 눈으로 보는 법과 내면의 귀로 듣는 법을 배워야 한다."

내 일기는 그분이 내게 주신 교훈으로 가득 차 있다. 제자와 학생들에게 명상과 말과 행동을 통해 봉사함으로써 더 큰 사랑을 키울 수 있다고 그분은 내게 말씀하셨다. 나는 어떻게 명상을 통해 봉사할 수 있는지 궁금했으며, 보다 많은 것을 알고 싶었다. 대스승께서 대답해 주셨다.

"성자, 요기 그리고 영적 스승은 사랑의 원천으로 깊이 들어가, 현대인에게는 알려진 적이 없는 소통방식으로 제자들에게 그 사랑을 표현함으로써 세상에 봉사한다. 깊은 침묵 속에서 이루어지는 이 정묘한 소통방식은 제자의 모든 두려움과 의심과 골칫거리를 해결하도록 돕는다. 이때에 스승의 모든 이타적 소망은 이루어지게 된다."

나는 대스승 밑에서 수행하며 몇 달간을 보냈다. 함께 지내는 동안 나는 그분의 거룩한 현존*을 향유했을 뿐 아니라, 태양학과 우도右道 탄트라의 고급 행법을 배울 수 있었다.

태양학은 현대 인류의 고통을 없애 줄 가장 진보된 요가 과학 중 하나다. 대스승의 말씀에 의하면, 이 행법은 태양신경총solar plexus을 내관하는 특수한 형태의 명상과 관련 있으며 육체적, 정신적 질병으로 야기된 온갖 장애를 제거하는 데 대단히 유용하다. 태양신경총은 인체 내에서 가장 방대한 신경망으로, 그 중심은 마니푸라 차크라*다. 이 차크라에 대해 명상하는 갖가지 기법이 있지만, 거기에다 진보된 프라나야마 수행을 더할 때, 정묘한 단계의 에너지에 대한 자각을 앞당기게 된다. 이 단계에서는 아침 해를 명상하거나, 내면의 불의 중심 우다라그니*를 명상함으로써 에너지의 흐름을 밝혀 낼 수 있다.

비록 우파니샤드에 설명되어 있고, 또 많은 학자들이 태양학에 대한 지식을 가지고 있지만, 그 치유 과정의 실제적 방법을 이해하고 있는 사람은 거의 없다. 이 태양학을 배우면 세 가지의 몸, 즉 육체, 생기체*, 정신체*에 대한 완벽한 조절력을 가지게 된다. 또 여기에 정통하게 되면 거리에 관계없이 소통할 수 있고, 또 먼 곳에 있는 사람도 치료할 수 있다.

나는 모든 학문의 최고봉이자 티베트와 인도의 문헌에 나오는 모든 만다라*의 모태인 스리 비드야에 대해서도 대스승으로부터 몇 가지 중요한 가르침을 받았다. 고급 행법에 가면 스리 얀트라의 여러 부분에 집중하는 법을 배우게 되며, 극소수의 제자는 그 중심에 이르는 법을 배우게 된다. 이 얀트라는 거룩한 힘의 현현으로 간주되며, 중심점인 빈두*bindu*는 샥티陰와 시바陽가 합일하는 중심이다. 나는 인도의 말라바르 언덕에서 이 지혜에 입문했지만, 나를 입문시킨 선생님은 빈두 베다나* 행법을 전해 주지 않으셨다.

'성모께 드리는 경배'를 통해서는 위대한 성자들이 전하는 궁극의 지혜를 배울 수 있다. 이 지혜를 얻으려면 경전 공부도 필수이나, 여기에 정통한 스승에게 직접 지도받는 것이 반드시 필요하다. 그러나 이 지혜에 정통한 사람은 몇 손가락 꼽을 정도밖에 안 된다. 우리의 전통에서만 이 지혜 즉 비드야*vidya*를 가르치고 있다. 이 지혜에 달통한 사람이 있다면 그는 우리의 전통에 속한 사람이다. 대스승을 만나 이 지혜를 전수받으니, 드디어 나의 티베트 방문 목적이 이루어지게 되었다.

대스승 아래서 공부한 지 두 달 반가량 되던 어느 날, 나는 동굴 밖에 앉아서 내 경험을 기록하는 일기장에 대해 생각하고 있었다.

'여기에 내 일기장이 있다면 몇 가지 체험을 적어 둘 수 있을 텐데……'

퍼뜩 이런 생각을 하는데 대스승께서 부드럽게 미소를 지으시면서

스리 얀트라

날더러 가까이 오라고 부르셨다. 그리고 이렇게 말씀하셨다.

"네 일기장을 이곳에 가져다주마. 그게 필요한 거지?"

전에도 그런 체험을 했기 때문에 그쯤은 더 이상 내게 큰 기적이 아니었다. 나는 무심결에 대답했다.

"예, 그리고 연필도요."

나는 그 일기장을 북인도 나니탈 언덕 근처의 바왈리 요양원에 두었다. 그런데 갑자기 475페이지나 되는 꽤 두툼한 일기장과 연필 세 자루가 내 앞에 나타났다. 나는 매우 기뻤지만 그다지 놀라지는 않았다. 나는 대스승께 뭔가 영적인 것을 주시는 게 더 좋다고 말씀드렸다. 그러자 대스승께서는 웃으면서 말씀하셨다.

"나는 이미 그것을 너에게 주었다. 너는 경솔하게 굴거나 의심하지 않고 그것을 간직하는 법을 배워야 한다."

그리고 나서 이렇게 덧붙이셨다.

"나의 축복이 너와 함께할 것이다. 이제 네가 라싸로 갔으면 한다. 거기서 너는 인도로 돌아가야 할 것이다."

"저는 인도로 돌아갈 수 없습니다. 가면 아마 체포될 겁니다."

"인도는 곧 독립할 것이다. 더 지체하다간 심한 폭설과 빙하 때문에 올해 안으로 인도로 돌아가기는 힘들 것이다."

그때 이후로 나는 다시 대스승을 뵙지 못했다. 얼마간 시간이 지나, 나는 대스승께서 가까운 제자들에게 작별 인사를 한 뒤 사라지셨다는 말을 들었다. 어떤 사람은 목에 꽃다발을 두르고 앉아 있는 그분을 보았다 하고 또 어떤 이는 타낙푸르를 지나 흐르는 칼리 갠지스 강 위로 유유히 떠내려가는 대스승을 보았다고 했다. 나는 훗날 스승께 아직도 대스승께서 육신에 머물러 계시는지 여쭈어 보았다. 그러나 스승께서는 미소를 지으시더니 이렇게 대답하셨다.

"그것은 네 스스로 알아보거라."

귀국길에 나는 인도로 돌아가면 무슨 일이 내게 일어날까 걱정도 되었지만, 마음속에는 어떤 확실한 믿음이 있었다. 나는 그전에 나를 도와준 라마승의 도움을 받아 라싸로 갔다가, 1947년 6월에 인도로 돌아왔다. 두 마리 노새와 두 안내인의 도움으로 눈 덮인 산길을 지나서 시킴의 수도 강토크Gangtok에 도착하는 데는 한 달이 걸렸다.

강토크에 있을 때, 나는 시의 북동쪽에 있는 한 승원에서 생활했다. 그곳에서 나는 비범한 라마승 한 분을 만났다. 그는 참된 불교 승려였으며, 인도의 부다가야에서 여러 해를 지낸 산스크리트 학자이기도 했다. 대개 샹카라차리야 승단의 스와미들이 불교를 비판하는 것과 마찬가지로 불교학자들은 샹카라를 비판한다. 그러나 이 현자는 여러 원문의 참고 문헌들을 인용하며 나에게 불교와 샹카라 아드바이타 체계를 종합하여 가르쳐 주었다.

"궁극의 실재에 관한 한 이 두 철학 체계 사이에는 차이가 없습니다. 말이야 다르겠지만 경험은 다르지 않습니다. 종파적인 것들을 모두 던져 버리고 지고의 의식상태인 니르바나에 이르도록 하십시오."

그는 인도, 티베트, 중국, 일본 그리고 동남아시아에서 불교 신자들이 자아를 깨닫는 명상의 전통을 잊어버리고, 부처님의 길이 아닌 예식의 형태로 퇴보한 것에 대해 탄식했다. 오늘날의 세계를 도울 수 있는 순수한 불교는 사라지고 만 것이다. 붓다께서는 이렇게 말씀하셨다.

"그대들이여! 자신의 등불을 밝혀라. 구원을 주는 사람은 아무도 없다. 스스로 깨달아라. 니르바나를 얻으면 스스로 붓다가 될 것이다."

그러나 라마승이나 승려, 수도자들은 수많은 사원에서 예식만 올리고 있을 뿐이다.

그 라마승은 의식에만 치중할 뿐 정작 아드바이타 철학은 올바르게 가르치지 않는 불이론자들, 샹카라의 추종자들도 비판했다.

"그런 가르침들이 세상에 혼란을 일으키고 있습니다."

그리고 다시 말을 이었다.

"샹카라의 철학은 베다 철학과 불교의 통합입니다."

그는 베다의 시구를 인용하면서 말했다.

"아사드바 이담 아그라 아시트*Asadva idam agra asit*(눈에 보이는 이 우주는 공空에서 나왔나니)……."

그는 여러 경전을 인용하면서 만두캬 우파니샤드의 철학과 불교학자였던 이슈바라 크리슈나의 주석서를 비교해 주었다. 며칠 동안 나를 지도해 준 후에 그는 나에게 히말라야에 계시는 나의 스승께로 돌아가라고 했다.

참된 구루를 만나려면

모든 학생은 다 '스승은 이러이러해야 한다'는 자기 나름의 스승에 대한 상像을 가지고 있다. 스승을 찾는 어떤 사람이 내게로 올 때, 그는 '있는 그대로'의 나를 볼 준비를 하지 않고서 온다. 자신의 기대에 맞지 않을 때 그는 내가 좋은 스승이 아니라고 판단한다. 이것은 스승에게 다가가는 올바른 태도가 아니다. 배우려는 굳은 결심과 타오르는 열망을 가지고 스승에게 다가가라. 그러면 문제가 없을 것이다.

그런데 어떻게 올바른 스승을 찾을 것인가? 경전에는 다음과 같은 말이 있다.

"제자가 준비되어 있을 때 스승이 나타난다."

스승이 앞에 있더라도 제자가 준비되어 있지 않다면 그는 스승을 알아보지도 못할 것이다. 다이아몬드가 어떤 것인지를 모른다면, 다이아몬드가 앞에 있어도 그것을 한 조각 유리로 여기고 그냥 지나쳐 버리게 된다. 더 나아가 다이아몬드와 유리의 차이를 모를 때, 유리 조각 하나를 얻어다가 그것이 다이아몬드인 줄 알고 평생 소중히 간직할 것이다.

진리를 추구하는 과정에서 구도자는 사하자바바*sahaja-bhava*(자발적인 직관)를 무시하고 너무 지적인 것에 빠지거나 반대로 이성을 무시한 채 너무 감정적으로 될 수도 있다. 감정에 빠지는 것이나 지식에 빠지는 것이나 위험하기는 마찬가지다. 둘 다 에고를 키우게 되기 때문이다. 수련을 신뢰하지 않는 사람은 깨달음을 기대하지 말아야 한다. 그저 제자가 원한다고 깨달음을 줄 수 있거나 주려 하는 스승은 없다.

전통에 따라 가르치는 진정한 스승은 바탕이 좋은 제자를 찾는다. 그는 어떤 표시나 징후를 보고 누가 준비되어 있는지 살펴본다. 어떤 제자도 스승을 속일 수 없다. 스승은 제자가 얼마나 준비되었는지 쉽사리 간파한다. 만일 제자가 아직 준비되어 있지 않다면, 스승은 높은 단계에 이르도록 제자를 서서히 준비시킬 것이다. 그리하여 심지와 기름이 알맞게 갖추어졌을 때 스승은 불을 붙인다. 이것이 스승의 역할이다. 그 결과, 제자의 영혼에서 성스러운 빛이 발하게 되는 것이다.

우리는 누가 우리를 이끌어 줄지 걱정할 필요가 없다. 중요한 것은 내가 이끎을 받을 준비가 되어 있는가 하는 것이다. 예수와 가까운 제자는 오직 12명뿐이었다. 그는 많은 사람을 도왔지만, 준비된 소수에게만 비밀스러운 지혜를 전했다. 산상수훈은 대중이 아니라 소수의 사람만이 이해할 수 있는 가르침이다. 예를 들어, 그 길을 가지 않는 사람들은 왜 온유하고 가난해야 하는지 이해할 수 없다.

스승이 가르치는 방식은 여러 가지이며, 때로는 신비스럽기까지 하다. 물론 말과 행동으로 가르치겠지만, 어떤 경우에는 말없이 가르침을 전할 수도 있다. 나는 가장 중요한 가르침은 직관에 원천을 두고 있어서 언어적 소통을 넘어선다는 느낌을 자주 받았다.

당신은 사랑을 가지고 이 세상에서 당신의 의무를 다해야 한다. 그것만이 당신을 깨달음의 길에서 크게 성장할 수 있게 할 것이다. 당신에게는 자신을 인도하고 도와줄 수 있는 사람이 필요하다. 내면의 구루를 찾는 수단으로 외적인 구루가 필요한 것이다. 때로 당신은 자기 중심적이 되어서 '구루 같은 것은 필요 없어.'라고 할 수도 있다. 그것은 에고의 속삭임이다. 그런 마음을 누그러뜨려야 한다.

훌륭한 제자라면 좋은 구루를 만날 것이다. 그 반대로 나쁜 제자라면 좋은 구루를 만나기 어려울 것이다. 좋은 구루가 무엇 때문에 나쁜 제자를 떠맡겠는가? 아무도 쓰레기를 모으지는 않는다. 당신이 구루를 찾고 있다면 우선 내면에서 찾으라. 요기가 된다는 것은 지금 여기에서의 자신을 알고, 자신을 탐구하는 것을 의미한다. 스승이 없다고 해서 불평하지 마라. 오히려 스승을 끌어당길 만한 자질이 자신에게 있는지를 스스로에게 물어야 한다.

한번은 내게 가르침을 주시지 않는다고 스승께 불평한 적이 있었다. 그러자 스승께서는 이렇게 말씀하셨다.

"좋다. 당분간 내가 네 제자 노릇을 하마. 이제부터는 네가 스승이 되어라. 그리고 내가 했던 그대로 해 보거라."

나는 어리둥절한 얼굴로 "스승님, 무엇을 해야 할지 모르겠습니다." 하고 대답했다. 그러자 스승께서 "걱정 마라. 알게 될 테니까."라고 하셨다.

스승께서는 큰 구멍이 뚫린 공양 그릇을 들고 눈을 감은 채 내게 오셨다. 그러고는 "스승님, 먹을 것을 좀 주십시오."라고 말씀하셨다.

"어떻게 드리겠습니까? 바리에 구멍이 나 있는데!"

내 말에 눈을 번쩍 뜨시더니 스승께서 이렇게 말씀하셨다.

"너는 머리에 구멍이 뚫려 있으면서도 나에게 가르침을 달라고 하지 않느냐?"

자신의 수용 능력을 키우는 것이 먼저다. 스스로를 정화하고 내면의 힘을 가꿀 때 신이 당신에게 와서 말할 것이다, "나는 이 살아 있는 사원에 들어가기를 원하노라."라고. 그때를 위해 자신을 잘 준비해 두어야 한다. 마음의 때를 씻어 버릴 때, 진리를 알고자 했던 자신이 바로 진리의 원천이었음을 알게 될 것이다.

내가 만나 본 온갖 종교의 스와미와 스승들 중에 완전히 깨달은 자는 극소수였다. 나는 이 문제에 대해 스승께 여쭈어 본 적이 있다.

"스승님, 수많은 사람들이 스와미 또는 성자라고 불립니다. 세상 사람들은 속고 있습니다. 무슨 연유로 아직 스승이 될 준비가 안 되었으며, 제자로서 더 배워야 할 자들이 그리도 많이 스승이라며 나서는 것입니까?"

스승께서는 웃으시면서 대답해 주셨다.

"꽃들을 보호하기 위해 꽃밭에는 흔히 울타리가 쳐져 있다는 것을 아느냐? 그런 자들은 신이 우리를 위해 쳐 놓은 울타리다. 그들이 스승인 양 행세하게 두어라. 너는 보고만 있어라. 때가 되면 그들도 다 완전한 깨달음을 얻을 것이다. 지금은 그들이 스스로를 속이고 있을 뿐이다."

만일 당신이 참되고 완전한 지식을 갖춘 스승을 만나고자 한다면, 먼저 준비가 되어 있어야 한다. 준비된 자는 그 울타리를 넘어갈 수 있을 것이다.

Part 13

탄생과
죽음의 신비

그대의 운명은 그대가 창조한다.
탄생과 죽음은 단지 삶의 두 사건일 뿐.
그대는 가장 중요한 본성을 잃었고
그것이 바로 고통의 원인이다.
이것을 깨달을 때 그대는
진정한 자유를 얻게 된다.

탄생과 죽음은 두 개의 쉼표에 불과하다

어릴 적부터 나를 키워 주셨기 때문에 스승을 따르기는 했어도 그분이 가르쳐 주신 진리에 대해 항상 깊은 확신을 가지고 있었던 것은 아니다. 가만히 앉아 있을 때면, 마음 깊은 곳에서 의심이 일어나곤 했다. 나는 스승의 분부를 받아 여러 스와미를 만나러 다녔는데, 처음에는 이런 생각이 들었다.

'나는 지금 시간만 낭비하고 있구나. 이 사람들은 쓸모없는 사람들이야. 이들은 세상을 등지고 나무 밑에 앉아만 있다. 왜 이러고들 있는 걸까?'

나는 점차 의심 자체를 먼저 의심하고 그것을 분석하는 법을 배워야 한다는 것을 깨닫게 되었다.

열일곱 살이 되던 해, 나는 스승의 제자인 한 성자에게 보내졌다. 그러나 당시에는 그가 내 스승의 제자라는 사실을 몰랐다. 스승께서는 "참된 스와미의 가르침을 받고 싶거든 그 사람에게 가서 그와 함께 살아라." 하셨다. 나는 스승의 분부대로 강고트리 근처로 가게 되었고 그곳에서 동굴에 앉아 있는 한 스와미를 발견했다. 나는 그토록 아름다운 몸을 한 번도 본 적이 없다. 그 나이엔 으레 그렇듯 나도 보디빌딩과 강인한 체력을 가꾸는 것에 흥미가 있었던 터라 그의 몸이 부럽게 느껴졌다. 그의 가슴은 넓고 허리는 가늘었으며, 근육은 매우 탄탄했다. 그런데 그의 나이가 85세라는 사실을 알고는 깜짝 놀라고 말았다.

그에게 인사한 뒤 내가 처음 물은 것은 "여기서는 무엇을 먹고 사십니까?"였다. 그 무렵 나는 음식에 정신이 팔려 있었다. 매일 갖가지 음식을 접할 수 있었던 대학 시절의 경험 때문에 나는 음식에 대해서만큼은 서구인과 비슷한 태도를 가지고 있었다. 그래서 식사 시간이 되면 나는 항상 이것저것 맛있는 요리를 기대하게 되었던 것이다.

스와미지가 내게 배가 고프냐고 물었다. 그렇다고 했더니 그가 말했다.

"동굴 구석에 가면 뿌리 몇 개가 있을 것이다. 하나 가져다 불구덩이에 묻었다가 몇 분 뒤에 꺼내 먹어라."

스와미지가 시키는 대로 먹어 보니 뿌리는 맛이 좋았다. 부드러운 쌀떡에 우유를 얹은 맛이었다. 뿌리가 커서 다 먹을 수도 없었다. 다행히 그 동굴 안에는 먹을 것이 좀 있다는 사실을 알고 나는 안심했다. 얼마간 머무는 데는 별 문제가 없어 보였다.

내가 음식을 다 먹자 스와미지께서 이렇게 말했다.

"나는 말로 너를 가르치지 않겠다."

그 후 삼일 동안 그의 곁에 앉아 있었으나 아무런 대화가 없었다. 사흘째 되는 날, 나는 침묵만 지키는 사람과 같이 있는 것은 시간과 에너지의 낭비라는 생각이 들었다. 그는 내게 아무것도 가르치지 않았다.

내가 그런 생각을 하고 있을 때, 그분이 입을 열었다.

"애야, 네가 여기 보내진 것은 책에서 찾을 수 있는 지적인 지식을 얻기 위해서가 아니다. 너는 이곳에 뭔가를 경험하기 위해서 온 것이다. 나는 모레 육신을 벗을 예정이다."

나는 왜 자신의 의지로 육신을 떠나려 하는지 이해할 수 없었다.

"선생님, 그것은 자살입니다. 당신 같은 성자가 자살을 한다는 것은 옳지 않습니다."

내가 그렇게 말한 것은 대학에서 배운 지식의 영향이었다.

"나는 자살하는 게 아니다. 묵은 표지를 벗기고 다른 것으로 갈아 끼운다고 책을 파괴하는 것은 아니며, 베갯잇을 갈아 끼운다고 베개를 파괴하는 것은 아니다."

그 당시 나는 열일곱의 어린 나이여서 그 말이 의심스럽기만 했다.

"선생님께서는 훌륭한 몸을 가지고 계십니다. 저는 선생님의 반만큼이라도 아름다운 몸을 가졌으면 좋겠다고 생각했습니다. 그런데 왜 그런 육체를 버리려 하십니까? 그것은 올바른 일이 아니고 죄악입니다."

이런 식으로 나는 그분을 설득하려 했다. 스와미지는 아무 대답도 없이 잠자코 듣고만 있었다. 그런데 잠시 후, 나의 사형이 동굴로 들어오는 것을 보고 나는 깜짝 놀라며 물었다.

"아니, 사형이 어떻게 여기까지 왔습니까? 사형은 여기서 꽤 멀리 떨어진 곳에 있었는데……."

사형이 조용히 내 옆에 앉으며 말했다.

"그분을 방해하지 마라. 너는 어리석은 질문을 하고 있다. 너는 성자들을 이해하지 못한다. 그분이 평온하게 육신을 버리실 수 있도록 가만히 있거라."

그러나 나는 사형에게 반박했다.

"선생님은 저토록 훌륭한 육체를 가지고 계신데 왜 버려야 합니까? 이것은 요가가 아니라 자살 행위입니다. 경찰이 멀리 있지만 않다면 그를 체포하라고 신고했을 겁니다. 이것은 범죄 행위입니다."

사형의 설득에도 불구하고, 나는 비난의 말까지 늘어놓았다. 아침에 함께 목욕재계를 하러 갔을 때, 나는 사형에게 다시 내 생각을 말했다.

"이토록 건강한 육체를 가진 사람은 그 건강을 유지하는 비결을 사람들에게 보여 주어야 합니다. 내가 그분의 육체만 볼 뿐 그 이상은 보지 못한다고 하시는데, 그 이상의 것이란 무엇입니까?"

그러자 나보다 나이가 많은 사형이 침착하게 대답해 주었다.

"조용히 해라. 너는 아직 많은 것을 배워야 한다. 우리가 모르는 것을 이해할 수 있도록 마음을 열어 놓자. 삶에는 신비로운 것들이 많다."

그 스와미지께서 24시간이 지나도록 말 한 마디 하지 않자, 나는 참지 못하고 사형에게 말했다.

"침묵으로부터 배운 것이 없습니다. 나는 이곳을 떠나고 싶습니다."

사형이 내게 반문했다.

"너는 왜 그분이 육신을 버리는 과정을 지켜보려 하지 않는 거냐?"

"이것은 어리석은 일입니다. 동굴에서 죽는 것보다 병원에서 의사의 간호를 받으며 죽는 것이 낫습니다. 이 무슨 바보 같은 짓입니까?"

내 생각은 완전히 현대적이고 물질적이었다.

그러자 사형이 말했다.

"너는 이해하지 못한다. 어쨌든 너는 여기에 와 있으라는 분부를 받았다. 네가 마음속으로 논쟁을 하고 싶다면 그러려무나. 그건 네 일이니까. 내가 그것을 막을 수는 없다. 그러나 나를 방해하지는 마라."

마침내 스와미지께서 입을 열었다.

"사실 나는 아무것도 하지 않고 그저 받아들이고 있다. 우리가 육신을 떠날 때가 되면 자연히 알 수 있게 된다. 우리는 자연을 거스르지 말아야 한다. 죽음은 자연의 순리다. 죽음은 우리에게 어떤 영향도 미칠 수 없으므로 그것을 두려워해서는 안 된다. 이해하겠느냐?"

"저는 죽음을 원치 않으니 이해하고 싶지 않군요."

"네 그런 태도는 옳지 않다. 죽음이 무엇인지 이해하려고 노력해 보아라. 죽음을 두려워하지 마라. 우리는 많은 것을 두려워하지만, 그것은 올바른 삶의 방식이 아니다. 죽음이 너를 해치는 것이 아니라 다만 육체로부터 너를 분리할 뿐이다."

나는 반박했다.

"저는 육체 없이 존재하는 것을 원치 않습니다."

"죽음은 단지 육체의 습성일 뿐이다. 어느 누구도 같은 육체를 가지고 영원히 살 수는 없다. 그것은 반드시 죽음과 부패라는 변화를 겪게 마련이다. 너는 이 사실을 이해해야 한다. 삶에 대한 강한 집착을 벗어나 자유를 얻을 수 있는 방법을 터득한 사람은 극소수에 지나지 않는다. 그 방법을 요가라고 한다. 현대 세계에 유행하는 대중적인 요가가 아니라 최상의 명상 단계를 말하는 것이다. 올바른 명상법을 익히게 되면, 육체와 마음과 영혼의 기능을 마음대로 통제할 수 있게 된다. 프라나와 호흡을 통해 마음과 몸 사이의 관계가 이어지는데 호흡이 멈추면 그 관계가 끊어지게 된다. 그러한 분리를 죽음이라고 한다. 그럼에도 불구하고 존재는 계속된다."

나는 스와미지께 물었다.

"육체가 없다면 존재한다는 것을 어떻게 느낄 수 있습니까?"

그분은 이렇게 대답해 주었다.

"옷을 입지 않고 나가면 어떤 느낌이겠느냐? 그것은 아무것도 아니다."

아직 내 마음이 성숙되어 있지 않았기 때문에, 그가 무슨 말을 해도 나는 철학적으로나 논리적으로 도저히 납득할 수가 없었다.

자신의 육신을 떠나기 전날, 스와미지는 우리에게 이렇게 말했다.

"나는 아침 다섯 시에 내 육신을 떠나려고 한다. 갠지스 강에 수장되고 싶은데, 너희가 그렇게 해 줄 수 있겠느냐?"

"물론이지요. 이 일은 저 혼자서도 충분히 해낼 수 있습니다."

그러면서 나는 그분을 혼자서 번쩍 들어 보였다. 갠지스 강은 그곳에서 멀지 않은 곳에 있었다.

아름답고 건강한 육신을 스스로 버리려는 그의 동기를 이해하려 애쓰며 나는 밤을 꼬박 지새웠다. 우리는 평소 규칙적으로 새벽 세 시에 일어났다. 세 시부터 여섯 시 사이가 명상을 하기에 가장 좋은 시간이기 때문에 우리는 저녁 여덟 시에서 열 시 사이에 취침해서 새벽 세 시에 일어나는 습관을 가지고 있었다. 그러나 그날 아침은 평소보다 일찍 일어나 함께 이야기를 나누기 시작했다.

스와미지께서 내게 말했다.

"네가 원하는 것이 무엇인지 내게 말해 보아라. 그것이 무엇이든 꼭 들어주겠다고 약속하마."

내가 반문했다.

"선생님은 이제 곧 죽을 텐데 저를 위해 무엇을 해 줄 수 있단 말입니까?"

"얘야, 진정한 스승에게 소멸이란 없다. 그는 사후에도 제자를 인도해 줄 수가 있다."

그러더니 스와미지는 나의 사형에게로 말머리를 돌렸다.

"자네에겐 이 아이가 골칫거리겠군!"

사형이 대답했다.

"사실 그렇습니다. 하지만 어쩌겠습니까?"

다섯 시에서 다섯 시 반쯤 되었을 때였다. 우리가 계속 이야기를 하고 있는데 스와미지가 갑자기 말했다.

"이제 명상 자세로 앉아라. 5분 후에 나는 육신을 떠날 것이다. 시간이 되었다. 육체라고 하는 이 도구가 이제까지 내가 성취한 것 이상을 줄 수 없으므로 남겨 놓고 떠나겠다."

5분 후에 그는 "옴……." 하고 외치고는 침묵했다.

나는 그분의 맥박과 심장 박동을 점검했다. 스와미지가 잠시 동안 맥박과 심장 박동을 멈췄다가 다시 호흡을 시작할 수도 있다고 생각했다. 그러면서 그분의 체온과 눈과 그 밖의 여러 부분들까지 모두 점검했다. 사형이 내게 조용히 말했다.

"그것으로 충분하다. 태양이 뜨기 전에 어서 시신을 수장해야 한다."

"걱정하지 마십시오. 나 혼자서 그 일을 할 겁니다."

그러나 사형은 나를 도와주고 싶어 했다. 그런데 둘이서 힘을 합쳐 그분의 몸을 들어 올리려 했으나, 어찌된 일인지 조금도 움직일 수가 없었다. 소나무 가지 하나를 꺾어 그의 허벅지 아래에 끼워 넣고 지레처럼 움직여 보려 했지만 그것도 허사였다. 우리는 한 시간 이상 갖은 애를 다 써 보았지만 요지부동이었다. 그리고 그 다음에 일어난 일을 나는 가끔 회상하곤 하는데, 그것은 도저히 잊을 수가 없는 경험이었다.

해 뜨기 몇 분 전에, 누군가가 "이제 우리가 그분을 옮길 것이다."라고 말하는 소리가 들렸다. 주위에는 아무도 없었으므로 내가 환청을 들었나 보다고 생각했는데, 나의 사형 역시 주위를 둘러보는 것이었다.

"사형, 무슨 소리 못 들었습니까?"

내 물음에 사형이 대답했다.

"그래. 나도 들었다."

"우리가 환청을 들었나? 이게 무슨 일이지?"

그때 갑자기 스와미지의 몸이 저절로 공중에 뜨더니 천천히 갠지스 강가로 움직여 가기 시작했다. 그렇데 공중에서 수백 미터를 떠가더니 갠지스 강에 가만히 가라앉는 것이었다.

나는 충격을 받고 오랫동안 그 체험을 잊을 수가 없었다. 어떤 스와미가 기적을 행했다고 사람들이 이야기할 때마다 나는 다 속임수일 거라고 말하곤 했다. 그러나 죽은 육체가 공중에 뜨는 것을 내 눈으로 직접 보고 나서 내 태도는 바뀌었다.

내가 다시 사원으로 돌아왔을 때, 스와미 몇 명이 토론을 하고 있었다. 그 주제는 신이 이 우주를 창조해서 지켜보고 있다면 왜 불행이 존재하느냐는 것이었다.

한 스와미가 말했다.

"이 물질계는 존재의 한 단면에 불과하다. 우리는 다른 면을 볼 수 있는 능력을 가지고 있지만 그 능력을 일깨우려고 노력하지 않는다. 우리의 마음은 물질계에만 집중되어 있다. 인간은 전체를 알 수 없기 때문에 고통을 받는 것이다."

그의 말이 내게 영감을 주었다. 그제야 나는 참다운 관심을 가지고 듣기 시작했으며, 그들의 대화로 인해 내 의구심이 점차 해소되는 것을 느낄 수 있었다.

이 물질세계와 성자들의 삶을 비교해 보면, 볼 수 있고 만질 수 있고 잡을 수 있다는 측면에서는 물질세계가 훨씬 더 구체적이다. 그러나 성자들의 생활 방식은 비물질적이지만, 삶의 목적에 관한 한은 보다 실제적이다. 물질세계라는 것도 삶에서 나름대로 가치를 지니지만 절대자에 대한 자각이 없으면 모든 것은 헛되다. 사람들은 삶의 어떤 면을 신비롭게 여기지만, 무지의 장막이 사라지고 나면 그러한 신비는 쉽게 풀리고 만다.

죽음의 기법은 현대 과학자들에겐 알려져 있지 않지만, 요가 과학에서는 준비가 되어 있는 사람에게 그 방법을 전수해 준다. 그래서 탄생과 죽음의 신비는 극소수의 축복받은 사람에게만 알려져 있을 뿐이다.

우리가 알고 있는 삶이라는 것은 탄생과 죽음 사이에 그어진 선과도 같다. 이 두 점(탄생과 죽음) 밖의 방대한 존재의 영역은 여전히 드러나지 않은 채 남아 있다. 이러한 미지의 부분을 이해하는 사람은 삶의 이 구간(몸을 가지고 있는 동안)이 마침표가 없는 장대한 문장의 쉼표와 같다는 것을 안다.

고대 요가 경전에는 자유의지로 육체를 떠나는 확실한 방법이 있다고 기술되어 있다. 인체에는 프라나 혹은 미묘한 에너지가 통하는 열한 개의 문이 있는데, 요기는 정수리에 있는 브라흐마란드라*라는 문을 통해 몸을 떠나는 법을 배우게 된다. 이 문을 통해 여행하는 자는 사후에도 의식이 남아 있으며, 현세를 알 듯 내세에 대해서도 안다고 전해진다.

죽음을 대하는 태도

　당신은 자기 인생의 설계자다. 자신만의 철학을 구축하고, 삶의 태도를 결정하는 것은 바로 당신 자신이기 때문이다. 삶의 태도가 올바르지 못하면 설계 구조 전체가 흔들리게 된다. 이러한 사실을 깨달을 때, 당신은 자신의 내면을 바라보게 되고 스스로를 변화시키면서 의식의 여러 단계를 이해하게 된다. 그러면 당신은 자신의 내면에 있는 무한한 힘을 발견하게 될 것이다. 내면의 힘은 성취의 원동력이다. 성자들이 그 사실을 입증했지만, 현대인은 그것을 깨닫지 못하고 있다. 현대인은 여전히 바깥세상에서 행복을 추구하고 있다.

　나도 어렸을 때는 행복의 근원이 세상의 외적 대상에 있다고 생각했다. 어느 날, 스승께서는 임종을 앞둔 어떤 부자의 집으로 나를 보냈다. 내가 그 집에 도착했을 때, 그 부자는 "선생님, 저에게 축복을 내려주십시오."라고 하면서 비탄에 잠겨 눈물을 흘렸다.

　"당신은 왜 불쌍하고 힘없는 어린애처럼 울고 있습니까?"

　내 물음에 그는 이렇게 대답했다.

　"차라리 내가 어린아이였으면 좋겠소. 나는 이 세상에서 가장 나약

하고 불쌍한 사람이라오. 내게는 많은 재산이 있지만 다 쓸모가 없소. 모든 것이 허망하다오."

나는 그 부자의 내적인 빈곤을 쉽게 알아차릴 수 있었다. 그 후로 죽어가는 많은 사람을 지켜보았지만 시인이나 작가, 철학자나 정치인 모두 임종의 순간에는 비참하다는 것을 나는 알게 되었다. 생에 대한 애착과 세상 것에 대한 집착이 그들을 불행하게 만들었던 것이다. 영혼의 불멸을 자각한 사람은 세상의 사물에 집착이 없다. 그들은 긍정적인 마음상태로 생기체를 떠난다.

차이타냐 마하 프라부*의 전기를 읽어 보면, 사후에도 그의 방에는 그가 암송했던 찬송으로 진동했다는 말이 있다. 나는 칸푸르 시에서 그와 유사한 경험을 한 적이 있다. 한 의사를 만났는데, 그의 어머니는 신에 대한 깊은 믿음을 가진 사람이었다. 그녀는 내게서 입문을 받았는데 죽기 6개월 전에는 신의 이름을 찬양하고 명상을 하면서 방에 혼자 있고 싶어 했다. 6개월 후, 그녀는 병이 들어 자리에 눕게 되었다. 임종의 순간이 다가오자 장남인 탄돈 박사는 어머니를 잃지 않으려고 매우 집착을 하고 있었다. 그는 어머니의 곁에 있으려고 했으나, 그녀는 그것을 원치 않았다.

"네가 나에게 집착하지 않았으면 한다. 더 이상 내 옆에 앉아 있지 마라. 나는 너에 대한 내 의무를 다했고, 이제 홀로 여행을 떠나야 한다. 네 집착은 나에게 아무런 도움이 되지 않는다."

대개 죽어 가는 사람들은 외로워하거나 두려워한다. 그래서 자신이 소유한 것들이나 자식에게 깊이 집착하게 된다. 그러나 그녀는 완전한 평화 속에서 신의 이름을 부르고 있었다.

"나는 충만한 기쁨에 젖어 있다. 나에 대한 네 집착은 더 이상 이 덧

없는 세상에 나를 붙잡아 둘 힘이 없다."

그러자 아들은 울면서 말했다.

"어머니, 저는 어머니를 너무도 사랑합니다. 어머니께서는 저를 사랑하지 않으시는 건가요? 어머니께 무슨 일이 일어난 건가요?"

그녀가 대답했다.

"일어날 일은 이미 일어났다. 나는 지금 기쁨에 싸인 자유로운 영혼이다. 나는 우주의 대양에 출렁이는 지복의 물결이다. 나는 모든 두려움과 근심에서 해방되었다. 그런데 너는 아직도 내 육신에 집착을 하느냐? 나는 이제 육신이 단지 껍질에 불과하다는 사실을 안다. 그런데도 너는 그것을 어머니라고 부르는 거냐?"

그녀는 나 외에는 어느 누구도 그 방에 있는 것을 허락하지 않았다. 죽기 5분 전에 그녀는 미소를 지으며 내 귀에다 속삭였다.

"사람들은 내가 정신을 잃어 버렸다고 생각하겠지만, 그들은 내가 얼마나 많은 것을 얻었는지 모를 겁니다."

그렇게 말한 다음 그녀는 가족을 모두 불러 달라고 했다. 가족이 다 모이자 그녀는 손을 들어 그들에게 축복을 해 주고는 천국으로 떠나갔다.

그런데 그녀가 죽고 나자 이상한 일이 일어났다. 그녀가 살던 방의 벽들이 그녀의 만트라 소리로 진동하는 것이었다. 그 방에 들어오는 사람은 누구나 그 벽에서 나는 진동을 느낄 수 있었다. 어떤 사람이 아직도 그 방에서 그녀의 만트라가 진동하고 있다고 내게 알려 주었다. 나는 도저히 믿을 수가 없었다. 그래서 그 집을 찾아가 봤더니, 정말로 그녀의 만트라 소리가 그때까지도 진동하고 있었다.

만트라는 신비한 힘을 가진 음절이나 한 단어 또는 문장으로 이루어진다. 어떤 사람이 자신의 만트라를 유념하여 계속적으로 반복하게 되면, 의식하지 않더라도 무의식의 마음에 자동적으로 저장이 된다.

사람이 임종의 순간을 맞아 의식이 희미해져 갈 때, 육체라든가 속세의 다른 소유물에 집착을 하게 되면 더 한층 무서울 정도의 고독과 비참함을 느끼게 된다. 그런 동안에 무의식의 마음에 저장된 것이 그의 인도자 역할을 하게 된다. 그러므로 그러한 죽음의 순간은, 무지한 자에게는 더 없는 고통이 되지만, 만트라를 충실히 수행한 영적인 사람에게는 그렇지 않다.

만트라는 무지한 자가 끔찍하다고 느끼는 육신을 벗는 순간에도 그를 인도해 준다. 죽음은 고통스러운 것이 아니다. 죽음에 대한 공포가 고통스러운 것이다. 만트라는 죽어 가는 사람이 미지의 어둠을 지날 때, 평화롭게 그를 인도하는 강력한 지지자요, 안내자다.

삶과 죽음 사이에 존재하는 어두운 복도를 지날 때, 만트라는 횃불이 된다. 그러므로 완전한 믿음을 가지고 만트라에 집중하는 것이 가장 확실한 방법이다. 세상의 모든 영적인 전통들이 이 방법을 사용한다. 만트라로 정화된 마음은 죽음의 순간에 어둠을 몰아낸다. 만트라는 현세에든 내세에든 필요할 때면 항상 도와주는 귀한 친구다. 끊임없이 만트라를 반복함으로써 수행자의 무의식에 깊은 자국이 새겨지면, 마음은 자동적으로 그 자국을 따라 흐른다. 만트라는 죽음의 공포를 몰아내고, 죽어가는 이가 두려움 없이 피안으로 건너갈 수 있도록 도와주는 영적인 안내자다.

요기들은 육체를 옷과 같은 것으로 본다. 더 이상 필요치 않게 되면 아무런 두려움이나 슬픔 없이 그 옷을 벗어던질 수 있다고 그들은 믿는다. 스스로 육신을 벗어던지는 것이 요기들에게는 아주 드문 일이 아니다.

쿰바 멜라

　운이 좋게도 알라하바드Allahabad의 쿰바 멜라 기간에 나는 그것을 직접 목격할 수 있었다. 쿰바 멜라는 12년마다 열리는 성자들의 집회 다. 많은 성자와 지식인들이 성스러운 갠지스 강가로 모여, 참석한 모 든 사람들에게 각자의 체험과 지혜를 나누어 준다. 인도의 모든 종교 인은 이 영적 모임에 참석하고 싶어 한다.

　그때 나는 갠지스 강가에 있는 어떤 집에 머물고 있었다. 새벽 세 시 경, 비나이 마하라자Vinay Maharaja가 정확히 네 시 반에 육신을 벗기로 했다는 소식을 들었다. 그 스와미는 내 스승의 제자 중 한 사람이었다. 나는 즉시 그가 머물고 있는 오두막으로 갔다. 그곳에서 그는 약 반 시 간가량 내게 요가 베단타에 관한 설명을 해 주었다. 그의 주위에는 여섯 명의 스와미가 앉아 있었다. 스스로 육신을 벗는 기술에 관한 설명이 끝나고 정확히 네 시 반이 되었을 때, 그가 우리에게 작별을 고했다.

"신의 은총이 있기를 바랍니다. 다른 세계에서 만납시다."

그렇게 말하고 나서 그 스와미는 침묵에 들었다. 그런데 눈을 감고 앉아 있는 그의 두개골에서 갑자기 '틱' 하는 소리가 나는 것을 우리는 모두 들을 수 있었다. 그것은 그의 두개골이 깨지는 소리였다. 이런 과정을 브라흐마란드라를 통해 육신을 벗는 것이라고 한다. 우리는 나중에 그의 몸을 갠지스 강에 수장했다. 그곳에서 나는 자기 의지대로 몸을 벗어 버리는 요기를 여러 번 목격했다.

현대인들은 먹고, 말하고, 옷을 입고, 사회생활을 하는 법을 알고 있다. 또한 어떻게 안전한 출산을 할지도 알고, 고통 없이 노동을 하는 방법도 찾아냈다. 하지만 현대인은 육체를 기쁘게 벗는 기술은 아직 배우지 못했다. 그래서 죽음의 순간이 닥치면 한없이 비참해지며 갖가지 정신적 고통을 느끼게 된다. 비록 과학기술적으로는 많이 진보했지만, 현대 사회는 삶과 죽음의 신비에 대해 여전히 무지하다. 현대인들은 인간의 내면에 잠재되어 있는 보고를 아직도 발견하지 못하고 있다.

죽음이란 육체의 습성이자 또한 필요한 변화다. 죽어 가는 사람은 죽음의 순간을 위해 심리적인 교육을 받아야 한다. 죽음이라고 부르는 필연적인 변화 그 자체는 고통이 아니지만, 죽음에 대한 공포가 죽어 가는 사람에게 고통을 불러일으킨다. 현대인에게는 세상에서의 성공을 위한 교육은 많으나, 죽음의 공포에서 벗어나게 할 지식을 전수해 주는 사람은 없다. 인류에게는 평화롭게 죽음을 맞이하는 방법을 찾는 일이 절대적으로 필요하다.

육신을 벗는 방법

나는 두 친구와 함께 강고트리에서 바드리나트를 향한 여행길에 올랐다. 7월이었는데 구름이 많이 끼어서 여행하기에 적당한 날씨였다. 우리는 몇몇 요기와 성자들에게만 알려진 좁고 구불구불한 길을 따라 걸었다. 그 길을 따라 강고트리에서 바드리나트까지 40킬로미터를 걸어서 여행하는 데는 나흘이 걸렸다. 그러나 보통 사람들이 이용하는 도로를 따라 걸었더라면 훨씬 더 걸렸을 것이다. 비록 험하긴 했으나 해발 3,700미터의 눈 덮인 정상을 통과할 때에는 이전에는 보지 못한 히말라야의 장엄한 아름다움을 목격할 수 있었다.

우리는 강고트리에서 14킬로미터 정도 떨어진 곳에서 숙박을 하게 되었다. 그곳에서 갠지스 강 건너편에는 보자 바사라는 마을이 있는데, 그곳에는 경전을 기록하는 데 그 껍질을 사용하는 나무들이 자라고 있었다.

다음날 아침, 산을 가로질러 바드리나트로 가려고 고무크Gomukh를 향해 떠나기 전에, 우리는 갠지스 강 건너편에 사는 마드라스 출신의 한 젊은 스와미를 만났다. 그는 인도 남부어인 타밀Tamil 어를 사용했는데, 서툰 힌디 어로 간신히 우리와 소통할 수 있었다. 그는 히말라야의 유명한 학자이며 은둔자인 스와미 타포다남지Tapodhanamji와 며칠간 공부한 적이 있노라고 했다.

새로 합류한 그를 포함한 우리 넷은 갠지스 강이 시작되는 고무크를 향해 여행을 계속해 나갔다. 우리가 가진 것은 작은 텐트 하나와 약간의 비스킷 그리고 튀긴 옥수수 조금이 전부였다.

고무크에서 우리는 다시 한스지Hansji라 불리는 스와미를 만났는데, 그도 역시 우리와 합류하게 되었다. 그 지점을 넘어서면 요기나 스와미도 더 이상 살지 않는다. 한스지는 여름철마다 그곳에서 지냈다고 했다. 그는 전에 해군 장교였는데, 선상에서의 생활에 염증을 느껴 히말라야의 요기와 성자들을 찾아 나섰노라고 했다. 35세의 젊은 나이에 세속적인 삶을 포기하기로 결심한 그는 이 지역에서 자연을 깊이 사랑하는 온유하고 자비로운 성품으로 널리 알려져 있었다.

다음날, 우리는 한스지에게 작별을 고했다. 그가 잘 알려지지 않은 길을 따라 바드리나트로 가는 우리의 모험 여행을 그리 달가워하지 않았기 때문이다. 그날은 4,877미터 고지에서 그리고 그 다음날은 5,486미터 고지에서 캠프를 쳤다. 고지대에는 산소가 희박하기 때문에 산소 호흡기 없이 여행하는 일이 점점 어려워졌다. 사흘 동안 우리는 세계의 지붕 위에서 마치 떠다니는 듯한 기분으로 여행을 계속했다. 우리는 가늘게 호흡을 하면서도 반짝이는 별들로 가득한 더없이 맑고 청명한 하늘을 볼 수 있었다.

우리는 춥고 눈보라 치는 그 혹독한 밤을 따뜻한 옷과 체온에 의지하면서 좁은 텐트 속에서 지새웠다. 그런데 한밤중이 되었을 때, 도중에 우리와 합류한 그 젊은 스와미가 갑자기 그 높은 히말라야에서 육체를 벗겠노라고 했다. 그것은 좌절감에서가 아니라 아마도 자기에게 운명 지워진 삶이 다 끝났음을 알았기 때문인 것 같았다. 깊은 눈 속에서 서서히 옷을 벗게 되면 몸 전체가 고통 없이 무감각해지는 때가 오게 된다.

사실 그처럼 높은 히말라야의 깊은 눈 속에서 몸이 마비되고 감각이 없어지는 것은 당연한 일이다. 나는 여러 경전이나 성자들의 증언에서, 심지어 정상을 정복하기 위해 히말라야를 등반했던 서구인들이 쓴 책에서도 그러한 실례를 찾을 수 있었다. 그러나 육신을 벗는 요가적인 방법은 독특한 기법에 따라 행해진다. 히말라야 요기들 중 특정한 계파에서는 사마디에 든 상태에서 육체를 얼게 하는 것이 전통적인 입적 방법이다. 그것을 히마사마디*hima-samadhi*라고 한다.

사마디라는 말은 최고의 내적 평온상태를 지칭하는 말로서, 파탄잘리의 요가 체계에 자주 언급된다. 그러나 히말라야 사람들의 전통에 의하면, 의식적으로 육신을 벗는 여러 가지 방법 또한 사마디라고 한다. 요기나 성자들은 '육체를 벗었다'는 의미로 '마하사마디*maha-samadhi*에 들었다'고 말한다.

나는 이 젊은 수행자를 혼자 그곳에 남겨 두고 싶지 않아서 우리와 함께 가자고 계속 설득했다. 그러나 우리의 짧은 타밀 어 실력으로는 도저히 그를 설득할 수 없었다. 우리는 아침 열 시까지 그를 붙들고 애를 써 보았으나 우리의 충고와 설득이 먹혀들지 않았다. 그는 이미 신들의 땅에서 그의 육신을 자발적으로 버릴 것을 결심했던 것이다. 그래서 우리는 결국 그를 남겨 두고 계속 전진해 이틀 후에 바드리나트에 도착했다.

《마하바라타》에 나오는 중요한 인물인 유디슈티라Yudhishthira 역시 그의 생애 마지막 며칠을 히말라야에서 보냈다. 그는 아내에게 신들을 만나 최후의 안식처로 갈 것이라고 말했다. 그들과 성지 바드리나트에서 헤어진 후 나는 내 고향 산으로 돌아왔다.

그런 식으로 육신을 떠나는 방법은 많은 고대 성자들이 기꺼이 했던 방법이다. 그러나 이것 외에도 여러 가지 방법이 있다. 그 중 잘사마디*jal-samadhi*는 히말라야의 깊은 강물 속에서 호흡을 멈추는 방법이다. 스탈사마디*sthal-samadhi*는 결가부좌로 앉아서 의식적으로 정수리를 열어 열반에 드는 방법이다.

요기들이 행하는 죽음의 기술은 아주 체계적이고 고통도 없으며, 각성된 상태에서 이루어진다. 서구 세계에서는 매우 낯선 일이지만, 히말라야에서는 이것이 아주 흔한 일이다. 그것은 자살이 아니라 몸이 깨달음을 이루기 위한 도구로서의 구실을 더 이상 못하게 될 때, 그것을 떠나는 고도의 기법인 것이다. 요기들은 그러한 육체를 광대한 무의식의 심연을 여행하는 데 장애가 되는 짐으로 여기는 것이다.

그러한 고도의 기술에 능하지 못하고, 스스로의 의지력과 통제력에 자신이 없는 사람만이 보통의 죽는 방법을 받아들인다. 그것은 확실히 요가의 방법보다는 열등한 것이다.

육신을 버리는 또 다른 희귀한 방법이 있다. 그것은 태양신경총에 명상함으로써 내면의 불꽃이 순식간에 실재 육체를 불태워 모든 것을 재로 만드는 것이다. 이 지식은 《카타우파니샤드》에서 죽음의 왕 야마Yama가 그의 사랑하는 제자 나치케타Nachiketa에게 전수해 준 것이다. 전 세계에서 충동적인 분신 사건을 자주 들을 수 있지만 사람들은 어떻게 그렇게까지 할 수 있을까 하고 경악한다. 하지만 《마하칼라 니디*Mahakala Nidhi*》 같은 고대 경전에는 그 방법이 체계적으로 묘사되어 있다.

히말라야의 요기와 성자들에 의하면, 탄생과 죽음은 생명에 있어서 아주 작은 사건에 불과하다. 현대인은 탄생의 신비를 밝혀 내려고 갖은 노력을 다 기울여 왔다. 그리하여 마침내 탄생이라는 기쁜 사건에 대해서는 대비할 수 있게 되었다. 그러나 삶 너머의 참된 철학을 잘 모르기 때문에 죽음을 이해하지 못하고, 죽는 법을 알지 못하며, 스스로 죽음을 준비할 수도 없다.

요기에게 죽음이란 몸의 습성일 뿐이며, 성장 과정 중에 일어나는 여러 변화와 똑같은 하나의 변화에 불과하다. 현대인들이 죽음에 대한 이러한 수련을 받는다면, 노년이 되어 완전히 소외되고 사회로부터 무시당할 때라도 지금처럼 비참해지지는 않을 것이다. 왜 현대인들은 생명의 또 다른 차원을 탐구해 죽음이라고 하는 공포로부터 자유를 얻는 길을 찾아내려고 하지 않는지 궁금하다.

서구 사회에는 죽음이라는 주제에 관한 많은 문헌이 있음에도, 아직도 그 수수께끼를 풀지 못하고 있다. 몇몇 사람이 일반 대중에게 죽음에 대해 말하기 시작했지만, 죽음의 기술을 설명하는 책은 한 권도 없다. 요가의 문헌과 수행법은 결코 종교적인 것도 문화적인 것도 아니지만, 과학적으로 검증될 수 있다. 그러므로 요가는 죽어가는 사람들과 고통받는 사람들을 위로하는 데 충분히 이용될 수 있을 것이다.

젊은 몸으로 갈아입은 도인

　인도의 아삼 지방에 주둔하고 있던 한 영국군 사령관이 내 스승의 지도 아래 명상 수련을 시작했다. 1938년, 그는 리시케시에서 60킬로미터쯤 떨어진 로르키Rorkee에서 나의 스승을 만났다. 자기 휘하의 인도인 장교가 스승을 대단히 칭송하는 말을 듣고는 그의 안내를 받아 갠지스 강변에서 스승을 만나게 되었던 것이다. 그 후로 그는 여러 번 스승을 찾아뵈었으며, 스승과 함께 지내기 위해 자신의 지위를 버리려는 생각까지 하고 있었다. 그는 나도 좋아해서 아삼으로 놀러오라고 했다. 그러나 나는 도시나 마을을 방문하는 것보다는 산에 있는 것이 더 좋았다.

　열여섯 살이 되던 해에 나는 나가 언덕에 사는 부레Boorhe 바바라는 나이 많은 도인을 만났다('부레'라는 말은 늙었다는 뜻이다). 그는 도시에서 10킬로미터 정도 떨어진 굽타 카시Gupta Kashi 동굴에 우리가 머물고 있을 때, 아삼 지방으로 가는 도중에 나의 스승을 만나러 들렀다. 그 비쩍 마른 백발의 도인은 하얀 수염에 하얀 옷을 입고 있었다. 그의 걸음걸이는 특이해서 꼿꼿한 대나무 막대기 같은 인상을 주었다. 이 도인은 종종 스승을 만나러 와서는 고차원적인 수행법에 관해 대화를 나누곤 했다. 그는 몸을 바꾸는 행법에 대해서는 몇 번씩이나 스승께 이야기했는데, 그때 나는 어려서 '파라카야 프라베샤'라고 하는 이 특별한 요가 행법에 대해서 이해할 수가 없었다. 그리고 나에게 이 행법에 대해 자유롭게 말해 주는 사람 또한 아무도 없었다.

10일 후, 나는 그 도인과 함께 아삼을 방문하라는 스승의 분부를 받았다. 우리는 열차 편으로 아삼에 도착해서 규칙적으로 요가 아사나는 물론 프라나야마와 명상을 수련하고 있는 그 사령관을 방문했다. 자기네 사령관을 이해할 수 없었던 다른 장교들은 그가 이상한 짓을 하고 있다고 생각했다. 그 사령관 휘하의 인도인 참모 한 사람이 나에게 사령관에 대한 이야기를 해 주었다.

"의자를 가져오라는 그분의 명령에 따라 제가 의자를 갖다 드리면, 그분은 거기에 앉으십니다. 그리고는 다시 자기 밑에 있는 의자를 치우라고 명령하시지요. 그래서 의자를 치워 드리면 의자가 없는데도 의자에 앉아 있는 것과 똑같은 자세를 유지하면서 편안히 앉아 계십니다."

그는 자기 사무실에서 아무것도 받치지 않고 책상 앞에 앉아 있곤 했던 것이다. 오랫동안 그와 함께 지낸 참모 한 사람은 자기의 상관이 3년 전에 요기가 된 후로 줄곧 인격이 변하는 것 같다고 일러 주었다. 또한 그는 상관이 이제는 화를 내지도 않고, 대단히 친절하다고 했다. 그 사령관은 완전히 술을 끊었으며, 힌두 어를 말하고 산스크리트 어를 공부하고 있었다. 우리가 그곳에 머무는 동안 부레 바바는 그 사령관에게 아흐레 안에 다른 몸으로 바꾸려 한다고 말했다.

며칠 뒤, 부레 바바와 나는 군대의 주둔지를 떠나 나가 언덕으로 갔다. 그곳은 모기와 뱀은 물론 호랑이와 코끼리를 포함한 야생동물들이 들끓어 요기들이 거의 살지 않는 곳이었다. 우리가 머문 동굴은 타계한 스와미 니가마난다Nigamananda가 살던 곳이었다. 그분은 자신의 경험을 세 권의 책 《요가 구루》, 《탄트라 구루》, 《베단타 구루》에 기술했는데 그 책들은 내게 많은 도움이 되었다.

함께 지내는 동안, 부레 바바는 근육의 수축 운동에 골몰해 있던 내게 심도 있는 이야기를 해 주었다. 바바께 내가 아주 강한 근육을 가지고 있다고 자랑하자 그는 이렇게 말했다.

"너의 강한 힘은 곧 시험을 받게 될 것이다."

나는 호기심이 많아서 부레 바바를 향해 끊임없이 질문을 퍼부어 댔다. 그러자 바바는 마침내 이렇게 말하는 것이었다.

"더 이상 질문하지 말라. 너의 만트라에만 집중해라."

부레 바바는 산스크리트 어, 팔리 어, 티베트 어, 중국어 등 여러 언어를 알고 있었다. 가끔 내가 계속 떠들어 대는 바람에 짜증이 날 때면 영어로 "입 다물어Shut up!"라고 말하기도 했다. 나도 침묵을 좋아했지만, 신비한 것들에 대해 알고 싶을 때는 그분이 귀찮아해도 질문을 계속했다.

동굴을 떠나야 할 때가 왔을 때, 나는 그분께 왜 다른 몸으로 바꾸려고 하는지 물어보았다. 그러자 바바는 이렇게 대답했다.

"나는 90세가 넘었다. 오랫동안 사마디의 상태를 유지하려면 지금의 몸은 맞지 않아. 게다가 기회가 저절로 왔거든. 내일이면 상태가 좋은 시체가 발견될 것이다. 그 젊은이는 뱀에게 물려 죽는데, 여기서 20킬로미터 떨어진 강에 버려질 것이다."

나는 그의 말에 어리둥절했다. 그는 아침 일찍 동굴을 떠나 해지기 전에 목적지에 도착해야 한다고 말했다.

그러나 다음날 아침이 되었을 때 우리는 동굴을 떠날 수가 없었다. 밤중에 코끼리 한 마리가 동굴 입구에다 코를 밀어 넣었는데, 마침 동굴의 구멍에 몸을 숨기고 있던 전갈이 코끼리의 코를 쏘는 바람에 그 자리에서 코끼리가 즉사하고 말았던 것이다. 코끼리의 앞다리와 코와 머리는 동굴 안쪽에, 나머지는 동굴 바깥쪽에 놓여 있었다. 여간 고생을 하지 않고서는 도저히 빠져나갈 도리가 없을 것 같았다. 그런데 바바가 갑자기 맨손으로 전갈을 잡더니 "나쁜 녀석, 네가 이런 끔찍한 짓을 저질렀구나."라고 말했다.

나는 깜짝 놀라 소리를 질렀다.

"안 됩니다! 전갈이 찌를 겁니다."

그러나 그는 태연히 대답하는 것이었다.

"아니야, 감히 그렇게는 못할 거야."

그것은 13센티미터 정도 되는 거대한 흑전갈이었다. 나는 나무 샌들을 벗어들고 흑전갈을 죽이려고 했다. 그러자 바바가 말렸다.

"살아 있는 동물을 죽일 권리를 가진 사람은 아무도 없다. 이 두 녀석은 서로 간의 빚을 갚았어. 네가 카르마의 인과 관계를 이해하게 될 때 무슨 일이 일어났는지 알게 될 거다." 그분은 더 이상 설명해 주지 않았다. 우리는 떠나야 했으며, 울창한 숲을 한참 걸어가야 했다. 죽은 코끼리를 길 밖으로 밀어내려고 두 시간 동안 사력을 다한 끝에 나는 마침내 우리가 기어 나갈 틈을 만들 수 있었다.

동굴에서 북쪽으로 5킬로미터쯤 떨어진 지점에 이르자 강이 나왔다. 우리는 그날 밤 강가에서 야영을 했다. 나는 아침에 강에서 목욕을 하고 네 시 반에 명상에 들어갔다. 눈을 떴을 때, 바바는 이미 보이지 않았다. 하루 종일 찾아다니고 기다렸으나 그는 끝내 돌아오지 않았다. 나는 하는 수 없이 혼자 히말라야로 가기로 작정했다. 신비스러운 여행이기는 했지만 왠지 아무런 결실도 거두지 못한 느낌이었다. 돌아오는 길조차도 가시덤불이 많은 험한 산길이었다.

아삼에 있는 그 사령관에게 들르자 그가 말했다.

"부레 바바께서는 그 일을 치르셨네. 이제 새 몸을 가지게 되셨어."

나는 그게 무슨 소린지 이해할 수가 없었다. 다음날 아침, 나는 즉시 히말라야의 동굴 수도원을 향해 떠났다. 마침내 우리 동굴 수도원에 도착했을 때, 스승께서 내게 말씀하셨다.

"부레 바바가 지난밤에 여기 와서 너에 대해서 물었단다."

그리고 나서 며칠이 지났을 때, 한 젊은 사두가 찾아와 마치 오래 전부터 나를 아는 듯이 말을 걸었다. 그는 우리의 여행길에서 일어났던 일들을 아주 상세하게 이야기했다. 그러고는 나에게 이렇게 말했다.

"내 몸을 바꿀 때 네가 나와 함께 있지 않아서 유감이다."

이전에 나와 아는 사이였다가 이제 새 몸을 가지고 내 앞에 나타난 사람과 이야기를 하자니 이상한 느낌이 들었다. 그가 비록 몸을 바꾸었어도 전에 가지고 있던 능력이나 성격은 그대로 남아 있다는 것을 알 수 있었다. 그 젊은이는 늙은 바바였을 때의 지성과 지식은 물론 기억과 재능 그리고 버릇까지도 그대로 드러내 보였다. 그의 말과 행동을 자세히 관찰해 본 결과, 분명히 그렇다는 것을 확신할 수 있었다. 심지어 부레 바바의 대막대기 같은 걸음걸이까지도 그대로였다.

후에 스승께서는 그에게 새 이름을 지어 주면서 말씀하셨다.

"이름이란, 몸에 따라다니는 것이지 영혼에 따라다니는 것은 아니다."

그는 지금 아난다Ananda 바바라는 이름을 가지고 있으며, 아직도 히말라야를 순례하고 있다. 나는 지금도 아난다 바바를 만나면 그의 이

전의 몸을 생각하게 된다. 그러면 내 앞에 서 있는 현재의 몸이 너무도 낯설게 느껴진다.

나는 이후에 모은 여러 가지 자료들을 통해, 높은 경지에 있는 요기는 죽은 사람의 몸을 쓸 수도 있다는 사실을 알게 되었다. 물론 자신이 원하고 또 적당한 몸을 마침 구할 수 있을 때에만 가능한 일이다. 그러나 일반 사람들에게 그것은 공상에 불과하며, 오직 대가들만이 그 과정을 알고 있다.

위대한 성자들의 가르침으로 인해 내 삶은 훨씬 더 풍성해지고 깊어졌다. 손으로 미래의 장막을 걷어 올리지도 못하고, 눈으로 장막 너머를 꿰뚫어 볼 수는 없을지라도, 나는 우주의 선율에 취하고 성자들의 목소리를 듣는다. 세상 사물은 내 마음을 뚫고 들어오지 못하지만, 그분들의 목소리는 내 존재 깊숙한 곳에서 생생하게 울리고 있다.

스승, 육신을 벗다

1945년 7월의 어느 날, 스승께서는 육신을 벗고 싶다고 말씀하셨다.

"스승이 세상에 남아 있는 어리석은 제자를 두고 떠난다는 것은 죄를 짓는 일이고 지옥에 간다고 경전에도 나와 있습니다."

내가 항의하자 스승께서 말씀하셨다.

"그래, 그러면 몸을 버리지 않기로 하마. 너는 아직도 어리석고 무지하니까 말이다."

그러고 난 뒤 1954년, 나는 독일로 떠나기 직전에 갠지스 강에서 목욕을 하면서 생각했다.

'그것은 옳은 일이 아니었구나. 스승의 몸을 붙들어 둘 권리가 내게는 없다. 스승께서는 이미 내게 많은 것을 베풀어 주시지 않았는가. 그분을 억지로 육체에 묶어 두려 하지 말아야 했다.'

스승을 찾아갔을 때 그러한 나의 생각을 말씀드리지 않았지만 스승께서는 당신의 뜻을 밝히셨다.

"마지막 가르침을 나누어 줄 것이니 오늘 저녁 다섯 시 반에 스와미들을 모두 모이라고 해라."

우리는 히말라야 성소 근처의 해발 3,500미터 지점에 있었다. 그곳은 바수다라Basudhara와 바드리나트 사이에 위치해 있다.

우리의 전통에서는 요기의 죽음을 지켜보는 것을 매우 가치 있는 경험으로 여긴다. 그래서 우리는 스승의 죽음을 지켜보려고 노력한다. 스승은 원하기만 하면 언제든지 자신의 의지대로 죽을 수 있다는 것을 우리에게 보여 준다. 스승이 오랫동안 살고자 하면 얼마든지 그럴 수 있지만, 육체를 떠나고 싶으면 뱀이 허물을 벗어 버리듯 그냥 육체를 벗어 버린다.

나는 스승께 여쭈어 보았다.

"왜 육신을 벗으려고 하십니까?"

"너는 목욕을 하면서 나의 몸을 붙들어 둘 권리가 없다는 것을 깨닫지 않았느냐? 너도 이제 강해졌고, 많은 것을 공부했다. 그리고 성인이 되었으니 이제는 홀로 세상에서 살 수 있겠지. 나는 이제 부담 없이 여행을 떠날 수 있다고 생각한다."

스승의 곁에는 다섯 명의 제자가 모여 있었다. 스승께서는 우리 가운데 앉아 영적 수련에 대해 더 알고 싶은 것이 있으면 물어보라고 하셨다. 나는 깊은 슬픔에 잠겼지만, 육체는 언제고 먼지로 돌아간다고 생각하면서 애써 그분께 대한 집착을 밖으로 표현하지 않았다. 피할 수 없는 일이었기에 어떻게든 나는 마음의 안정을 찾으려고 애썼다.

그런 나를 보더니 스승께서 물으셨다.

"나에게서 원하는 것이 있느냐?"

"제가 원할 때마다 스승께서 제 곁에 계셔 주셨으면 좋겠습니다. 절망하여 어쩔 줄 모를 때나, 어떤 상황에 잘 대처하지 못할 때마다 늘 제 곁에 있어 주십시오."

스승께서는 그렇게 해 주마고 약속을 하신 뒤 나를 축복해 주셨다. 우리는 모두 스승께 절을 드렸다. 그러자 스승께서는 결가부좌로 앉은 채 눈을 감으셨다. 스승께서 부드럽게 "옴……." 소리를 내더니 숨을 거두셨다.

우리는 모두 울기 시작했다. 우리는 스승의 몸을 땅에 묻어야 할지, 강에다 수장해야 할지 결정할 수가 없었다. 두 시간 동안이나 서로 위로하면서 이 문제에 대해 의논했지만 결론을 내리지 못했다.

마침내 나에게 결정권이 돌아와 우리는 스승의 육신을 동굴로 옮기기로 결정했다. 그러나 동굴은 그곳으로부터 100킬로미터나 떨어진 곳에 있었다. 거기까지 가려면 며칠이 소요될 터였지만 우리는 다른 스와미 한 사람과 함께 스승의 시신을 동굴로 운반하기 시작했다. 산에서는 밤에 여행하는 것이 불가능하므로 우리는 작은 동굴에서 묵었다. 우리는 말없이 서로를 바라보며 앉아서 밤을 새웠다. 스승께서 결코 내 곁을 떠나지 않을 것이라고 믿었으나, 결국 가시고야 말았다. 다음 날 아침, 해가 뜨자 우리는 다시 스승의 몸을 메고 24킬로미터를 걸어갔다. 우리는 시체가 부패하지 않을까 두려웠지만, 어디서 어떻게 썩지 않게 처리해야 할지 몰랐다.

이틀 밤이 그렇게 지나가고 사흘째 되는 날, 멀리 우리의 동굴이 보이는 산꼭대기에 우리는 스승의 시신을 묻기로 했다. 2미터 깊이로 땅을 파고 그 안에 스승의 시신을 뉘였다. 큰 돌과 흙으로 시신을 덮으려고 했으나, 갑자기 모두들 팔다리를 움직일 수가 없었다. 서로 말은 할 수 있었지만, 우리 다섯 명의 몸은 마치 마비된 것처럼 꼼짝도 할 수가 없었다.

그전까지 한 번도 경험해 보지 못한 일이었다. 내 영혼과 몸이 완전히 다르다는 것을 느꼈으며, 영혼과 몸의 분리를 생생하게 의식할 수 있었다. 나는 마치 내 몸에서 빠져나오는 것 같은 느낌을 받았으며, 다른 사람들도 나와 비슷한 경험을 하고 있었다. 그때 우리 앞쪽 2미터 가량 떨어진 전나무에서 스승의 목소리가 울려 퍼졌다.

"나는 여기 있으니 모두 정신을 차려라. 슬퍼하지도 마라. 너희는 내가 다시 육신에 머물기를 바라느냐, 육신 없이 너희를 돕기를 바라느냐?"

그래서 내가 대답했다.

"저는 스승께서 육신에 머무시는 것을 바랍니다."

우리는 모두 스승님께 다시 돌아오시기를 애원했다. 그러자 갑자기 몸이 따끔따끔해지더니 서서히 마비가 풀리기 시작했고, 우리는 다시 몸을 움직일 수 있게 되었다. 그때 스승께서 일어나 구덩이 밖으로 나오셨다.

"아직도 내가 육신에 머물기를 원한단 말이냐. 너희는 형태를 숭배하고 그것을 초월하지 못하는구나. 내 몸에 대한 너희의 애착은 장애일 뿐이다. 너희가 더 이상 나의 육신에 집착하지 않는지 어디 한번 보자꾸나."

그러고는 스승께서 육체와 영혼의 관계에 대해 가르쳐 주기 시작했다.

스승과 함께 동굴에서 살 때, 스승께서는 자주 부동자세로 며칠 동안 완벽한 침묵의 상태로 들어가시곤 하였다. 우리는 스승께서 눈을 뜨시면 가까이 다가가 곁에 앉곤 했다. 하루는 스승께서 내게 존재에는 세 가지 영역이 있다고 말씀하셨다.

1. 우주의 주인인 절대 존재.
2. 삶과 죽음에 대한 통제력을 가지며 거의 불멸에 도달한 성자들.

그들은 자신의 의지대로 태어나고 죽는다.

3. 삶과 죽음 너머의 신비를 알지 못하는 보통 사람들. 그들에게 죽음은 마음속에 항상 붙어 다니는 두려움이다. 이런 무지한 사람들은 고통을 받는다.

성자와 요기는 탄생과 죽음이라는 사건에 영향을 받지 않는다. 그들은 모든 두려움에서 벗어났다. 모든 두려움을 벗어나는 것이야말로 히말라야 성자들이 주는 첫 번째 메시지다. '두려움 없음'은 깨달음을 향한 초석이 된다.

대화 중에 스승께서는 고도로 완성된 요기와 성자는 늙지 않으며, 자기가 살고 싶은 만큼 살 수 있다고 말씀하셨다. 그의 영혼은 마음대로 육체를 버릴 수 있고, 다른 육체에 들어갈 수도 있다. 위대한 요기이자 성자였던 샹카라도 이 능력을 갖추고 있었다고 하는데, 경전에는 이 행법을 '파라카야 프라베샤'라고 설명한다. 티베트의 대스승님과 함께 있을 때 유사한 경험을 했으므로 나는 몸을 바꾸는 이 행법에 관심이 많았다. 스승께서는 적당한 몸만 찾을 수 있다면 완성된 요기가 몸을 바꾸는 것은 특별한 일도, 불가능한 일도 아니라고 나에게 일러 주셨다. 스승께서는 또한 수명을 늘리는 세 가지 방법에 대해서도 일러 주셨다.

1. 고도로 완성된 요가의 힘과 조화로운 생활을 통해 장수할 수 있다.
2. 몸을 바꾸고도 이전의 몸에서 경험했던 모든 것을 그대로 간직한 채 삶을 계속할 수 있다.
3. 깨달음은 자유 자체이므로 몸이라는 껍질에 매달릴 필요가 없다.

귀한 필사본 몇 권을 공부하고 스승의 밑에서 배우고 나자 이 지식 체계에 대해 알고 싶은 열망이 더 강렬해졌다.

성자들은 보다 심오한 삶의 진리를 탐구하고 해석해 왔다. 이 진리는 모든 시대, 모든 인류에 적용되는 진리이며, 보편성에 호소하는 진리다. 인종과 피부색은 달라도 깨닫고자 하는 모든 이의 가슴 깊숙한 곳에는 진리를 향한 열망과, 인류가 도달할 수 있는 가장 높은 경지에 이르고자 하는 소망이 있다.

문명의 새벽이 밝아 온 이래로 인간은 불멸을 추구해 왔다. 지난날에 어떤 사람이 한 일이라면 오늘 다른 사람도 할 수 있으며, 오늘 어떤 사람이 그 일을 이루어 낼 수 있다면 모든 사람이 그 일을 이루어 낼 수 있다.

생명은 몸이라는 매개체를 통해 스스로를 드러낸다. 자기현현을 위한 열망이 어떤 형태를 찾는다. 이 열망은 바로 내부의 영혼이며, 형태는 그것이 취하는 겉모습이다. 내부의 영혼 없이는 외부의 형태가 존재할 수 없으며, 만약 있다고 하면 그것은 죽은 물질에 불과할 것이다. 또한 생명의 진동이 없으면 어떤 형태도 열망도 존재할 수 없으며 어디에도 머물 곳이 없을 것이다. 그리하여 열망은 형태를 찾고 형태는 열망을 찾는다.

많은 사람들이 단지 몸만을 자각한다. 내부의 생명을 깨닫지 못한 사람은 그림 속의 선들이 전부라고 생각한다. 그들은 그것을 뚫고 지나가 전체를 보지 못한다. 그들의 인식은 진실이 아니며, 그들의 지식은 불완전한 것이다. 우리 내부의 생명의 진동에 대해 더 알고자 한다면 욕망을 뛰어넘는 법을 배워야 한다. 그리고 리드미컬한 진동의 미묘한 힘을 느낄 만한 감수성과 집중력을 개발해야 한다.

생명은 리드미컬한 진동이며, 이 율동을 아는 사람은 자기가 원하는 만큼 오래 살 수 있다.

Part 14
서양으로의
여행

'동양은 동양, 서양은 서양'이라고 생각하는 때는 지났다.
현대인이 달에 도착한 지도 이미 오래 전이 아닌가.
서양에서는 과학기술이, 동양에서는 영성이 발전되어 왔다.
그런데 왜 동양과 서양이 서로를 위한 이해의 가교를 만들지 않는 것인가?
서양이 동양에 나누어 줄 것이 많은 것처럼
동양도 서양에 기여할 것이 많이 있다.
서양의 꽃은 동양의 향기가 없다면
공허한 것에 지나지 않는다.

독일 의사에게 나타난 스승의 환영

독일의 작은 마을에서 온 정신과 의사가 있었다. 그는 현대 의약을 그다지 믿지 않았기 때문에 사람들은 그를 미친 의사라고 부르곤 했다. 그는 비전祕傳되는 지식 쪽에 더 많은 관심을 기울이고 있었다.

1955년에 그는 나의 스승의 환영을 보았다. 그는 환영 속에 나타난 사람이 자신을 인도로 부른다고 느꼈다. 일주일 동안 똑같은 환영이 계속해서 나타나자, 그는 마침내 프랑크푸르트로 가서 인도행 비행기 표를 샀다. 그러나 비행기를 기다리다 공항 대합실에서 그만 잠이 드는 바람에 비행기를 놓치고 말았다.

그런 일이 있기 얼마 전에 스승께서는 내게 독일로 가서 서양의 심리학과 철학을 배우라고 하셨다. 봄베이에서 온 한 사업가가 프랑크푸르트로 가는 비행기 표와 그곳에 있는 그의 친구들에게 보내는 몇 장의 소개서를 써서 내게 주었다. 존경하는 나의 스승으로부터 몇 가지 지시를 더 받고 나는 독일로 떠났다.

내가 프랑크푸르트에 도착했을 때 공항에 그 의사가 있었다. 그는 내가 인도에서 온 스와미라는 것을 알아보고는 나에게 다가왔다. 그러고는 되풀이되는 환영 속에서 본 사람을 그린 그림을 보여 주면서 그런 인도 사람을 아느냐고 내게 물었다.

"제발 나를 도와주십시오. 내가 그린 이 그림 속의 인물이 몇 차례나 내게 보였습니다. 이 그림은 내 환영 속 인물과 가능한 한 가장 비슷하게 그리려 한 것입니다. 나는 그것이 단순한 환상이 아니라고 확신합니다. 그 환영이 내 마음에 깊은 자국을 새겨, 나는 일을 할 수가 없습니다. 오직 그 생각뿐이니까요. 당신은 인도에서 온 스와미니까 나를 도와줄 수 있을 겁니다."

그 그림을 보며 내가 대답했다.

"이분은 나의 스승이십니다."

그는 자기와 함께 인도로 돌아가 스승에게 데려다 달라고 간청했다. 그러나 스승께서는 내가 바로 돌아오는 것을 원치 않으셨다. 내가 스승과의 무상한 육신의 인연에 집착하고 있다고 생각하시고, 스승께서는 내가 덧없는 세상적인 관계를 끊기 바라셨다. 또한 스승과 나 사이의 깊은 인연과 불멸의 관계에 대해 일깨워 주려 하셨으며, 나를 한동안 멀리 떨어뜨려서 우리 사이에 존재하는 보다 미묘한 연결을 내가 자각하기를 원하셨던 것이다. 히말라야의 여러 곳에 있는 다른 스승들께로 나를 보내신 것도 바로 그런 이유에서였다.

나는 인도의 칸푸르에 있는 찬드라다르 박사와 미트라 박사에게 보내는 긴 편지를 써서 그에게 주었다. 나는 그들에게 자게스와르Jageshwar로 이 독일인 의사를 데려다 달라고 부탁했다. 스승께서는 그곳의 사원 옆에 거처를 마련하여 닉슨 교수(크리슈나 프렘)와 알렉산더 박사(아난드 비쿠)에게 가르침을 주기로 약속하셨던 것이다.

그래서 그 독일인 의사는 칸푸르에 있는 의사들의 도움을 받아 나의 스승을 만날 수 있었다. 그는 3일 동안 스승과 함께 머문 뒤 다시 독일로 돌아왔다. 그는 내게 유럽에 있는 몇몇 연구소와 대학을 방문할 수 있도록 도와주었다. 그래서 나는 저명한 서양 의사와 많은 심리학자를 만날 수 있었다. 유럽의 몇몇 나라를 방문하고, 많은 연구소와 대학에서 공부를 한 뒤에 나는 다시 인도로 돌아왔다.

얼마 후, 그 독일인 의사는 다시 인도로 돌아와서 산야시*가 되었다. 그는 지금 히말라야 북동쪽에 있는 조그만 움막에서 명상에 정진하고 있다. 몇몇 서양인은 그가 고립된 삶을 살고 있는 것을 보고 미쳤다고 말한다. 나는 그 사람처럼 스와미가 된 외국인을 몇 명 만났는데, 인도의 많은 스와미들보다 그들이 훨씬 더 진지하다는 것을 알 수 있었다.

모든 환영 중에서 예언적 환영은 아주 드문 것이다. 그러한 환영은 직관의 근원에서 번뜩이는 것이기 때문에, 인과 관계라든가 시간과 공간의 차원을 넘어서 있다. 가끔씩 속인들에게도 느닷없이 그런 환영이 나타날 때가 있다. 그러나 명상을 하여 의식이 네 번째 단계 즉 투리야에 도달한 사람들은, 그것이 가르침을 주는 환영임을 자각하며 이를 받아들인다. 이런 순수한 환영은 반드시 실현되는 법이다.

동굴 수행을 마치고

11개월 동안 나는 한 작은 동굴에서 살았다. 거기서 지내는 동안 누구와도 만나지 않고 홀로 생활했다. 우리의 전통에서는 이것이 필수적인 수련 과정이다. 보통 11개월 이상 수련을 하는데, 그것은 아무리 둔한 구도자라도 그 정도 기간을 수행하면 진리를 깨우칠 것이라는 믿음 때문이다. 스승은 이렇게 말했다.

"네가 아무리 능력이 있다 하더라도 나는 너를 가장 둔한 사람이라 여길 것이다. 너는 혼자 동굴 속에서 반드시 11개월을 다 채워야 한다."

이 기간에는 밖으로 나와 목욕하는 것도 허락되지 않는다. 하지만 땀구멍을 정화하는 활력적인 호흡 수련을 하는데, 그것이 실제 목욕보다 낫다. 하루에 한 번 아주 적은 양의 물과 음식을 취하지만, 생명을 유지하는 데는 그것으로 충분하다. 내 음식은 대개 보리와 산나물 그리고 약간의 주스와 아침저녁으로 우유 한 잔이었다.

사방 180센티미터 정도의 제한된 공간 안에서 나는 규칙적으로 몇 가지 요가 아사나를 하고, 두세 시간만 수면을 취했다. 그 나머지 시간에는 구루만트라*를 암송하거나 응시나 명상을 했다. 그리고 하루에 세 번씩 힘차게 프라나야마를 수행하면서 조심스럽게 호흡을 주시했다.

동굴 입구는 막혀 있었지만 쓰레기를 내버릴 만한 구멍이 나 있었으며, 천장에는 한 줄기 빛이 들 수 있는 작은 구멍이 뚫려 있었다. 이 작은 구멍이 마음을 한곳에 집중하는 데 도움을 주었다. 오직 빛 한 줄기밖에 없기 때문에 이런 상황에서는 집중하려고 노력할 필요도 없이 저절로 집중하게 된다. 이러한 고립 상태에서 명상을 하지 않으면 하루 종일 무엇을 하겠는가? 그리고 명상을 하지 않으면 이내 균형을 잃게 되므로 선택의 여지가 없다.

스승들은 깊이 명상으로 들어가는 법을 체계적으로 가르쳐 준다. 그들은 "이것이 첫 번째 단계, 이것이 두 번째 단계, 이것이 세 번째 단계다."라고 말하면서 명상에서 일어나는 특정한 현상을 설명해 줄 것이다. 어떤 현상이 일어나면 이제 다음 단계로 넘어갈 때가 되었다는 것을 알게 되며, 점차 가장 높은 집중 상태에 도달하게 된다. 스승들은 제자가 방해받지 않고 명상을 계속하면서 어떤 장애도 겪지 않도록 세심하게 지켜본다.

처음 두 달은 동굴에서 지내기가 무척 힘들었으나, 그 두 달이 지나자 오히려 동굴 생활을 무척 즐기게 되었다. 라자 요가 체계에서는 상야마* 즉 집중과 명상과 사마디를 통한 내적 변화를 가르친다. 이 수련을 하면서 나는 충분한 기간에 침묵 생활을 하는 것이 깊은 명상 상태를 유지하는 데 절대적으로 필요하다는 것을 알게 되었다.

11개월 후에 나는 동굴 밖으로 나왔다. 그때가 7월 27일 오후 다섯 시였다. 첫 일주일은 햇빛이 있는 곳에는 나가지 못하게 했다. 나는 바깥 세상에 적응하기가 어려웠고 마치 이상한 세계에 와 있는 것처럼 모든 것이 달라 보였다.

동굴에서의 수행을 마치고 나온 스와미 라마

동굴에서 나와 처음으로 도시에 갔을 때, 나는 외부적 활동에 적응하지 못했기 때문에 길모퉁이를 건너는 데 40분이 걸렸다. 하지만 서서히 나는 세상일을 다룰 수 있게 되었다. 그리고 세상이라는 것이 내 내면의 힘과 감정, 생각과 말과 행동을 시험해 볼 수 있는 공연장임을 깨달았다. 이 수련을 마치고, 나는 서양으로 떠날 준비를 했다. 스승의 곁을 떠나고 싶지 않았으나, 스승께서는 내게 이렇게 말씀하셨다.

"너에게는 완수해야 할 소명과 전해야 할 메시지가 있다. 그 메시지는 우리의 가르침이며, 너는 그것을 전할 나의 도구다."

스승께서는 내게 일본으로 가라고 하셨다. 일본에서 누군가를 만날 것이며, 그가 미국으로 건너가게 도울 것이라고 말씀하셨다.

나는 콜카타에서 비행기를 타고 도쿄로 떠났다. 내 주머니에는 겨우 8달러밖에 없었다. 비행기가 홍콩을 경유할 때, 공항 레스토랑에서 차를 주문했다. 그런데 차 한 잔이 4달러라는 사실을 알고 깜짝 놀라고 말았다. 팁으로 1달러를 더 주고, 나는 3달러와 기내식에서 남긴 사과 하나만 가지고 도쿄에 도착했다.

공항에서 한 일본 사람이 내게 다가왔다. 그는 어디에서 왔으며 어디에 묵을 예정이냐고 내게 물었다.

"친구가 한 사람 있는데, 그 친구와 함께 있을 것입니다."

내 대답에 그가 다시 물어왔다.

"그 친구가 누굽니까?"

일본에 아는 사람이 없었으므로 어찌 대답할지 몰라 망설이다가, 나는 "그 친구는 바로 당신입니다."라고 대답했다. 그렇게 하여 그의 집에 묵게 되었고, 그는 나를 마히카리라는 단체의 영적 지도자인 요카다 씨에게 소개해 주었다.

마히카리의 영적 지도자 요카다 씨(가운데)와 그의 후계자와 함께한 스와미 라마

　요카다 씨를 따르는 사람들은 수십만 명이나 되었다. 요카다 씨는 히말라야 성자들의 환영을 여러 번 보았다고 했다. 내 이름을 소개하자 그는 나를 껴안으면서 말했다.

　"당신을 기다리고 있었습니다. 히말라야 스승들의 비밀스러운 가르침을 저에게 가르쳐 주시기 바랍니다."

　나는 여섯 달을 그와 함께 머물면서 도쿄와 오사카 및 다른 도시에 있는 여러 영적 단체를 찾아가 가르침을 전할 수 있었다.

　스승의 메시지를 요카다 씨에게 전한 뒤, 나는 그가 마련해 준 비행기 표로 미국으로 갔다. 인도를 떠나기 전에 스승께서는 내가 미국에서 제자와 동료들을 만나게 될 것이라고 하셨다. 그리고 여러 가지를 상세하게 일러 주셨는데, 나중에 그것이 모두 실현되었다.

내게는 아직도 이루어야 할 과제가 남아 있다. 내 과업을 자각할 때마다 나는 깊은 생각에 잠기게 된다. 하지만 신께서 내게 기회를 주셨을 때, 내 삶의 목적을 완수하리라는 것을 나는 안다. 나의 목적이란 성자들의 메시지를 충실하게 전달할 수 있는 교육 센터를 설립하여 동서양의 가교를 세우는 것이다.

동양의 길과 서양의 길

내가 일본과 미국을 방문하기 위해 히말라야를 떠나던 날, 스승께서는 내게 몇 가지 가르침을 주셨다. 그때 나는 스승께 이렇게 여쭈어 보았다.

"저에게 배우고 싶어 하는 학생들에게 무엇을 가르쳐야 합니까? 인도의 종교를 가르쳐 그들을 개종시켜야 합니까? 아니면 인도의 문화를 따르라고 해야 합니까?"

"이 어리석은 친구야!"

"그렇다면 말씀해 주십시오. 제가 무엇을 가르쳐야 하는지요. 서양의 문화는 우리의 것과는 완전히 다릅니다. 우리 문화에서는 부모의 허락 없이 결혼하는 일이 허용되지 않지만 서양에서는 개인의 자유를 더 중요하게 여깁니다. 기독교인들은 어떤 사람과도 결혼할 수 있고, 그것은 유대교인도 마찬가지입니다. 서양인들의 신에 대한 예배 의식은 특정한 형식으로 고정되어 있지만, 우리는 자기가 원하는 대로 신께 경배를 드리고 각자 원하는 대로 깨달음의 길을 선택합니다. 우리는 생각은 자유롭지만 사회적 관습에 묶여 있는 반면, 서양인들은 관

미국에서 강연 중인 스와미 라마

습으로부터는 자유롭지만 생각이나 경배하는 방식이 고정 관념에 묶여 있습니다."

그러면서 나는 다시 스승께 여쭈었다.

"이렇게 동양과 서양의 생활 방식은 크게 다른 것 같습니다. 그런데 어떻게 제가 스승님의 메시지를 서양에 전할 수 있을까요?"

그러자 스승께서 대답하셨다.

"같은 지구 위에서 같은 삶의 목적을 가지고 살고 있지만, 이 두 문화는 극단적으로 다르다. 동양과 서양 모두 아직도 올바른 삶의 길을 실험하고 있다. 히말라야 스승들의 메시지는 시간과 공간에 구애받지 않으며, 동서양이 가지고 있는 기본 관념들과는 아무 상관이 없다. 이러한 양극단은 인류가 갈구하고 있는 문명의 더 높은 단계에 도달하는 데 도움이 되지 못한다. 내면의 힘, 기쁜 마음, 이타적 봉사 이 세 가지 야말로 삶의 근본이 되는 원리다. 동양에 살든 서양에 살든 사람은 먼저 사람다운 사람이 되어야 한다. 참다운 사람은 우주의 일원이다. 그러므로 지리상의 경계로 사람을 구분할 필요가 없다.

모든 두려움에서 자유로워지라는 것이 히말라야 성자들의 첫 번째 메시지고, 두 번째 메시지는 내면의 실재를 자각하라는 것이다. 억지로 무엇을 하려 하지 말고, 종교와 문화에 관계없이 순수한 영성을 가르치는 도구가 되어라. 과학이 할 수 있다면 모든 영적 수련을 과학적으로 검증해야 한다. 신의 섭리가 너를 인도하기를!"

나는 스승께 공손하게 절을 올리고 나서 여행길에 올랐다. 먼저 칸푸르 시로 가서 스승의 제자인 수난다 바이Sunanda Bai 박사와 몇 달을 지냈다. 그녀는 내게 일본으로 가는 비행기 표를 사 주었다.

수난다 바이 박사

우리의 전통

베다 시대부터 이미 출가 수행승들의 맥이 이어져 내려오고 있었지만, 조직적인 수행 승단을 설립한 이는 샹카라차리야였다. 1,200년 전에 그는 인도의 북부, 동부, 남부, 서부, 중부의 다섯 지역에 하나씩 주요 승단을 조직했다. 인도의 모든 승단은 이들 다섯 조직 중 하나에 그 기원을 두고 있다.

그 중 우리의 전통은 바라티*Bharati*다. '바*bha*'는 지혜를, '라티*rati*'는 사랑하는 사람을 의미한다. 따라서 바라티는 '지혜를 사랑하는 사람'을 뜻한다. 여기에서 '영적인 지혜가 넘치는 나라'라는 뜻의 '바라타*Bharata*'가 나왔다. 바라타는 인도를 가리키는 산스크리트 국명이다.

우리의 전통에는 독특한 점이 하나 있다. 그것은 샹카라 이전부터 이어져 오는 성자들의 맥을 이어받았다는 점이다. 샹카라의 전통과 연결되어 있긴 하지만, 우리 히말라야의 전통은 보다 순수하게 수행을 위주로 하는 모임이다. 또한 인도의 평원에서 이루어진 조직들과 달리 히말라야의 동굴에서 수행하는 전통이 있다.

우리의 전통에서는 성자들이 가르친 고도의 영성 수련과 함께 우파니샤드의 공부를 아주 중시한다. 그래서 《만두캬 우파니샤드》를 권위 있는 경전 중의 하나로 받아들인다.

스리 비드야의 지식을 단계별로 가르치며, 단계가 높아진 학생은 프라요가 샤스트라를 배우게 된다. 우리는 우주의 부성 원리와 모성 원리를 모두 받아들인다. 우리 전통에서는 마야 혹은 환영이라고 하는 것이 깨달음으로 가는 길에서의 장애라고만 보지 않고, 예배 중에 모성 신으로 삼는다. 우리의 모든 예배는 내면적인 것이며, 어떠한 의식도 행하지 않는다.

우리 전통에서는 세 단계의 입문 과정을 거치게 된다. 첫 번째 입문은 만트라, 호흡 주시, 명상의 과정이며, 두 번째 입문은 스리 비드야의 내적 경배와 빈두 베단*bindu vedhan*(지혜의 진주 꿰뚫기), 세 번째 입문은 샥티파타와 쿤달리니의 힘을 사하스라라 차크라로 이끄는 과정이다.

수행 과정에서 우리 전통은 특정 종교나 계급, 성별이나 피부색 등 그 어떤 것도 연관 짓지 않는다. 이러한 수행 과정을 이끄는 요기들을 스승master이라 하며, 이들은 전승되어 온 지혜를 나누어 줄 수 있다고 인정된 사람들이다. 우리는 성자들의 수행법을 엄격하게 따른다.

프라요가 샤스트라의 가르침에 대해서는 "전하지 마라, 전하지 마라, 전하지 마라!*Na datavyam, na datavyam, na datavyam*!"라고 말하고 있기에 여기서 상세히 이야기할 수 없다. 이는 완전히 준비되어 있거나 높은 단계의 자기 수련을 하고 있는 사람이 아니면 전수받을 수 없기 때문이다. 이런 수행을 통한 성취는 과거 성자들의 행적을 통해서만 입증될 수 있을 것이다.

우리의 길에서 구루데바는 신이 아니고 진정한 깨달음에 이른 빛나는 존재다. 우리는 구루의 은총을 깨달음에 이르는 최고의 수단이라고 믿지만, 결코 그것이 전부라고 여기지는 않는다. 구루는 다만 깨달음에 이르는 길에서 헌신적으로 제자를 도울 뿐이다.

우리의 전통은 입문자에게 다음과 같은 것을 따르도록 지도하고 있다.

1. 모든 것은 궁극적으로 하나라는 것이 우리의 철학이다.

2. 사심 없는 마음으로 인류에 봉사하는 것은 모든 생각과 말과 행동으로 따라야 할 사랑의 표현이다.

3. 우리 전통의 고급 행법을 수련하기 위한 기초 단계로 우리는 파탄잘리의 요가 체계를 받아들인다. 그러나 철학적으로 우리는 불이론의 아드바이타 체계를 따른다.

4. 몸을 고요히 가라앉히고, 편안하게 호흡을 하며, 마음을 조절하는 체계적 명상을 한다. 호흡 주시와 자율신경계의 조절 및 원초적 욕구를 다스리는 법을 수행한다.

5. 우리는 일반 학생들에게 중급 과정을 가르치며, 보다 높은 단계를 배울 준비가 된 사람들에게는 고급 행법을 배울 기회를 준다. 이렇게 하여 일반 학생들이 일상에서 생활하면서도 세상사에 집착하지 않고 사는 데 도움을 준다. 서양 학생들의 편의를 위해 우리의 방법을 '초의식 명상Superconscious Meditation'이라고 부른다. 나는 단지 이 전통을 이어 온 히말라야 성자들의 지혜를 전달하는 전달자일 뿐이며, 내가 가르치는 것들은 직관의 중심으로부터 저절로 떠오르는 것들이다. 스승의 분부에 따라 나는 강의나 연설을 미리 준비하지 않는다.

6. 우리는 종교나 문화적 관습 같은 것을 바꾸라거나 특정 신을 소개하는 따위의 일은 하지 않는다. 우리는 모두를 사랑하고, 아무도 배척하지 않으며, 모든 종교를 동등하게 존중한다. 우리는 어

떤 사원이나 모스크, 교회도 반대하지 않으나, 인간을 버려둔 채 신의 집을 짓는 것은 찬성하지 않는다. 우리는 모든 사람이 살아 있는 성전이며 사원이라는 것을 굳게 믿고 있다.

7. 우리의 회원은 전 세계에 걸쳐 있으며, 서로 간의 소통을 위해 교육을 권장한다. 우리의 교육 프로그램은 성자들이 전해 준 지혜를 전수하며, 지성인들의 내적 필요를 충족시켜 준다.

8. 우리는 채식 생활을 실천한다. 몸을 튼튼하게 하고, 장수에 좋은 영양 식이요법을 가르치지만 엄격하지는 않으며, 학생들에게 채식주의자가 되라고 강요하지도 않는다.

9. 우리는 가정을 존중하며, 어린이 교육을 위해 자기 훈련 프로그램을 소개하지만, 아이들에게 우리의 믿음과 신념과 생활 방식을 강요하지 않는다.

10. 우리의 숙련된 교사들이 몸과 호흡, 마음과 영혼에 관한 요가의 모든 지혜를 체계적으로 가르쳐 준다. 내부와 외부 의식을 모두 자각하는 것이 핵심이며, 이러한 의식 확장법을 신중하게 학생들에게 가르친다.

11. 우리는 이완법과 명상법을 포함한 모든 요가 수련을 실험하고 증명하며, 인류에 봉사하기 위해 그 결과를 밝힌다.

12. 실험 결과를 기록하여 인류의 복리를 위해 공표한다.

13. 우리는 우주적인 형제애를 신봉하며, 모두를 사랑하고 아무도 배척하지 않는다.

14. 우리는 정치에 참여하는 것과 특정 종교에 반대하는 것을 금한다.

15. 생각과 말과 행동으로 비폭력을 실천하는 것이 가장 중요하다.

히말라야 성자들과 스승들이 전수해 주는 지혜는 캄캄한 어둠 속에

아요드야에서 스와미 라마

비치는 한 줄기 빛처럼 구도자를 인도해 준다. 이 메시지의 목적은 모든 사람의 깊은 곳에 잠재해 있는 신성한 불꽃을 깨우려는 것이다.

영적 수련으로 이 불꽃이 완전하게 켜지면, 점점 더 높이 불길은 타올라 마침내 광대한 진리의 빛 속으로 들어가게 된다. 이 성스러운 영혼의 불꽃은 생명력이 넘치는 마음을 타고 올라 정신의 창공을 지나며, 마침내 영원한 진리의 거처인 빛의 천국으로 들어가게 된다. 그러면 빛의 축복을 받은 수행자는 천국의 자리에 고요히 앉아 무한한 지복의 술을 마신다.

우주의 자녀인 이 불멸의 아이는 언제나 성스러운 어머니의 보호를 받는다. 축복의 환희에 찬 이 아이는 기쁨에 취해 신성 속에 머문다. 그는 이제 언제나 깨어 있는 성자가 되고, 같은 길을 가는 이들을 인도하는 안내자가 된다. 깨달음의 길에서 이런 안내자는 사람들을 위로하고, 돕고 또 일깨우기 위해 앞서 나아간다.

옴, 샨티[*], 샨티, 샨티!

용어 해설

가우다파다 Gaudapada　고빈다파다의 스승. 만두캬 우파니샤드의 주석서 《만두캬 카리카 Mandukya-karika》의 저자로, 불이론적 베단타(Advaita Vedanta) 철학을 체계적으로 해설했다.

고빈다파다 Govindapada　샹카라의 스승.

구나 Guna　속성, 특질. 사트바(Sattva), 라자스(Rajas), 타마스(Tamas)는 우주의 세 가지 속성(Guna)이다. 사트바는 지혜, 기쁨 등의 순수한 본질로 안정과 균형을 유지하는 성질을, 라자스는 변화, 힘, 활동성 및 불안정한 성질을 띠고, 어둠을 상징하는 타마스는 정체성, 무지, 무거움의 속성을 가진다. 이 세 가지 속성이 어울려 물질세계에 온갖 특징을 부여한다.

구루 Guru　'구'는 '어둠'을, '루'는 '쫓는 자'를 뜻한다. 따라서 구루란 '영혼의 어둠을 쫓는 자' 즉 스승을 말한다.

구루데바 Gurudeva　'구루'는 '스승', '데바'는 '신'이라는 뜻으로, 구루는 빛으로 인도해 주는 존재이며, 데바는 신적인 존재. 인도인들이 자기 스승을 공경하는 뜻으로 부르는 호칭이다.(원주)

구루만트라 Guru-mantra　만트라의 종류는 다양한데, 그 중 구루만트라는 구루를 찬양하는 만트라를 말한다. 구루만트라를 깊이 수련하면 시공을 초월하여 스승의 깨달은 의식과 직접 연결될 수 있다.

그리스도 정신 Christ Consciousness　개체 속에 내재한 생명의 빛을 그리스도라고 한다. 신지학이나 인도의 여러 가르침에 의하면, 모든 존재 속에 그리스도 의식이 깃들어 있으나 타락에 의해 그것을 잊어버리고 어둠 속에서 살아가지만, 내재한 그리스도의 빛을 발견해 완전하게 밝히게 되면 죄의 때를 씻고 영광스런 신의 세계로 들어가게 된다고 한다. 그러므로 그리스도는 어떤 특정인의 이름이 아니라 보편적인 의식을 가리키는 말이며, 그리스도 의식을 완전하게 현현한 각자(覺者)가 바로 예수라고 했다. 기독교에서는 그리스도 정신의 실현을 위해 믿음, 소망, 사랑의 지혜를 가르쳐 주었고, 인도의 성현들은 요가와 명상, 헌신의 길을 보여 주었다.

기름 부음 Anointment　기름 부음은 일종의 성결(聖潔) 의식인데, 성결 의식을 받은 자의 영혼은 티 없이 깨끗해지고 성스러워진다. 희랍어로 '크리스토스' 즉 그리스도는 '기름 부음을 받은 자'(Anointer)란 뜻을 지닌다.

기타라하샤 Gitarahasya　《바가바드 기타》의 주석서. 이 책은 행동의 요가를 예찬하고 있다. 현대에 저술된 《바가바드 기타》의 주석서 가운데 가장 뛰어난 작품으로 평가받고 있다.

나가르주나 Nagarjuna　용수보살(150~250년경). 공사상(空思想)을 매개로 개인적 수행에만 빠져 있던 소승불교를 비판하면서 대승불교의 정신을 퍼뜨렸다.

나다 Nada　모든 세포 하나하나에 자연스레 영감을 불어넣고 그들을 춤추게 하는 소리의 떨림.

나디 Nadi　인체 내에서 프라나와 쿤달리니가 흐르는 섬세한 기의 통로.

니르구나 브라흐마 Nirguna Brahma   'Nir'는 '무(無)', 'Guna'는 '속성, 성질'이라는 뜻으로, 니르구나는 '무성(無性)'을 의미한다. 즉 우주의 삼라만상은 다 속성과 형태를 지니고 있지만, 모든 대립을 넘어서 있는 근원자인 신의 의식은 이런 성질을 띠지 않는 순수한 상태. 이것을 인도인들은 '니르구나 브라흐마'라고 일컬으며 절대의 진리를 지칭한다.

니르바나 Nirvana   열반(涅槃). 모든 번뇌의 얽매임에서 벗어나고, 진리를 깨달아 불생불멸의 법을 체득한 경지. 불교의 궁극적인 실천 목적이다.

니야마 Niyama   요가의 여덟 단계 중 두 번째로, 실천해야 할 계율(勸戒).

다르가 Dargah   모슬렘의 고행자 파키르(Fakir)가 머물면서 예배를 드리는 곳.

다르마 Dharma   법(法), 최고의 진리. 종교적 규범, 사회규범, 행위적 규범 등 넓은 범위에 걸친 규범이라는 의미로 사용되고 있다.

다윗의 별 Star of David   삼각형과 역삼각형을 교차해서 생기는 별 모양의 도형. 영적 깨달음의 상징이다.

달라이 라마 Dalai Lama   티베트 불교의 법왕. 최고 종교 지도자인 동시에 왕의 신분을 지닌다. '달라이'는 '바다'를 뜻하며, '라마'는 '구루'에 해당하는 말로 '바다와 같은 지혜를 가진 스승' 즉 '영적인 스승'이라는 뜻이다. 티베트 인들은 달라이 라마를 자비의 보살인 관세음보살의 화신이라고 믿는다. 그리고 14세기의 달라이 라마가 영원히 티베트를 위해 봉사하기로 서원한 후 거듭 환생하면서 달라이 라마 직을 맡아오고 있다고 생각한다. 지금의 14대 달라이 라마는 중국의 탄압을 피해 망명한 후, 전 세계를 다니며 불교의 가르침을 알리면서 티베트의 독립을 지지해 줄 것을 호소하고 있다.

대아 大我   우리 한 사람 한 사람의 참된 근본을 진아라고 본다면, 이 진아는 우주 삼라만상의 생명의 본체, 즉 전체 생명과 하나다. 이러한 전체성의 생명을 대아라고 한다.

데바 Deva   산스크리트 어로 신(神)을 뜻한다. 인도 베다 시대의 많은 신격들 가운데 하나로, 어떤 자연의 힘과 동일하게 취급되는지에 따라 하늘의 신(바루나), 허공의 신(인드라), 땅의 신(소마) 등으로 나뉜다. 영어 'divine'과 같은 계열의 말이다.(원주)

동종요법의 Homeopath   동종요법(同種療法)을 쓰는 의사. 19세기에 특히 널리 쓰인 치료법의 하나인 동종요법은 '같은 것이 같은 것을 치료한다'는 원칙에 기초하여 건강한 사람에게 투여하면 현재 치료하고 있는 질병과 동일한 증상을 일으키게 될 약물이나 치료제를 환자에게 처방하는 치료법이다.

두르가푸자 Durgapuja   두르가 여신에게 숭배를 올리는 독특한 제식.

라다크리슈난 Radhakrishnan   현대 인도의 지성을 대표하는 사상가(1888~1975년). 베단타 철학에 입각하여 종교의 본질과 의미를 해석해 세계적으로 많은 공감을 불러일으켰다.

라마야나 Ramayana   고대 인도의 성자 발미키가 지은 것으로 전해지는 대서사시. 코살라 왕국의 왕자인 라마가 마왕 라바나에게 빼앗긴 아내 시타를 도로 빼앗아 오는 모험 무용담이다. 산스크리트 어로 되어 있으며 《마하바라타》와 더불어 인도의 2대 서사시의 하나다. 모두 7편 24,000송(頌)으로 구성되어 있다.

라야 요가 Laya Yoga   라야(laya)는 '흡수, 용해'를 의미한다. 라야 요가는 '명상적 몰입'의 요가로, 탄트라 명상의 한 종류에 해당된다. 다양한 무드라와 호흡 조절 등으로 제한적인 마음을 용해시키고, 수행을 통해 자기 내면에 있는 지복의 상태로 점진적으로 흡수되고자 하는 요가다.

로기 Rogi   병든 사람.

마니푸라 차크라 Manipura Chakra   배꼽 부분에 위치한 의식의 센터로 태양신경총과 연결되어 있다. 이 부위는 열에너지를 지배하며 불로 상징된다.

마더 Mother   오로빈도의 수제자인 프랑스 여인으로, 본명은 미라 알파사다. 오로빈도의 일을 헌신적으로 도와 아쉬람의 운영을 맡았고, 오로빈도가 세상을 떠난 후에는 그의 후계자역을 맡아 어머니(Mother)로 불리게 되었다.

마두 비드야 Madhu Vidya   '꿀과 같은 지혜'란 뜻으로, 축복을 얻기 위한 수행법의 일종. 이 수행을 하면 몸과 마음이 감미로운 축복에 싸인다고 한다.

마야 Maya   미망과 환상에 찬 세계. 원래는 마술, 신비한 힘 따위를 뜻하는 말(magic)과 같은 어원이었으나 후에 현상계에 표출되는 환영, 미망을 뜻하는 말로 쓰이게 되었다.(원주)

마타지 Mataji   '어머니'라는 뜻으로, 여자 스승을 가깝게 부르는 애칭.

만다라 Mandala   티베트 불교, 탄트라, 가톨릭 등에서 명상에 사용하는 기하학적 도형. 무의식의 조화와 우주의 원형을 상징하는 그림.

만두캬 우파니샤드 Mandukya Upanishad   베다 시대의 초기 우파니샤드. 신비한 브라흐만의 영역을 의식의 네 가지 상태에 대한 단계적 설명을 통해 기술하고 있다.

만트라 Mantra   신비하고 영적인 능력을 가진다는 신성한 우주의 음(聖音). 특정 만트라를 반복 암송하거나 명상하면 높은 차원의 정신적 깨달음에 도달하게 된다. 스승으로부터 직접 전수받은 만트라는 영성 계발에 강력한 효과를 미치며 무의식의 각성에 강한 영향을 준다.(원주)

말라 Mala   만트라를 암송한 횟수를 세기 위해 만든 염주.

물라다라 차크라 Muladhara Chakra   미저골에 위치한 생명력의 샘. 생리적으로 성선(性腺)의 분비와 연관이 있으며, 영적 에너지 쿤달리니가 잠재되어 있는 곳이다.

미라 바이 Mira Bai   인도 중세의 여자 성자. 미라는 크리슈나 신을 열렬히 사모했다. 후에 왕비가 되었지만, 시댁 사람들의 박해로 쫓겨난 뒤 크리슈나를 찬미하면서 방랑했다. 그녀는 자신의 깨달음을 춤과 노래로 표현했다.

바바지 Babaji '아버지'라는 뜻으로, 스승에 대한 애칭이다.

바이라갸 Vairagya 무집착, 평정, 세속적 욕망에서 벗어남.

반다 Bandha 요가 수행법의 일종으로, 생명력을 강화시키기 위한 수축 운동법. 항문 수축법, 배꼽 수축법, 목 수축법이 있다.

발미키 Valmiki 기원전 3세기경 인도의 성자이자 시인으로, 1,100년 동안 구전되어 오던 이야기를 어마어마한 분량의 산스크리트 어 대서사시로 집대성했는데 이것이 《라마야나》다. 세련되고 아름다운 이 대서사시는 후대의 문학과 예술에 많은 영향을 끼쳤으며, 오늘날까지 인도와 동남아 여러 나라의 대중 속에 생생히 살아 숨쉬고 있다.

베단타 Vedanta 인도 철학의 정통 육파철학(六派哲學) 가운데 하나이며, 가장 근대적인 힌두교 학파의 토대를 이루고 있는 철학 체계다. 베단타라는 용어는 산스크리트 어로 '베다(Veda)의 끝(anta)'을 뜻하며 베다 문헌의 마지막 부분을 이루는 《우파니샤드Upanishad》를 가리키기도 한다.

보기 Bhogi 관능적 쾌락에 탐닉하는 사람.

보디 Bodhi 보리(菩提), 불교 최고의 이상인 불타 정각(正覺)의 지혜. 불타 정각의 지혜를 얻기 위해 수행해야 할 길을 의미하기도 한다.

불가촉천민 不可觸賤民 인도의 카스트 제도에서 사성(四姓)에 속하지 않는 가장 낮은 신분의 사람들을 통틀어 이르는 말. 브라흐만 계급은 이 계급이 사람들을 만지거나 접촉하는 것을 금기로 여기는 바람에 이런 이름이 붙었다. 간디는 이 사람들을 '하리잔' 즉 '신의 자녀들'이라고 불렀다.

붓디 Buddhi 의식이 맑고 밝아지면 어떤 것이 옳고 그른 것이며, 어떤 것을 해야 하고 하지 말아야 할 것인지에 대한 직관력이 발달된다. 이것을 인도 요가에서는 붓디라고 한다.

브라흐마 수트라 Brahma Sutra '브라흐마'는 '신', '수트라'는 '경전'을 가리키는 말. 베단타 학파의 핵심적인 경전이나, 후대에 와서는 인도의 모든 학파에 통용되는 성전으로 자리 잡았다. 모두 4편 6장으로 구성되어 있으며 《바가바드 기타》, 《우파니샤드》와 함께 인도의 3대 경전 중 하나다.

브라흐마란드라 Brahma-randhra '브라흐마의 자리'라는 뜻으로, 정수리 아래에 있다. 우주 의식의 흰 빛이 인체로 내려오는 문으로, 이곳이 열리면 인체는 완전히 정화되며, 영원한 대생명을 깨닫게 된다고 한다.

브라흐마차리 Brahmachari 금욕과 절제를 맹세한 수행자. 모든 것에서 신성을 보며 성(性)의 집착을 완전히 넘어선 사람을 뜻하기도 한다.(원주)

브라흐만 Brahman　남성명사로 쓰일 경우 바라문(婆羅門) 즉 인도 카스트 계급 중 최고 지위인 사제·승려 계급으로 베다의 성스러운 지식에 정통한 사람을 말한다. 중성명사로 쓰일 경우에는 우주의 궁극적 실체, 우주적 자아, 최고의 존재, 두루 퍼져 있는 우주적 기운, 우파니샤드의 근본원리 등을 뜻한다. 그리고 시바, 비슈누 신과 함께 삼신일체의 우주의 창조자를 가리킨다.(원주)

비베카난다 Vivekananda　인도의 정신적 지도자, 개혁가(1863~1902년). 라마크리슈나의 제자로, 힌두교의 근대적 부흥에 힘썼다. 그는 인도의 정신과 서구의 물질문명이 상호보완 관계에 있다고 주장하면서 이 둘을 결합하려고 노력했다. 인류의 공익을 위해 일하는 것이 가장 숭고하다고 생각했고, 그가 추구한 절대적 존재는 바로 인간 자신의 고양된 자아다.

비야사 Vyasa　네 개의 베다와 《브라흐마 수트라》, 《스리마드 바가바탐》의 저자이며, 인도 철학 사상의 중흥조다.

빈두 베다나 Bindu Bhedana　마음의 활동을 한곳으로 제한시켜 명상의 보다 높은 차원까지 관통해 들어가 수행자로 하여금 사마디에 이르게 하는 행법.

사다나 Sadhana　영혼의 성장과 개화를 위해 기울이는 노력. 깨달음을 얻기 위해 노력하는 수행 과정 전체를 일컫는 말. 사다나의 범위는 매우 넓어서 육체 단련부터 경전 공부, 명상, 기도, 찬송뿐만 아니라 영적인 춤을 비롯해 이타적이고 박애적인 사랑의 실천까지를 모두 사다나라고 한다.

사두 Sadhu　일반적으로 참된 진리를 찾아 나선 출가자(出家者)를 지칭하는 말. 모든 종교의 수행자 또는 신에게 헌신하는 사람을 의미하기도 한다.(원주)

사마디 Samadhi　인간이 육체에 얽매여 있는 동안 도달할 수 있는 최고의 의식 상태. 주·객 분리를 넘어서서 최고의 실재와 하나가 된 경지를 말한다. 불교에서는 이를 삼매(三昧)라 번역한다.

사비칼파 사마디 Savikalpa-samadhi　일시적으로 삼매에 드는 것으로, 불교에서는 유상 삼매(有相三昧)라고도 한다. 순간적으로 신과 교류하거나 우주의 본질을 깨닫고 법열을 체험하는 것을 말한다.

사성제 四聖諦　영원히 변하지 않는 네 가지 성스러운 진리. 고제(苦諦), 집제(集諦), 멸제(滅諦), 도제(道諦)를 이른다. '고'는 생로병사의 괴로움, '집'은 고의 원인이 되는 집착과 번뇌, '멸'은 집착과 번뇌를 없앤 깨달음의 경지, '도'는 깨달음의 경지에 도달하는 수행 방법을 이른다.

사트바 Sattva　우주의 모든 에너지는 크게 사트바, 라자스, 타마스로 이루어져 있는데, 사트바는 순수 에너지, 라자스는 활동성 에너지, 타마스는 침체성을 지닌 에너지다. 의식이 사트바 상태에 들어가면 사랑과 평화, 고요와 행복을 얻는다.

사하스라라 차크라 Sahasrara Chakra　'천 개의 잎을 가진 연꽃'으로 상징되는 최고의 의식

센터. 정수리에 위치한 영성의 중심으로, 이 차크라가 열리면 깨달음을 얻는다고 한다.

사하자 사마디 Sahaja-samadhi　깊은 명상 상태로, 의도적이고 인위적인 집중 없이도 자연스럽게 무한한 우주 의식에 빠져드는 자연적 삼매(三昧)의 경지.

산스크리트 어 Sanskrit　인도의 고대 문어로, 현자들이 명상에 들어가서 들은 인체의 신비한 소리를 따서 만든 글자라고 한다. 종교 계통의 의식에 아직도 사용되고 있으며, 힌두교 학자들 사이에 학술적 의사전달 수단으로도 쓰이고 있다.

산야시 Sannyasi　힌두교의 고행자 또는 출가하여 방랑하는 구도자를 가리키는 말이다.

삼스카라 Samskara　과거의 경험에서 비롯되는 잠재적 경향. 물질적이든 심리적이든 개념적이든 어떤 한 대상과의 접촉에 의해 마음속에 형성되는 인상. 통상적으로 카르마가 무의식 전체의 흐름을 가리키는 집합적인 개념인 반면, 삼스카라는 개별적인 인상을 지칭하는 말이다. 이 외에도 바사나(Vasana)는 심리적 습관 또는 마음의 경향에 초점을 두고 쓰는 말이다.(원주)

삿상가 Satsanga　'Sat'는 '진리', 'Sanga'는 '모임'을 뜻한다. 삿상가는 진리를 찾는 사람들의 모임이다. 이것은 일종의 영적인 회합인데, 이를 통해 구도자들은 자신의 영적 생활에 좋은 영향을 받고 깨달음에의 확신을 꾸준히 일깨워 갈 수 있게 된다. 스승과 함께 명상하면서 스승의 축복을 받는 일도 삿상가에 속한다.

상야마 Samyama　파탄잘리가 집대성한 여덟 단계 요가 중에서 마지막 3단계를 총칭하는 것으로, 집중, 명상, 삼매의 과정이다.

상칼파 Sankalpa　올바른 결심, 각오, 다짐, 염원을 의미하는데, 자기 삶의 목표 혹은 이루고 싶은 포부를 나타내는 간결하고 긍정적인 다짐이다. 상칼파의 목적은 자신의 바람직한 욕망을 실현하기 위한 마음의 힘을 키우는 데 있다. 처음에는 의식적 차원의 다짐이지만 상칼파는 점차 잠재의식의 힘이 되며, 이 힘은 자신의 삶과 성격의 변화를 가져오게 한다.(원주)

생기체 Pranic Body　육체보다 더 정묘한 파동을 나르는 미세한 몸. 에너지체 또는 에테르 Ether)체라고도 한다. 가시(可視) 주파수를 넘어선 파동 영역에 있기 때문에 육안으로는 보이지 않는다.

샥티 Shakti　우주의 성스러운 힘을 의미하며 현상계의 운동을 가능하게 하는 에너지로 동양에서는 '기(氣)'라고 한다. 인도 탄트라의 가르침에 의하면, 우주는 음과 양으로 이루어져 있는데 양은 '푸루샤'라는 순수의식으로, 음은 '샥티'라는 우주의 신비한 에너지로 파악된다. 샥티를 인격화한 신이 '성모'라 불리는 칼리 여신이다.

샥티파타 Shaktipata　스승이 깨달음의 빛과 에너지를 제자에게 전해 주는 것. 흔히 샥티파타를 손으로 행하지만 바라보는 것으로도 가능하다. 손으로 행해지는 샥티파타를 받아들이는 신체 부위는 양미간, 정수리, 가슴 세 곳이다. 샥티파타를 받고 나면 영혼과 마음 그리고 몸에 큰 변화가 일어나며, 어떤 성스러움을 체험하게 된다.

샨티 Shanti　산스크리트 어로 샨티는 '평화'를 가리키는 말이다.

샹그릴라 Shangri-la　영국의 소설가 제임스 힐튼이 쓴 《잃어버린 지평선Lost Horizon》에 나오는 가공의 장소다. 영원한 행복을 누릴 수 있고 외부와 단절된 히말라야의 유토피아로 묘사되었다.

샹카라 Shankara　아디 샹카라차리야(Adi Shankaracharya, 788~820년)는 인도의 위대한 성자로, 보통 샹카라로 줄여 부른다. 그는 아드바이타 베단타(Advaita Vedanta) 체계를 정립한 힌두교 철학자로 《브라흐마 수트라》, 《바가바드 기타》, 《우파니샤드》 등의 주석서를 남겼다. 아드바이타(Advaita, 불이론不二論)는 궁극적 실체는 분리 불가능한 하나라는 사상이다.

샹카라차리야 Shankaracharya　인도의 성자 '샹카라'는 인도 전역에 네 개의 승단을 조직했다. 그가 최후로 안착했던 곳에서는 다섯 번째 조직을 결성했다. 이 승단의 수장인 샹카라차리야는 인도의 영적 전통의 지도자로 간주되며, 로마 교황청의 교황과 비슷한 역할을 맡는다.

성모 Divine Mother　신의 모성적 측면을 가리키는 말. 인도의 명상가들은 인격적인 방법으로 우주에 접근할 때 그 구도자에게 현시된 신의 모성적 측면을 성모라고 부른다. 금세기 최고의 성자인 라마크리슈나는 성모 칼리 여신에게 일심으로 헌신해 깨달음을 얻었다고 한다. 믿음의 길(박티 요가)을 따르는 사람은 처음에 신을 자신의 애인 또는 어머니로 부르기도 한다.

성심 Sacred Heart　사랑과 속죄의 상징인 그리스도의 심장. 성심(聖心)은 로마 가톨릭 교회에서 신앙의 대상이 되어 왔고, 성심의 상(像)은 종종 가시관과 빛나는 광채로 둘러싸인 상처난 심장으로 표현된다.

소마 Soma　고대 인도에서 예배 의식 때 쓴 식물로, 이 소마의 즙을 신에게 제물로 바쳤다고 한다. 신에게 소마 즙을 헌주한 다음 성직자와 제물을 바친 사람이 먹는데, 환각을 유발하고 원기를 돋우는 효과 때문에 주목을 끌었다. 인격화된 신(神)인 소마는 '식물의 주인'이자 '병의 치료자'였다.

소아 小我　우리가 보통 '나'라고 생각하는 자의식(自意識)이나 자신의 이미지. 우주의 절대적인 전체 생명과 분리되어 존재한다는 생각을 말한다.

슈냐타 Shunyata　우주의 근본은 공(空)이며 모든 존재는 텅 비어 있어 실체가 없다는 깨달음을 '슈냐타'라고 부른다. 붓다는 자아와 함께 세계 자체가 슈냐(Shunya) 즉 공(空)이라는 것을 자각하고, 우주의 참모습에 대한 깨달음을 얻었다.

수슘나 Sushumna　이다(Ida)와 핑갈라(Pingala)와 함께 척추를 따라 흐르는 에너지 통로 중중앙 통로. 수슘나를 각성시키지 않으면 원초적 생명력 즉 척추 밑바닥에 있는 쿤달리니가 상승할 수 없다.(원주)

수피교 Sufism　이슬람교의 한 종파. 금욕과 고행을 중시하고, 청빈한 생활을 이상으로 하며, 신비주의적인 경향이 있다. 알라와의 합일 경험을 중시하였기 때문에 한때 이슬람 정통 교단으로부터 이단으로 몰리기도 했다.

스리 비드야 Sri Vidya 모든 요가 행법을 종합하여 실천하는 높은 수행법으로, 극히 일부의 수행자만이 가르침의 전통적인 맥을 이어오고 있다. 만트라와 얀트라에 대한 집중과 명상, 라자 요가와 즈냐나 요가, 쿤달리니 요가와 탄트라 요가의 모든 행법을 총괄적으로 다룬다.(원주)

스리 얀트라 Sri Yantra 인간 및 가시 · 불가시의 우주를 상징한 기하학적 도형. 힌두교에서 명상을 돕는 도구로 사용한다.(원주)

스리 차크라 Sri Chakra 인체에 내재한 생명력(프라나)을 저장하고 풀어 주는 7개의 중심부를 '차크라'라고 하는데, 스리 차크라란 차크라를 인격화한 표현이다.

스와미 Swami 스와미 교단의 승려를 일컫는 말이었으나, 지금은 흔히 수행승을 일컫는 말로 쓰이고 있다.

스와미지 Swamiji 스와미를 높여서 부르는 말이다.(원주)

시바 링감 Shiva Lingam 우주의 양(陽)적 에너지를 상징하는 돌. 시바는 보통 남성 성기 모양의 '링감'이라는 상징으로 표현되는데, 그 자체가 우주를 창조하는 남성적 원리를 표상하며 생명력과 생산력을 의미하기도 한다.(원주)

시크교 Sikhism 15세기 말 인도의 펀자브 지방에서 성자 나나크(Nanak)가 창시한 힌두교의 한 종파. 힌두교의 개혁을 꾀하고, 우상 숭배 및 카스트 제도를 부정하고, 유일한 창조신에 대한 열광적 숭배를 특징으로 한다.

시타르 Sitar 인도 현악기의 일종. 인도에서 가장 잘 알려진 악기로 우리나라의 거문고나 가야금과 비슷하다.

신지학 Theosophy 18세기 러시아의 블라바츠기 여사에 의해 창시되어 리디 비터, 애니 베잔트로 계승된 영적 운동. 우주, 영혼, 사후 등에 관한 체계와 함께 새로운 현대의 메시아를 내세우려고 했다.

싯디 Shidhi 영성 수련이나 기도와 명상의 결과 나타나는 초능력. 싯디는 수행 과정에서 나타나는 것으로서, 뛰어난 스승으로부터 올바른 지도가 있어야만 그것에 빠지지 않고 올바른 자아실현의 길로 전진할 수 있다. 그렇지 않고 그 힘을 남용했을 경우, 에고가 강하게 뿌리를 잡는 것은 물론 치명적으로 몸을 상하게 되기도 한다.

아나하타 차크라 Anahata Chakra 우리 몸의 일곱 개 차크라 중 가슴 정중앙에 위치하는 차크라. 이곳을 중심으로 아래에 세 개의 차크라, 위에 세 개의 차크라가 있다. 사랑, 동정심, 느낌과 감정의 중심 부위다.(원주)

아드바이타 Advaita 불이론(不二論). 인간의 감각에 의한 주 · 객 대립의 인식, 즉 선악, 미추, 유무 등의 대립 관념은 본성에서 볼 때 실재하거나 영원한 것이 아니라는 가르침. 즉 신의 세계는 모든 이원성을 떠나 있는 세계라는 뜻이다.

아라야식 Alaya-vijnana 　현대 심리학 용어로는 '무의식'에 해당된다. 이 아라야 식(阿羅耶識)마저 떨어져 나가면 완전한 해탈을 이룬다고 한다.

아비드야 Avidya 　마야가 전체적 차원의 미망이라면, 아비드야는 개인적 차원의 무지(無知)이자 무명(無明)이다. 한 영혼이 깨달으면 아비드야가 사라지고 지혜가 깨어난다.

아비야사 Abhyasa 　부단한 영적 수행.

아쉬람 Ashram 　구도자나 힌두교 수행자들이 공동으로 거주하면서 수도하는 장소.(원주)

아쉬타 바르가 Ashtha Varga 　고산 지대에서만 자라는 약초 여덟 가지를 혼합한 것.

아유르베다 Ayurveda 　베다서 중 의약 치료에 관한 경전. 지금까지도 인도인들은 아유르베다의 치료법을 따르고 있다.

아차리야 Acharya 　요가의 교사, 스승.

아타르바베다 Atharva Veda 　고대 인도 힌두교 경전의 하나. 리그베다, 야주르베다. 사마베다 등 3베다와 함께 제4의 베다로 일컬어진다. 재난과 나쁜 일을 없애고 쾌락과 행복을 얻기 위한 주문 따위를 모은 것으로, 기원전 10~8세기에 성립되었다.

아트만 Atman 　우주의 근본 원리를 '브라흐만'이라고 할 때, 개아(個我)에게 나타나는 브라흐만의 빛을 '아트만'이라고 한다. 흔히 아트만을 '진아(眞我)'라고 번역한다. 무상의 깨달음을 얻은 성자들은 직관적 통찰로 아트만이 곧 브라흐만이라고 말하고 있다.

아힘사 Ahimsa 　비폭력, 불살생이라는 뜻. 라자 요가의 여덟 가지 단계 중 첫 번째 단계인 야마(禁戒)에 속하며, 생각과 언행에 있어서 난폭해지지 말 것을 권고한다. 야마의 다섯 가지 도덕적 금기 중 첫 번째가 아힘사다.

애니 베전트 Annie Besant 　인도의 교육 사업과 인도주의 사업에 참여했던 유명한 신지학자(神智學者). 국제신지학협회 회장으로 일하면서 신지학을 강연하고 열정적으로 글을 썼다. 그녀의 수많은 책과 논설은 지금도 신지학의 가장 훌륭한 해설서로 인정받고 있다.

야마 Yama 　요가의 8단계 중 첫 단계로, 금기에 대한 계율[禁戒].

에고 Ego 　자기 자신에 대한 의식이나 관념 즉 자아(自我). 이기적인 자아의식을 뜻하는 말로도 쓰인다.

오로빈도 Aurobindo 　인도의 철학자, 시인, 민족주의자(1872~1950년). 영적 진화를 통한 보편적 구원 철학을 창시했다. 젊어서는 인도 독립을 위한 활동에 참여해 파란만장한 시기를 보내다가 이후 인도 동남쪽에 위치한 퐁디셰리에 아쉬람을 세우고 이를 영적 발전을 위한 국제적인 중심지로 발전시켰다.

옴 Aum 인도의 힌두교와 기타 종교에서 모든 만트라 가운데 가장 위대한 것으로 여겨지고 있는 신성한 음절. 우주의 창조음. a-u-m의 세 가지 소리로 이루어진 옴은 우주의 생성, 유지, 소멸을 상징한다.

요가 바시슈타 Yoga Vasishtha 고대 인도의 성자 발미키(Valmiki)가 지은 것으로 간주되는 산스크리트 시편. 26,000송으로 되어 있으며, 요가 철학을 나타내는 형이상학적이고 신비적인 노래가 담겨 있다.

요가수트라 Yoga Sutra 요가의 근본 경전. 400~450년에 인도의 힌두교 사상가인 파탄잘리가 요가에 관한 여러 가지 설(說)을 모아 엮은 것으로, 요가의 수련과정을 8단계로 체계화해서 설명했다. 총 4편으로 이루어졌으며, 요가의 정의부터 요가의 분류, 깨달음에 이르는 방법 및 신통력 현상 등에 대해 과학적이고 체계적으로 서술되어 있다.

요기 Yogi 요가 수행자. 일반적으로 수행자 전반에 통용되는 말이지만 구별해서 쓸 경우, 요가 체계를 따라 수행하는 구도자를 가리킨다.

우다라그니 Udaragni '상승하는 불'이라는 뜻으로, 이 불은 두뇌의 상반구와 하반구의 마찰에 의해 생긴다. 우파니샤드에서는 이것을 상부 아라니, 하부 아라니라고 했다.

우파니샤드 Upanishad 기원전 3세기경에 만들어진 고대 인도의 철학서. 베다의 일부. 힌두교의 철학과 종교 사상의 원천을 이루며 사람, 신, 우주의 이치를 밝힌 것으로, 우주적 실체인 브라흐만과 인간 내면의 자아인 아트만의 궁극적 일치를 주장한다.(원주)

유식학파 Vijnanavada 대승불교의 중요한 관념론 학파. 이 유식학파(唯識學派)에 의하면 인간의 의식은 다섯 가지 감각기관을 통한 전오식(前五識)과 사유작용을 하는 의식(意識) 즉 제6식, 자아의식인 제7식 그리고 무의식인 아라야식(阿羅耶識)으로 이루어져 있는데, 이러한 일련의 의식이 더러워진 까닭으로 존재의 실상을 바로 보지 못하고 윤회를 하고 있다고 한다.

이다 Ida 쿤달리니 요가에서 척추를 따라 흐르는 인체 미세 통로 중 음(陰) 에너지가 흐르는 왼쪽 통로를 이다(Ida), 양(陽) 에너지가 흐르는 오른쪽 통로를 핑갈라(Pingala)라 한다.

잇챠 샥티 Iccha Shakti 무한한 의지의 힘. 탄트라에서 최고의 신은 시바인데, 시바는 궁극적 실재 또는 파라마 시바(Parama Siva)라고도 불린다. 파라마 시바의 힘(Shaki)은 자기를 드러내는 의식(Cit), 절대적 환희(Ananda), 무한한 의지(Iccha), 총체적 지혜(Jnana), 우주적 역동성(Kriya) 등 다섯 가지로 나타낸다.

자가트 구루 Jagat Guru '자가트'는 '세계', '구루'는 '스승'이라는 뜻으로, 즉 '세계의 교사, 세계의 스승'이라는 뜻. 인도인들은 이 우주에서 이미 해탈한 영혼들이 세상 사람들을 구원하기 위해 다시 인간의 몸으로 지구에 온다고 믿는데 크리슈나, 붓다, 시바 같은 존재들이 바로 세계의 스승이다. 세계의 스승은 전 인류의 진화를 위해 자기를 희생하는 존재들이다.

정신체 Mental Body 생기체(Pranic Body)보다 더 정묘하고 미세한 몸으로, 이것은 정신적

원형질(Mental Matter)로 이루어져 있다. 상념과 사고의 작용을 담당하는 몸이다.

제7의 천국 Seventh Heaven 가장 진보된 의식 세계. 인도 철학에 의하면, 우주는 진동 영역이 서로 다른 7층의 세계로 이루어져 있는데, 그 중 제7천은 가장 정묘한 세계로, 엄청난 축복과 희열을 경험할 수 있다고 한다. 유대교도와 이슬람교도들도 제7의 천국을 신의 거주지이며, 가장 신성한 장소라 믿고 있다.

제수이트 Jesuit 일명 예수회. 제수이트는 신교(新敎)의 반작용으로 에스파냐의 로욜라에 의해 시작된 가톨릭 개혁운동이며 1540년에 교황의 승인을 받은 남자 수도회를 말한다.

진아 眞我 개별화된 에고로서의 자기가 아니라 분별, 망상, 대립 이전의 순수 의식.

차이타냐 마하 프라부 Chaitanya Maha Prabhu 인도 벵골 출신의 성자(1458~1533년). 신에 대한 지적이고 철학적인 논의에 염증을 느낀 그는 단순히 신을 찬미하고 신의 이름을 부르는 것으로 구원될 수 있다고 설파하면서, 하층민들을 중심으로 신앙운동을 전개했다. 이들은 "하레 크리슈나, 하레 크리슈나, 하레 하레……."라는 신의 찬미가를 부른다. 인도인들은 이 성자를 크리슈나의 화신이라고 생각했다. 차이타냐, 크리슈나, 카비라, 라마크리슈나는 모두 박티(헌신의 길) 요가 계열에 속한다.

차크라 Chakra 문자적으로는 '수레바퀴'라는 뜻이다. 차크라는 의식의 센터로, 척추를 따라 꼬리뼈에서 정수리까지 일곱 개의 차크라가 가로놓여 생명의 여러 활동을 관장한다. 정수리에 있는 최고의 차크라인 사하스라라 차크라는 성스러운 우주 의식과 결합하는 영적 중심이다.(원주)

차파티 Chapatti 납작한 팬케이크 모양의 인도 전통 빵. 보통 밀가루를 반죽하여 얇고 둥글게 밀어 화덕에서 굽는다.

카르마 Karma 행위, 업(業). 우주에 있는 모든 힘은 대상에 작용을 가하면 그 반응이 작용을 일으킨 자에게로 되돌아온다는 원리를 따르고 있다. 지금 어떤 사람이 한 행위는 당장은 되돌아오지 않지만 나중에 적절한 환경이 조성되면 그 반작용이 나타난다는 것이다. 이처럼 인간이 몸과 마음과 입으로 짓는 모든 행위는 원인과 결과의 연쇄 관계에 놓이는 것이라 하여 선업선과(善業善果), 악업악과(惡業惡果)와 같은 윤리적인 '인과의 법칙'을 낳았다. 이러한 원리에서 선행과 덕행이 강조되었고, 천국과 지옥이라는 개념도 여기에서 나온 것이다.

카발라 Kabbalah 유대교의 신비주의적 교파 또는 그 가르침을 적은 책. 중세부터 근세에 걸쳐서 퍼졌으며, 13세기의 문헌 《조하르Zohar》가 널리 알려져 있다. 카발라는 '전통'이라는 뜻이며, 세계 여러 곳에서 볼 수 있는 신비주의 전통과 그 맥을 같이 한다.

카비르 Kavir 인도의 신비주의자, 시인(1440~1518년). 힌두 사상과 이슬람 사상을 통합하려고 노력했고, 모든 종교는 본질적으로 똑같다는 것과 모든 인간은 근본적으로 평등하다는 것을 역설했다. 시크교는 그의 제자인 나나크가 창시했지만 카비르가 선구적 역할을 했다.

카이발랴 Kaivalya 독존. 요가의 최고 경지. 깨달음의 경지.

카필라 Kapila 기원전 550년경에 활동한 베다 시대의 성현이며 상키야 학파의 창시자. 그는 의례와 브라흐만의 교리를 소홀히 했고, 베다의 신들은 한계와 조건들에 얽매여 있다고 믿었으며, 고통을 없애는 방법으로 명상을 강조하면서 사변적 지견(智見)에 의한 해탈을 중시했다.

캐슈 Cashew 서인도산 옻나무과 식물의 열매.

쿠르타 Kurta 인도에서 남자들이 일반적으로 입는 윗도리로, 길이는 무릎까지 오는 것도 있고 허벅지까지 오는 것, 허리 정도까지 오는 것 등 다양하다. 흔히 하의인 도티와 함께 입는다.

쿤달리니 Kundalini 척추 맨 아래에는 원초적인 생명 에너지가 잠자고 있다고 한다. 이 근원적인 힘이 척추 끝에 위치한 물라다라 차크라(Muladhara Chakra)에 뱀처럼 똬리를 틀고 있는 것으로 묘사되며, 이 힘을 쿤달리니 샤티(Kundalini Sakti)라고 한다. 엄청난 잠재 에너지를 보유하고 있는 이 힘이 요가 수행에 의해 깨어나 척추를 통해 상승해 정수리에 있는 영안을 각성시키면 깨달음에 이른다고 한다. 현존하는 쿤달리니 요가의 각자인 샤티야난다의 저서 《쿤달리니 탄트라》에 의하면, 흔히 기가 상승하는 듯한 느낌과 머리가 열릴 것 같은 체험은 쿤달리니 각성이 아니라 프라나의 일시적 각성이라고 한다.(원주)

쿰바 멜라 Kumbha Mela 인도에서 12년마다 열리는 대규모 종교 행사. 수백만 명의 힌두교 수행자와 순례객이 참가하는 성대한 축제이기도 하다.

타블라 Tabla 북 종류의 인도 전통 악기.

탄트라 Tantra 전체적인 변형을 꾀하는 영성 수련 체계. 힌두교, 불교, 자이나교의 여러 종파에서 행해지는 밀의적 수행법을 다루는 다양한 종류의 경전을 일컫는 말이기도 하다. 성력(性力) 숭배를 강조하고 두르가 여신을 주로 숭배하는 것을 샤타 파라고 하는데, 여신 라다를 숭배하는 비슈누 파의 탄트라 경전도 있다. 이는 4부(지식, 요가, 예절, 실천)로 구성되는데, 난해한 '베다'와 비교해 하층 계급의 민속 신앙 등을 혼입시켜 평이해졌기 때문에 벵골 지방을 중심으로 인도 전역에 퍼지게 되었다. 또한 불교에도 영향을 미쳐서 좌도밀교(左道密教)의 융성을 촉진했다.(원주)

테라바다 Theravada 팔리 어로 '상좌들의 길'이라는 뜻. 테라바다 불교는 붓다의 가르침에 대한 해석에서 보수적이고 정통적인 경향을 띠며, 스스로의 노력에 의해 깨달음에 이른 완전한 성인 곧 아라한(阿羅漢, Arhat)을 이상적인 불교도로 본다. 스리랑카, 미얀마, 태국, 캄보디아, 라오스 등지에 퍼져 있는 주요 불교 형태의 하나다.

투리야 Turiya 의식의 네 번째 단계로, 깨어 있고 잠자고 꿈꾸는 세 가지 일상적 의식에서 진보한 초의식 상태를 말한다. 투리야는 모든 요가가 궁극적으로 지향하는 것이며 이 단계에서 개별적 자아는 우주적 대아(大我)와 합치되어 신과 하나가 된다. 《만두캬 우파니샤드》에서는 이 네 번째 단계인 투리야를 '모든 것의 주인이자 근원이며, 내면의 조정자이고, 만물의 처음이

자 끝'이라고 표현한다.(원주)

파라카야 프라베샤 Para-kaya Pravesha　육체를 빠져나가 다른 사람이나 생물 속에 들어가는 밀교 행법.

파르바티 Parvati　힌두 신 시바의 세 아내 중 하나. 파르바티는 산스크리트로 '히말라야의 딸'이라는 뜻. 시바와 파르바티는 두 아들을 두었는데, 한 아들은 코끼리 머리를 한 가네샤이고 또 한 아들은 여섯 개의 머리를 지닌 스칸다이다.

파탄잘리 Patanjali　고대 인도의 현자로, 요가를 집대성했다. 저서로는 유명한《요가 수트라》가 있다.

판디트 Pandit　일반적으로 산스크리트에 달통한 학자를 일컫는 말이다.《바가바드 기타》에서는 이기적인 욕망에 의해 일어나는 행위들을 하지 않는 진정한 카르마 요가 수행자를 일컫는다.

팔리 어 Pali　붓다가 설한 당시의 언어로, 소승 경전은 팔리 어로 쓰여 있다. 반면 대승 경전은 산스크리트 어로 쓰여 있다.

푸자 Puja　힌두교의 숭배 의식. '예배, 공양'을 뜻한다. 가정에서의 단순한 일상 의례부터 장엄한 사원 의례까지 포괄한다. 푸자의 내용은 교파, 종족, 지역 등에 따라 매우 다양하다.

프라나 Prana　모든 생명에 내재된 생명력, 기(氣). 프라나는 미세한 육체를 구성하는 에너지 통로를 따라 흐른다.

프라나야마 Pranayama　인체 내 생명력을 조화롭게 순환시키는 요가의 호흡법으로, 호흡을 조절하여 몸과 마음에 활력을 불어넣는 수행이다.

프라요가 샤스트라 Prayoga Shastra　지혜를 얻기 위해 따라야 할 수행과 계율을 설명해 놓은 경전.(원주)

프라즈냐 Prajna　생명의 본성이 갖추고 있는 근원적 지혜. 온갖 분별과 망상에서 벗어나 존재의 참모습을 아는 지혜를 말한다. 일상적인 지식의 과정은 오감을 통한 감각 과정과 사유, 회상, 추론에 의한 개념적 인식으로 이루어진다. 이러한 의식은 주객 대립의 이원적 인식으로, 부분적이고 단편적인 지식일 수밖에 없다. 개념적 사유와 분별심의 티끌이 다 떨어져 나가면 의식은 생명 자체가 지니고 있는 청정한 빛을 되찾는다. 이것을 프라즈냐 즉 반야(般若)라고 한다.

하리 라마 Hari Rama　《라마야나》의 주인공이며, 신격화된 라마를 칭송하는 말. 라마는 크리슈나와 같이 인도에서 숭배의 대상이다. '하리(Hari)'는 산스크리트 어로 '없애다'는 뜻을 가지고 있는데, 헌신자가 회개하여 자신의 잘못과 어리석음을 없애고, 라마 신이 슬픔과 질병을 가져가 달라는 의미다.

하리 크리슈나 Hari Krishna　《마하바라타》의 주인공인 크리슈나를 칭송하며 기도하는 말.

함사 Hamsa　산스크리트 어로 창조의 신인 브라흐마가 타고 다니는 백조를 뜻하며, 절대 세계와 상대 세계를 연결시키는 것을 상징한다.(원주)

현존 Presence　깨달음을 얻은 스승은 육체적, 정신적 부조화를 벗어 버리고 순수하고 밝은 우주의 빛과 하나가 된다. 그래서 우리가 스승 앞에 서면 스승의 순수한 흐름과 연결되기 때문에 축복과 성스러움을 느끼게 된다. 이것을 스승의 현존(現存)이라 하고, 그것을 제자들과 함께 나누는 것을 삿상가라 한다.

옮긴이의 말

　인도의 깊고도 풍요로운 정신세계를 깊숙한 곳까지 들여다보게 하는 책이 다시 세상에 나오게 되어 참으로 기쁩니다. 옮긴이들이 이 책을 처음 번역한 지도 20여 년이 흘렀습니다. 당시 인도는 낙후된 나라로 알려져 있었지만 지금은 인도에 대한 관심도 날로 높아지고 있습니다. 작년 중순, 처음 출판사로부터 부탁을 받고 이 책을 다시 번역하면서 읽어 보았을 때 그 느낌은 그전보다 더 신선했습니다. 마치 별빛에 샤워를 하고 난 듯 영혼이 맑아지는 느낌이었으며, 이 경험을 통해 인도와 히말라야 요가의 의미가 다시 한번 강하게 다가왔습니다. 2000년대 초부터 불어 닥친 웰빙의 거센 바람에 요가는 전 국민에게 보편적으로 알려진 양생법이 되었고, 그 결과 좀 더 전문적이고 높은 명상과 깨달음을 추구하는 이들도 많아졌습니다. 요가와 명상의 본질은 영혼의 정화와 정신집중을 통해 우리 인간의 내부에 존재하는 신성神性을 일깨우는 데 있습니다. 그런 열망을 가졌거나 인도를 깊이 이해하기를 원하는 분들에게 기쁜 마음으로 이 책을 권합니다.

　이 책은 무엇보다도 재미있습니다. 저자의 어린 시절 구도생활은 오히려 장난꾸러기처럼 짓궂은 측면까지 있어 부담 없이 동질감을 느낄 수 있지요. 환상적인 히말라야의 동굴 수련부터 시작해 인도 평원을 떠돌아다니면서 그가 만난 사람은 실로 다종다양합니다. 최고의 구도자와 초인, 불을 삼키는 사람이 있는가 하면 도를 이룬 창녀, 사기꾼,

잠을 자지 않는 여자 성자들도 자리하고 있고, 유체이탈을 하는 사람, 의식을 가지고 육신을 떠나 죽음 너머의 세계로 가는 도인도 있습니다. 요가 수행을 하지만 나라를 위해 독립운동을 하는 투사와 요가 수행을 하는 크리스천 성직자 등등…… 흥미진진한 사람과 일화로 가득차 있습니다. 저자는 진리를 구하러 온갖 스승을 찾아다니는 화엄경의 선재동자를 방불케 합니다.

저자는 진리의 길을 걸어가는 구도자들(따져 보면 모든 사람이 이 길 위에 놓여 있는 것이 아닐까요?)이 그 과정 중에 빠질 수 있는 함정이나 위험을 명확하게 이해하고 극복해 나갈 수 있는 지혜를 명쾌하게 제시하고 있습니다.

오직 물질적 부와 성공만을 추구하며 살아가는 우리 현대인들에게 일상성을 이탈한 것처럼 보이는 이 무수한 기인과 달인들이 던지는 메시지는 과연 무엇일까요? 그들의 기이하지만 진실한 삶이 우리에게 말하고자 하는 것은 종파성이나 동서양의 구별을 초월한 가장 보편적인 가치가 아닐까요. 우리 마음을 괴롭히는 모든 두려움에서 자유를 얻는 길 그리고 내면의 보배를 일깨우는 일, 나아가 인류에의 봉사가 그것입니다. 독자 여러분은 각자 또 한 사람의 구도자가 되어 저자와 함께 히말라야 설산의 황홀한 노을과 인도 대평원과 갠지스 강을 거닐면서 그곳에서 뿜어 나오는 영원한 향기를 마음껏 들이키기 바랍니다.

박광수 한바다

옮긴이의 말

이 책은 요가를 더욱 체계화하고 과학적인 입장으로 접근한 스와미 라마의 구도 과정과 가르침을 밀도 있고 진지하게 다룬 자아탐구의 대표적인 안내서다. 오래 전에 〈히말라야의 성자들〉이라는 표제로 출간되었던 이 책이 시대의 요구에 따라 새롭게 출판됨을 밝히는 바이다.

1989년 처음 출판 당시만 해도, 국내에는 아직 요가라는 개념도 생소하였을 뿐만 아니라 수행자들에 대한 정보 또한 인도의 몇몇 인물들만 편중해서 알려져 있던 시점이었다. 역자는 그에 대한 새로운 방향 제시를 위해 세계적으로 저명한 스와미 라마를 소개하고자 했다. 스와미 라마는 자신이 만난 인도의 위대한 구도자들의 가르침을 세계적으로 알린 저명한 수행자이자 스승이다. 지금은 우리나라에도 세계 각지의 수행자들에 대한 서적들이 많이 나와 있지만, 이 책에 표현된 스와미지의 솔직하고 생생한 체험들은 구도를 갈망하는 이들에게는 여전히 새롭게 다가올 것이다.

스와미 라마는 인도의 오래된 수행전통의 법맥인 '샹카라차리야'의 전통 맥락을 이었으며, 서구로 건너가서는 모든 요가의 전통을 과학적으로 체계화하고, 동양의 고전적인 가르침과 서구의 현대적인 방식을 접목하여 가르침을 펼쳤다. 역자는 이 책을 번역한 인연으로 스와미 라마를 가까이서 만날 수 있었다. 또한 히말라야학회를 자주 방문하여, 그의 수제자인 스와미 웨다 바라티지를 만나 가르침을 받을 수 있었다.

이 책에는 우리가 알지 못하는 신비적인 체험들도 더러 소개되고 있다. 하지만 그것에 빠지거나 의문을 가지기보다는 그런 이야기들을 우리의 삶에 비전을 제시해 주는 하나의 영감으로 받아들이면 무난할 것이다. 그의 가르침에서 체계적인 수행의 방식에 더 귀 기울일 필요가 있을 것이며, 그것이야말로 스와미지가 주는 가르침의 본질일 것이다.

역자가 스와미지를 만날 때마다 그는 언제나 요가과학과 인도의 철학, 인도의 수행체계인 다르사한 체계에 입각하여 가르침을 주려 했다. 그것이 바로 이 책이 전달하려는 의도일 것이다. 스와미 라마, 그는 1996년에 몸을 떠났지만 그의 제자들을 통해서 그의 가르침은 면면히 이어 내려오고 있다.

마지막으로 그의 가르침과 히말라야학회의 전통을 한국에까지 이어지게 한 국제히말라야명상요가협회〈아힘신-AHYMSIN〉의 한국지부와 아힘신 출판사를 이끌고 있는 최경훈 박사님과 한숙자 선생님의 긴 시간의 수고에 진심으로 감사드린다. 많은 구도자들이 이 책을 통해서 영감을 받고 히말라야의 수행과 구도자들의 향기를 맛보기 바란다.

박지명
www.sanskrit.or.kr

히말라야학회

1971년 스와미 라마에 의해 설립된 히말라야학회는 동양과 서양의 최고 지식들을 결합시켜 현대인의 영적 성장과 과학적 진보를 위해 설립된 비영리 단체다. 이 학회의 국제본부는 펜실베이니아 주 동북부에 위치한 포코노 산자락에 자리 잡고 있다.

스와미 라마는 "자신의 가능성을 인식하고 잠재력을 개발함으로써 개인은 훌륭한 시민이 될 수 있으며, 또한 국가에 이익이 되고 인류에 봉사할 수 있다."라고 했다.

히말라야학회에서는 개인의 육체적, 정신적 건강과 내면의 성장을 돕기 위해 동서양의 가르침과 다양한 기법들이 망라되어 있는 교육, 치료, 연구프로그램 및 세미나를 마련하고 있다. 보다 창조적이고 지혜로운 삶을 갈구하여 전 세계에서 이곳을 찾는 학생들은 다음과 같은 다양한 학습 프로그램 및 여러 과정에 참여할 수 있다.

스트레스 해소법, 아유르베다, 동양철학, 심리학, 영양학 및 기타 여러 영역의 주제에 대한 세미나와 자기계발을 위한 다양한 프로그램 그리고 하타요가 수행과 교육자 수련과정, 명상 수련 및 심화명상 교육과정 등이 마련되어 있다. 주말이나 특정기간에 진행되는 세미나 및 워크숍과 산스크리트 어 홈스터디 과정, 학회 치료센터의 총체적인 건강증진 서비스 및 판차 카르마 등 어떤 과정에서나 이곳에서의 수련은 개인의 사회적, 영적 성장을 돕고 있으며, 이를 위한 여러 시설과 평온한 환경이 조성되어 있다. 또한 장기간의 수행을 위한 과정이 준비되어 있으며, 자아의 인식과 탐구를 위한 보다 광범위하고 혁신적인 프로그램들이 제공된다.

스트레스 관리와 육체적 적응 프로그램은 스트레스 반응을 통제할 수 있도록 실제적이고 개인적인 훈련 과정을 제공한다. 연구소 산하의 신경 생리학 실험실인 엘리아노르 N. 다나 실험실에서는 스트레스와 이완 상태, 효과적인 치료와 명상, 호흡에 대한 연구를 전문으로 하고 있으며, 근육의 긴장, 심장박동 수의 변화, 호흡의 형태, 뇌파 등을 측정하는 기구를 완벽하게 갖추고 있다. 또한 해마다 열리는 국제회의는 현대 인류의 과학적이고 영적인 진보에 공헌하고 있으며, 여기에서의 지식과 조사 내용은 다른 사람들과 공유하고 있다.

800-822-4547, 570-253-5551
Himalayan Institute, 952 Bethany Turnpike, Honesdale, PA 18431, USA
www.HimalayanInstitute.org

미국 펜실베이니아 주에 있는 히말라야학회 본부 건물

국제히말라야요가명상협회(아힘신)

　스와미 라마에 의해 전수된 히말라야 전통의 요가와 명상을 수행하는 센터와 그룹들이 세계적으로 활발한 활동을 펼치고 있다. 스와미 라마의 제자 스와미 웨다 바라티의 주도로 '아힘신'(AHYMSIN, Association of Himalayan Yoga Meditation Societies International)이라는 국제기구가 조직되었고, 한국에는 원주에 한국지부가 설립되었다.

　히말라야 전통의 영적 지도자인 스와미 웨다 바라티는 KIST 교수 이종원 박사의 초청으로 1989년에 처음 한국과 인연을 맺게 되었고, 1990년부터 한사 한숙자 선생이 원주에서 밝음요가교실을 열고 히말라야 전통의 요가를 보급하기 시작했다. 스와미 웨다는 그의 제자들과 함께 1999년부터 매년 한국을 방문하여 히말라야 요가 명상 지도와 강의를 펼쳤고, 2015년 7월 14일에 마하사마디에 들었다. 세계 각지에서 같은 내용으로 시행되는 히말라야 전통의 요가 지도자 교육(TTP, Teacher Training Program)은 우리나라에서 원주의 한국지부를 통해 접할 수 있다. 한국은 2001년부터 시작하여 현재까지 성공적인 TTP 과정을 진행하고 있다.

홈페이지 http://cafe.daum.net/TTPinKorea
이메일 ahymsin.korea@gmail.com
전화 033-748-2968
팩스 033-742-4246

스와미 라마 사다카 그라마

국제히말라야요가명상협회연합(AHYMSIN) 본부

스와미 라마 사다카 그라마 (Swami Rama Sadhaka Grama, 이하 SRSG)는 2002년에 스와미 웨다 바라티에 의해 설립되었다. 스와미 라마와 스와미 웨다께서 가르치신 대로, 히말라야 스승들의 전통 안에서 요가 명상을 학습하고, 가르치고, 수행하는 것에 전념하고 있다. 현대 영성 프로그램에 적용되고 있는 과학적 틀을 유지하면서 고전 요가 명상의 순수성을 회복하는데 전념하고 있다. 사다카 그라마는 '영적 구도자들의 마을'을 의미한다.

SRSG는 요가 수트라, 우파니샤드, 탄트라, 그리고 종파를 초월한 연구의 가르침과 우리의 구전 전통을 적용하는 사다나 수련 및 응용 영성을 지원하는 아쉬람 환경을 제공한다.

● 아쉬람 일일 프로그램

명상, 하타 요가, 프라나야마, 이완 및 요가 철학에 중점을 두며, 수련생에게 적절한 개별 지도를 제공한다.

● 고급 수련과 학습

자신의 본성을 알기 위해 내면의 신성한 불꽃과 자기변환 일깨우기로 준비된 구도자를 위한 영적 멘토에 의한 집중 사다나와 침묵 수련도 포함한다.

● 히말라야 요가 전통-교사 프로그램 (Himalayan Yoga Tradition-Teacher Transformation Program, HYT-TTP)

1999년에 스와미 웨다에 의해 설립된 체계적인 프로그램이며 사다나를 바탕으로 하는 지도이다. 주된 목표는 학생의 지식과 사다나를 깊게 하여 진정한 요가의 가르침을 개인의 경험 깊은 곳으로부터 끌어내어 다른 사람들에게 전달 하는 것이다.

● 특별 행사 및 세미나

요가 사다나로 끌리는 사람들 및 요가 사나다를 더 발전시키려는 사람들에게, SRSG는 살아 있는 초기 전통 안에서 히말라야 요가 명상의 가르침을 학습하고 수련하는 독특한 기회를 제공하는 곳이므로, 이상적인 수행처가 될 수 있다.

인도 아쉬람 연락처

웹사이트: www.sadhakagrama.org, www.ahymsin.org
전자우편: ahymsin@ahymsin.org, sadhakagrama@gmail.com
전화: +91-135-2455091, +91-135-2450093
주소: Swami Rama Sadhaka Grama
      Virpur Khurd, Virbhadra Road, P.O. Pashulok, Rishikesh,
      249203, Uttarakhand, India

한국 지부 연락처

전자우편: ahymsin.korea@gmail.com
전화: (033) 748-2968
주소: 강원도 원주시 원일로115번길 12, 5층

YOGA IS SAMADHI

명상과 수행

이 책에서 스와미 라마는 우리가 일상의 정신적 혼란을 넘어 창조적이고 즐거우며, 평온함을 얻을 수 있는 무한한 의식의 저장고 속으로 들어가는 실제적인 방법을 가르친다. 명상의 진보를 위한 이 프로그램은 우리가 마음대로 할 수는 있었으나 한 번도 접할 수 없었던 우리 내면의 원천으로 들어가는 문을 열어준다.

이것은 인도의 성현들이 태곳적부터 세상과 조화를 이루고 살면서 삶의 어려움에 맞설 힘을 찾고, 또한 자기 자신을 알기 위해 사용한 기술이다.

● 스와미 라마 지음, 최경훈 옮김. 값 10,000원

히말라야 성자들의 삶

인도의 위대한 성자와 구도자들의 모습을 생생하게 담은 자아 탐구와 영적 수행의 대표적인 안내서!

스와미 라마의 구도적 성장 과정을 증언한 이 영혼의 체험담에는 히말라야 곳곳에서 만난 스승들의 고귀한 삶과 깨달음의 지혜는 물론 기적과도 같은 신비한 경험과 감동적이고 흥미진진한 일화들로 가득 차 있다. 이 책은 모든 시대를 통틀어 가장 위대한 정신적 고전들 중의 하나이며, 세계 110여 개 대학의 종교학과에서 텍스트로 사용하고 있는 정평 있는 권위서다.

● 스와미 라마 지음, 박광수·박지명 옮김.
  값 25,000원

쿤달리니

이 책은 모든 정신적 습관의 형태가 사라지고 '해탈'을 성취하도록 돕는 '쿤달리니의 상승'과 '차크라의 열림'이라는 영적 진화 수준이 지닌 현상을 상세히 다루고 있다. 또한 쾌락적이고 성적인 본질과 연관된 일반적인 관점과는 다른 시각에서 탄트라를 보며, 의식의 중심인 차크라의 본질에 관한 일부 오해를 바로 잡는 내용을 담고 있다.

● 스와미 웨다 바라티 지음, 김미경 옮김.
  값 15,000원

행복하게 사는 기술

"행복은 내가 만드는 것이라고 깨닫게 되면 우리는 건강하고 행복한 인생을 살 수 있다." 「행복하게 사는 기술」은 지금 행복하기를 배우는 안내서이다. 어떻게 고요하고 평온한 마음을 기를 수 있는지, 그 마음을 어떻게 내면으로 향하게 하는지, 인생의 의미와 더 높은 목표에 반영하기 위해서 그 마음을 어떻게 사용하는지를 이 책에서 이야기한다.

● 스와미 라마 지음, 황보림 옮김. 값 18,000원

만 개의 태양

이 책은 요가를 알고자 하는 이들을 위한 입문서이다. 산스끄리뜨 경전에 대한 폭넓은 지식과 명상과 수행의 길에서 공부해야 할 오랜 전승이 쉽고 친절한 언어로 책 구석구석에 녹아 있다. 저자의 자전적인 기록이기도 한 이 감동적인 명상의 글들은 종교에 구애 받지 않고, 모든 이들이 명상의 요가로 불리는 라자 요가의 정수를 체험할 수 있게 한다.

● 스와미 웨다 바라띠 지음, 윤규상 옮김.
  값 9,800원

GOD

신은 무엇인가?

대부분의 사람들은 신을 믿건 믿지 않건 관계없이 신에 대한 다른 견해를 갖고 있다. 이것이 왜 우리가 서로 다른 종교를 갖는가에 대한 대답이다. 아무나 신에 대해서 이야기 하기 어렵지만, 저자인 스와미 웨다는 이 책에서 신에 대한 인식을 어떻게 개발할 수 있는지에 대해 말하고 있다.

● 스와미 웨다 바라티 지음, 김기태 옮김.
  값 12,000원

 도서출판 아힘신

국제히말라야요가명상협회연합 한국지부
도서문의: ahymsin.korea@gmail.com